スケッチから学ぶ
新しい飲食店づくり

30業種のコンセプトと
120枚のスケッチ＆プラン

01 Oden tavern
02 Chinese restaurant
03 The store of tapioca & crepe
04 Shanghai Chinese restaurant
05 Kushi-yaki tavern
06 Platter dish tavern
07 Robata-yaki tavern
08 Beer restaurant
09 Roast meat buffet restaurant
10 Delikatessen store
11 Gourmet sandwiches cafe
12 Soup cafe specialty store
13 Pizza buffet restaurant
14 Indian restaurant
15 Cafe restaurant
16 Sweets cafe

Contents

	はじめに	004
01	おでん居酒屋 季節に合わせた集客メニューを武器にする	006
02	大衆中華料理店 手軽に本場の味を楽しめる「飯店」を訴求する	011
03	タピオカ＆クレープの店 女性の熱い視線を集める新業種	015
04	上海中華レストラン 上海家庭料理に視点を置いたメニューの中華居酒屋	019
05	串焼き居酒屋 オープンキッチンの一角に設けられた串焼き場が 活気を演出する	022
06	大皿料理居酒屋 本来の業態の洗練と新たなニーズや嗜好に対応する	026
07	炉端焼き居酒屋 焼き場と食材陳列のアイスベッドを 演出の中心に据えた現代風の炉端居酒屋	030
08	ビアレストラン ブリティッシュパブ風に統一したビアレストラン	034
09	焼き肉バイキングレストラン エントランスと食材ディスプレイラインは 広く余裕を持って計画	039
10	デリ（和・洋）惣菜店 買いやすい価格設定とロス率の低減が ビジネス成立のポイント	043
11	グルメサンドイッチカフェ サンドイッチ専門店らしさを訴求する複合カフェ	047
12	スープカフェ専門店 NYスタイルのスープ専門店にカフェを複合させる	051
13	ピザ・バイキングレストラン 幅広い集客を目指す ピザ窯で焼き上げるバイキングレストラン	055
14	インド料理店 インド料理の食材のカラーイメージでまとめて アプローチしやすくする	059
15	カフェレストラン 様々な企画・コンセプトが提案される 古くて新しい業態	063
16	スイーツカフェ 「ワンプレートスイーツ」を提案するスイーツ新業態	067
17	とんかつ割烹料理店 とんかつ職人の技を見せる平面計画	071

厨房機器解説

01 | 1	おでん鍋	009
01 | 2	製氷機	009
02 | 3	中華レンジ	013
02 | 4	冷凍庫・冷蔵庫	014
03 | 5	クレープ焼き器	016
03 | 6	電磁調理器	017
04 | 7	蒸し器	021
05 | 8	プレハブ冷凍庫・プレハブ冷蔵庫	025
05 | 9	アイスビン	025
06 | 10	全自動計量洗米炊飯器	029
06 | 11	電気グリラー（低圧式）	029
06 | 12	冷凍コールドテーブル・冷蔵コールドテーブル	029
07 | 13	シェルフ	033
07 | 14	チャコールグリラー	033
08 | 15	スチームコンベクションオーブン	038
08 | 16	サラマンダー	038
09 | 17	ロストルクリーナー	042
09 | 18	アイスクリームマシン（ソフトクリームフリーザー）	042
10 | 19	ガスレンジ	045
11 | 20	ヒートランプウォーマー	050
11 | 21	コーラディスペンサー（ポストミックスディスペンサー）	050
12 | 22	スープウォーマー	052
12 | 23	エスプレッソコーヒーマシン	054
13 | 24	ピザドゥシーター	057
13 | 25	ロテサリーオーブン	058
14 | 26	タンドリー窯	062
15 | 27	パスタボイラー	066
15 | 28	スムージーブレンダー	066

18	天ぷら専門店 職人の技術や客との会話により空間を活性化する	075
19	ピザテリア ピザ石窯に視線を集めるインテリアづくり	079
20	中華バイキングレストラン オープンキッチンで職人が調理する様子や ライブ感を訴求	083
21	イタリアンレストラン（トラットリア） 豊富な食材演出と調理のライブ感を創出するオープンキッチン	087
22	グルメバーガーカフェ 地域密着型のオリジナルハンバーガーショップ	092
23	ステーキレストラン 幅広い客層をターゲットにした 地域密着型専門レストラン	096
24	ラーメン店 シンプルな味とサービスで幅広い客層にアピールする	101
25	寿司店 和の持つ「品」と「粋」をアピールした非日常空間	105
26	イタリアンデリ＆レストラン それぞれがビジネスとしての成立を目指す複合レストラン	109
27	和食創作料理店 差別化のポイントは創作和食割烹料理を低価格で提供	114
28	地鶏居酒屋 「地鶏」「銘柄鳥」を扱うこだわり素材の鶏専門居酒屋	118
29	ドーナツ専門店 地域密着型のヘルシー・ドーナツショップ	122
30	立ち飲み居酒屋（洋風） 座る席を併設したブラッスリー、バール感覚の スタンディングバー	126
事業計画1	居酒屋 仕入れや流通に重きをおいて 低価格居酒屋と一線を画す	126
事業計画2	定食屋 健康志向の料理と盛り付け、 清潔なインテリアで女性の食志向に応える	132
事業計画3	ベイクドドーナツ 健康志向、低カロリー志向に対応する 新ファストフード・ショップ	134

あとがき 136

16	29 ベーカリーオーブン	069	23	43 食器洗浄機 …………………… 100
16	30 ホイロ ……………………… 070		24	44 ローレンジ ………………… 103
17	31 フライヤー ………………… 073		24	45 餃子焼き器 ………………… 104
17	32 タオルウォーマー …………… 074		25	46 ネタケース ………………… 106
18	33 天ぷらフライヤー …………… 077		25	47 舟型シンク ………………… 107
18	34 酒燗器 ……………………… 077		26	48 グリドル …………………… 112
19	35 ピザオーブン ……………… 081		26	49 コールドドリンクディスペンサー …… 113
19	36 フラワービン ……………… 081		27	50 炊飯器 ……………………… 117
20	37 ゆで麺器 …………………… 086		27	51 魚焼き器 …………………… 117
21	38 ブラストチラー …………… 090		28	52 冷凍コールドドロワー・冷蔵コールドドロワー …… 121
21	39 真空包装機 ………………… 091		29	53 ミキサー …………………… 123
22	40 コーヒーマシン …………… 095		29	54 ドーナツフライヤー ………… 125
22	41 アイスコーヒーマシン ……… 095		30	55 ビールディスペンサー（生ビールサーバー） …… 127
23	42 器具洗浄機 ………………… 098		30	56 バーブレンダー …………… 129

はじめに

近年の社会的景気後退や生活者のライフスタイルの変化の影響を受けて飲食店づくりを担うインテリアデザイナーの役割も大きく変わり、飲食店づくり全般にわたるコンサルタントあるいはアドバイザーとしての役割へと変化してきている。これまでのインテリアデザイナーの役割は、飲食店の空間にデザインという付加価値を付けることが主体であったが、いまや単にデザイン空間の創造だけの関わり方や知識では、飲食店づくりのサポートが難しくなってきている。
これからの店舗デザイナーは、飲食店の業種業態の企画、メニュー、客層、事業計画など飲食店の企画情報を充分に理解し、デザイン設計を進めるのはもちろん、客席と厨房との関係やサービス動線計画など、より機能的、効率的な店づくりが求められてきている。
飲食店づくりは、その企画内容から事業計画までの全体的なバランスがとれていなければならず、デザインのみのデザイナーでは、その役割が充分ではないことを認識しなければならない時期にきているのである。

本書は、これからの飲食店づくりを進めるためのデザイナーの役割を高める参考書として、業種業態の企画コンセプトづくりから平面計画、イメージを創出するための全体スケッチや業態別の重要な設計ポイント、キッチンディテールに至るまで具体的に分かりやすく図解説明している。

またデザイナーとして接点が少ない厨房機器の機能や原理、例えば、冷蔵庫や製氷機はどのような仕組みで冷却、氷を製造するかなど、採り上げた業種業態に関連が深い機器の機能や特徴を分かりやすく解説している。

これからの時代のインテリアデザイナーとして、ゲストエリア、ダイニングに片寄ることなく厨房を含めた全体計画に立った設計ができるように、幅広く飲食店づくりの知識を積み重ねてこそ、これからの時代が求めるインテリアデザイナーの姿だと理解してほしい。

本書は、デザイン学校を卒業したデザイナーの初心者から熟練したデザイナー、あるいは広く飲食業に携わる人たちのための参考書やマニュアル書として活用していただけるものと確信している。

竹谷稔宏（たけや・としひろ）

協力スタッフ
エーエフディーコンサルタンツ（株）
パーススケッチ・CAD：キッチン 内田優香・棟方綾香

NRT システム（株）
厨房機器別原理と機能：畑 治
CAD：キッチン 山森裕之・塚本久仁子・小泉華代

30業種のコンセプトと
120枚のスケッチ&プラン+
60種類の厨房機器の仕組みと特徴

飲食店の設計にはさまざまな分野の知識、技術、ノウハウが求められる。建築、インテリア、厨房・空調などのハード分野の知識。また経営やオペレーションについてのソフト分野の知識である。

以下の章では、具体的に30業種の店舗をあげて、その業態特徴、企画コンセプト、立地、ターゲット、オペレーションの注意点を解説する。また平面計画、厨房計画を平面図、インテリアパース、厨房エリアスケッチや機器配置スケッチを示し、各エリア、コーナーの位置づけと注意点を詳細解説する。加えて、事例店舗に関連の深い厨房機器のシステムと特徴を分かりやすく解説をする。

01 | おでん居酒屋

季節に合わせた集客メニューを武器にする

116m²

56 seats

内装設備工事費2850万円
月商売上予測550万円

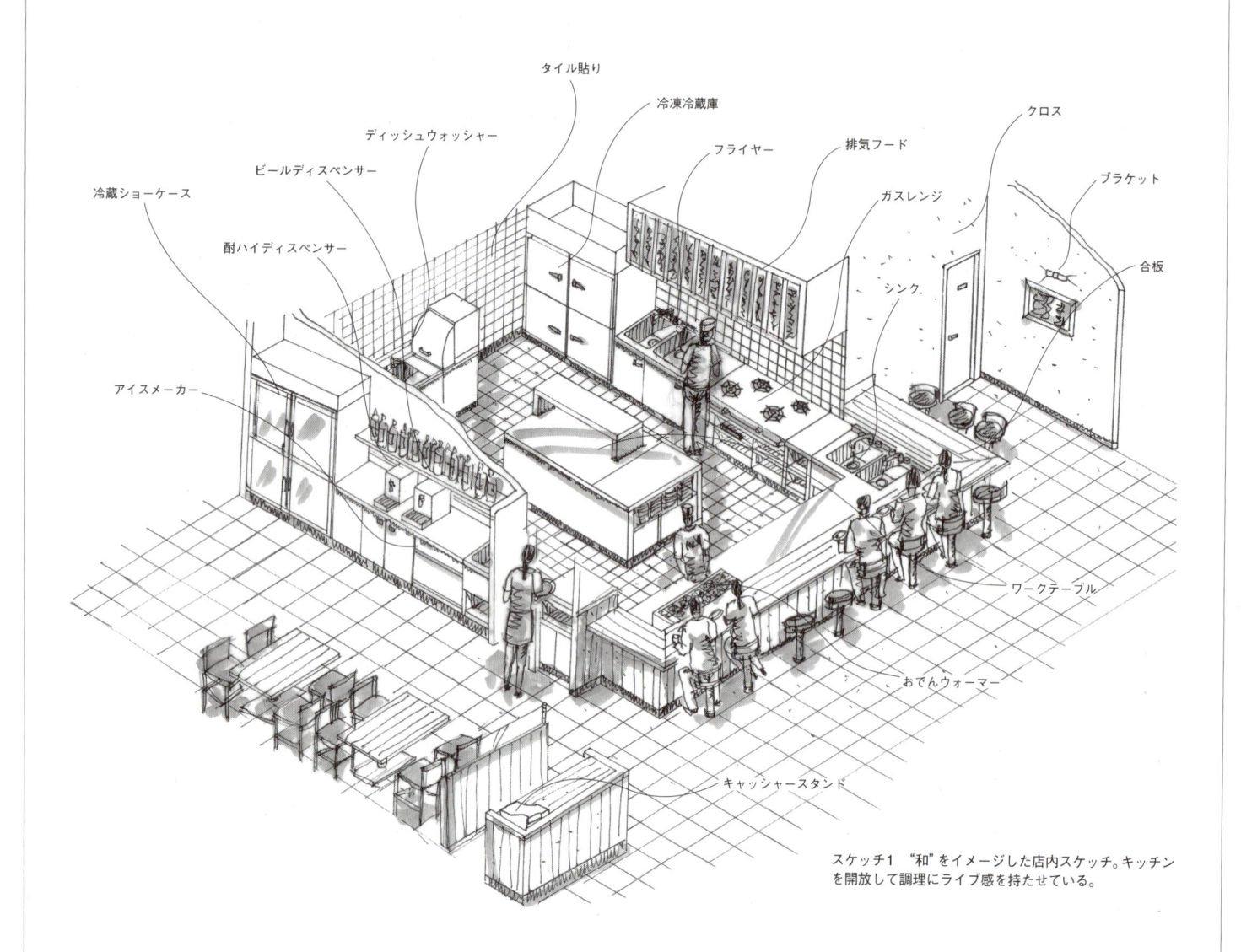

（スケッチ内ラベル）
冷蔵ショーケース／酎ハイディスペンサー／ビールディスペンサー／ディッシュウォッシャー／タイル貼り／冷凍冷蔵庫／フライヤー／排気フード／クロス／ブラケット／合板／ガスレンジ／シンク／ワークテーブル／おでんウォーマー／キャッシャースタンド／アイスメーカー

スケッチ1　"和"をイメージした店内スケッチ。キッチンを開放して調理にライブ感を持たせている。

■ 企画づくりとコンセプト

おでん居酒屋という業態は、年間を通して安定的に成立するビジネスを考えたとき、季節に左右されるのではと懸念されるであろう。しかし居酒屋という業態には種々のカテゴリーの専門店があり、季節に合わせた集客のための武器を持つことが求められる。

そもそも「おでん」の由来は江戸時代に濃口醤油が発明され、江戸では醤油味の濃い出汁（だし）で煮た「おでん」が作られるようになり、それが上方に伝わり「関東炊き（かんとだき）」や「関東煮」が広まり、その後、薄口醤油、各地方の土地に合わせた「おでん文化」が広まっていったとされている。

また地方によっては、汁を冷たくしておでん料理を提供する方法や屋台の販売形態の発祥と言われていることを理解しておこう。

「おでん居酒屋」という名称やイメージから、夏の暑い時期のビジネスとしては、企画しにくいビジネスと思われがちであるが、おでんを主軸にその他美味しい魚というキーワードを訴求することで懸念は払拭できるだろう。

客層としては、いわゆるおやじ（サラリーマン）の溜まり場というイメージが強いものの、この企画では従来のイメージを打ち砕き、気軽に立ち寄れる和の粋なイメージの「おでん居酒屋」というコンセプトを前面に訴求している。もちろんおでんは仕入れと店仕込み、魚類は市場からの仕入れにするなど料理へのこだわりや和というコンセプトをしっかりと持っておくことを忘れてはならない。

客層としては、男性客に片寄ることなく、むしろ30歳前後の独身女性を集客できるメニュー内容や料理へこだわりを持つことが大切であろう。

メニューの主軸はおでんと活きの良い魚の二つを武器にメニュー構成を進めるが、おでんの味も関東炊きにこだわることなく、むしろ全体のメニュー構成に合わせて薄口にする、あるいは夏には、だし汁を煮こごりにし、変わり種おでんを提供することも、意外性を提案できる発想の一つになるだろう。

価格帯としては2500円から3000円以内で料理や酒を楽しめることが時代のニーズに合っていると考えられよう。

立地は繁華街の一角、地方都市の駅前立地などで2階、地下などを選定することが理想的である。ただ単におでん居酒屋という看板を掲げただけでは、もはや集客できないことを理解しておくことだ。

おでん居酒屋●PLAN 1:100

厨房機器リスト

No	品名	台数
1	冷凍冷蔵庫	1
2	ワークテーブル	1
3	シンク	1
4	フライヤー	1
5	ワークテーブル	1
6	パイプシェルフ	1
7	ガスレンジ	1
8	二槽シンク付ワークテーブル	1
9	冷蔵コールドテーブル	1
10	おでんウォーマー	2
11	ワークテーブル	1
12	ワークテーブル	1
13	オーバーシェルフ	1
14	冷蔵コールドテーブル	1
15	ハンドシンク	1
16	ソイルドテーブル	1
17	シンク	1
18	ディッシュウォッシャー	1
19	シンク	1
20	オーバーシェルフ	1
21	アイスメーカー	1
22	ビールディスペンサー	1
23	酎ハイディスペンサー	1
24	冷蔵ショーケース	1

■ 平面計画／ゾーニング計画のポイント

この店のゾーニング計画は、入り口に向かって左側にセミオープンキッチンとバックヤードを配置し、キッチンを囲むようにカウンター席を配置している。

客席は、カウンター席、4人席、ベンチシート席など種々の客層に対応できるようにしている。なおオープンキッチンが見える客席と少し落ち着ける席はキッチンの背後に確保し、また店内から望める内庭を設けている。来店客に合わせて席を選定、あるいは誘導できるように配慮しておくことがポイントであろう。また、おでん居酒屋というイメージを訴求する演出としては、入り口あるいは客席から見える位置におでんウォーマーを配置しておくことが効果を高めることになる。入り口側、客席側からの視点を意識した配置計画をすることが大切である。

キッチンスペースとしては、全面的に開放しているものの、客席側から一番遠い位置に洗浄エリアを配置していることや、キッチン中央に配置したワークテーブルの高低差で洗浄エリアが丸見えにならないように配慮しておくことが理想的である。

もちろん洗浄エリアはオープンキッチンと区画し、客席側から見えないことが理想的であることは言うまでもない。

■ 各部施設計画のチェックポイント

【スケッチ1】

インテリアイメージを創出するポイントは、いかに企画コンセプトをデザインとして表現できるかにあるだろう。この店の場合には、片肘を張らない"和"というイメージを具体化することであり、あえてキッチンを開放し、かつ調理にライブ感を持たせ料理人の"粋"な技術を見せることで、料理への期待感を高める構成にしている。

排気フードに板に墨字で書いたメニューを配置していることも、あえて店としての雰囲気に賑わいを生み出す企画であり、全体のイメージとしては、木調かつ落ち着いたデザイン企画にしている。

またオープンキッチンの主軸になるおでんウォーマーの位置を入り口に向けて配置することによって、常に料理人が立つ位置から客の動きが見渡せるように計画することが大切である。

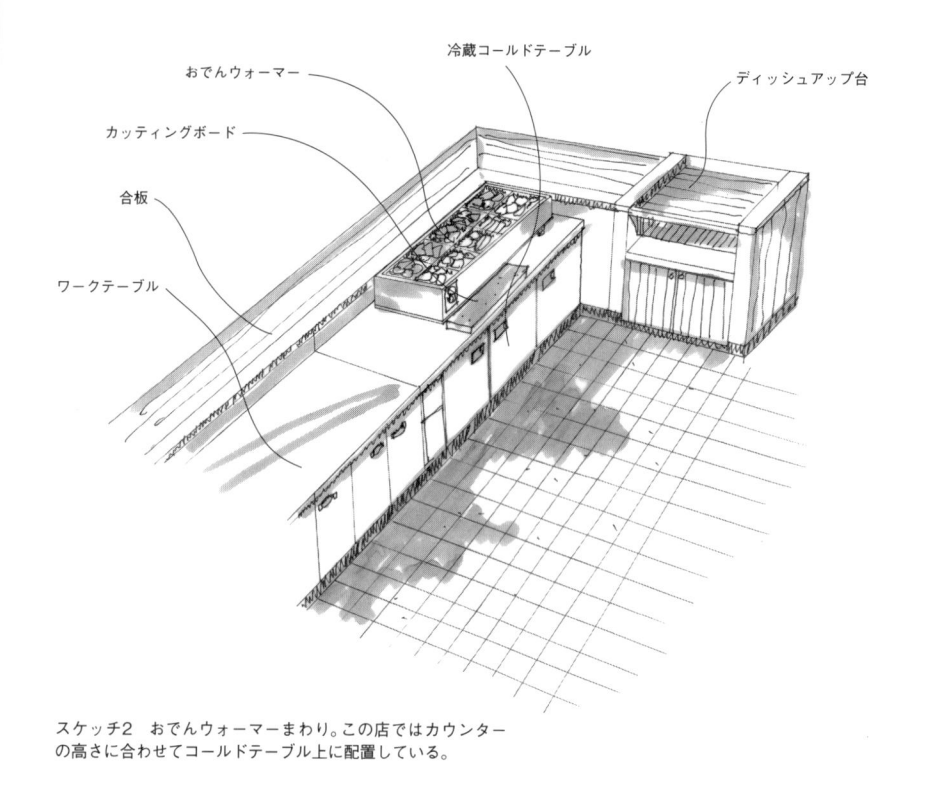

スケッチ2 おでんウォーマーまわり。この店ではカウンターの高さに合わせてコールドテーブル上に配置している。

（図中ラベル：カッティングボード／合板／ワークテーブル／おでんウォーマー／冷蔵コールドテーブル／ディッシュアップ台）

スケッチ3 クッキングラインのスケッチ。ガスレンジ、フライヤーの脇には作業スペースを設けることが必須である。

（図中ラベル：フライヤー／シンク／ガスレンジ／タイル貼り／ワークテーブル／シンク／収納スペース）

【スケッチ2】

おでんウォーマーまわりの詳細イメージである。おでんウォーマーは、規格品あるいはその店に合わせたウォーマーを特注することもあるが、この店では、おでん具材数やカウンターの高さに合わせてコールドテーブルの上に配置できるようにしている。

おでんの場合には低温度で手を加えることで味に深みが出てくるものであり、常に具材の状態を見て位置を移動させるなど、素材への世話をすることが大切になる。

下部には、コールドテーブルを配置し、事前に仕込んでおいた具材を保冷しておくようにするとともに、注文に応じて具材をカットする場所として、ウォーマーの手前に専用まな板を配置しておき、ウォーマー周辺の台に盛り付けるための器を配置できるスペースを確保している。

カウンター客へのおでんのサービスは、キッチン側からサービスする方式と一度ディッシュアップしダイニング側から客へサービスする方法など繁忙時間帯や人員配置によっていずれの対応もできるように考慮している。

その他の魚料理などの料理もすべてディッシュアップコーナーから客席側へ提供する仕組みにしておくことが理想的であろう。

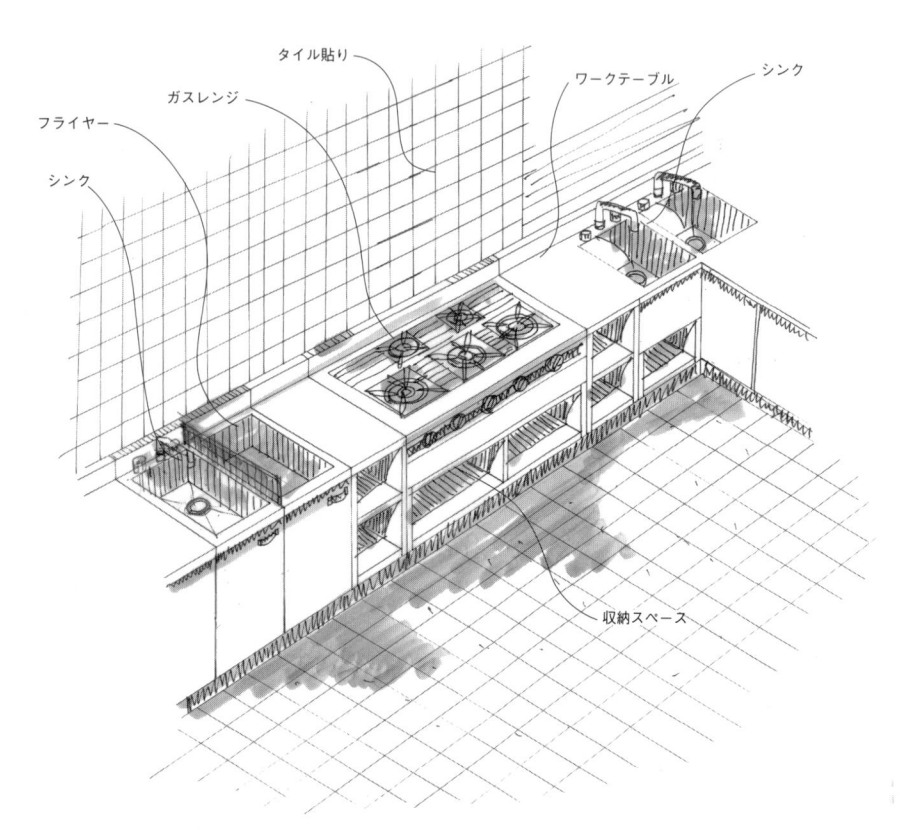

【スケッチ3】

クッキングラインのスケッチである。クッキングラインは、その店で提供される主軸料理に合わせた機器選定や配置計画に臨むことが大切である。

この店の場合には、おでんと新鮮な魚という二つの料理を武器として集客するコンセプトであり、魚類には煮魚、揚げものなどその他のメニューを調理するための機器配置をしておくことが大切である。

ガスレンジ、フライヤーなどの機器の横あるいは背後には、調理する前段階の素材を置いておくスペースなど作業台が必須であり、スペースに制限がある場合以外は脇台を配置計画することが基本である。

また調理機器周辺のスペースとしては、什器を収納するスペースや調理後の料理を盛り付けるための器などの配置スペースも併せて計画しておくことがポイントである。

配置スペースとしては、機器上にオーバーシェルフあるいは下部もしくは脇台の下にスペースを設けるなど、状況に合わせて事前に計画しておくことが大切である。

厨房機器解説 1

おでん鍋

「おでん」は仕切りの付いた丸い鍋をコンロにかけて提供することも可能ではあるが、長時間煮込む際に火加減を調整する技術が必要とされるため、「おでん鍋」という厨房機器を利用する場合が多い。おでん鍋は、加熱熱源によって、電気式とガス式に分けられる。電気式は面積の広い角型のホットプレートを使用して鍋底全体を加熱するもので、ガス式は直火で鍋底を直接加熱する。ガス式の方が温度の立ち上がりが早いという利点があるが、おでんは沸騰しない温度で長時間煮込むため、微妙な温度調整が容易な電気式が便利である。加熱方法によって、直接加熱方式と湯煎方式とがある。

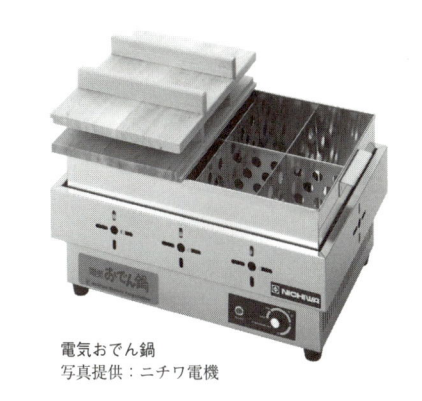

電気おでん鍋
写真提供：ニチワ電機

厨房機器解説 2

製氷機

製氷機は、出来上がる氷の形から以下の3種類に大別される。
①キューブアイスメーカー
②チップアイスメーカー
③フレークアイスメーカー

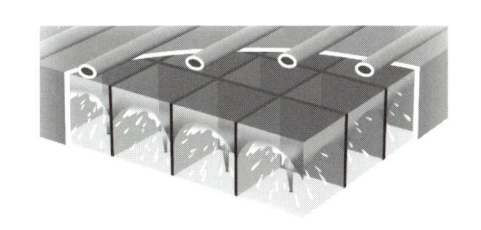

[製氷方式]
キューブアイスは、−25℃に冷却された製氷室に下から水を噴射させて氷を作る。外側から徐々に凍らせていくので、水成分のみが氷結する。その結果、不純物を100％近く取り除くことができ、透明な氷になる。氷が完成すると、製氷室を瞬間的に温めて氷を製氷室から離し、貯氷室へ落下させる。

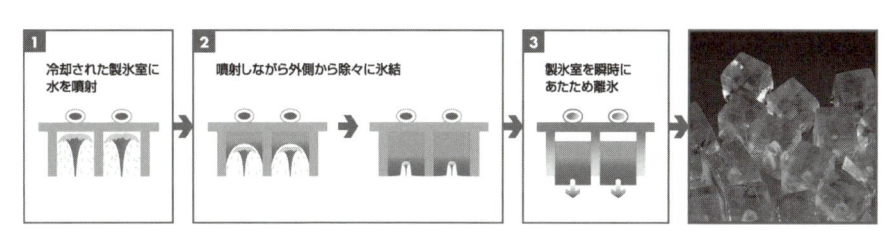

チップアイスとフレークアイスは、冷却された円筒型の壁面に氷ができると、内側の刃を回転させて壁面にできた氷を削り取っていく。それらを圧縮して氷を成形する。それらは、粒の大きさで、チップアイスやフレークアイスに分類される。

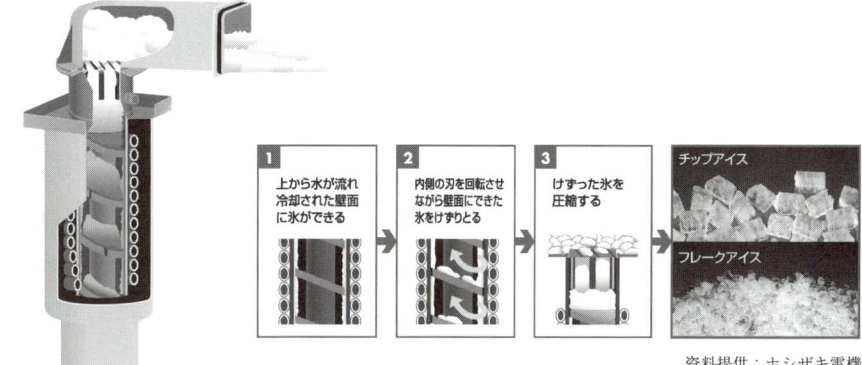

[用途]
当然、製氷機内部での氷の作り方の違いだけでなく、用途も異なってくる。
① キューブアイス
透明で立方体の形状をしており、一辺が30mm程度の大きさが一般的である。ウイスキーの水割りやオンザロック、ジュース、アイスコーヒーなどのドリンク類への使用に適している。
② チップアイス
粒状の氷を押し固めた小さな氷片で、ドリンク類に用いられる他に、料理の演出を兼ねたアイスベッドにも使用される。粒が小さく接触面積を大きくできることからコールドプレート（※1）の冷却にも適している。
③ フレークアイス
不定形の小さな粒状の氷で、狭い隙間にも入り込み、素早く冷却できる。鮮度保持用のアイスベッドなどに使用される。

[製氷能力と冷却方式]
製氷能力は、室内温度と給水温度によって決まる。一般的にカタログに記載されている製氷能力は、室温20℃、水温15℃の場合、1日に何キロの氷ができるかという数字である。室温30℃、水温25℃の場合の製氷能力も同時に記載されているので、そちらの方がまだ現実的である。
冷却方式には、空冷式、水冷式、空冷リモート式がある。空冷式の場合、排気口からは大量の熱量が放出される。製氷能力を十分に発揮させるためには、排気口周辺には、物を置かないようにする必要があるだけでなく、24時間換気を設けておくことが重要となる。水冷式や空冷リモート式の場合は、換気の心配はないが、水冷式の場合には、クーリングタンクが用意されているか、空冷リモート式の場合は、リモートコンデンサーをどこに設置するか、製氷機本体との距離はどのくらいか事前に確認しておく必要がある。

資料提供：ホシザキ電機

（※1）コールドプレート
生ビールやコーラ類をディスペンサーで提供する際に、飲料を冷却するために使用される。たくさんのフィンが付いたアルミニウムのプレートで、通常アイスビンの中に入れて使用する。飲料が内部を通過する際に、周りの氷に冷やされて出てくる機器

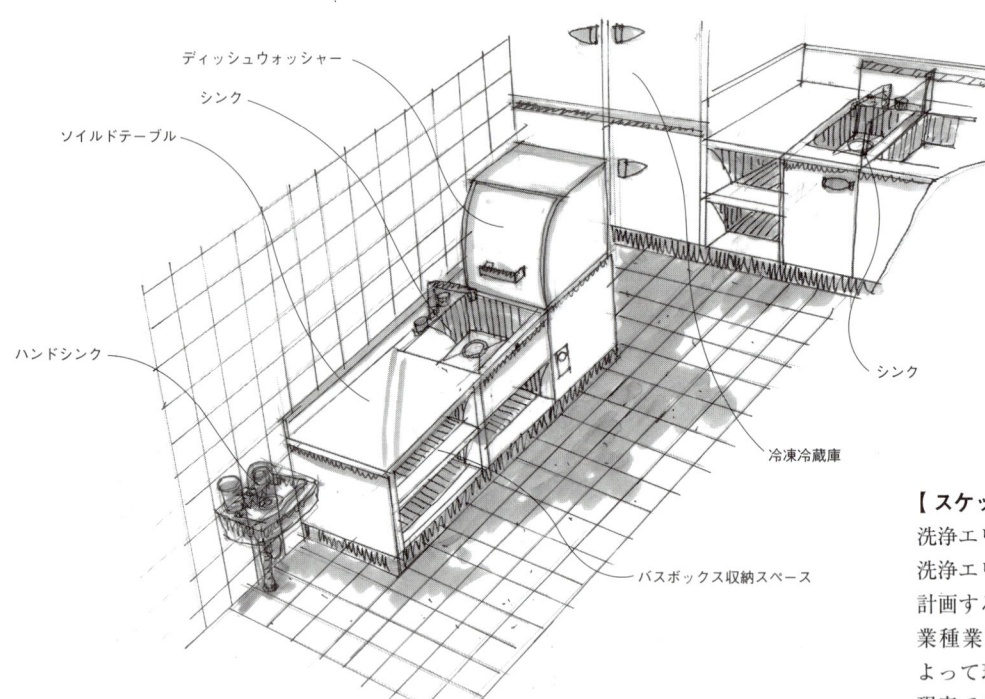

図中ラベル:
- ディッシュウォッシャー
- シンク
- ソイルドテーブル
- ハンドシンク
- 冷凍冷蔵庫
- シンク
- バスボックス収納スペース

スケッチ4　洗浄エリア。この店では厨房奥に計画されている。

【スケッチ4】

洗浄エリアのスケッチである。

洗浄エリアは、客席に洗浄音が漏れる位置に計画することは御法度とされているものの、業種業態あるいはスペースの制限などによって理想的な配置になっていないことが現実であろう。

少なくとも客席に隣接する位置に計画することは避けるべきで、スタッフの効率性を優先するよりも客側の環境を優先しなければならないことは言うまでもない。

この店の場合には、キッチンの奥に洗浄エリアを配置し、客席スペースに一度下膳するスペースを設け、バスボックスがいっぱいになったらキッチンの洗浄エリアへ運ぶという仕組みをとっている。

基本的には、キッチンスペースにサービス側のスタッフが出入りすることは理想的ではなく、キッチン作業に支障を及ぼすことがない場合には、直接洗浄エリアまで食器類を下膳する計画を進めることもあるということを理解しておきたい。

直接洗浄エリアへ下膳するしないにかかわらず、洗浄エリアには、下膳スペース（ソイルドテーブル）や食器類を一時的に下げておくラックシェルフを配置することが多く、洗浄機の能力や仕組み、カタチも様々であるため下膳される頻度や一度に下膳される器類の量に合わせて洗浄機の能力を選定することがポイントである。

メニューリスト

おでん
とうふ 210円　だいこん 210円　たまご 210円　じゃがいも 210円　つみれ 210円　がんも 210円　こんにゃく 210円　すじ 210円　ちくわ 210円　ちくわぶ 210円　こんぶ 210円　しらたき 210円　あつあげ 210円　はんぺん 260円　ごぼうまき 260円　さつまあげ 260円　ふくろ 370円　きゃべつまき 370円　いいだこ 370円　ねぎま 370円　牛すじ 420円　いんげん 210円　くきわかめ 210円　ふき 210円　えのきだけ 260円　こまつな 260円　ぎんなん 260円　さといも 260円　いか 370円　たけのこ 370円　しいたけ 370円　おでん定食 950円

ご飯
まぐろ茶漬け 530円　さけ茶漬け 470円　茶飯焼きおにぎり 210円　焼きおにぎり茶漬け 470円　茶飯 180円　つみれ汁 370円　なめこ汁 320円　赤だししじみ汁 260円　お新香 370円

魚
本日の産地港直送便　刺身盛り合わせ 1500円　5品刺身盛り合わせ 3000円

焼き物
とろほっけ焼き 470円　やきとり 420円　とりもつ 420円　なす丸焼き 470円　野菜焼き 480円

揚げ物
串かつ 680円　鶏の唐揚 530円

02 | 大衆中華料理店

手軽に本場の味を楽しめる「飯店」を訴求する

141m²

74 seats

内装設備工事費3900万円
月商売上予測780万円

■ 企画づくりとコンセプト

中華料理の起源は中国にあることは周知のとおりである。しかし、中華料理といっても中国の地域によってその調理法や味などその特徴が異なる。大きくは「上海料理」「北京料理」「広東料理」「四川料理」の四つに分かれている。各料理法の代表的料理内容は、上海料理／上海蟹、えんどう豆と海老の炒め物（青豆蝦仁）、シャオロンパオ（小篭包子）、広東料理／子豚のあぶり焼き（烤乳猪）、酢豚（古老肉）、牛肉のオイスターソース炒め（牡蠣油牛肉）、北京料理／北京ダック（北京鴨）、涮羊肉、水餃子、四川料理／麻婆豆腐、えびのチリソース、鰻の醤油煮込みなど料理の特徴は地域によって異なっている。

近年では、本場中国へ旅行し中華料理を現地で食べることによって中華料理にも種々の調理法や料理内容があることが知られるようになったものの、日本においては、本場飯店（本格的中華料理店の意味）という業態展開はさほど多くないことが現実であろう。特に日本の大衆中華料理店は、麺類を主軸に各地域の美味しい料理を集め、手頃な価格で食べられる料理へとアレンジしたものが多く、この店の場合の企画コンセプトも、手軽に本場の中華料理を食べる店づくりを目指している。客層もファミリー客、サラリーマン、男女問わず幅広い層を集客することに焦点を絞ったメニュー構成や価格設定をし、生活者のライフスタイルに合わせた店の使い方ができるようにランチメニューやコースメニューも比較的低価格で提案するコンセプトである。一般的に「飯店」というイメージには、気軽に入りにくいということがあり、幅広い客層を集客できない原因になっていると言えよう。立地は、都心部や地方都市の駅周辺といった比較的アクセスが良い場所が理想的であろうし、集客と回転率を上げることがビジネス成立のポイントであることを忘れてはならない。もちろん、夜にはコース料理やアラカルトメニューで飲酒をしてもらう想定をしている。客単価は約3000円、コースは3500円、5000円、その他アラカルトで客の注文に応じるという柔軟な姿勢や気軽さを訴求することで、店としての認知度を上げていくことが成功させるためのポイントになるだろう。

日本人の味覚としては、広東、上海料理を主軸に置くことが、幅広い客層を集客できるカギであり、比較的日本で認知されているメニュー内容で構成することがポイントである。

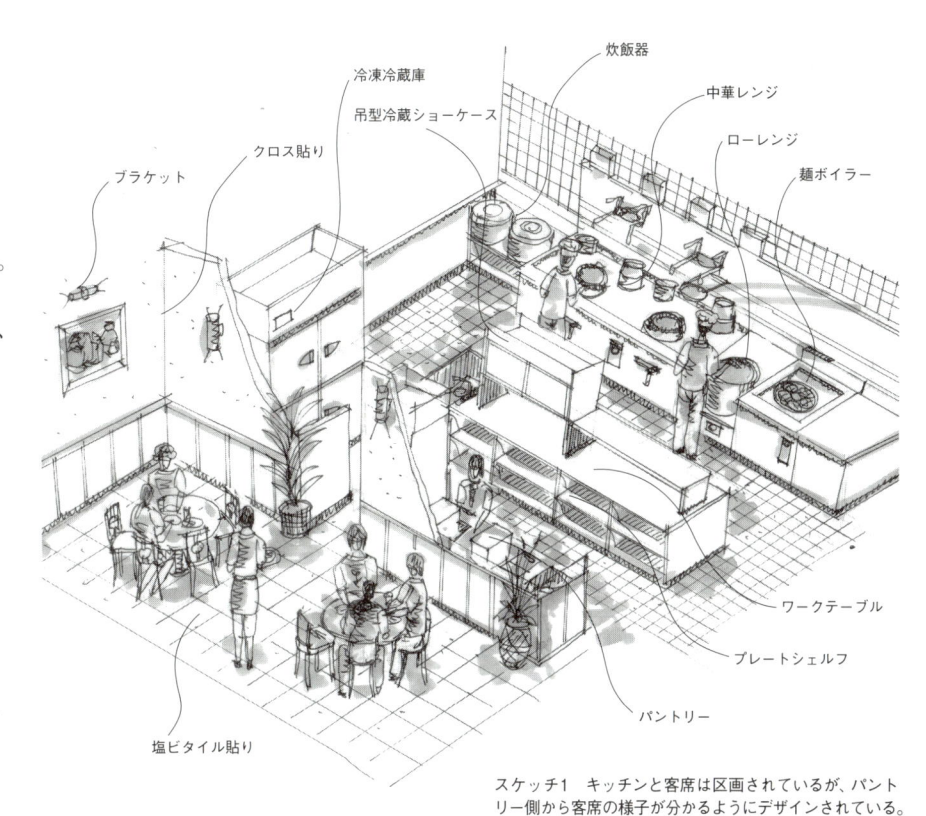

■ 平面計画／ゾーニング計画のポイント

この店のゾーニング計画は、入り口に向かって奥正面にキッチン、手前右側にトイレなどの付帯施設、中央に種々の客席を配置している。客席構成としてはベンチシート席、円卓席、個室円卓など、客の需要に合わせて全体の客席構成をしている。ランチ需要やディナータイムのグループ利用を喚起するように、個室は予約対応することや、一人客に対してはランチの繁忙時のみに相席をしてもらうスタイルをとる想定をしている。

キッチンスペースは客席と完全に区画し、パントリーのみ隣接しているものの、決して高級イメージではなくカジュアル感覚で利用してもらう環境づくりをコンセプトにしている。個室は完全区画するのではなく、各個室は扉を設けずにサービスがスムーズにできるように計画している。

■ 各部施設計画のチェックポイント

【スケッチ1】

キッチンと客席のスケッチである。
キッチン設備は本格的な中華料理店のキッチン設備を計画しており、料理提供の仕組みやサービスはキッチンの中央に配置されたセンターテーブルに料理が集まるように計画している。

基本的には、キッチンは客席と完全に区画しているものの、パントリー側から客席全体や客の動向が分かるように、壁にデザインを施している。

客席形態の特徴としては、円卓を中心に配置計画しているが、回転テーブルを設けず、客同士が料理を取り分けできる大きさの円卓テーブルに限定している。気軽に中華料理を楽しんでもらうという環境づくりに徹していることもあり、内装デザインも個性を抑えた装飾に留めている。

スケッチ1　キッチンと客席は区画されているが、パントリー側から客席の様子が分かるようにデザインされている。

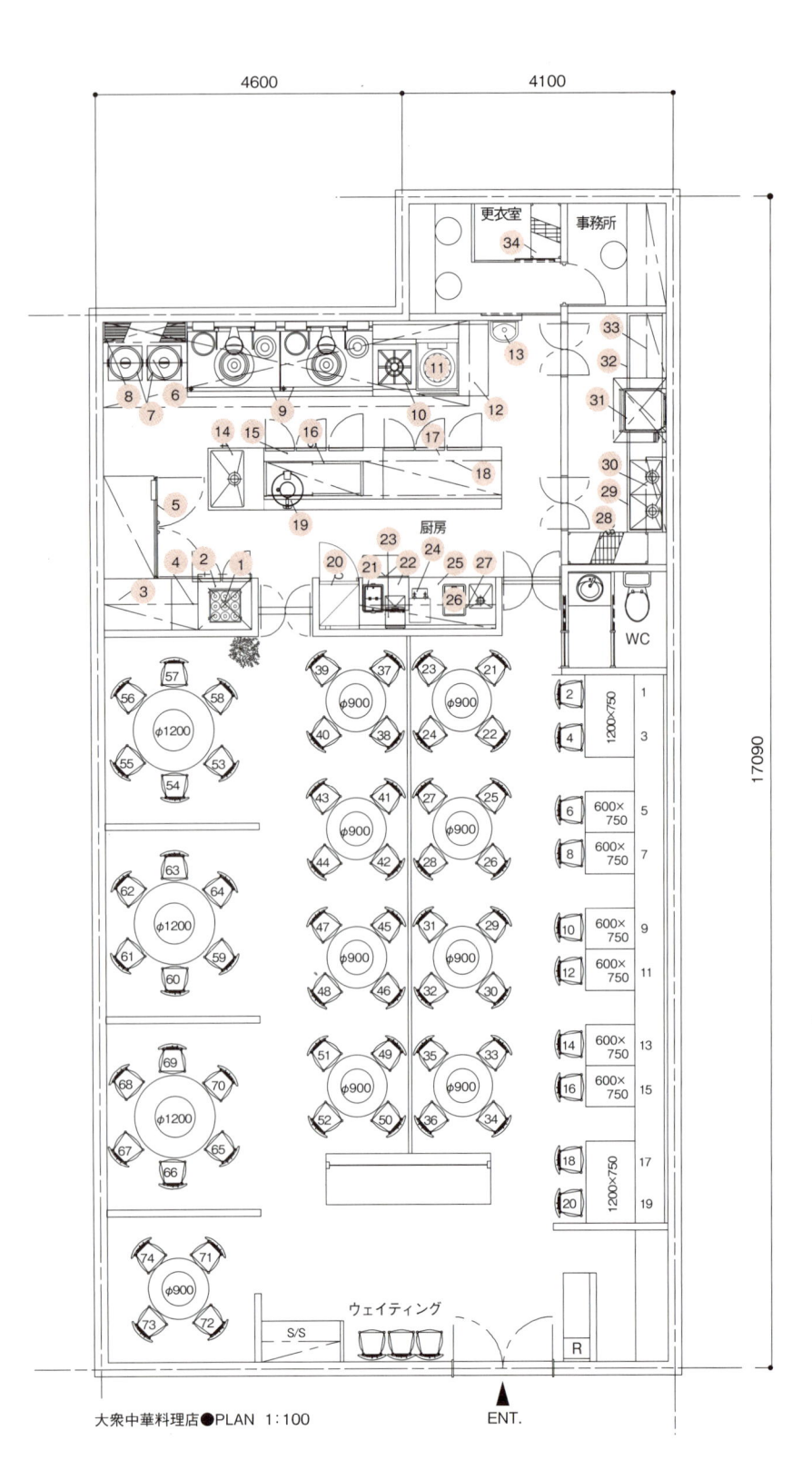

厨房機器リスト

No	品名	台数
1	蒸し器	1
2	冷蔵コールドテーブル	1
3	ワークテーブル	1
4	オーバーシェルフ	1
5	冷凍冷蔵庫	1
6	ワークテーブル	1
7	炊飯器	2
8	パイプシェルフ	1
9	中華レンジ	2
10	ローレンジ	1
11	麺ボイラー	1
12	ワークテーブル	1
13	ハンドシンク	1
14	シンク	1
15	冷蔵コールドテーブル	1
16	吊型冷蔵ショーケース	1
17	冷蔵コールドテーブル	1
18	オーバーシェルフ	1
19	ライスジャー	1
20	冷蔵ショーケース	1
21	酒燗器	1
22	アイスメーカー	1
23	タオルウォーマー	1
24	ビールディスペンサー	1
25	シンク付ワークテーブル	1
26	アイスビン	1
27	オーバーシェルフ	1
28	下膳ラック	1
29	ソイルドテーブル	1
30	ラックシェルフ	1
31	ディッシュウォッシャー	1
32	クリーンテーブル	1
33	オーバーシェルフ	1
34	シェルフ	1

メニューリスト

ピータン豆腐 800円　バンバンジー 880円　自家製チャーシュー 1000円　クラゲの酢の物 800円　三種前菜の盛り合わせ 1200円　ピータン 700円　蒸し鶏のネギソースかけ 1000円　五目前菜の盛り合わせ 1800円　蒸しアワビの冷製 2000円

海鮮
芝エビのマヨネーズ和え 1200円　殻付きエビの塩胡椒炒め 1200円　芝エビとマツの実の炒めレタス包み 1200円　棒カニ肉のピリ辛炒め 1200円　芝エビのピリ辛炒め 1200円　芝エビのチリソース 1200円　ホタテのオイスターソース炒め 1000円

カニ類
渡り蟹と長ネギと生姜の炒め 1200円　渡り蟹の味噌炒め 1200円　ホタテとアスパラの炒め 1000円　イカと季節野菜の炒め 1000円　イカのピリ辛炒め 1000円　イカのチリソース 1000円

コース
Aコース 3800円(鮮魚の冷菜・帆立貝柱塩炒め・旬の一皿・黒酢酢豚・鮮魚上海紹興酒蒸し・雑炊・杏仁豆腐)　Bコース 5000円(鮮魚の冷菜・ズワイ蟹の紹興酒炒め・海鮮のスチーム・帆立貝柱チリソース旬の一皿・赤葱炒飯・デザート)

ランチ
Aランチ 800円(前菜・本日のお料理・ご飯・スープ・デザート)　Bランチ 1000円(前菜・本日のお料理・ご飯・スープ・デザート)

大衆中華料理店●PLAN 1:100

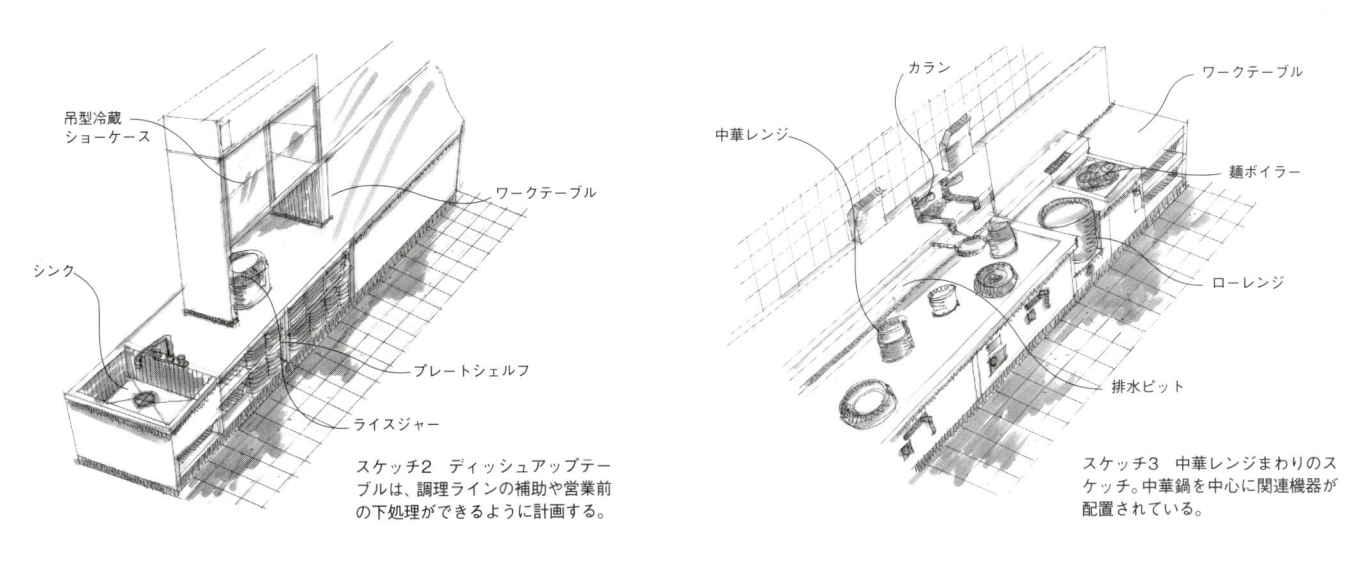

スケッチ2 ディッシュアップテーブルは、調理ラインの補助や営業前の下処理ができるように計画する。

スケッチ3 中華レンジまわりのスケッチ。中華鍋を中心に関連機器が配置されている。

【スケッチ2】
ディッシュアップテーブルのスケッチである。テーブルの大きさとしては、熱源ラインに並行して配置しているため、スペースとしては大きく調理ラインの補助機能や営業前の下処理ができるように計画している。
またクッキングラインとパントリー側の両側から料理を取り出せるように吊型パススルー冷蔵ショーケースを配置し、よく出る冷製料理は事前に冷蔵ショーケースに準備し、スピーディーに提供できるようにしている。
また料理を取り分けて食べることが多いので、盛り付けるための料理皿や取り分けの小皿など常に周辺に配置しておくことが理想的であろう。
またアイランドテーブルを長くする利点としては、繁忙時にサービスする担当者が複数コーナーに入れるなど、繁忙時を想定してパントリー周辺のスペース計画をすることが大切である。

【スケッチ3】
中華レンジラインのスケッチである。
基本的には、本格的中華レンジの設備を配置することである。中華レンジの主体は中華釜を中心にその他周辺機器が配置される。中華鍋を洗う場合には、壁側に設置したカランをお玉で動かし、お湯を鍋に入れて、竹ブラシで鍋の中を洗いそのままテーブルの奥に配置している溝(排水ピット)に汚れた水を流す仕組みになっている。

中華料理は鍋一つで種々の料理を調理するため、常に鍋についたソース類を洗い流し、次の料理を素早く調理できる仕組みになっていることが多く、下処理と鍋と火力の調整で料理の美味しさが決まるともいわれる料理である。
つまり火力調整もすぐに火の強さを調整(調理人の膝や手で簡単にレバーを左右)することができるようになっていることがポイントである。
この店の場合には、麺ラインは中華ラインに隣接するように配置し、麺ボイラー、スープストックの順に計画し様々な麺料理に対応できるように機器配置している。

厨房機器解説3

中華レンジ

中国料理におけるレンジは、炒め用の釜枠のついたバーナー単体のものから煮込みや湯沸用の釜が組み合わされたものがある。中華レンジ一つで炒め物、煮物、揚げ物、蒸し物、麺類までの調理を行うため、万能な用途が求められるとともに、メニュー構成やシェフの意見により特注されることが多い。中国料理は強い火力で短時間に仕上げる料理が多いため、一般のガスレンジの大型バーナーが10,000～15,000kcal/h（11.6～17.4kW）のガス消費量であるのに対し、中華レンジ用のバーナーは、20,000～35,000kcal/h（23.3～40.7kW）のガス消費量である。メーカーによっては40,000～45,000kcal/h（46.5～52.3kW）という機器もある。たくさんのガスを消費させるためには、より多くの1次空気を供給しなければならないので、一般のバーナーと比べて空気の取り入れ方にも様々な工夫がされている。

また、甲板は前面、両側面に水返しの立ち上がりが設けられ、奥の排水溝へ緩やかに傾斜している（手前に排水溝が設けられており、手前に傾斜しているものもある）。使用した鍋をその場で洗い、流し捨てるためのものである。当然、バックガードには給水給湯のフォーセットが取り付けられている。

中華レンジ用のバーナーは、炎が長く吹き出し鍋全体を覆うため、鍋の内部や周辺に炎が回らないように気をつける必要がある。上部のフードにおいては十分な能力を有するグリスフィルターを取り付けるとともに、まめに清掃することが重要である。

中華レンジ
写真提供：マルゼン

【スケッチ4】
洗浄ラインのスケッチである。洗浄エリアは、担当する人がラインを往復するように動くよりも、コの字にライン構成しスタッフの動きを少なくすることが理想的であるが、店の大きさやスペースの制約によって直線に洗浄ラインを計画しなければならない場合もある。
全体構成としては、下膳される皿類を置くソイルドテーブルの配置がポイントとなる。ソイルドテーブルを大きく確保できない場合には、ラックシェルフを周辺に配置し一時的に下膳しておくなど、客席数や繁忙時に下膳されてくる皿類の数によってスペースを計画することが大切である。
一般的にはシンクは二槽配置する。汚れが強い皿を一次的に漬け込んでおくための漬け込みシンク、食器類にこびりついた汚れを軽くすすぐためのシンクの二つのシンクを配置することが多い。併せて洗浄機を通してクリーンテーブルで皿を整理するという作業がスムーズにできるように計画することを忘れてはならない。

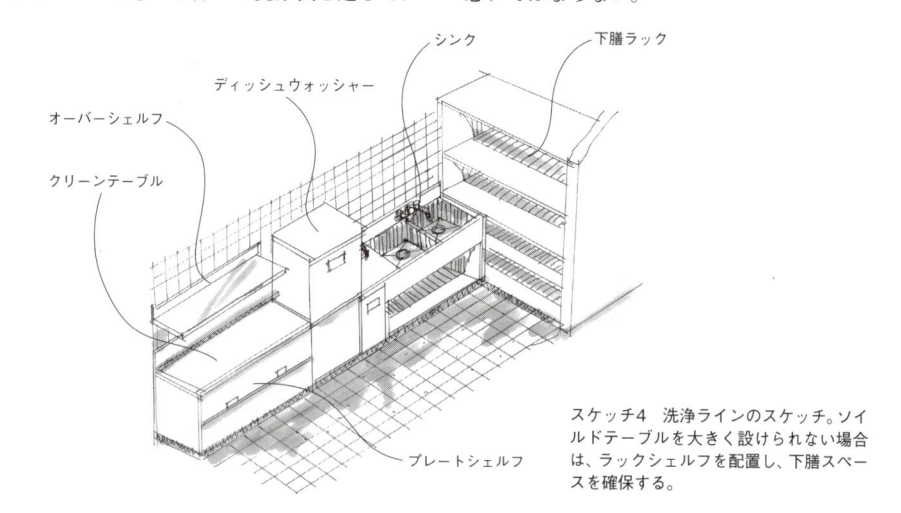

スケッチ4　洗浄ラインのスケッチ。ソイルドテーブルを大きく設けられない場合は、ラックシェルフを配置し、下膳スペースを確保する。

厨房機器解説 4

冷凍庫・冷蔵庫

[分類]
一般的に、設定温度が-20℃以下のものを冷凍庫、5～10℃のものを冷蔵庫と呼ぶ。
形状は、2～6室のタテ型のものと1～3室で甲板が作業台として使えるコールドテーブルと呼ばれているヨコ型に大別される。コールドテーブルについては、別途機器解説をする（P29）。

[冷却方式]
上の図は冷凍サイクルを示した図である。中央の四角い輪の中に、圧縮機(Compressor)・凝縮器(Condenser)・膨張弁(Expansion valve)・蒸発器(Evaporator)があり、この配管の中を冷媒が循環している。
●冷媒：熱の運搬役。圧力変化に伴い、状態変化(気化・液化)させることにより、熱の吸収・放出を繰り返す。
●圧縮機(コンプレッサー)：低温・低圧のガス冷媒をピストン等で圧縮し、高温・高圧のガス冷媒にする。(熱吸収)
●凝縮器(コンデンサー)：高温・高圧のガス冷媒から熱を放出させて、常温・高圧の液状冷媒にする。(熱放出)
●膨張弁(エキスパンションバルブ)：キャピラリーチューブともいう。常温・高圧の液状冷媒を、細孔(細い管)をくぐらすことにより、減圧と流量制御を行い、低温・低圧の液状冷媒にする。(熱放出)
●蒸発器(エバポレーター)：低温・低圧の液状冷媒が熱を吸収し、低温低圧のガス冷媒にする。(熱吸収)
気体冷媒を圧縮機で圧縮すると、分子がぶつかり合って摩擦熱により温度が高くなる。これを熱交換器に通すと熱が外に放出され、冷やされて冷媒は液体になる（凝縮）。圧力が高いままで冷えた液体は細い管の中に入ると、今度は圧力が低くなってくる。圧力が低くなると液体はより簡単に気化するので、これを熱交換器に通すと蒸発して気体になる。このときに「気化熱」という熱を奪って、周囲を涼しくする。この気体をまた圧縮させて、同じことを繰り返すのが冷凍サイクルである。
凝縮器と蒸発器はともに「熱交換器」と呼ばれるもので、冷蔵庫の場合は左側の蒸発器で庫内の熱を吸って冷やし、右側の凝縮器でその熱を庫外に排熱する。
したがって、タテ型の冷凍庫・冷蔵庫の場合、右の図のように機器上部に機械部があり、そこでこのような熱交換が行われている。したがって、そこからは多くの熱が排出される。そのため、充分な冷却能力を確保するためには、凝縮器(コンデンサー)の前に取り付けられたフィルターをこまめに清掃したり、機械部の空気の対流をよくしたりすることが重要である。そうすることが、省エネや機器寿命を延ばすことにつながる。
また、冷気を上部の冷却器から庫内に放出するので、冷凍冷蔵庫では、冷凍庫が1室の場合は必ず上側の扉の方になる。2室の場合は、片側の上下2室が冷凍になる。

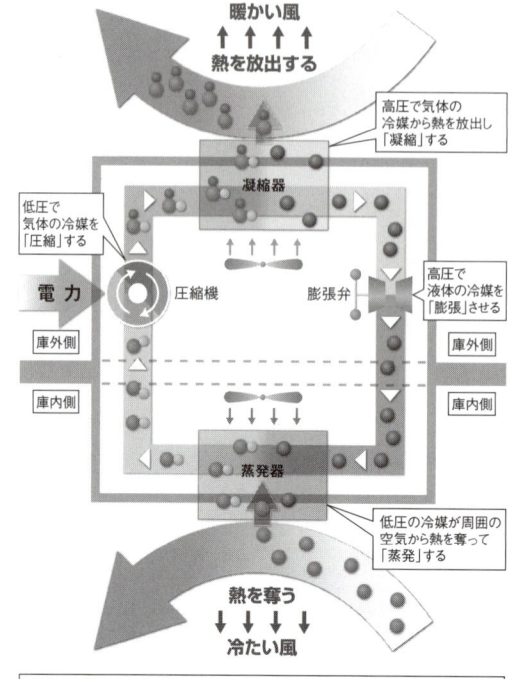

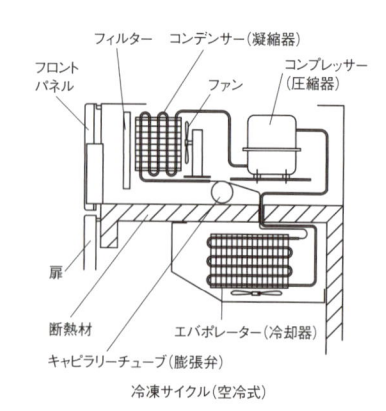

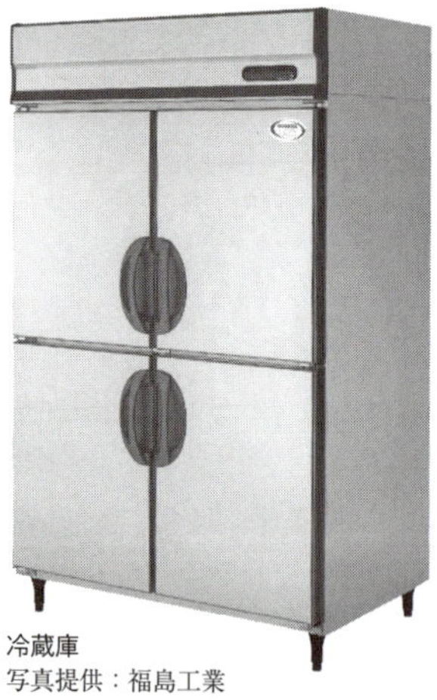

冷蔵庫
写真提供：福島工業

資料提供：福島工業

03 | タピオカ＆クレープの店
女性の熱い視線を集める新業種

78.4m²

28 seats

内装設備工事費2000万円
月商売上予測550万円

■ 企画づくりとコンセプト

近年若年層の男女あるいは女性客の間でタピオカドリンク店に熱い視線が集まっている。発祥の地である台湾はもとより、現在では日本や他の東南アジア、欧米諸国などでも広く親しまれている。

このタピオカとは、中華料理のデザートとしてよく出されていたものであり、中華点心では小粒のものを煮てココナッツミルクに入れて甘いデザートとして食べる。

他にぜんざいのように豆類を甘く煮た汁と合わせたり、果汁やシロップと合わせたものもある。一般的には、タピオカの形状としては乾燥状態で直径5mm以上、実際の使用方法としては、冷凍状態で仕入れ、店で茹でて戻して利用することが多い。シロップに浸しておいて、タピオカを注文に応じてミルクティーに入れてタピオカティー、ブルーベリーシロップ、ストロベリーなど種々のアレンジしたタピオカに人気が集まっている。

店舗形態としては、タピオカの種々のドリンクメニューを提供する移動販売車のタイプもあるが、都心部で若年層が多い立地で5坪ほどの小さい店や、客席を付帯した店など、様々な形態の店が見られる。

またタピオカドリンクとは冷たいドリンクであるため、季節的に冬の売り上げが低下する。対応策としては、クレープとの組み合わせや鯛焼き、たこ焼きなどタピオカと複合させた店が多くなっている。

客単価としては、若年層（中学・高校生・大学生など）の女性客を主軸に置くため約300円前後の価格設定が多く、立地にビジネスの良し悪しが強く左右される業種でもあろう。立地としては、街の一番立地の範囲内に入っていれば、客席を付帯した店や5坪以内の店でもビジネスとしては成立する可能性は高いと言えよう。

サービススタイルとしては、ファストフードのセルフサービスシステムを採用し、客が販売カウンターでメニューを注文し、ピックアップカウンターで料理を受け取るという仕組みである。いかに繁忙時間帯にスピーディーに商品を提供できる仕組みづくりができるかどうかでビジネスの成否が大きく左右されることを忘れてはならない。

■ 平面計画／ゾーニング計画のポイント

この店のゾーニングは、入り口に向かって右側に客席を配置し、左側にキッチンスペースを確保している。事務所やトイレなどの付帯施設は、店がうなぎの寝床であるため一番奥側に配置している。

全体のサービスの流れとしては、販売カウンターでメニューを注文し、ピックアップカウ

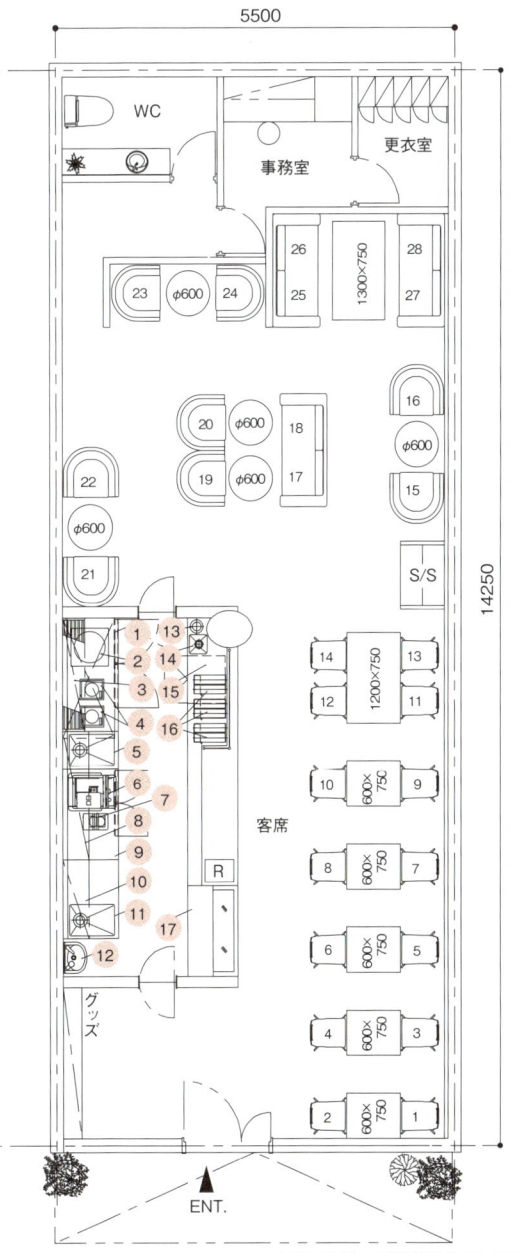

厨房機器リスト

No	品名	台数
1	収納キャビネット	1
2	クレープマシン	1
3	オーバーシェルフ	1
4	電磁調理器	2
5	シンク	1
6	エスプレッソマシン	1
7	ミルククーラー	1
8	オーバーシェルフ	1
9	冷蔵コールドテーブル	1
10	オーバーシェルフ	1
11	シンク付ワークテーブル	1
12	ハンドシンク	1
13	ダストシュート	1
14	バーシンク	1
15	アイスメーカー	1
16	ジュースディスペンサー	3
17	冷蔵ショーケース	1

タピオカ＆クレープの店●PLAN 1:100

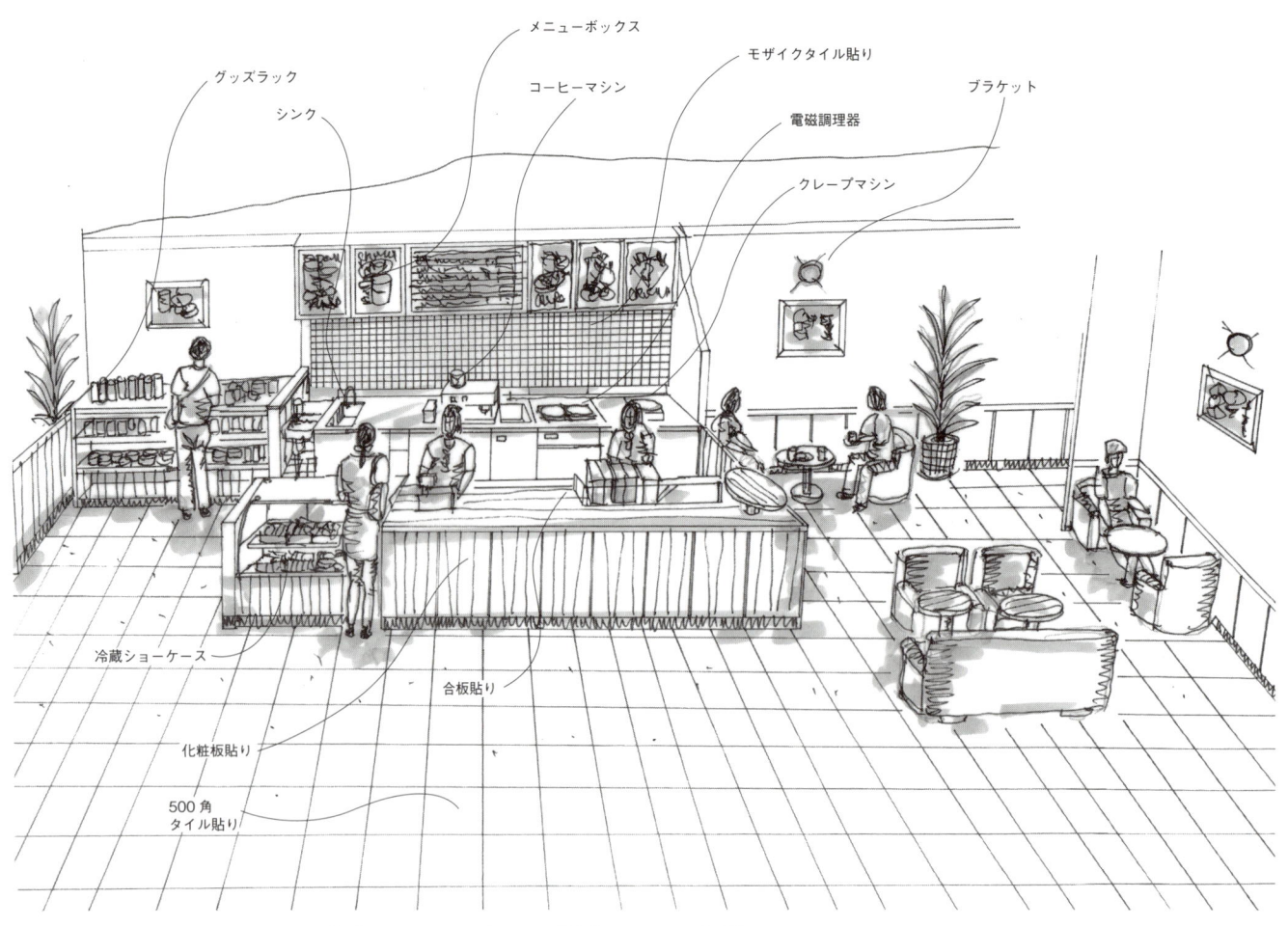

スケッチ1　客席を持ったタピオカ＆クレープの店。ファストフード店であるが居心地のよいソファ席を設けている。

（図中ラベル）グッズラック／シンク／メニューボックス／コーヒーマシン／モザイクタイル貼り／電磁調理器／ブラケット／クレープマシン／冷蔵ショーケース／合板貼り／化粧板貼り／500角タイル貼り

ンターで商品を受け取るというセルフサービスであり、受け取った商品を持って好きな客席で料理を楽しむという仕組みである。このようなサービスとしたとき、繁忙時とアイドル時など人員配置に合わせて臨機応変にサービスできるオペレーションとすることが大切である。

商品のサービスは、すべてワンウェイの紙コップ類を使用し、客にダストボックスへ捨ててもらう、あるいはスタッフがそのつどテーブルや椅子の位置を直す際に食べ終わったカップ類を処理するなど、少ない人員でオペレーションできるように計画しておくことが大切であろう。

■ 各部施設計画のチェックポイント

【スケッチ1】
この店の場合は客席を付帯した店であり、ファストフードであるものの、居心地のよいソファ席と一般席を配置計画している。基本的には、ファストフードである以上、販売カ

厨房機器解説 5

クレープ焼き器

クレープ焼き器は、直径40cm程度の熱板で生地を薄く延ばして焼き上げる。加熱熱源によって、電気式とガス式に分けられるが、ガス式の方が温度の立ち上がりが早いという利点がある。電気式の方が熱板の厚みが厚い傾向があり、15mm以上のものを採用しているのに対し、ガス式は10mm前後である。

薄いクレープを焼きむらなく作るためには、熱板の熱歪が少なく温度分布が均一であることが望ましいので、電気式の方が有利であるが、連続して焼く場合は熱板温度のリカバリーを考えると200Vモデルの採用を検討したい。

電気クレープ焼器
写真提供：ニチワ電機

ウンターでメニューを注文するため、レジの後方にはメニューボード、メニューイメージのコルトンなどを配し、客へ商品を訴求しておきたい。

内装材としては合板、塩ビシート、タイルなど比較的清掃性がよく空間デザインとしては明るく女性客が好むイメージを想定し計画している。

販売カウンターの位置は入り口に近く、客がアプローチしやすいように、入り口から販売カウンターまでの距離は約3m以内にとどめることが大切である。

【スケッチ2】

クレープラインまわりである。
タピオカとクレープを主軸においたメニュー構成であるものの、コーヒーなどクレープとの組み合わせを検討しコーヒーマシンも配置している。

電磁調理器は、冷凍したタピオカを茹で戻すための機器であり、繁忙時前に仕込んでおくため、繁忙時には利用頻度は少なくなる。

クレープマシンは、冷蔵コールドテーブルの上に配置し、注文ごとに下の冷蔵庫からクレープ用のミックスを取り出し、クレープの鉄板の上に生地を載せてトンボ（生地を円形に伸ばす竹べら）で生地を焼くための周辺設備を配置している。

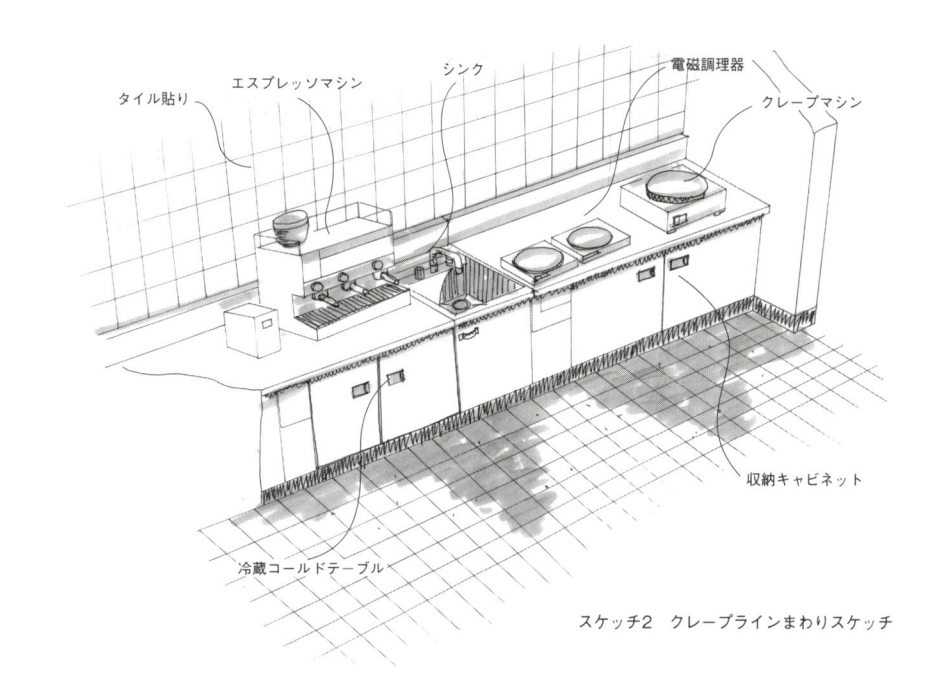

スケッチ2　クレープラインまわりスケッチ

（タイル貼り／エスプレッソマシン／シンク／電磁調理器／クレープマシン／収納キャビネット／冷蔵コールドテーブル）

メニューリスト

タピオカ

ミルクティー 280円　ココナッツミルクティー 300円　チョコレートミルクティー 380円　カフェラテ 300円　キャラメルラテ 350円　抹茶ラテ 350円　チョコレートラテ 380円　抹茶オーレ 380円　きなこオーレ 380円　キャラメルミルク 380円　アイスココア 380円　ミルクチョコレート 380円　いちごミルク 380円　マンゴーヨーグルト 400円　いちごヨーグルト 400円　クリームミルクティー 400円　クリームココナッツミルクティー 420円　クリームカフェラテ 450円　クリームキャラメルラテ 450円　クリーム抹茶ラテ 450円　クリームミルクむらさき芋 480円　クリームミルクいちご 480円　マンゴーフローズン 420円　ホットミルクティー 300円　ホットココナッツミルクティー 350円　ホットレモンティー 330円　ホットコーヒー 300円　ホットラテ 350円　ホットチョコ&ココア 380円　ホットゆず 380円　ホットはちみつレモン 380円

クレープ

チョコレート 380円　アーモンドチョコ 480円　チョコバナナ 480円　バターシュガー 380円　カスタード 380円　チョコカスタード 380円　チョコバナナカスタード 480円　シナモンアップル 480円　ブルーベリージャム 380円　ツナ 380円　ツナピザチーズ 480円　チョコ生クリーム 480円　イチゴ生クリーム 480円　チョコバナナクリーム 480円　カスタード生クリーム 480円　イチゴチョコ生クリーム 480円　カスタード生クリーム 480円　チョコアイス 480円

厨房機器解説 6

電磁調理器

IH調理器とも呼ばれ、電磁誘導の原理による誘導加熱を利用して、調理を行う。具体的には、機器内部の磁力発生コイルに交流電流を流し、発生した磁力線が鍋底に渦電流を発生させ、この電流によるジュール熱を利用して調理する。直接鍋釜が熱を発するために熱効率は非常に高い。

機器自身は電子機器であり、内部で発生する熱を逃がさないと不具合の原因となる。そのため、機器前面には吸気口があり、機器後方のバックガード上部には排気口がある。また、吸気口には、グリスフィルターが取り付けられており、目詰りしないように定期的に清掃する必要がある。

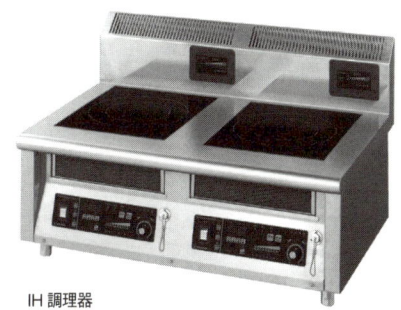

IH調理器
写真提供：ニチワ電機

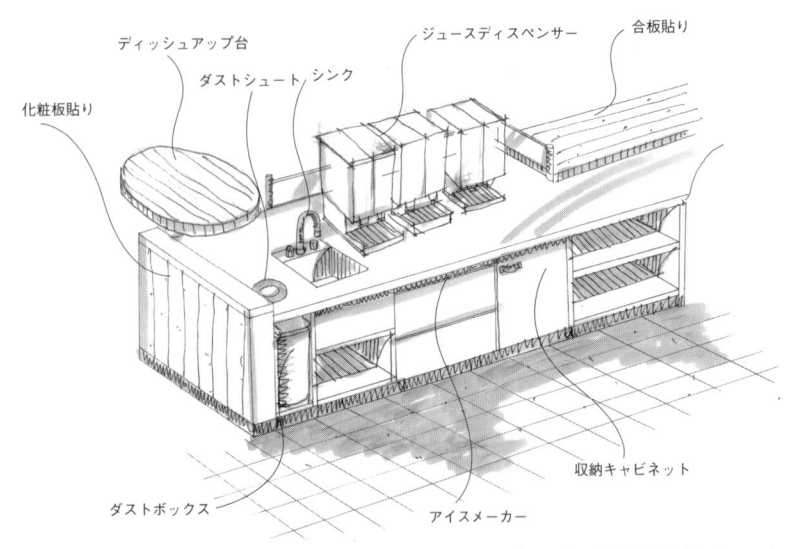

スケッチ3 タピオカドリンクコーナー。ドリンクディスペンサーの近くにシンクを配置しておく。

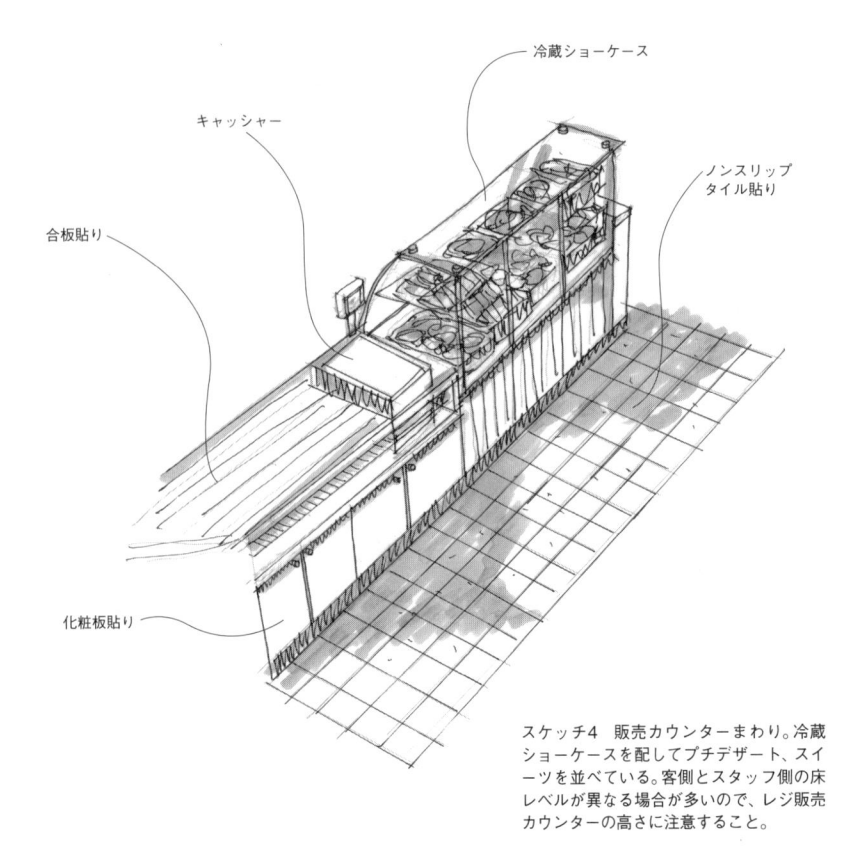

スケッチ4 販売カウンターまわり。冷蔵ショーケースを配してプチデザート、スイーツを並べている。客側とスタッフ側の床レベルが異なる場合が多いので、レジ販売カウンターの高さに注意すること。

【スケッチ3】

タピオカドリンクコーナーのスケッチである。タピオカの製造方法としては、注文を受けてコップに事前に仕込んでおいたシロップ漬けのタピオカを適量入れてミルクティー、ストロベリーなどのドリンクと氷を2個、3個ほど入れて蓋をして提供するというオペレーションになる。

タピオカの場合には、ドリンクそのものを冷やしすぎると、タピオカが硬くなってしまうため、キンキンに冷えたドリンクではダメなことを理解しておく。

ドリンクディスペンサーの周辺には、サービスシンクを配置しておくことが理想的である。タピオカの蓋として専用シーラーで完全に密封するスタイルがテイクアウト店の定番となっているものの、テイクアウトが主体でなければ、カップの蓋が少し密閉度の高い蓋でも充分に対応できる方法である。

タピオカの蓋として専用シールを使用する場合には、ピックアップカウンターの最後にシーラーを配置することを忘れてはならない。

【スケッチ4】

販売カウンターまわりのスケッチである。レジの入り口側に冷蔵ショーケースを配置し、タピオカ、クレープ以外の需要を喚起するためにプチデザート、スイーツなどをメニューとして並べている。

あくまでタピオカとクレープが主軸メニューであるものの、スイーツ店の場合には衝動買いが多く、いかに女性客に商品の訴求を高めるかが大切だ。注文については、レジ横のカウンターメニューと背後のメニューボードの内容で選定してもらうようになるため、繁忙時にはスムーズな選定誘導やアドバイスが重要になる。

レジ販売カウンターの高さも厨房の床上げなど条件によっては最高1200mmになることなど、客側とスタッフ側の床レベルが異なる場合のサービスの配慮もしておくことが大切である。

04 | 上海中華レストラン

上海家庭料理に視点を置いたメニューの中華居酒屋

127.5m²

65 seats

内装設備工事費2500万円
月商売上予測650万円

■企画づくりとコンセプト

上海料理は、中華料理の4大料理の一つであると言える。認知度が高い料理としては上海蟹、えんどう豆と海老の炒め物（青豆蝦仁）、シャオロンパオ（小篭包子）などがあり、比較的日本人の味覚に合った料理である。

なかでも上海蟹は有名であり、本場上海でも価格が高くなかなか口にできない味覚のひとつであろう。

上海料理といっても一般的に庶民が食べる家庭料理も多く、価格も安く気軽に料理を楽しめるのが魅力である。

もちろん上海蟹のシーズンには、低価格で提供できる仕組みを確立しておくことが店としての価値を高めることになるが、この店の企画では、あくまでも上海料理（家庭料理）に主眼をおきメニュー構成をしている。

客層としてはサラリーマン、OL、ファミリーなど中華料理を好む人をターゲットとし、気軽に利用できる上海料理店であることを認知させることがビジネスとして成功させるポイントである。

特にシャオロンパオは日本人にも認知度が高く、馴染みのあるメニューであるので、看板メニューとして訴求することが集客力アップのポイントになるだろう。

ランチタイムとディナータイムの利用が中心になるので、ランチで1000円以内、ディナーでは一品料理が約680円から1200円以内で設定しておくと良いだろう。

あくまでも気軽に利用できる、中華料理をつまみにした中華居酒屋であり、料理の楽しみ方としては、グループでいろいろなメニューを取り分けて楽しむということで一人あたりの金額負担も軽減できる。

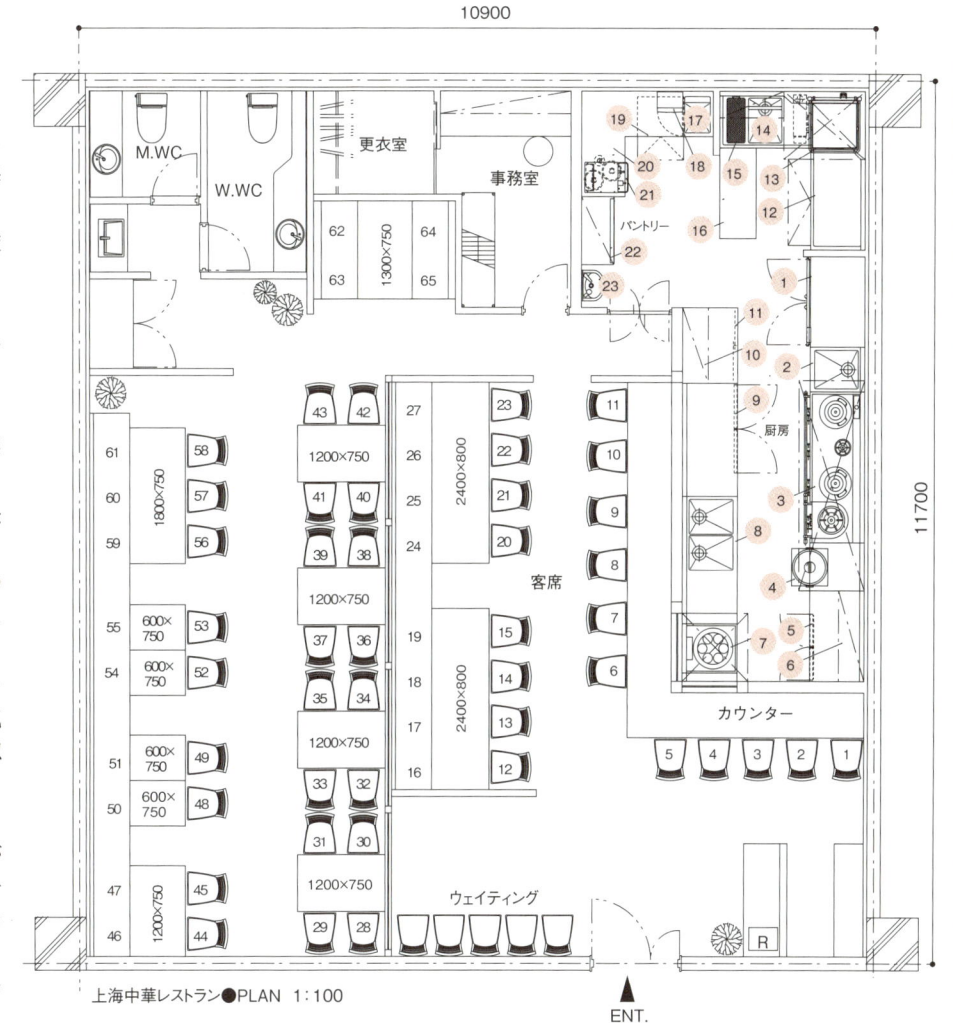

立地としてはオフィス、繁華街が混在している場所、地方都市の駅前ビルの2階など。上海料理店の看板を掲げる競合店が少ないためさほど立地には左右されないものの、基本的にはターゲットとする客層が周辺に存在することが成立させるためのポイントである

上海中華レストラン●PLAN 1:100

厨房機器リスト

No	品名	台数
1	冷凍冷蔵庫	1
2	シンク	1
3	中華レンジ	1
4	炊飯器	1
5	冷蔵コールドテーブル	1
6	オーバーシェルフ	1
7	麺ボイラー	1
8	二槽シンク付ワークテーブル	1
9	冷蔵コールドテーブル	1
10	オーバーシェルフ	1
11	ディッシュアップテーブル	1
12	クリーンテーブル	1
13	ディッシュウォッシャー	1
14	シンク	1
15	ダストシンク	1
16	ソイルドテーブル	1
17	シンク	1
18	タオルウォーマー	1
19	アイスメーカー	1
20	ドリンクテーブル	1
21	酎ハイ＆ビールディスペンサー	1
22	冷蔵ショーケース	1
23	ハンドシンク	1

メニューリスト

香菜千絲―みつばと豆腐千切り 400円　叉焼―焼豚 600円　蒸し若鶏醤油ソースかけ 700円　木くらげ豚肉の玉子炒め 880円　豚角の醤油煮 980円　上海風辛唐揚げ 890円　いかのカレー風味冷菜 980円　ゆばと海老の揚げ巻き 1200円　四川麻婆豆腐 1000円　牛肉とにがりオイスターソース 1800円　海老蒸し豆腐 1200円　芝海老のチリソース 1200円　いか塩胡椒ガーリック炒め 1000円　渡りカニ唐辛子唐揚げ 1280円　渡りカニ玉子とじ 1280円　青菜と餅の塩炒め 890円　高菜・カニ肉入りチャーハン 880円　エビ・フカヒレあんかけチャーハン 1000円　海鮮卵白あんかけチャーハン 1100円　坦々麺 800円　牛肉麺 1000円

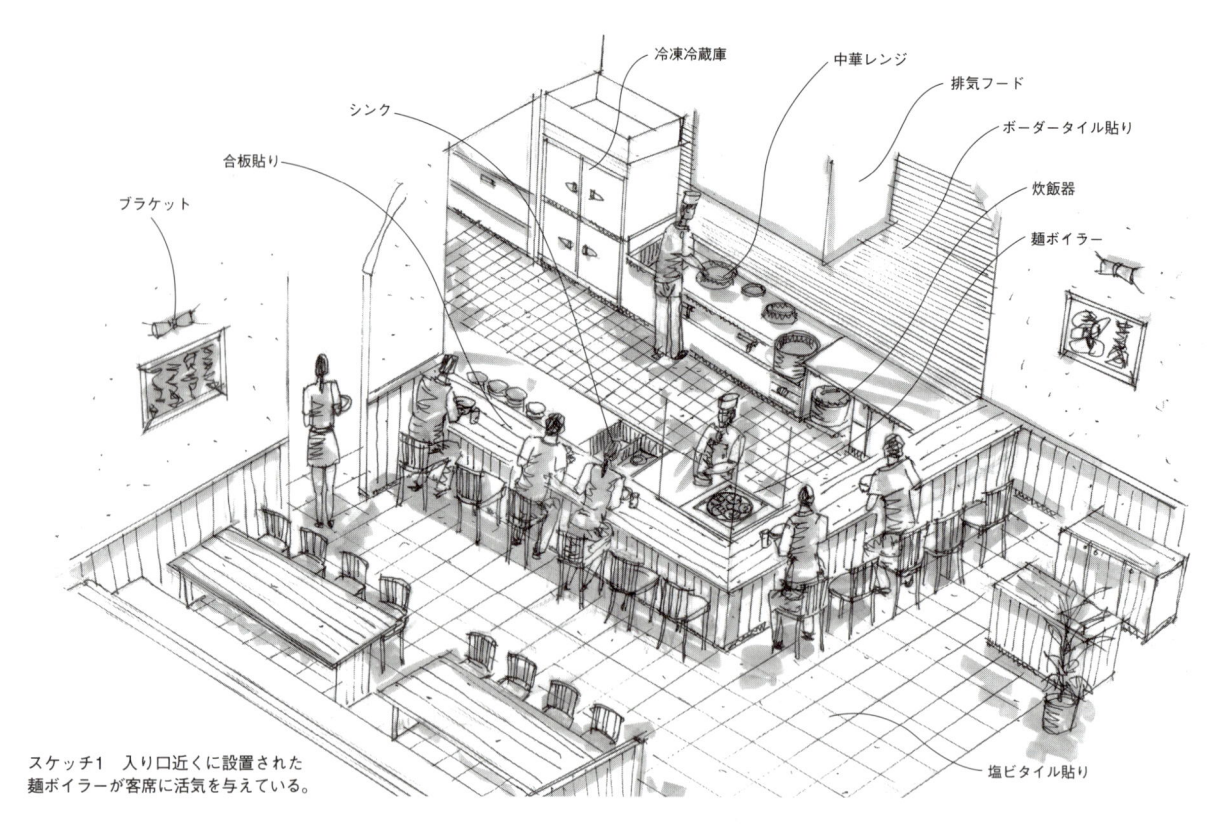

スケッチ1 入り口近くに設置された麺ボイラーが客席に活気を与えている。

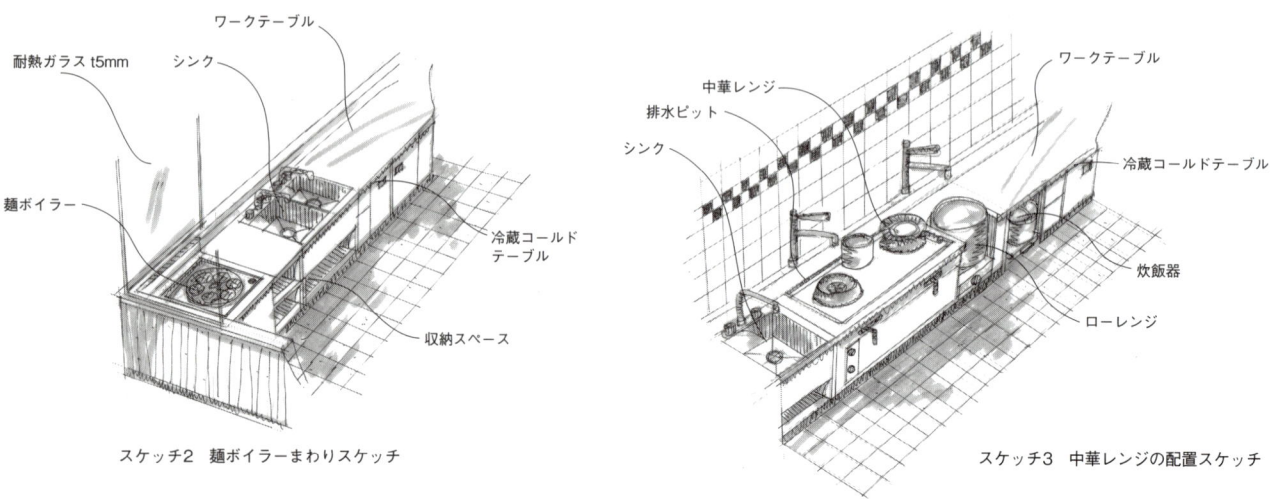

スケッチ2 麺ボイラーまわりスケッチ

スケッチ3 中華レンジの配置スケッチ

ことは変わらない。
シャオロンパオなどのテイクアウトできる料理は、店頭に表示しておくことや入り口周辺に料理のテイクアウトコーナーを配置することも、気軽に客を店へ誘導させるためのカギになるだろう。また立地によっては店内が閉鎖的にならないようにしておくこともポイントである。
また店頭でメニュー内容や価格を告知しておくことも、集客するための誘引材となり、一見客でも気軽に入りやすい店構えにすることを忘れてはならない。

■ 平面計画／ゾーニング計画のポイント

この店のゾーニング計画は、入り口に向かって右側にキッチンを設け、隣接するようにバックヤード(事務所、更衣室)、トイレを配置し、左側にベンチシート席、4人席など一人客用としてキッチンを囲むようにカウンター席を配置している。
中華料理の客席形態としては、円卓で食事を囲むテーブルや客席が多いものの、あくまでも予約客ではなく一般客を主軸にする場合には、種々の客層に合わせた客席構成にしておくことが理想的である。
キッチンをセミオープンにし、キッチンの臨場感や本場中国人の料理人が調理しているという料理への期待や好奇心を喚起する演出をしている。
もちろんキッチンのバックヤードである洗浄エリアやドリンクパントリーは、客席側から見えないように区画し、あくまでもキッチンの調理のライブ感を訴求することに焦点を絞っている。

■ 各部施設計画のチェックポイント

【スケッチ1】
この店のインテリアイメージは、企画コンセプトを忠実に表現できるように、入り口近くに麺ボイラーを配置し、常に料理人が客席側を向いているように配置計画している。
キッチンは客席と一体化したデザインイメージとして調理の臨場感や音を一つの演出材としている。麺ボイラーのコーナーのみ耐熱ガラスで区画しているものの、その他のカウンター席は、キッチンと客席が一体化する計画にしている。
全体のイメージとしては、こてこての中華料理店のイメージではなく、基調として黒とペパーミントグリーンを全体のイメージづくりの柱に据えており、比較的落ち着いた雰囲気のイメージづくりを計画している。

この基調色は中国の寺院の装飾によく使用されており、あえて赤やオレンジなどの派手な色は避けている。

【スケッチ2】
麺ボイラーまわりのスケッチである。
本場の中華料理店には麺料理は少なく、麺メニューのない店も多い。しかし日本の場合にはラーメン好きという国民性もあり、そのニーズを避けることができないため、分かりやすい中華料理としてのイメージとして麺ボイラーを一つの演出として計画している。
ランチ時には、メイン、ご飯、スープ、デザートなど一つの定食スタイルで提供することが店側のサービスとしても効率的であるため、ラーメンと野菜炒めなど炒め料理の定食が注文の柱になるだろう。
麺ボイラーの横には、麺箱を置くスペースとその隣にはシンク、ワークテーブルを兼ねた冷蔵コールドを配置し、料理の盛り付けの中心がワークテーブルになるように計画している。
調理の流れとしては、中華レンジで調理された料理は一時的にワークテーブルで皿に盛り付け、キッチンの奥へディッシュアップされるという仕組みである。

【スケッチ3】
中華レンジの配置計画のスケッチである。中華レンジの配置は中華料理を主軸にする店はさほど変わるものではなく、中華釜、スープレンジ、麺ボイラーの構成が多く、配置計画によって麺ボイラーの位置が変化する、あるいはスープレンジを配置しないなど、そこで働く調理人の意向で機器配置が計画されることがほとんどと言える。

中華料理の調理は、火をコントロールすることによって料理を調理することが多く、基本は中華釜のカロリーや周辺設備（水、排水など）、調味料ワゴン、下処理した具材を保冷しておくための冷蔵庫の位置など、料理提供の仕組みによって変化するものの、基本体系は大きく変わるものではないことを理解しておくと計画に応用性がつくだろう。
オープンキッチンの場合には、インテリアデザインとキッチンデザインを違和感なくするために、たとえば中華レンジの壁面タイルデザインを同一にするなど、空間の一体化を図ることが重要なポイントであることを忘れてはならない。

【スケッチ4】
洗浄エリアのスケッチである。洗浄エリアも食器類を洗浄するという行為や仕組みは大きく変わるものではないものの、業種業態によって微妙に施設計画が変化してくる。
この店の場合には、コの字型の理想的な洗浄

エリアであり、洗浄エリアで働くスタッフがエリア内で大きく動くことなく、機器ラインに沿って回転する動きが主体になる。
この店の場合には、客席を担当するスタッフが客の使用した皿類を下膳し、ソイルドテーブルに並べていく方式である。グループ客などのテーブルの下膳はバスボックスに皿類を収納し、バスボックスのままソイルドテーブルに下膳してくる、あるいはダイレクトに皿類をお盆に載せるだけ載せて下膳する場合など、時間帯や繁忙状況に合わせてオペレーションを変化させることが一般的であろう。
皿類を洗う工程としては、皿類に残った残菜類をダストシンクに捨て軽く汚れを洗い流し、洗浄ラックに皿類を投入し、洗浄を終えたラックから食器類を取り出し、一時的にクリーンテーブルのプレートシェルフに収納、再び各ラインに食器を戻すことが洗浄エリアの仕事である。客席がさほど多くない場合には、常に配置せずにその他の業務を兼ねる場合も多いことを理解しておこう。

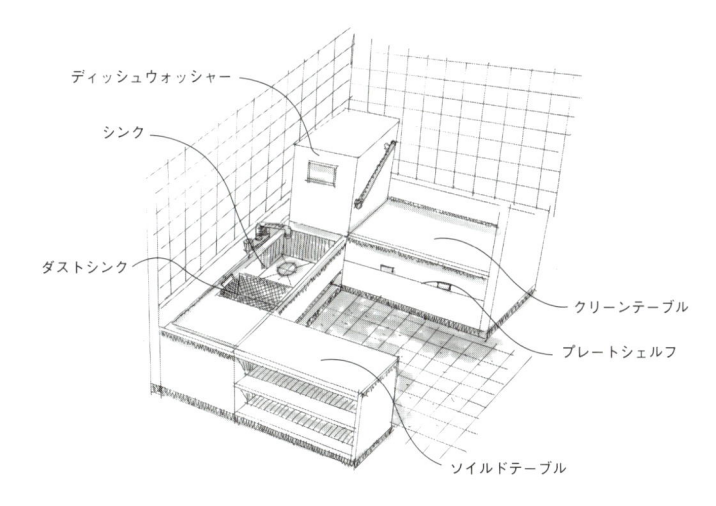

ディッシュウォッシャー
シンク
ダストシンク
クリーンテーブル
プレートシェルフ
ソイルドテーブル

スケッチ4　洗浄エリアは、スタッフが大きく動くことなくラインにそって回転できるコの字型が理想的である。

厨房機器解説 7

蒸し器

下部の水タンクをバーナーもしくはヒーターで加熱し、蒸気を発生させる機構の機器で、上に蒸篭をのせて調理するものや、ドロワータイプのもの、キャビネットタイプのものがある。基本は鍋でお湯を沸かし、その上に蒸篭をのせて蒸し上げる調理をカバーで覆われた機器の中でできるようにしたものである。
オープンキッチンなどで、お客様にシズル感を伝えていくためには、キャビネットタイプやドロワータイプでは訴求力が弱い。
水タンクの中にスケールが固着するのを防ぎ、機器寿命を延ばすために、給水の一次側には軟水器を設置するのを忘れないようにする必要がある。

写真提供：ニチワ電機

蒸篭を重ねるタイプ 　　ドロワータイプ 　　キャビネットタイプ

05 ｜ 串焼き居酒屋

オープンキッチンの一角に設けられた串焼き場が活気を演出する

127.5m²

49 seats

内装設備工事費3500万円
月商売上予測700万円

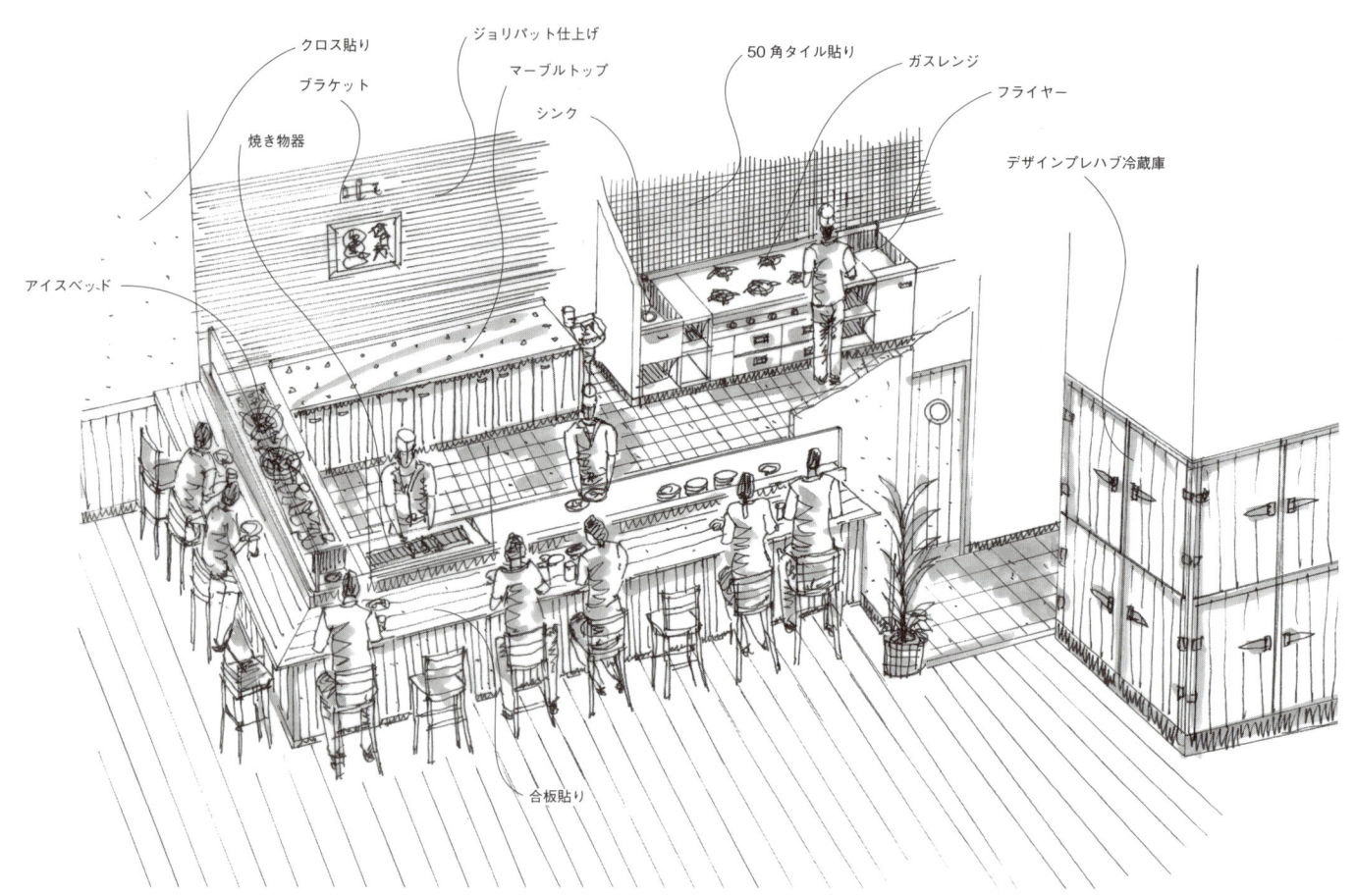

ラベル（スケッチ内）：
- クロス貼り
- ブラケット
- 焼き物器
- ジョリパット仕上げ
- マーブルトップ
- シンク
- 50角タイル貼り
- ガスレンジ
- フライヤー
- デザインプレハブ冷蔵庫
- アイスベッド
- 合板貼り

スケッチ1　カウンター席とキッチンの俯瞰スケッチ。焼き場の横に食材のディスプレイコーナーを配置し、素材へのこだわりを訴求している。

■ 企画づくりとコンセプト

「串焼き居酒屋」とは、串に刺して焼ける料理であればすべて焼いてサービスするというイメージと理解しておけばよいだろう。もちろん焼き鳥、野菜焼き、肉類、魚介類など焼けるメニューの幅も広く、主軸メニューとしては焼き鳥、牛肉、焼き魚など和の食材を中心にメニュー構成されることが多い。

しかし、ただ単に食材を串に刺して焼く料理を提供しても集客数を上げることはできない。「焼く」という単純な調理工程であり、いかに腕の良い調理人が焼こうが、素材そのものの質や鮮度がよくなければ美味しい料理にはならない。

この業態の企画コンセプトで大切なことは、素材の質にいかにこだわりを持つ、あるいは仕入れルートを独自に開発できているかなど、他店との差別化をしっかりとしておくことがビジネス成立を左右する大きなポイントである。

焼くという調理で料理の美味しさのすべてを引き出さなければならないことからすれば、焼き物器の熱源は本格的な炭を使用し、素材の質に合わせて焼き具合や熱の通し方に細心の配慮をした調理技術が必須となる。客層としては、比較的アダルトな女性・男性客に焦点を合わせることで利用動機を喚起することができるだろうし、特に近年では女性客の食嗜好に合わせてメニューづくりや構成を配慮することが、繁盛店への近道になると言える。

客単価も2500円から3000円以内で一通りの料理が楽しめること、またお値打ち価格のコース料理などを加えておくことが理想的であろう。

立地としては、都心部の一角あるいは地方都市の駅周辺であれば、ビジネスとしては成立する業態であるが、店としての「こだわり」がなければ集客することが難しいことを忘れてはならない。

メニュー表示には、食材へのこだわりや素材がおいしいことのこだわりなど明記しておくことが大切なポイントであり、店頭へのメニュー告知も食へのこだわりを訴求することが集客を高める武器になるだろう。

居酒屋というイメージは、どうしても男店、男性客の溜まり場になることが多いが、この店の場合には、あえて女性客に焦点を合わせた集客努力をしてビジネスの成立要素を高めている。

男性客の場合には、お値打ち価格で酒を飲むつまみの品揃えがあれば、自然に入店してくるものであり、いかに女性客を取り込めるかが重要なポイントであることを忘れてはならない。

■ 平面計画／ゾーニング計画のポイント

この店のゾーニング計画は、入り口に向かって左側にキッチンを配置、右側に種々の客席を配置しその背後に事務所、トイレなどの付帯施設を計画している。

串焼き業態としての演出は、入り口に近いオープンキッチンを取り囲むように配置したカウンター席の一角に焼き場コーナーを設け、入り口、客席側の両方から焼き場がよく見えるようにしている。また中央の大テーブルの奥側に冷凍・冷蔵貯蔵庫としてプレハブの扉にデザインを施し、入り口から見た空間演出を他店との差別化の一つにしている。客席スタイルとしては、カウンター席、4人席、大テーブル席など幅広い利用客に対応できるよう配置している。グループ客の場合には大テーブルを利用し、2人、1人客はカウンター席に誘導することが効率的である。

主軸料理が串焼きという料理に集中することを配慮すると、注文が焼き場にスムーズに伝わるようにオーダーエントリーを活用、あるいは注文を整理し、かつ串焼の材料をセットする担当スタッフを焼き場の脇に配置するなど、繁忙時にスムーズに料理が提供できる仕組みが大切であることを忘れてはならない。

■ 各部施設計画のチェックポイント

【スケッチ1】

「串焼き居酒屋」を謳うからには、串焼きの素材にいかにこだわりを持っているか、そしてその素材に対する演出をすることがポイントになる。

この店の企画としては、焼き場の横にアイスベッドに串刺しした食材を陳列ディスプレイするコーナーを配置し、客席側からそのディスプレイが見えるようにして素材へのこだわりを訴求している。

またデザインプレハブの装飾など、競合店とは食材だけではなく空間デザインでも差別化を図ることが大切であろう。

またキッチンスタッフもプロの調理人がいる店というアピールや、模倣ではない本物のこだわりを訴求する空間演出が必須である。料理はもちろんのこと、店としてのこだわりがなければ、客を集客できない時代であることを忘れてはならない。独自の個性を生み出し訴求することが成功につながる。

【スケッチ2】

串焼き場コーナーのスケッチである。串焼きコーナーは、焼き物器をキッチンのコーナーに配置し、下部には串打ちした食材類を保冷しておくための冷蔵庫を計画している。

また食への演出デモストレーションとして

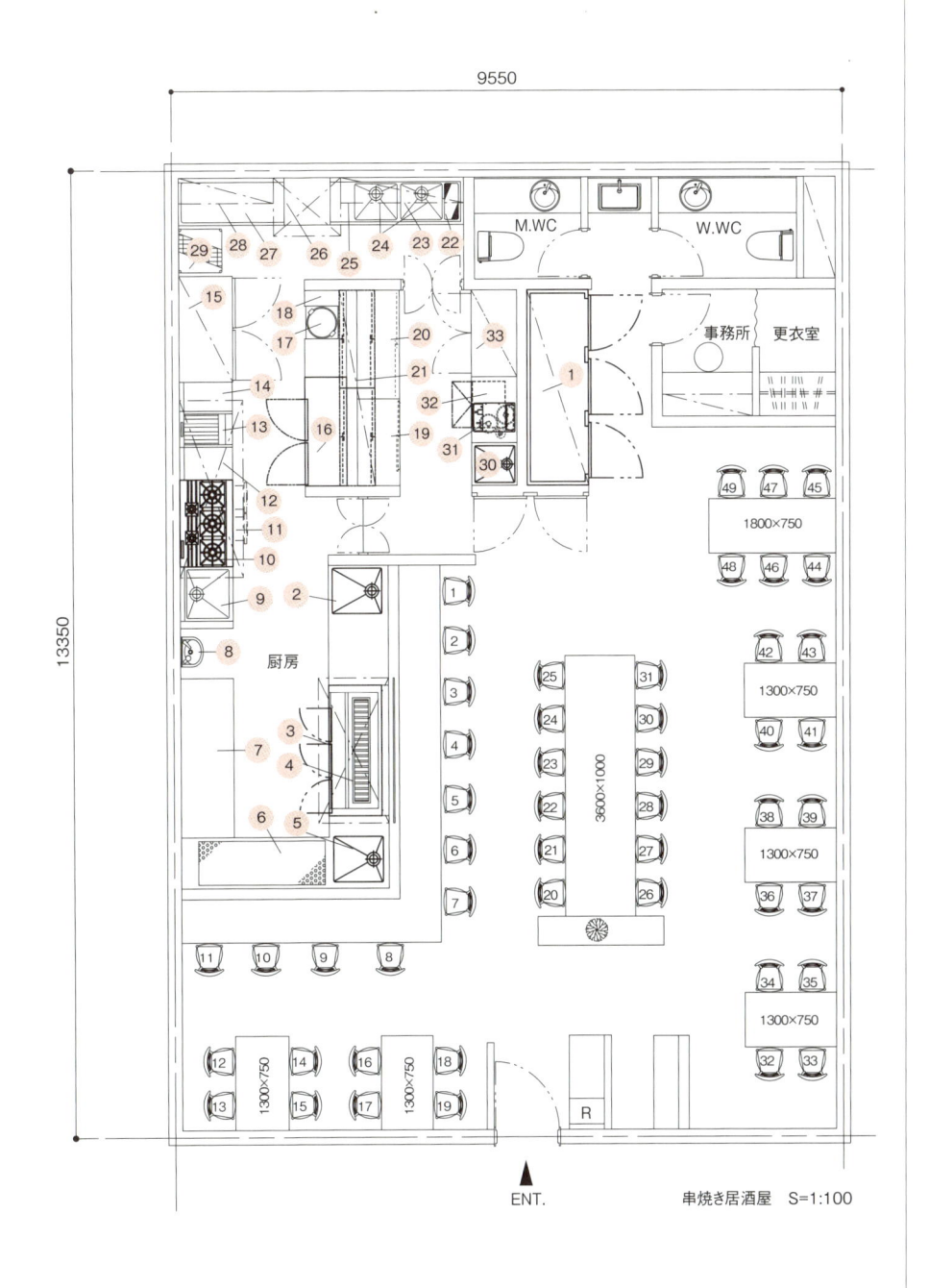

串焼き居酒屋　S=1:100

厨房機器リスト

No	品名	台数
1	デザインプレハブ冷蔵庫	1
2	シンク付ワークテーブル	1
3	冷蔵コールドテーブル	1
4	焼き物器	1
5	シンク	1
6	アイスベッドディスプレイ	1
7	キャビネットテーブル	1
8	ハンドシンク	1
9	シンク	1
10	ガスレンジ	1
11	冷蔵コールドドロワー	1
12	ワークテーブル	1
13	フライヤー	1
14	ワークテーブル	1
15	冷凍冷蔵庫	1
16	冷蔵コールドテーブル	1
17	ライスジャー	1
18	ワークテーブル	1
19	冷蔵ショーケース	1
20	キャビネットテーブル	1
21	オーバーシェルフ	1
22	ダストシンク	1
23	ラックシェルフ	1
24	シンク	2
25	ソイルドテーブル	1
26	ディッシュウォッシャー	1
27	クリーンテーブル	1
28	ラックシェルフ	1
29	シェルフ	1
30	シンク	1
31	酎ハイ＆ビールディスペンサー	1
32	アイスメーカー	1
33	冷蔵ショーケース	1

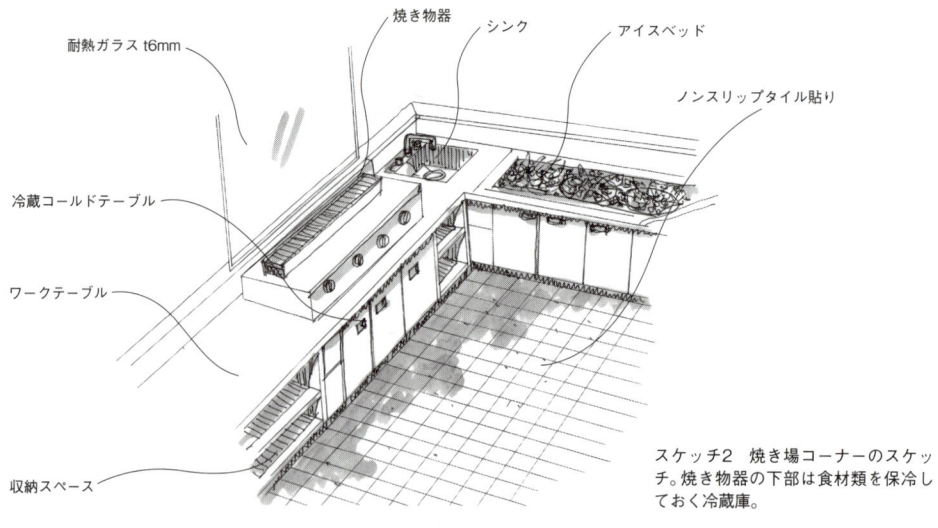

スケッチ2 焼き場コーナーのスケッチ。焼き物器の下部は食材類を保冷しておく冷蔵庫。

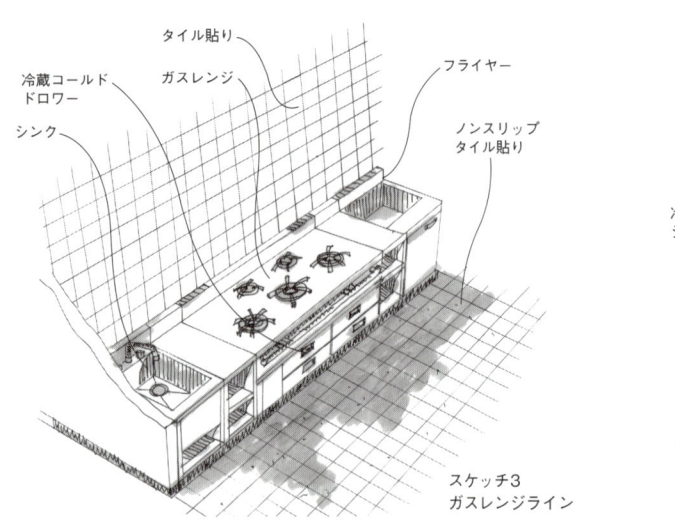

スケッチ3 ガスレンジライン

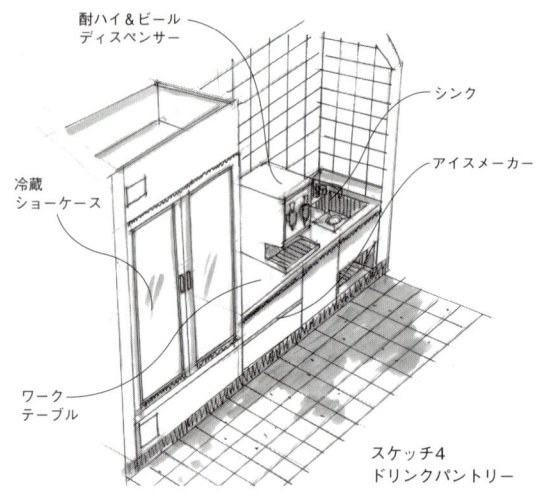

スケッチ4 ドリンクパントリー

は、焼き場の右側にシンクとアイスベッドコーナーを配置し、多く注文される串焼きの食材をアイスベッドの上に水分を失わないように笊上に綺麗に並べておく演出をしている。アイスベッドの下部にも冷蔵庫を配置しているため、常に冷気が上部に流れるように配慮しておくことが食材管理するためのポイントとなる。

焼き場の左側にはワークテーブルを兼ねた食器収納スペースを配置しておき、注文の串焼きの料理内容に合わせて盛り付ける種々の器が収納できるように計画しておくことが大切である。

【スケッチ3】
ガスレンジラインのスケッチである。料理の主軸としては串焼き料理が主になるものの、その他つまみ料理としては「揚げもの」「炒めもの」「蒸しもの」「煮物」など一通りの居酒屋メニューができる調理機器を配置しておくことは必須である。

ここではガスレンジ、フライヤーなどキッチンの奥に配置しているが、注文頻度が高い想定で機器選定と配置計画に臨むことがポイントである。特に串焼きコース料理などをメニューとして提案する場合には、蒸しもの、揚げもの、スープ、デザートに至るまでバックキッチンで対応できるようにしておかなくてはならない。

またコース料理の場合には串焼き料理を提供するタイミングや次の料理の提供のタイミングなど、常に客の動向を把握できる仕組みづくりが大切である。

【スケッチ4】
この店のドリンクパントリーは、主な酒類はビール、酎ハイ（炭酸系ドリンク）以外はすべて冷蔵ショーケースに銘柄焼酎、冷酒などを保冷しておく種類に絞っており、冷蔵ショーケース、アイスメーカー、ビール、酎ハイディスペンサー、シンクなど一通りの酒類を提供できるようにしている。

酒にこだわりや特徴を持たせる場合には、全国各地の地酒をメニューに並べるなど串焼きの素材だけではなく、酒にもこだわりを持っていることを訴求することも店の特徴を打ち出す大きなポイントの一つである。

しかし、やみくもに酒類の種類を持つことは得策ではない。主軸料理を引き立てる酒類を提案することがコンセプトの統一につながることを忘れてはならない。

メニューリスト

串揚げ一本 130円

肉：ハムかつ　串かつ　味噌かつ　ミルフィーユかつ　豚ヒレ　豚ヒレおろし　鶏ササミ　鶏ササミおろし　自家製つくね　鶏ササミゆず胡椒

野菜：しいたけ　えりんぎ　なすおろし　なす　厚切り山芋　たまねぎ　アボガド　厚切りレンコン　トマトの肉巻き　レンコン肉詰め梅肉ソース

魚：大海老　マグロのネギ間　車海老　マグロのゆず胡椒　キスのしそ巻き　マグロアボガド　イカ　タルタル帆立　タルタルサーモン　かき

変わり串：もちチーズ明太　うずらの卵　はんぺん豚巻　カマンベールチーズ

デザート：バームクーヘン　バナナ　自家製カスタードプリン

日替わり旬セット 630円

創作串セット 630円：タンドリーチキン　サーモンのクリームチーズ巻　ミルフィーユチーズ　かつ　レンコン肉詰め梅肉ソース　バナナ

おまかせ野菜のバーニャカウダ 580円　大根と山芋のしゃきしゃきサラダ 580円　山芋フライ 480円　レタスチャーハン 580円　鶏たたきのだし茶漬け 580円　モツ煮 380円　国産牛すじの煮込み 480円　焼きそば 580円　チーズたっぷり温卵シーザーサラダ 580円　馬刺し 580円　チキン南蛮 580円　宮崎産鶏のたたき柚子胡椒添え 580円　生キャベツ 280円　塩キャベツ 280円　山芋の千切り 380円　マンゴープリン 380円　バニラアイス 380円

厨房機器解説 8

プレハブ冷凍庫・プレハブ冷蔵庫

冷凍庫・冷蔵庫には、内部に断熱材を充填したパネル（基本サイズ：幅900mm×高さ2000～2400mm）を必要なだけ現場に運び込み、組み立てて完成させるプレハブ式の冷凍庫や冷蔵庫がある。食品を大量に保管する場合に採用される。現場で築造するより割安で施工日数も短縮できる長所がある。

パネルの厚みは、冷蔵の場合50mm前後、冷凍の場合100mm前後である。庫内の施工方法は大きくウォークインタイプとカートイン（ロールイン）タイプの2つのタイプがあり、それらによって、床パネルの施工方法が異なる。施工参考図の一部を以下に示す。

カートイン（ロールイン）タイプの冷凍庫の施工においては、基礎コンクリートの下に凍上防止管を埋設したり、空気層を作ったりして、凍上防止する。凍上とは、地盤中の水分が冷凍庫内の低温で冷やされ、凍結膨張し、プレハブの床面を隆起させる現象で、庫内温度、床面積、土質、土壌中の水分が原因と言われているが、未解明の部分が多く残されている。

資料提供：ホシザキ電機

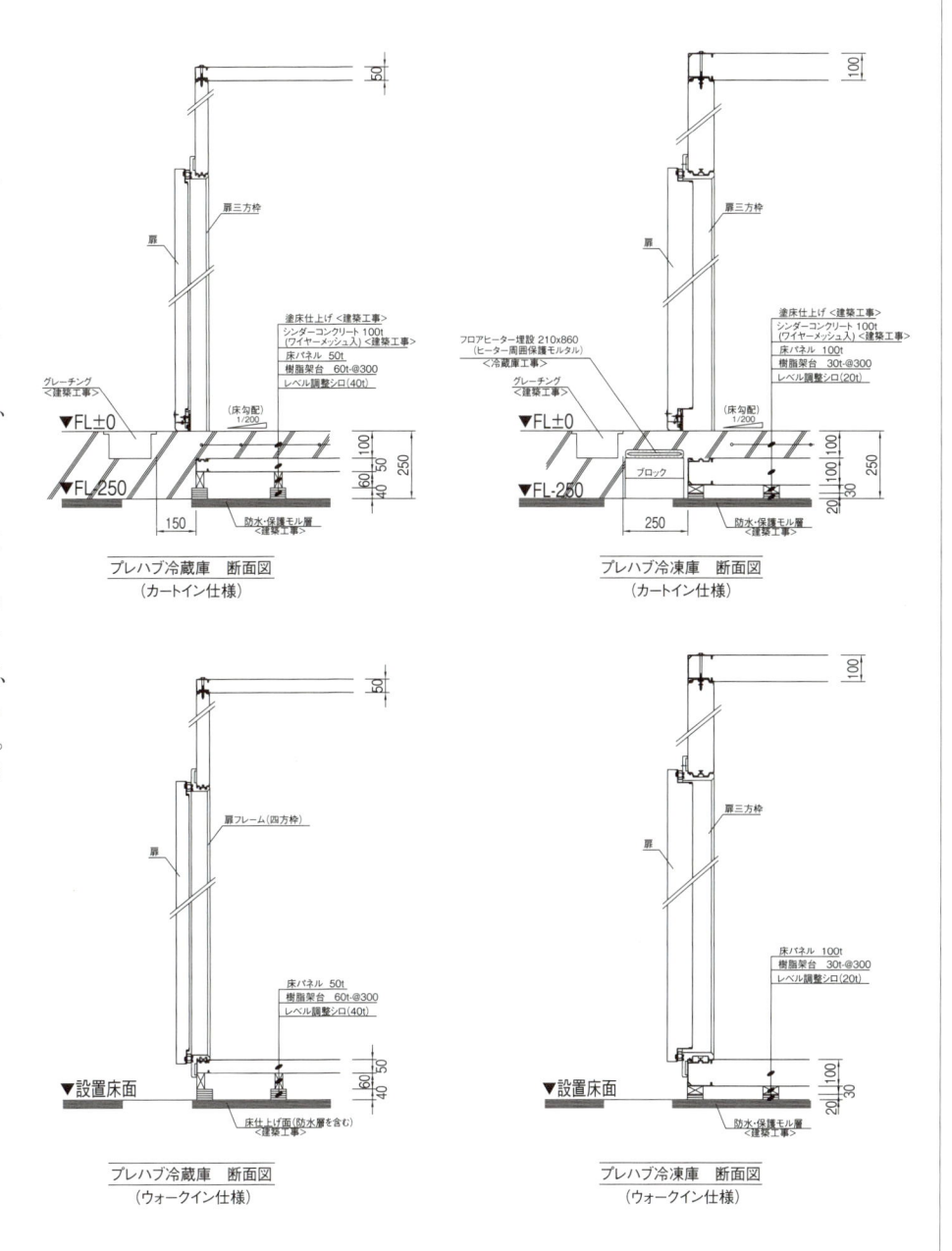

プレハブ冷蔵庫　断面図
（カートイン仕様）

プレハブ冷凍庫　断面図
（カートイン仕様）

プレハブ冷蔵庫　断面図
（ウォークイン仕様）

プレハブ冷凍庫　断面図
（ウォークイン仕様）

厨房機器解説 9

アイスビン

ドリンクパントリーなどで、製氷機から運び込んだ氷を一時的にストックしておく機器。つばの付いた小さなシンクボウルを外部断熱し、ドリンクカウンターなどに埋め込んで使用する。

氷をストックするボウルの底には、氷が解けてできた水を排水する共栓とパンチングプレートによるスノコが設けられており、上部にはステンレス製やアクリル製のスライド扉がある。

単に、氷をストックするだけでなく内部にコールドプレート（※1）を収納し、コーラディスペンサーやビールディスペンサーの冷却装置として利用されることもある。

カウンターに取り付ける際に注意することは、本体の外部が十分に断熱されていない場合、結露による水滴がカウンター内に漏れる可能性があるので、木製のカウンターなどの場合は注意が必要となる。また、底に設けられた共栓からの排水は0℃近い温度の水が流れ出るので、結露によりカウンター内部への影響を避けるために、排水配管も十分断熱しておくことが望ましい。

（※1）コールドプレート
生ビールやコーラ類をディスペンサーで提供する際に、飲料を冷却するために使用される。たくさんのフィンが付いたアルミニウム製のプレート。飲料が内部を通過する際に、周りの氷に冷やされて出てくる機器。

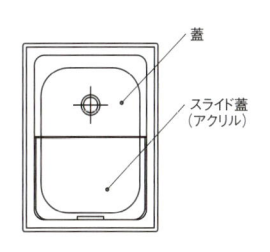

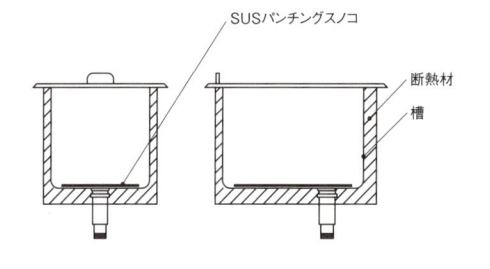

06 ｜ 大皿料理居酒屋

本来の業態の洗練と
新たなニーズや嗜好に対応する

201.3m²

94 seats

内装設備工事費6300万円
月商売上予測1000万円

■ 企画づくりとコンセプト

大皿料理居酒屋という業態は一時ブームになったものの、流行りと淘汰を繰り返し、生活者に支持されている店だけが存在していると言えよう。

雨後の筍のように街のあちこちに出現した大皿料理店は、京都のおばんざい料理を模した業態であり、ただ単にそのスタイルだけがブームとして一人歩きしてしまったといっても過言ではないだろう。

大皿料理居酒屋としての本質は、あらかじめ調理した料理を大皿に盛り付け、注文のたびに皿に盛り付けて提供したり、仕上げ調理を加えてサービスすることが本来のカタチであったものの、ただ単に事前に調理した料理を大皿に盛り付けて注文に応じてそのままの状態で提供するのが一般化してしまった。そのことが、料理そのものの味や質の低下を招き、付加価値を失ってしまったことに衰退の要因がある。

大皿料理居酒屋としてのブームは終息を迎えたものの、繁盛している店は数多く残っており、本来の業態をさらに時代のニーズや嗜好に合わせて再生した企画である。

いまや低価格で美味しいのは当たり前という外食業界にあって、さほど美味しくもない料理をただ単に"おばんざい料理"のスタイルで提供しても集客にはつながらない。

むしろ素材にこだわり低価格かつ美味しい料理を提供してこそ、生活者に支持される店として認知され、大皿料理のスタイルで供する場合には、あくまでも常温あるいは仕込みがしっかりとした料理のみを大皿に盛り付けてカウンターの上に陳列することがポイントになることを充分に理解しておこう。

客層としては、男女アダルト層に焦点を当て、居酒屋に行くことの多い客をいかに大皿料理居酒屋へ集客できるかが新しい業態開発であり、決して昔流行った大皿料理居酒屋の焼き直しではないことを理解しておかなければならない。

立地としては、繁華街の商業施設やビルなどターゲットとする客層が多く集まる場所であれば、ビジネスとして成立させることは難しくないだろう。

客単価は比較的低価格の2500円から3000円以内で設定し、回転率を上げることを想定して事業計画を立てることが大切である。

もちろん食材へのこだわりや産地表示など、和の切り口で幅広い料理に対応できることが、ニーズに対応した業態企画になることを理解しておきたい。

■ 平面計画／ゾーニング計画のポイント

この店のゾーニング計画としては、入り口から見て左側にオープンキッチンのカウンター席、右側、中央に種々の客席を配置しており、正面の奥側に専用のドリンクカウンターを配置している。

比較的大きな店であることを想定すると、種々の客層に合わせて一人席、グループ席、4人席、カップル席など客層に合わせた客席誘導を配慮した計画になっている。

料理の注文やエントリーについては、オーダーエントリーシステムを活用し、スムーズな注文と料理提供ができるような仕組みづくりをすることが必須条件になるだろう。また専用のドリンクカウンターを配置することで、迅速な酒類のサービスに対応するプランとしている。

カウンター席へのサービスは、カウンターに立つ料理人が担当することが理想的であり、

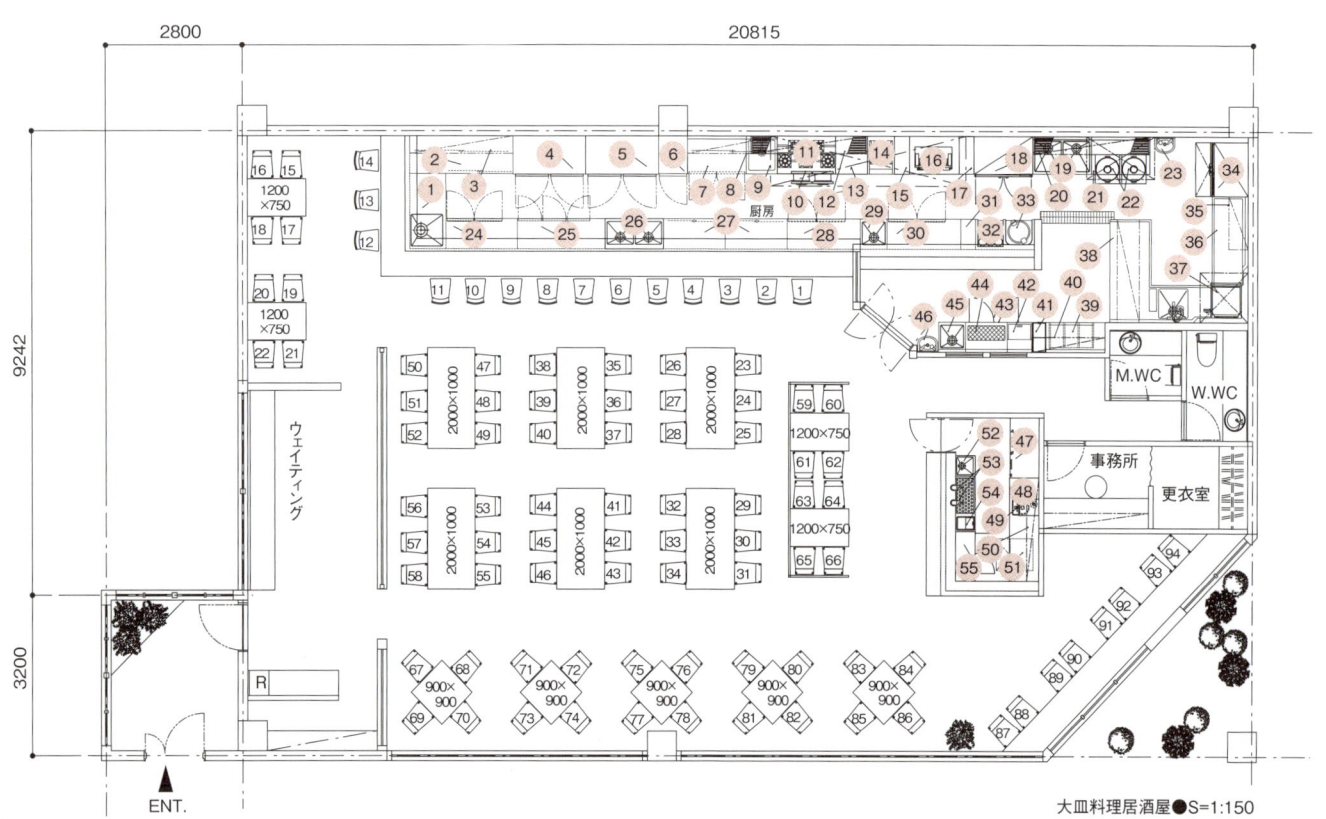

大皿料理居酒屋●S=1:150

あくまでも職人とカウンター席の客の会話や掛け合いを配慮したサービスができることが理想的である。

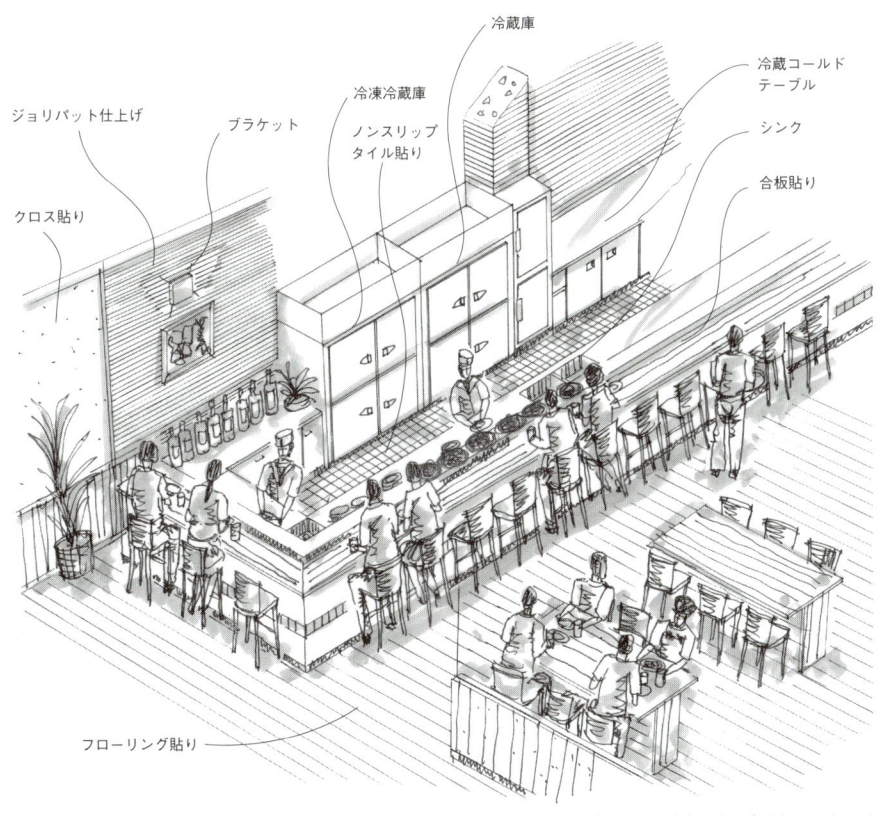

■ **各部施設計画のチェックポイント**

【スケッチ1】
大皿料理居酒屋というイメージを具体化すると、キッチンに隣接したカウンター席は不可欠だろうし、和の料理の切り口ですべての料理をまとめていくことが大切であろう。
和のイメージとしては、木基調や無垢材の組み合せなどデザインは多々あるだろうが、いくら良いインテリアデザインを施しても、あくまでもビジネスとして成立しなければ何にもならない。
テーブルや椅子は木基調で統一するものの、カウンター腰はタイルのデザイン貼りにするなど、幅広い客層の集客を想定して、和のみに片寄らない和洋折衷のイメージにしておくことが理想的であろう。
比較的大人の客の集客を想定すれば、いかにも安普請なイメージや多種類の内装材を用いず、あくまでもターゲット層に合わせた空間イメージにしておくことがポイントである。

スケッチ1　カウンター席まわりスケッチ

【スケッチ2】
ドリンクカウンターのスケッチである。一般的にドリンクカウンターは、キッチン内に計画する場合が多いが、この店のように客席数が多い場合には、ドリンクカウンターのみを客席内の一角に配置し、スムーズに酒類の提供をすることが理想的であろう。居酒屋の業

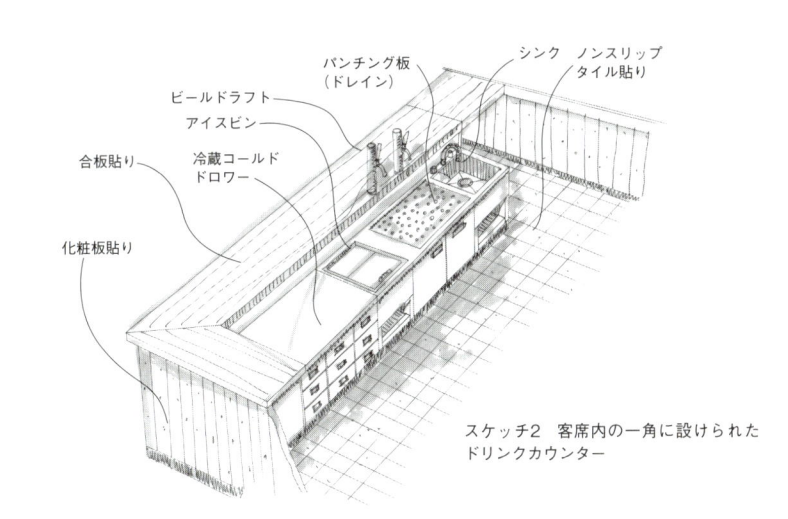

スケッチ2　客席内の一角に設けられたドリンクカウンター

厨房機器リスト

No	品　名	台数
1	シンク付ワークテーブル	1
2	キャビネットテーブル	1
3	オーバーシェルフ	1
4	冷凍冷蔵庫	1
5	冷蔵庫	1
6	キャビネット	1
7	冷蔵コールドテーブル	1
8	オーバーシェルフ	1
9	シンク	1
10	冷蔵コールドドロアー	1
11	ガスレンジ	1
12	パイプシェルフ	1
13	ワークテーブル	1
14	フライヤー	1
15	ワークテーブル	1
16	焼き物器	1
17	ワークテーブル	1
18	冷凍冷蔵庫	1
19	二槽シンク	1
20	オーバーシェルフ	1
21	炊飯テーブル	1
22	炊飯器	2
23	ハンドシンク	1
24	冷蔵コールドテーブル	1
25	冷蔵コールドテーブル	1
26	二槽シンク	1
27	キャビネットテーブル	2
28	冷蔵コールドテーブル	1
29	シンク	1
30	冷蔵コールドテーブル	1
31	ワークテーブル	1
32	ライスサービステーブル	1
33	ライスジャー	1
34	アイスメーカー	1
35	ラックシェルフ	1
36	クリーンテーブル	1
37	ディッシュウォッシャー	1
38	ソイルドテーブル	1
39	キャビネットテーブル	1
40	オーバーシェルフ＆オーバーキャビネット	1
41	アイスクリームストッカー	1
42	アイスビン	1
43	冷蔵コールドテーブル	1
44	ドリンクテーブル	1
45	シンク	1
46	ハンドシンク	1
47	冷蔵ショーケース	1
48	ワークテーブル	1
49	酎ハイディスペンサー	1
50	オーバーキャビネット	1
51	アイスメーカー	1
52	シンク	1
53	ビールドラフト	2
54	アイスビン	1
55	冷蔵コールドドロワー	1

態の場合には、料理をサービスし再びディッシュアップやパントリーに戻る際に客からドリンクの注文を受けるなど、オーダーエントリーシステムを配備していても、スピーディーな商品提供ができる態勢がポイントとなることを忘れてはならない。

すべてのドリンクメニューは、専用ドリンクカウンターからサービスできるように、ビールドラフトタワー、シンク、アイスビン、背後に冷蔵ショーケースを配置しておくことが理想的であろう。

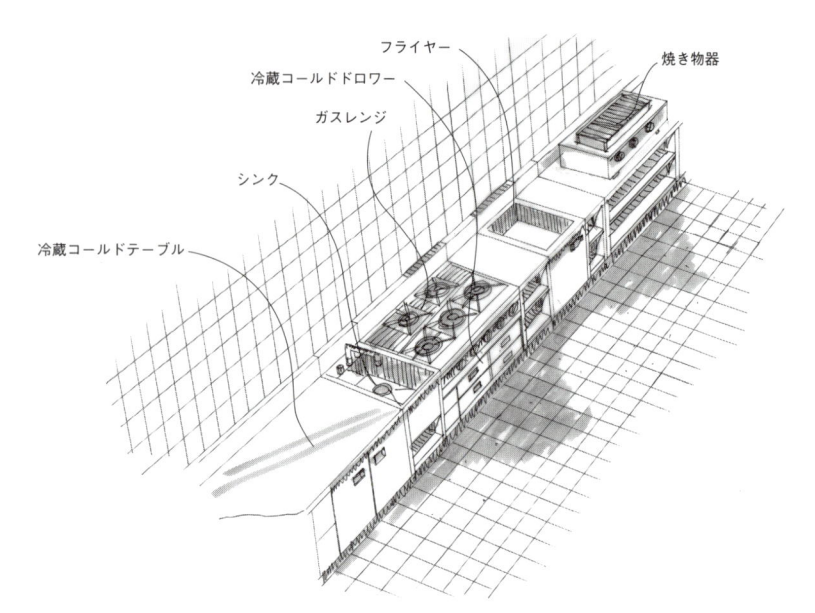

【スケッチ3】

クッキングラインのスケッチである。オープンキッチンエリアでは、冷製料理や刺身、おばんざいなどを主体に料理を調理し、バックエリアに配置したクッキングエリアでは、その他メニューすべてを提供する機器を配置している。

クッキングラインの機器構成としてはガスレンジ、下部には食材を保冷しておくための冷蔵ドロワー、また基本的にはフライヤー、焼き物器など和食の"煮る""焼く""蒸す""揚げる"などの料理はすべて調理可能にしておくことが大切である。

料理の主体は、ほとんどこのエリアから提供されると理解しておくことがポイントである。

【スケッチ4】

洗浄エリアのスケッチである。客席数が多くなればなるほど、繁忙時には下膳される食器類の数も多く、機能性や効率性を兼ね備えたライン配置とすることを忘れてはならない。

洗浄エリアの効率性を図ると、ラインをコの字に配置することが作業する人の動きの負担や効率性を高めることができるなど、食器類を下膳されるソイルドテーブルの幅や奥行き、クリーンテーブルの食器類の整理整頓などスムーズにできるように計画することが理想的であろう。

クリーンテーブルで整理整頓された食器類は、再び各施設ラインに戻すことを想定し、ソイルドテーブルやクリーンテーブルの配置を計画することが大切である。

スケッチ3 クッキングラインのスケッチ。和食の"煮る""焼く""蒸す""揚げる"などの料理は、ほとんどこのエリアから提供される。

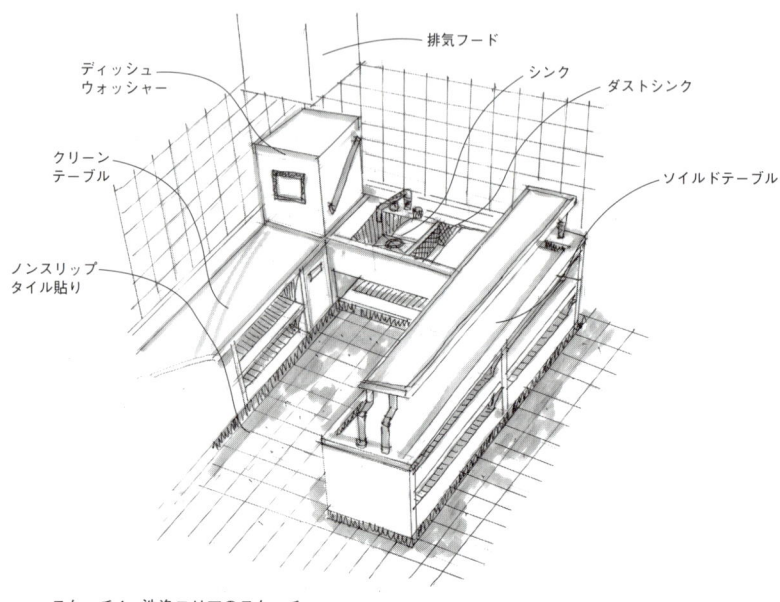

スケッチ4 洗浄エリアのスケッチ

メニューリスト

大皿おばんさい料理
京の生湯葉 680円　かぼちゃのやいたん 680円　きんぴら 480円　料亭の味 出汁巻 600円　ゆば巻き煮 680円　温泉玉子 600円　絶品 京の生麩料理 800円　鯖のやいたん 890円　茶碗蒸し・なす揚げ煮 890円　千切り大根 600円　ひじき煮 580円　白菜とあげのやいたん 690円　竹の子土佐煮 890円　湯葉の唐あげ 800円　肉じゃが 600円　胡麻豆腐 680円　いなか煮 680円　けんちん豆腐揚げ 680円　あげたこ焼 600円　特製卵寄せ煮 890円　九条ねぎぬたあえ 680円　自家製 京漬物 600円　ブルスケッタ 350円　レッドチリキャベツ 480円　減農薬サラダ 600円　炙り〆さば 480円　揚げ物盛合せ（ポテト・唐揚げ・食べるラー油餃子・エビセン）880円　とろ〜りチーズのナポリピザ 880円　厚切りトンテキガーリック 800円　夢ごこち杏仁豆腐 480円　枝豆 480円　大根サラダ 580円　天ぷら物盛り合わせ 880円　辛味鉄板鍋 1100円　串焼き盛り合わせ 980円　厳選 ざる豆腐 680円　鹿児島黒豚プチメンチ 680円　蒸し野菜の農園チーズフォンデュ 980円　まるごとトマトのホルモン鍋 1000円　野菜とキムチのパエリア 890円　変り串盛り合わせ 600円　まぐろとアボカトの湯葉ロール 680円　お造り三種盛り合わせ 1200円　お造り五種盛り合わせ 2000円　本日の産直お造り盛り合わせ 3500円　旨辛!坦々鍋 600円　〆のラーメン 580円　〆のうどん 600円　十割そば 680円　高菜炒飯 600円　季節のアイス 500円

厨房機器解説 10
全自動計量洗米炊飯器

米の保管、計量、洗米、ザル上げ、浸漬、炊飯、むらしまでの炊飯作業の全工程を全自動で行うことのできる機器。モデルによっては、点火は手動というものもある。
機器上部にある貯米タンクには約60kgの米がストックでき、その下に取り付けられている洗米タンクに計量されて落下し、マルチアングルの攪拌羽根で約2分40秒程度かけて洗米される。洗米されると機器の下部にセットされた炊飯器の内釜に排出され、浸漬時間を経過して自動的に点火し、炊飯が行われる。炊飯器自体は、卓上式の炊飯器と同じものでガス炊飯器とIH炊飯器がラインナップとして用意されている。
朝食の場合、前日に炊飯予約をすることも可能となる。何よりも炊飯の煩雑さから開放されることがうれしい機器である。ただ、それだけにスイッチを押し忘れるという単純なミスは避けたい。

写真提供：エム・アイ・ケー

厨房機器解説 11
電気グリラー（低圧式）

入力する200V電源を内蔵する変圧器で20Vに下げて太径のニクロム線に流し、備長炭の完全燃焼時の温度と同等の表面温度850℃の高温で焼き上げる機器。主に、和食の焼き魚や焼鳥屋、うなぎ屋など炭火の代わりとして使用されている。
特長は850℃までの加熱が約90秒と立ち上がりが早いことと、焼き汁やタレがヒーターについても高温であるために瞬間的にはじき消されるため、煙が出にくく、清掃性に優れていることである。

火床の大きさで焼き魚用、串焼き用とがあり、それぞれのタイプで床置型と卓上型が用意されている。
また、オーブンが付属しているモデルや上火式としても下火式としても使用できるモデルなどもある。

写真提供：ニチワ電機

厨房機器解説 12
冷凍コールドテーブル・冷蔵コールドテーブル

一般的に、設定温度が-20℃以下のものを冷凍コールドテーブル、5～10℃のものを冷蔵コールドテーブルと呼ぶ。1～3室のモデルがあり、調理前の食材を保管したり、完成品や半完成品を一時ストックしたりする。機器の甲板部は、作業台として使える点がタテ型の冷凍庫・冷蔵庫との大きな違いである。

[冷却方式]
コールドテーブルは、冷凍庫・冷蔵庫では機器本体上部にある機械部が庫内の側面に取り付けられているだけで、基本的には冷凍庫・冷蔵庫と同じなので、その項目を参考にしてもらいたい（P.14）。
冷凍コールドテーブル・冷蔵コールドテーブルの場合、冷凍庫・冷蔵庫では、機器上部に設置されていた機械部が、写真のように機器本体の左側にあり、冷凍サイクルのような熱交換が行われている。したがって、そこからは多くの熱が排出される。そのため、冷凍庫や冷蔵庫と同様に、充分な冷却能力を確保するためには、凝縮器（コンデンサー）の前に取り付けられたフィルターをこまめに清掃したり、機械部の空気の対流をよくしたりすることが重要である。そうすることが、省エネや機器寿命を延ばすことにつながる。

冷蔵コールドテーブル
写真提供：福島工業

また、冷気を機械部側の冷却器から庫内に放出するので、冷凍冷蔵コールドテーブルでは、冷凍側は必ず機械部側の扉の方になる。
機種によっては、機械部が右側にある機器もあるので、配置計画により選ぶことができる。

07 | 炉端焼き居酒屋

焼き場と食材陳列のアイスベッドを演出の中心に据えた現代風の炉端居酒屋

172.7m²

68 seats

内装設備工事費3650万円
月商売上予測750万円

■企画づくりとコンセプト

炉端焼き（ろばたやき）は、宮城県仙台市が発祥の地で、北海道釧路市で発展した飲食店舗や給仕の形態およびそこで出される料理のことであり、客の目の前の囲炉裏端において、炭火で魚介類や野菜を焼き、長いしゃもじで料理を客へ出すスタイルが起源と言われている。この形態の店は、やがて雨後の筍のように全国に広がり、昭和40年代には全国に1万店以上あった。

もはやその数は減少しているものの、長いしゃもじで料理を提供するスタイルや囲炉裏端を囲むようにカウンター席のスタイルをとる店など、炉端焼きという業態やイメージはまだ全国に残っており、居酒屋の一つの業態としては今も健在である。

近年の「炉端焼き居酒屋」スタイルとしては、焼き場をコの字に囲むカウンターを配置する店やオープンキッチンのイメージで焼き場の雰囲気を醸し出すなど、店づくりは時代とともに少しずつ変化しているが、魚介類や野菜類を主軸に本炭で焼いて提供する形態は流行時と大きく変わっていない。

客層は、30歳前半から50歳後半まで男女を主客層とすると集客しやすいと言えよう。加えて若年層には新しい店のスタイルとして認知させる手だてをすれば、店の認知度を高めプラスになるだろう。

客単価としては、約2800円から3500円以内で料理を楽しめる設定をすることがビジネスを成立させるためのポイントになり、素材へのこだわりを訴求することは言うまでもない。

いまや業種業態を問わず、提供する料理や素材に店独自のこだわりを持たなければ生活者の支持を得られないこと、付加価値がない店は客を集客することができなくなっている時代であることを理解しておかなければならない。

立地としては、一般的な居酒屋と大きく変わるものではなく、都心部の繁華街や駅周辺に位置していることが必須条件であろう。商業ビルであれば、上層階でも集客できるだろうし、ターゲットとする絶対数が多いことがビジネスとして成立しやすいことは言うまでもない。

むしろいかに鮮度の良い食材をアピールするか、あるいは客の期待感を誘発する告知が集客するカギである。

串焼き居酒屋 ● S=1:50

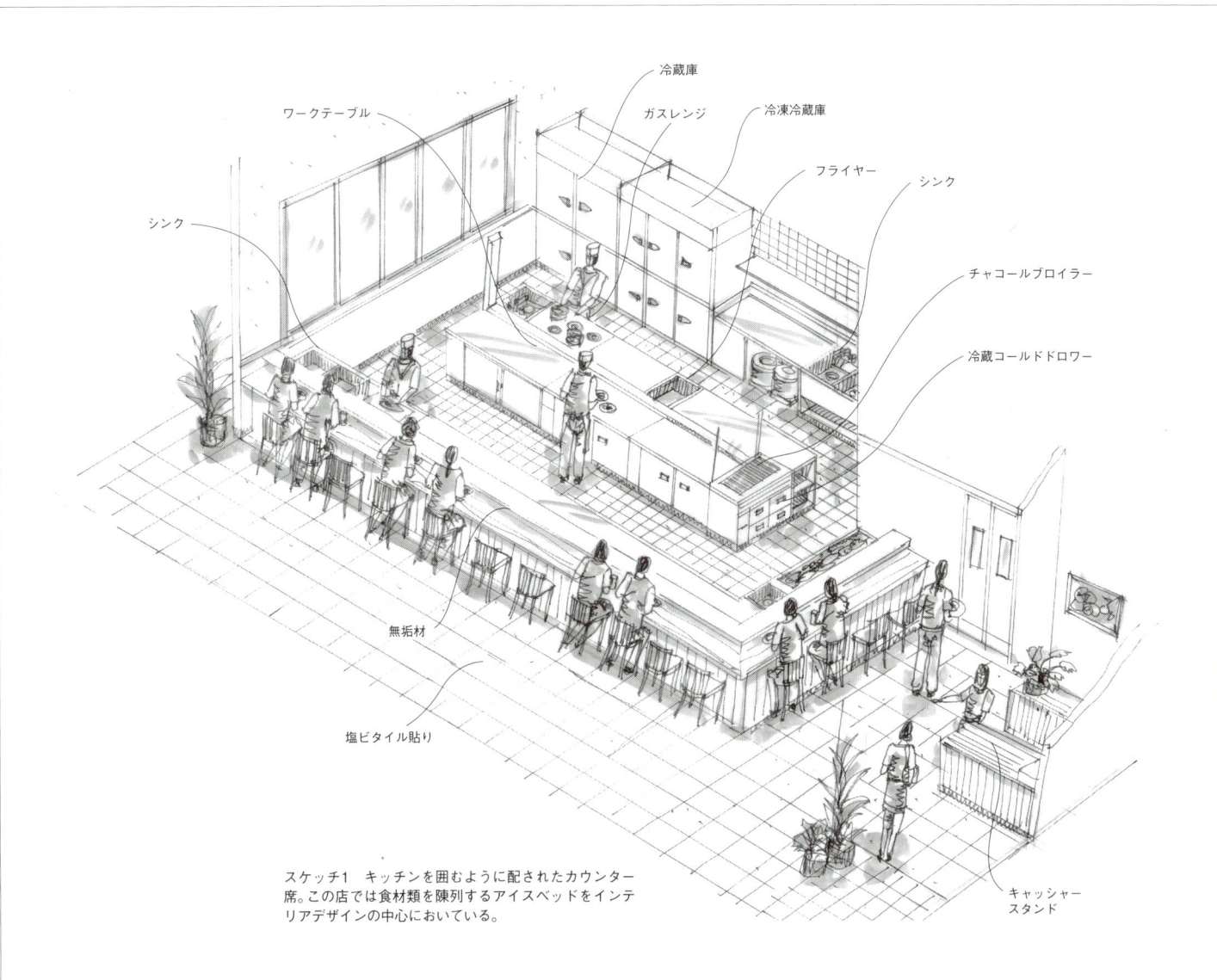

スケッチ1　キッチンを囲むように配されたカウンター席。この店では食材類を陳列するアイスベッドをインテリアデザインの中心においている。

厨房機器リスト

No	品　名	台数
1	冷蔵庫	1
2	冷凍冷蔵庫	1
3	ワークテーブル	1
4	オーバーシェルフ	1
5	炊飯器	2
6	二槽シンク	1
7	オーバーシェルフ	1
8	ハンドシンク	1
9	シンク	1
10	冷蔵コールドドロワー	1
11	ガスレンジ	1
12	ワークテーブル	1
13	フライヤー	1
14	ワークテーブル	1
15	冷蔵コールドテーブル	1
16	ワークテーブル	1
17	チャコールブロイラー	1
18	冷蔵コールドドロワー	1
19	オーバーシェルフ	1
20	冷蔵コールドテーブル	1
21	冷蔵コールドテーブル	1
22	キャビネットテーブル	1
23	配管スペース	
24	二槽シンク	1
25	舟型コールドテーブル	1
26	キャビネットテーブル	1
27	キャビネットテーブル	1
28	キャビネットテーブル	1
29	冷蔵コールドテーブル	1
30	シンク付ワークテーブル	1
31	アイスベッド	1
32	アイスメーカー	1
33	オーバーシェルフ	1
34	クリーンテーブル	1
35	ディッシュウォッシャー	1
36	ラックシェルフ	1
37	ソイルドテーブル	1
38	ライスジャー	1
39	ワークテーブル	1
40	冷蔵コールドテーブル	1
41	オーバーシェルフ	1
42	キャビネットテーブル	2
43	アイスメーカー	1
44	シンク付ワークテーブル	1
45	オーバーシェルフ	1
46	ビールディスペンサー	1
47	冷蔵ショーケース	1
48	下膳ラック	1
49	シェルフ	2

■平面計画／ゾーニング計画のポイント

入り口に向かって正面奥および左側にオープンキッチンとバックヤードを配置し、オープンキッチンを取り囲むようにカウンター席、ベンチシート席、4人席、2人席など種々の客層に合わせたゾーニングをしている。

炉端焼きというイメージを訴求するためには、焼き場コーナー周辺の演出がポイントであろう。客席全体から焼き場が見えるように入り口の近い位置に焼き場コーナーと魚介類や野菜類を陳列演出するためのアイスベッドを配置している。

店に来店したすべての客が焼き場コーナーの雰囲気やライブ感を味わいながら客席に座るという全体配置をしていることが、業態演出を高めている。

■各部施設計画のチェックポイント

【スケッチ1】

一般的に炉端焼き居酒屋のスタイルは、焼き場を取り囲むようにカウンターを配置することが多いものの、この店では現代風の炉端

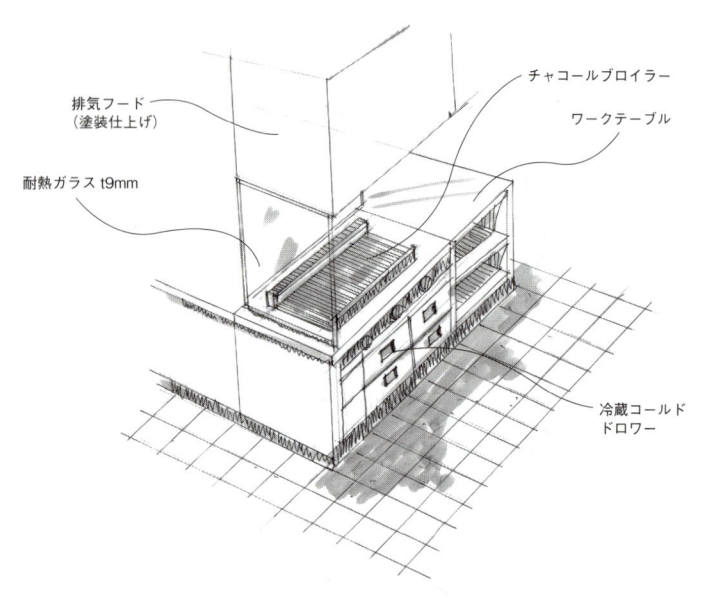

居酒屋という企画コンセプトで、焼き場と食材類を陳列するためのアイスベッドを店の演出の中心に据えてインテリアデザインを構成している。
「和」のイメージを中心に、焼き場や魚介類、野菜類を陳列するコーナー演出がいかに客の料理への好奇心や期待感を高めるかに焦点を合わせることがポイントである。
大きく開放したクッキングエリアを望みながら食事を楽しむことは、もはや新しい演出ではなく、キッチン側と客席側の空間を結びつける大きな役割を担っている。

【スケッチ2】
焼き場コーナーのスケッチである。焼き物器の熱源としては、本炭とガスを併用できる機器を選定し、あくまでも素材の旨味を維持できるように調理機器にもこだわりを持たせている。
焼き物器の下部には、アイスベッド陳列コーナーの素材を優先的に使用するものの、注文頻度が多い素材に関しては、下部の冷蔵ドロワーに保冷しておくことを忘れてはならない。
焼き場コーナーは、2方向を耐熱ガラスでフィックスし、周辺に熱や煙が流れないように配慮しておくことも忘れてはならない。
右脇には、焼いた料理を盛り付ける皿類を保存しておくためのスペースを設けておき、営業時には、右側のワークテーブルに料理内容に合わせた種々の皿類を並べて置けるようにしておく。

【スケッチ3】
クッキングラインは、オープンキッチンのセンターテーブルの向かい側に計画され、右側からシンク、ガスレンジ、下部には冷蔵ドロワー、脇台、フライヤー、次に冷蔵コールドテーブルの順に配置している。
料理の流れとしては、各ポジションにキッチンプリンターを配置し、客席で注文された料理は各調理セクションに直接電信でデータが出力されるシステムを設置している。
料理の提供方法のスタイルとしては、基本的には、焼き物以外の料理はすべてディッシュアップに一度集め、カウンター席やその他の席にサービスされる仕組みを計画している。
クッキングラインの上には、熱源を避けてカウンター側とクッキングラインの中央に什器あるいは皿類を配置できるよう、オーバーシェルフなどを計画しておくことが理想的であろう。

【スケッチ4】
洗浄エリアのスケッチである。洗浄エリアの施設計画としては、コの字の機器配置が理想的であるものの、オープンキッチンに演出の

スケッチ2 焼き場コーナーのスケッチ。焼き物器は本炭とガスを併用できる機器を選定し、調理機器にもこだわりを持たせている。

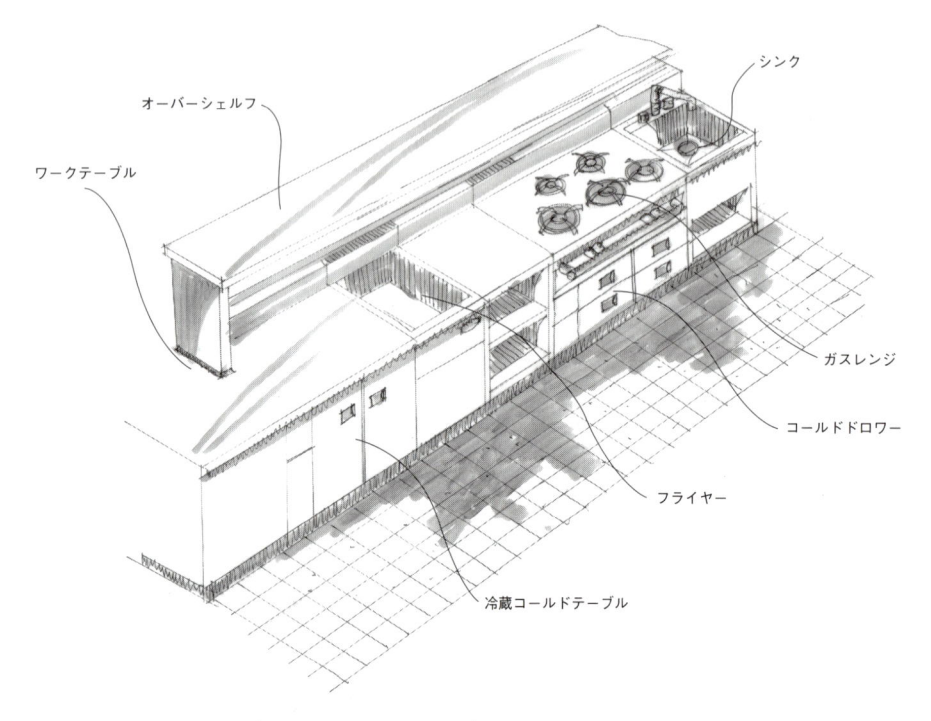

スケッチ3 オープンキッチンのセンターテーブルの向かい側に計画されたクッキングライン。

メニューリスト

串・炭焼一本(鶏肉・皮・手羽先・砂肝・もつ) 320円　鮎の塩焼き 630円　本日の魚カブト 680円～　紅鮭ハラス 700円　魚盛り合わせ 500円　黒毛和牛のカルパッチョ 980円　鮮魚刺身盛り合わせ 2000円　刺身5品盛り 3500円　刺身8品盛り 4500円　活〆穴子白焼き 1500円　活〆穴子天ぷら 1500円　アボガドとマグロの明太子サラダ 890円　シャキシャキ蓮根黒胡麻サラダ 780円　かくし大根サラダ 650円　漁師のサラダ 1200円　サツマ揚げ 510円　地鶏の唐揚 630円　たこの唐揚 530円　チーズ春巻き 680円　手作りコロッケ 530円　揚げだし豆腐 510円　ガーリックポテトフライ 420円　さきいかの天ぷら 530円　羅臼ホッケ天日干し 1200円　ししゃも 750円　イカの一夜干し 430円　エイヒレ 560円　焼きハラス 700円　帆立貝焼き 650円　寒干ししゃも 550円　だし巻たまご 680円　牛すじの煮込み 680円　自家製寄せ豆腐 530円　本日のおすすめおでん種(冬季のみ) 280円～　イカのごろ焼き 500円　おにぎり 280円　マゴ茶漬け 690円　にしん茶漬け 720円　しじみの味噌汁 250円　漬物盛り合わせ 450円　杏仁豆腐 480円　抹茶アイス白玉善哉 480円　季節のシャーベット 480円

中心をおいているため、スペースに制限がある。客席数や繁忙時の皿類やグラス類の返却頻度を配慮すると、ソイルドテーブルが少し小さいが、補助として一次的に皿類を保管しておくための下膳ラックをソイルドテーブルの横に配置し、繁忙時に対処できるように計画している。

洗浄エリアの計画で重要なことは、スペースの制約がある場合には、ライン構成が変化しても、繁忙時にいかに処理できるか否かがポイントであることを忘れてはならない。

洗浄エリアの機器構成は、他の業態とさほど変わるものではなく、ソイルドテーブル、シンク、洗浄機、クリーンテーブルの順で機器配置されることが一般的であろう。洗浄機の能力は、繁忙時に下膳されてくる食器数を基準にして選定する。

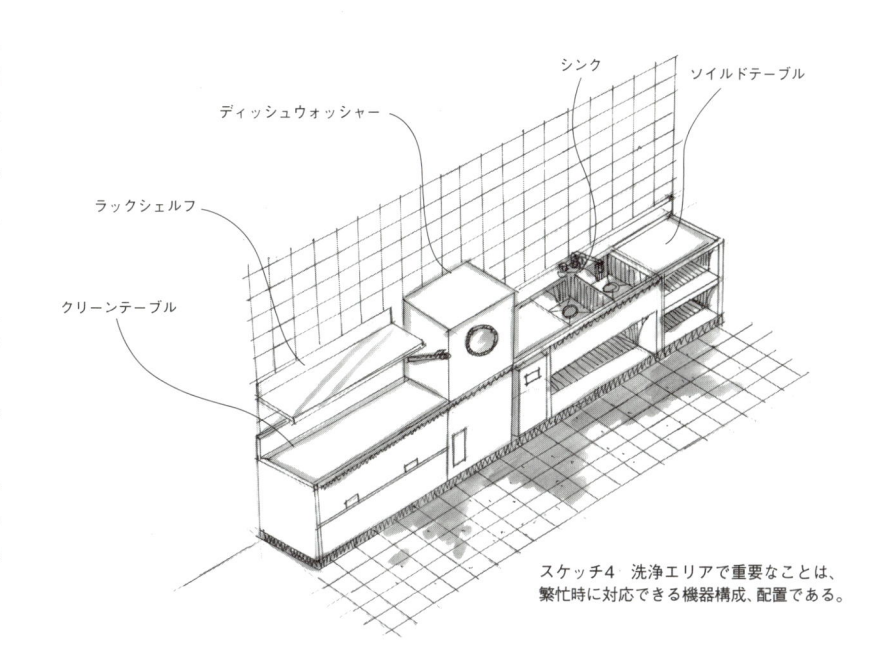

スケッチ4　洗浄エリアで重要なことは、繁忙時に対応できる機器構成、配置である。

厨房機器解説 13

シェルフ

4本のポールと2枚以上の棚板を組み合わせて組み立てる機器で、食材や調理備品から食器の保管まで、幅広い用途で使用される。通常、ステンレス（SUS304）製のポールにスチールワイヤーにクロームメッキを施し、抗菌クリアコーティング仕上げされた棚板を4枚から5枚使用して現場で組み立てて使用することが多い。特に、プレハブ冷蔵庫内で長年使用すると、冷気をファンで拡散させているため、庫内の細かい埃が結露で湿った棚板に付着したり、錆が発生したりするケースが多くある。（写真参照）

したがって、棚板マットが取り外し式になっているものを採用して、定期的に取り外して洗浄機等を利用して、洗浄、乾燥させることが望ましい。さらに、一番下の棚板は床からの水の跳ね返りにより汚染されることを防ぐために、棚板に隙間のないフラットマットを採用するべきである。

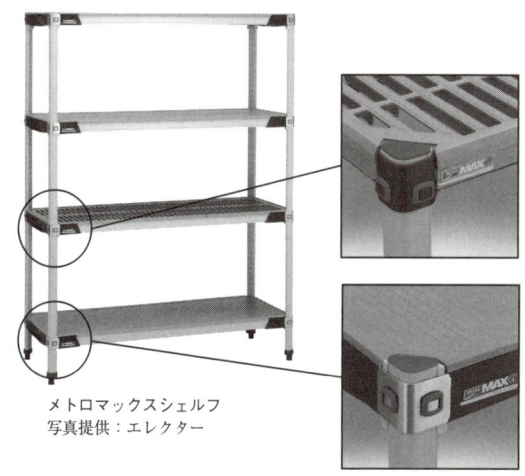

メトロマックスシェルフ
写真提供：エレクター

厨房機器解説 14

チャコールグリラー

バーナーで下からあぶり全体的にムラなく加熱したラジアント（放熱器）を熱源とし、その上に取り付けられた鋳物製のグリッドバー（鉄格子）の上で、肉や魚介類を焼き上げる機器。

本来は、焼き網の上に肉などをのせて焼くことをグリルというが、直接炎を食品に当てると焦げやすく、焼きムラが生じる。そのため、加熱したラジアントを経由して熱を伝えることで食品を均一に加熱することができる。熱源はガス式だけでなく、電気式のグリラーもある。

グリラーはコールドドロワーなどの冷蔵機器の上や近くに設置されることが多い。バーナーの下にステンレス製の反射板が取り付けられその下にクールゾーンが作られているが、この機器の下に設置される機器の甲板には十分な断熱を施しておくことが望ましい。ラジアントを使用する機種に対し、炎の熱をグローストーンやイミテーションの炭に伝えて、炭火焼と同様の状態にして調理する機種もある。こちらも、バーナーでそれらを加熱し、それに蓄えられたエネルギーで食品を調理するという点では同じである。

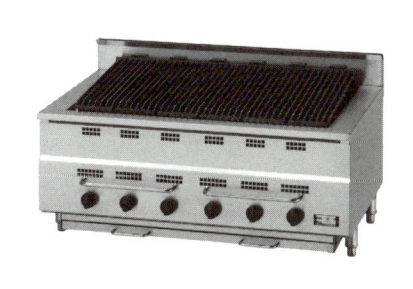

写真提供：コメットカトウ

033

08 | ビアレストラン

ブリティッシュパブ風に統一した
ビアレストラン

279.6m²

116 seats

内装設備工事費7500万円
月商売上予測1500万円

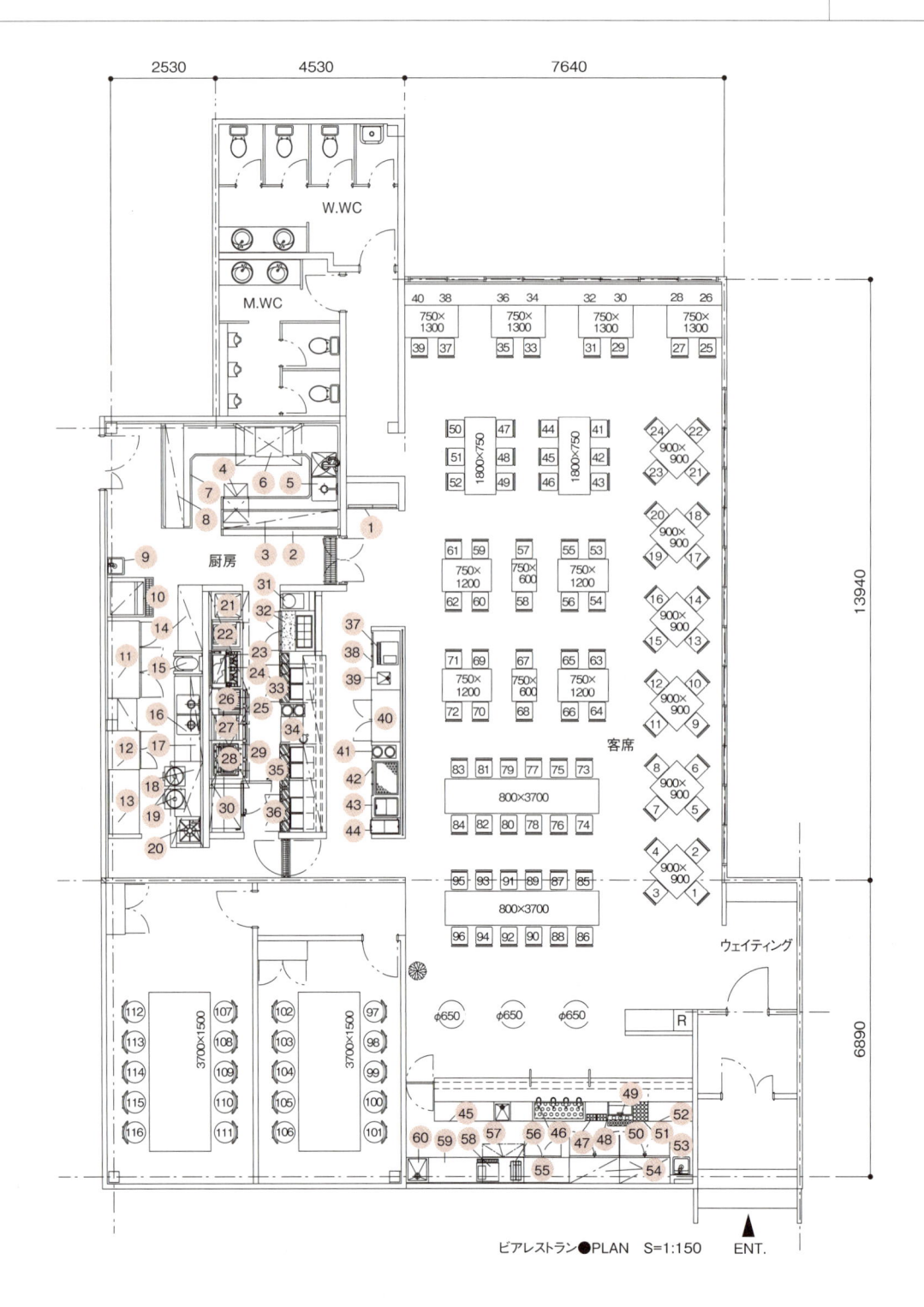

ビアレストラン●PLAN S=1:150

■ 企画づくりとコンセプト

ビアレストランという業態は、各ビール会社のアンテナショップの出店戦略やビールを主軸にしたレストランとの複合業態など、これまで数々のスタイルが生み出されてきている。「ビアレストラン」の起源は「ビアホール」という業態が変化してきたものであり、1899年（明治32）8月4日、「恵比寿ビール BEER HALL」として現在の東京・銀座にオープンしたものが日本初のビアホールとされている。日本麦酒（恵比寿ビール）の社長馬越恭平のアイデアで誕生したビアホールは、あくまでもエビスビールを宣伝するためであり、工場直送の出来立て生ビールを味わってもらい、その良さを知ってもらうことが目的であった。爆発的な流行となった時代には、毎夜、行列をなすビアホール、ビアレストランであったが、時代の変化とともに、最近では地ビールレストランなど様々な業態が街のあちこちに登場してきている。ビール企業が仕掛けた

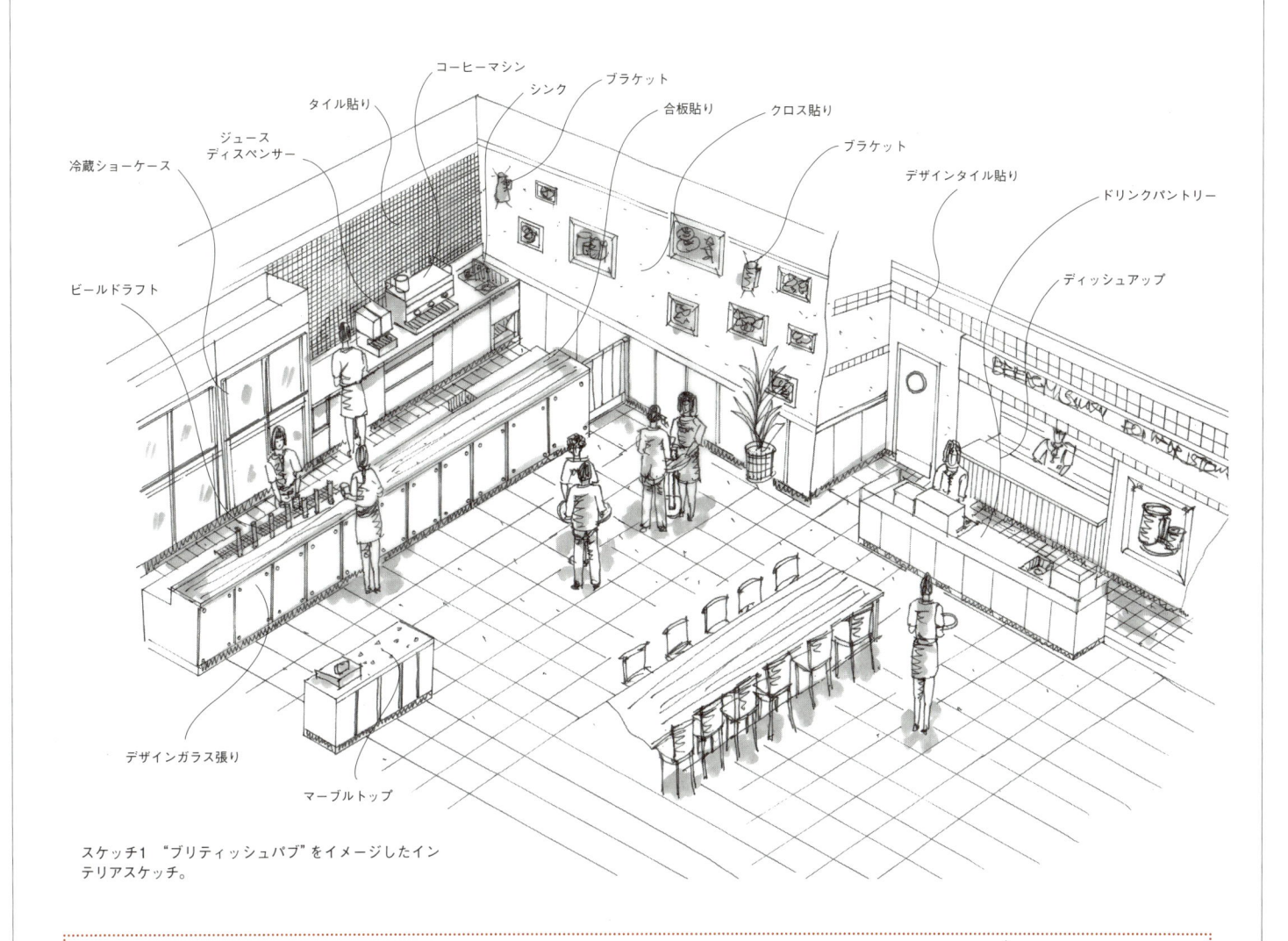

スケッチ1 "ブリティッシュパブ"をイメージしたインテリアスケッチ。

厨房機器リスト

No	品名	台数
1	冷蔵ショーケース	1
2	ソイルドテーブル	1
3	オーバーシェルフ	1
4	グラスウォッシャー	1
5	二槽シンク	1
6	ディッシュウォッシャー	1
7	クリーンテーブル	1
8	ラックシェルフ	1
9	ハンドシンク	1
10	アイスメーカー	1
11	冷凍冷蔵庫	1
12	冷蔵庫	1
13	ワークテーブル	1
14	シェルフ	1
15	ミキサー	1
16	二槽シンク付ワークテーブル	1
17	オーバーシェルフ	1
18	炊飯テーブル	1
19	炊飯器	2
20	ローレンジ	1
21	シンク	1
22	パスタボイラー	1
23	ガスレンジ（オーブン付）	1
24	サラマンダー	1
25	冷蔵コールドドロワー	1
26	チャコールブロイラー	1
27	グリドル	1
28	フライヤー	1
29	冷蔵コールドドロワー	1
30	スチームコンベクションオーブン	1
31	ピザドゥシーター	1
32	トッピングコールドキャビネット	1
33	コールドフードキャビネット	1
34	ライスサービスキャビネット	1
35	ホットフードキャビネット	1
36	コールドフードキャビネット	1
37	コーヒーマシン	1
38	キャビネットテーブル（グラスラック収納）	1
39	シンク	1
40	冷蔵コールドテーブル	1
41	スープウォーマー	1
42	ウォーターサービスユニット	1
43	アイスビン	1
44	アイスクリームストッカー	1
45	シンク付ワークテーブル	1
46	ビールドラフト	4
47	グラスラック	1
48	ドレインパン	1
49	ハンドディスペンサー	1
50	スピードレール	1
51	ボトルクーラー	1
52	ワークテーブル	1
53	ハンドシンク	1
54	冷蔵ショーケース	2
55	冷蔵コールドテーブル	1
56	ジュースディスペンサー	1
57	アイスメーカー	1
58	コーヒーマシン	1
59	ワークテーブル	1
60	シンク	1

アンテナショップ的ビアレストランは減少したが、日常的かつ本当のビールファンが集うビアレストランをはじめ複合店はいまだ健在である。

客層としては、男女問わず幅広い年齢層に支持される業態であり、利用方法もライフスタイルによって様々である。ヤングアダルト世代はビールに限らず酒類を飲まない人が多いという統計が出ているが、基本的にはビール志向者をターゲットの主軸におくことが大切であろう。

立地としては、かつてのビアホールのイメージや雰囲気を醸し出せる物件でターゲットとする層が多く回遊する街であれば、特別に立地が限定されるものではないと言える。

客単価としては、1500円、2000円、2800円でビールやつまみを楽しめることが幅広い集客を可能にし、暑い夏にはビール1杯を飲むだけの気軽に立ち寄れる環境づくりが大切であろう。

ビアレストランというこれまでのように立派に店を構えるのではなく、立ち飲み席や生

活者の利用動機に合わせて店を利用できるようにすることがビジネスとしては成立しやすいと言えよう。

メニュー構成は、あくまでもビールに合う料理にすべきであり、提供メニューを多く持つことがよいことであるという認識は捨てるべきである。

もちろんビールに合うメニューであっても、料理や素材へのこだわりを持たなければビジネスとして成立しにくい時代であることは理解しておきたい。

■ 平面計画／ゾーニング計画のポイント

この店はビルの1階の一角に位置しており、比較的客席数も多く（116席）、入り口に向かってすぐ左側にビールやドリンク類を提供するカウンターと立ち飲み客のためのスペースを配置している。

大テーブル、4人席、ベンチシート席、一部グループの個室などメインキッチンを配置したレストランとしての複合店である。

ランチの繁忙時と夕方から夜にかけての繁忙時のすべての時間帯に対応できるように、客席形態もレストラン席主体に配置計画をしている。

キッチンの配置としても、全体の客席に対して対面するよう配置していることで、すべての客席への提供がスムーズにできるなど（個室あるいは立ち飲み席まで料理を遅延なくサービスできること）客席、キッチン、ビール類のドリンクカウンターの配置バランスを配慮しておくことが重要である。

■ 各部施設計画のチェックポイント

【スケッチ1】

これまでのビアレストランというイメージは、ビールタンクを用いた演出や"ビアホール"のイメージが強く、ビールに片寄る傾向にあったものの、この店の場合には、ビールカウンターはビールドラフトタワーの数が多く、ビール業態ならではのイメージを訴求しているが、全体的には強いて言うならばブリティッシュパブ寄りのイメージで全体を統一している。

しかしビールというイメージを強く訴求せずに、ビールの種類は豊富に用意しているものの、レストランとして利用する、あるいはビールにこだわる客層にも対応できるイメージづくりをしている。

ビールカウンターの壁には、アンティークなビールの製造写真や大小の額絵をアトランダムにレイアウトしている。

【スケッチ2】

ビールカウンターの役割は、いかにスピーディーにビールを提供するかにあり、繁忙時には種々のビールの注文がコーナーに入ってくる。その注文に迅速に対応できる仕組みを計画しておかなければ、ビールの提供が遅延することになり、遅延はクレームの対象にもなる。特にビールを主軸にする業態であるのに、肝心のビールの提供スピードが遅いことや追加注文がスムーズにできないことは、業態としての致命傷になってしまう。

ビールのドラフトのレバーの高さは約1300mm程度が適正であり、すばやくビールをグラスに注ぎやすいことも重要なポイントの一つである。その他カクテルなどグラスの位置、アイスビン、カクテルの炭酸水やカクテル類を提供するハンドディスペンサーなど、スタッフがあまり動かずに作業ができることが大切である。

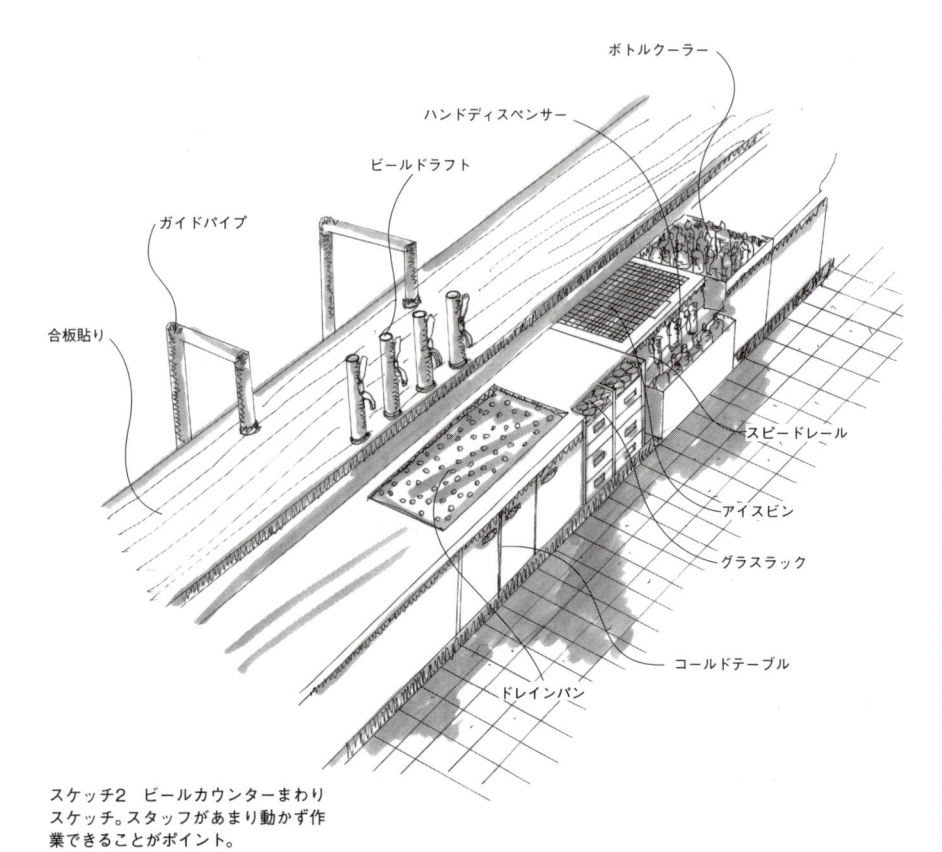

スケッチ2　ビールカウンターまわりスケッチ。スタッフがあまり動かず作業できることがポイント。

メニューリスト

ソーセージの炭火焼 6本 1000円・8本 1200円・10本 1500円　オーストラリア産牛ロース 2000円　茨城県産ポークのジャーマングリル 1600円　アイスバイン 1500円　グーラージュー 1800円　ウィーナーシュニッツェル 1800円　ミュンヘンの白ソーセージ 1100円　自家製ソーセージ盛り合わせ 2500円　シーフードパス 1200円　ドイツパスタ 1300円　トマトパスタ 1000円　ニシンの酢づけ 800円　前菜盛り合わせ 1000円　自家製サーモンマリネ 1200円　ドイツのハム盛り合わせ 1500円　ラクレットチーズ 900円　農家風オムレツ 1200円　フランメンクーヘン 1200円　チーズの盛り合わせ パン付 1400円　有機野菜のテリーヌ 800円　アジの酢漬けドイツ風 800円　ハーブサラダ 800円　ローズマリーポテト 480円　サワークラウト 480円　ジャーマンポテト 480円　フライドポテトチリペッパー風味 480円　カマンベールチーズ 480円　ブルーチーズ 480円　グリエールチーズオーブン焼き 700円　有機野菜のピクルス 700円　フランスパン 300円　黒パン 350円　バニラアイス 350円　アップルシュトゥルーデル 700円

【スケッチ3】

メインキッチンのクッキングラインのスケッチである。もちろん提供されるメニューによって厨房機器の選定や配置は変化してくるものの、昼のランチや夜のつまみメニューなどを配慮すれば、種々の調理に対応できる調理機器を配置しておくことが大切であろう。

肉料理や魚料理を焼くためのチャコールブロイラー、グリドル、ガスレンジ、フライヤー、パスタボイラー、スチームコンベクションオーブンなど多種多様な料理ができるように機器配置をしていることが、ランチ需要や季節メニューなど、また一年を通してのメニュー構成の変更に対応できることを理解しておきたい。しかし、この店のように客席数が多いことやグループ客の集客、個室客への大量サービスを想定してのことであることを言い添えておく。

スケッチ3 メインキッチンのクッキングライン

【スケッチ4】

この店のように客席数が100席を超える、あるいは繁忙時に客が集中する業態の場合には、洗浄エリアは効率的なコの字形が理想的である。

特にビール類の出数が多いことから食器類やグラス類などが途絶えることなく洗浄エリアへ下膳されることを配慮すると、客席に一度下膳のバスボックスを配置しておく、あるいはテーブルの下膳にはバスボックスを使用し、まとめて下膳してくるなどのオペレーションを想定した計画にしておくことが大切である。

さらに言えば、ラックが自動的にスライドしていくコンベアータイプの洗浄機を選定することが理想的である。

洗浄作業を終えたグラスや食器類はすべて各施設に戻すことを配慮すれば、どのように各エリアに食器類を戻すかなど、具体的なオペレーションも想定しておくことが作業を円滑にするためのポイントである。

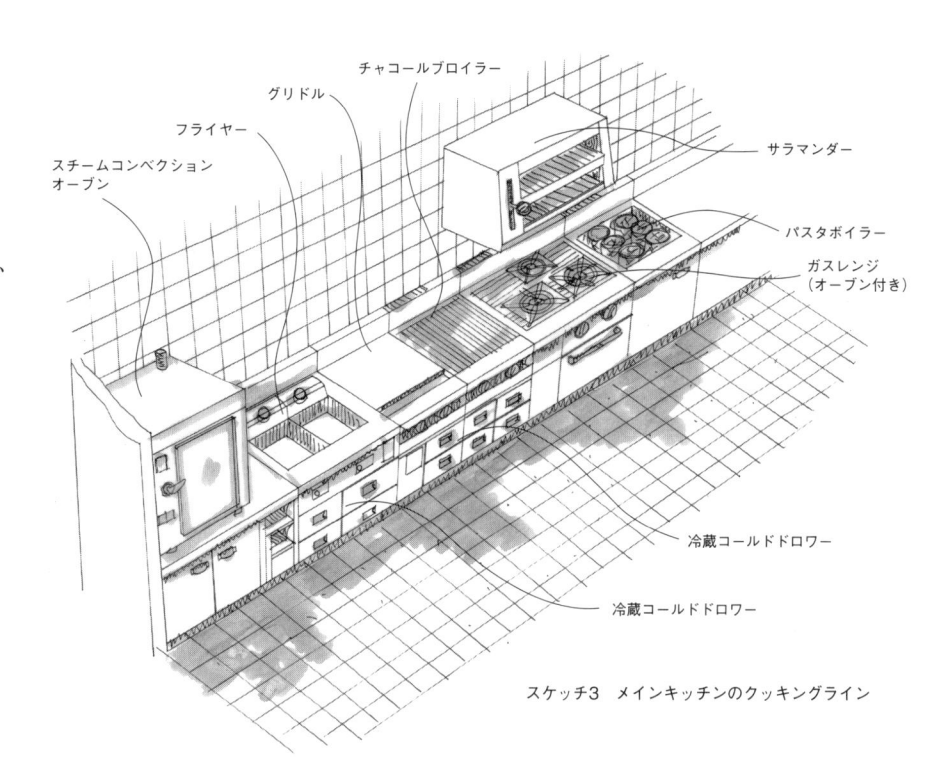

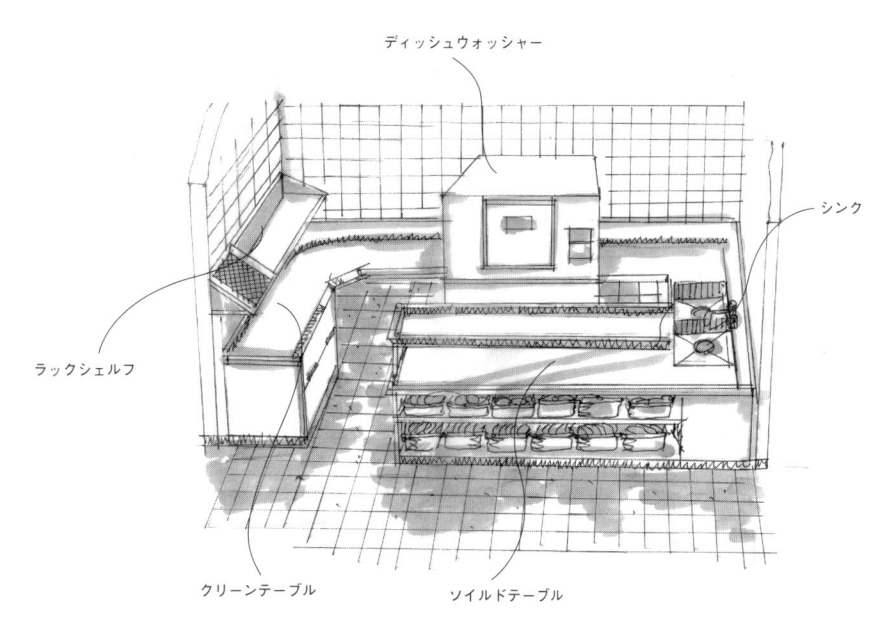

スケッチ4 洗浄エリア。大規模店の場合は、洗浄はもちろん、洗浄後のグラス、食器類を各施設に戻すオペレーションを想定しておかなくてはならない。

厨房機器解説 15

スチームコンベクションオーブン

略してスチコンと呼ばれ、ファンにより熱風を強制対流させるコンベクションオーブンと蒸気発生装置によるスチーマーを組み合わせた機器。熱風または蒸気をそれぞれ単独、または同時に利用して、「焼く」「蒸す」だけでなく「煮る」「炊く」「炒める」といった調理も可能にした多機能加熱機器。

調理モードは、熱風をファンで庫内に循環させて食材を焼く「熱風モード」、蒸気をファンで庫内に循環させて食材を蒸す「スチームモード」、熱風と蒸気を同時にファンで庫内に循環させて加熱し、湿度調節しながら調理する「コンビネーションモード」、蒸気と熱風の組み合わせで、主に加熱済み商品の温め直しに利用する「再加熱モード」などが用意されている。

熱源はガス式、電気式どちらのタイプもあり、最近はどちらも性能に大きな違いはなくなっており、対象施設の状況に合わせて選択することができる。また、蒸気発生装置によりボイラー方式とインジェクション方式がある。インジェクション方式は機器価格が安価であるため、初期投資を抑えるためには有効であるが、熱した庫内に水滴を垂らして蒸気を発生させるため、蒸気を大量に使用する蒸し料理には不向きである。

また、庫内の湿度管理にこだわった機種、狭い日本の厨房に合わせて扉が横に収納できる機種、操作パネルにコンシェルジェ機能をもたせて初心者にも使いやすくした機種など、各社から様々な製品が発表されている。

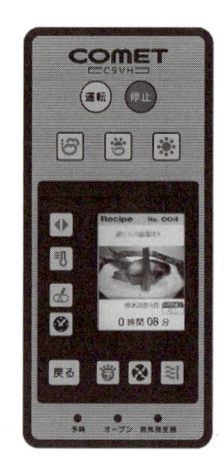

メニュー画面を採用し、コンシェルジェ機能を採用した操作パネル

写真提供：エフ・エム・アイ

写真提供：エレクトロラックスジャパン

写真提供：ニチワ電機

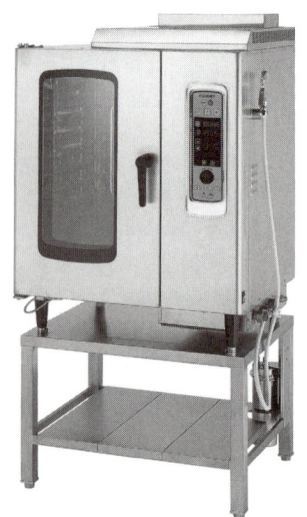

写真提供：コメットカトウ

厨房機器解説 16

サラマンダー

一般的にはガスレンジの上部壁面に取り付けて使用する上火式のブロイラー。
グラタン、ピザなどの仕上げならびに魚やハンバーグ類の焦げ目をつけるために使用される。
ガス式は5,000kcal/h（5.8kW）前後のガス消費量で、電気式のもので2.8〜6.0kWの消費電力のものがラインナップされており、通常のブロイラーより熱源としては抑え目である。したがって、オーブンやグリドルなどと併用され、仕上げ用機器としての意味合いが強い。
機器の形態は、料理を置くグリッドが上下する機種と上部のヒータ部分が上下する機種とに大別される。いずれの機種も使用中に仕上がりの状態を確認しやすいように、調理中の料理の高さが使用する人の目の高さになるように取り付けるようにする。

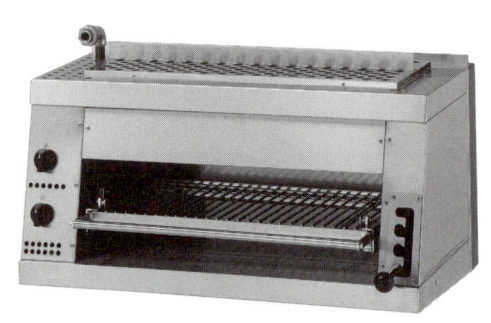

ガスサラマンダー
写真提供：コメットカトウ

電気サラマンダー
写真提供：ニチワ電機

09 | 焼き肉バイキングレストラン

エントランスと食材ディスプレイラインは広く余裕を持って計画

376.2m²

154 seats

内装設備工事費6800万円
月商売上予測1250万円

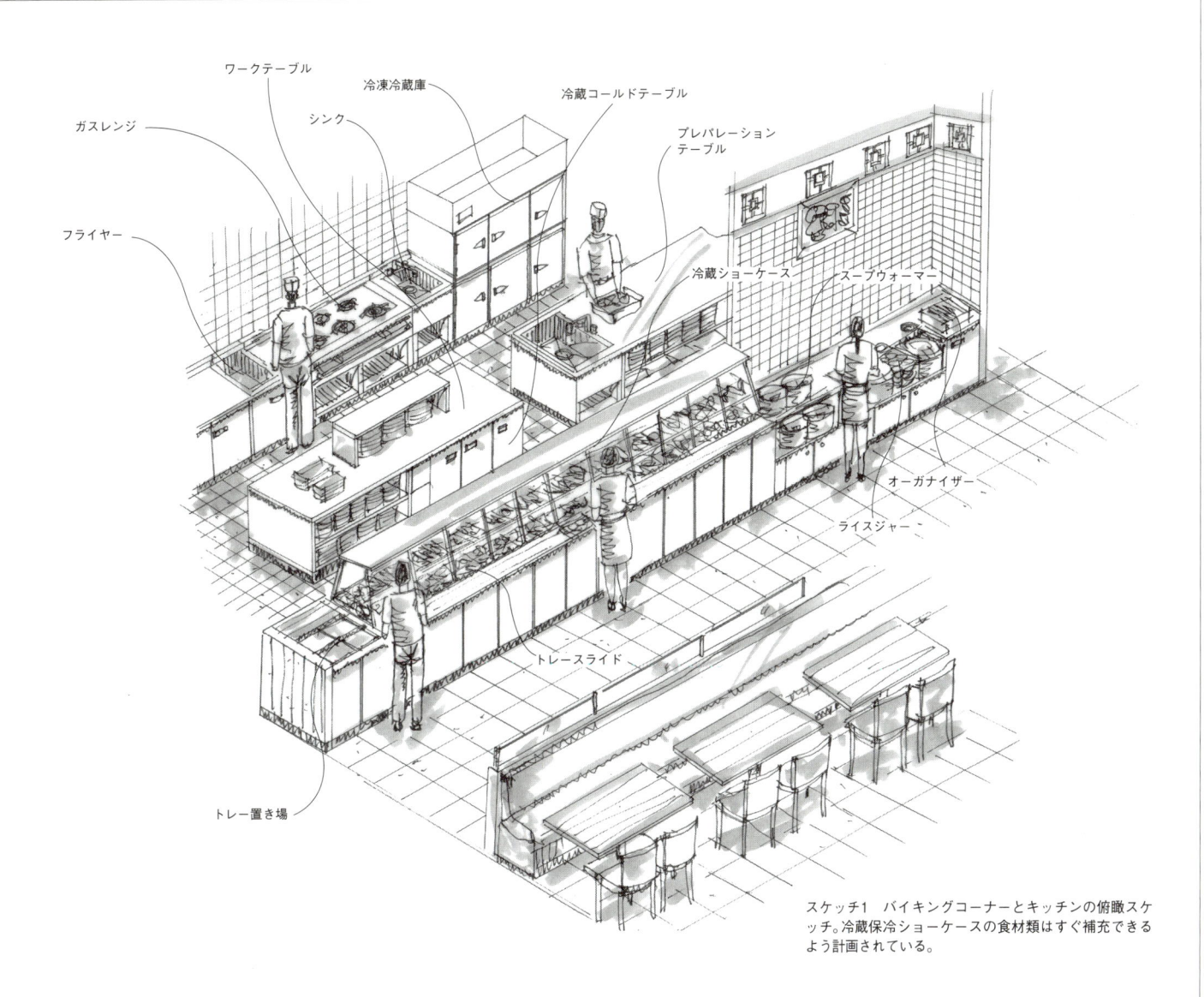

（スケッチ図中のラベル）
フライヤー／ガスレンジ／ワークテーブル／シンク／冷凍冷蔵庫／冷蔵コールドテーブル／プレパレーションテーブル／冷蔵ショーケース／スープウォーマー／オーガナイザー／ライスジャー／トレースライド／トレー置き場

スケッチ1　バイキングコーナーとキッチンの俯瞰スケッチ。冷蔵保冷ショーケースの食材類はすぐ補充できるよう計画されている。

■ 企画づくりとコンセプト

わが国のバイキングレストランの起源は、東京・内幸町の帝国ホテルにオープンしたビュッフェ式レストラン「バイキング」（昭和33年8月1日）にあると言われている。

テーブルに並べた肉・魚・野菜料理などを自由に取り分ける北欧の伝統料理「スモーガスボード」（スウェーデン、デンマークなど北欧の料理で、テーブルに数多くの料理を並べ、各自で取って食べる。まずにしんの酢漬け、鮭やうなぎの燻製、キャビアなどの冷たい魚料理から食べ始め、ハムやレバーペーストなどの冷たい肉料理、その後に温かい魚・肉料理、最後にデザートを食べる。「スモーガス」は「バターつきのパン」、「ボード」は「テーブル」の意。もとはオープンサンドイッチなどの前菜を中心としたものであった）がヒントだったと言われている。

「バイキング」とは近年の新しい業態ではなく、取り扱う料理は異なるものの、業種業態問わず種々のバイキング店が街のあちこちに点在するという時代もあった。

ここ数年、人件費の高騰や原価率のアップ、また繁忙時のスタッフ数が抑えられることからもバイキングスタイルが再び流行ってきている。

ここで示す焼き肉バイキング店は、一人約2000円から3000円で90分以内の時間制限で、焼き肉食べ放題、ドリンク飲み放題というスタイルである。入り口で入店チェックを受け、テーブルに案内された後は、冷蔵ショーケースに陳列された肉や野菜類、スープ、デザート類を自由に皿に取り分けて自分で焼き、料理を楽しむというスタイルである。

バイキングレストランの場合には、酒類ドリンクはバイキング料金には含まれておらず別途料金となる店と、アルコール類に至るまですべて含まれている店の二つのシステムがある。

この店の場合、アルコール類ドリンクはバイキング料金に含まれず、そのつど追加注文し、スタッフが席までアルコール類をサービスするというスタイルをとっている。

客層は幅広い層がターゲットと考えられ、立地も街の一角であれば、上層階や地下であっても特別ビジネスの成立は左右されないだろう。ただし、バイキングスタイルをシステムとして採用する場合には、ある程度の客席数を確保できないと客席回転を上げることができないため、物件スペースとしては最低100席

039

以上を確保できる規模が理想的である。しかし物件規模が大きいだけに、賃借料と売上高の想定が合わなければビジネスとしては成立しないことを忘れてはならない。もちろん営業は夜に集中するものの、ランチタイムにはランチ需要に合わせた価格設定やメニュー構成をし、一日を通しての集客を計画しなければならない。

■ **平面計画／ゾーニング計画のポイント**

この店のゾーニング計画は、入り口に向かって左側に事務所、メインキッチン、バイキングライン、その奥に洗浄エリア、ドリンクパントリーを配置し、右側にはベンチシートタイプの4人席、6人席、バンケットグループ席など種々の客層に合わせた客席を選択できるように配慮している。

バイキングスタイルのシステムを計画する場合は、エントランススペースを比較的広く確保しておくこと（人数のチェックなどを最初の入店時に行うため）を忘れてはならない。またバイキング食材陳列ラインのスペースは最低2500mmから3000mmと広く確保しておくこと、主軸となる肉類を陳列するス

焼き肉バイキングレストラン●PLAN 1:150

厨房機器リスト

No	品名	台数
1	クリーンテーブル	1
2	オーバーシェルフ	1
3	ディッシュウォッシャー	1
4	ソイルドテーブル	1
5	シンク	1
6	ダストシンク	1
7	オーバーシェルフ	1
8	アイスメーカー	1
9	ロストルクリーナー	1
10	カート	5
11	冷蔵ショーケース	1
12	酎ハイ＆ビールディスペンサー	1
13	シンク付ワークテーブル	1
14	冷凍冷蔵庫	2
15	シンク	1
16	オーバーシェルフ	1
17	ガスレンジ	1
18	パイプシェルフ	1
19	ワークテーブル	1
20	フライヤー	1
21	ワークテーブル	1
22	冷凍冷蔵庫	1
23	ワークテーブル	1
24	オーバーシェルフ	1
25	冷蔵コールドテーブル	1
26	シンク付ワークテーブル	1
27	オーバーシェルフ	1
28	オーガナイザー	1
29	ディッシャウェル	2
30	ライスジャー	2
31	サービステーブル	1
32	スープウォーマー	4
33	冷蔵ショーケース	3
34	トレー置き場	1
35	ハンドシンク	1
36	シェルフ	2
37	ジュースディスペンサー	1
38	グラスラック	1
39	ジュースディスペンサー	1
40	シンク	1
41	アイスビン	1
42	ワークテーブル	1
43	アイスクリームメーカー	1
44	グラスラック	1
45	オーガナイザー	1
46	ワークテーブル	1

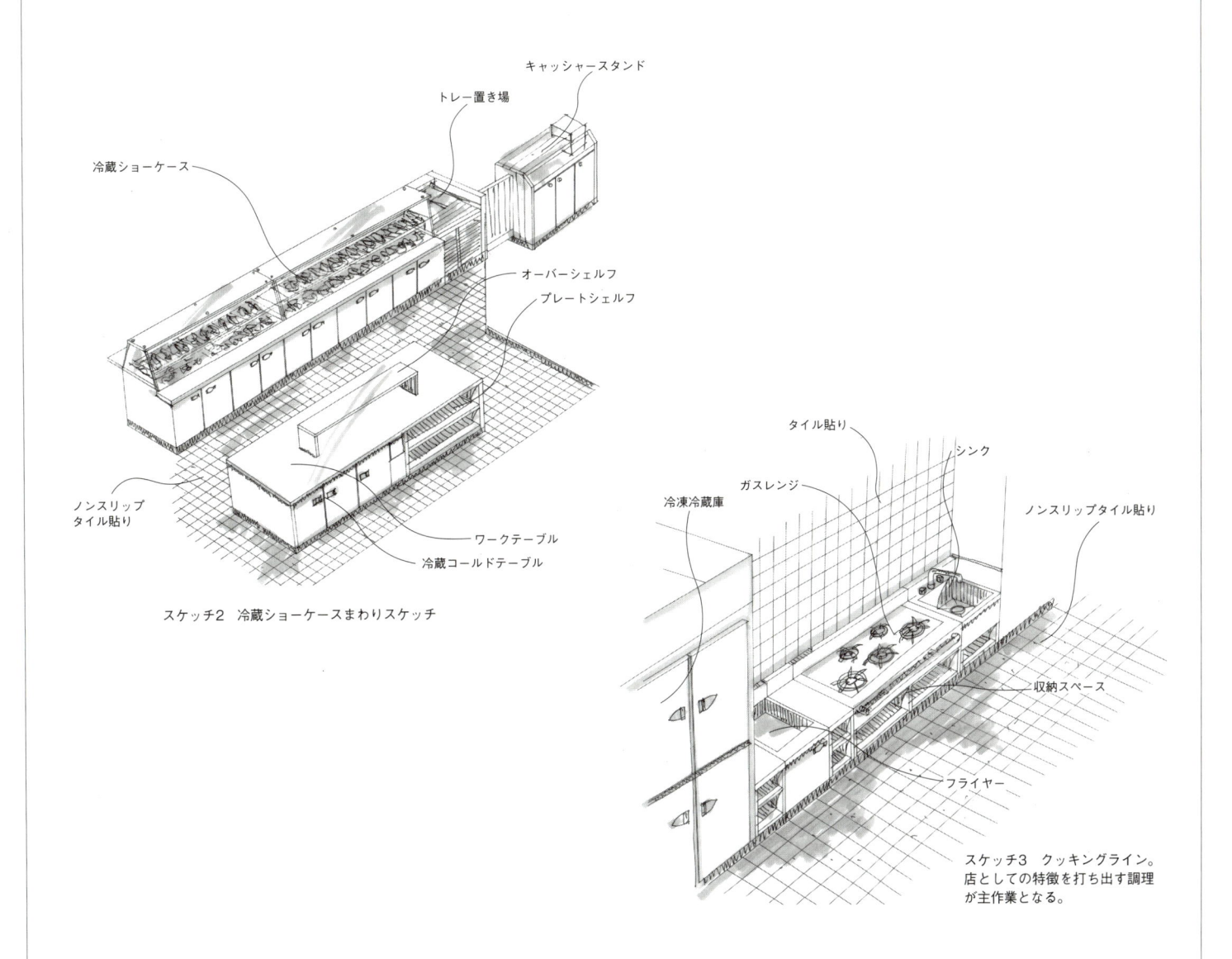

スケッチ2 冷蔵ショーケースまわりスケッチ

スケッチ3 クッキングライン。店としての特徴を打ち出す調理が主作業となる。

ペースも繁忙時の混雑を想定し広く確保しておくことがポイントである。

バイキングスタイルでは、スタッフの人数も少なくてすむものの、夜の時間帯には、ダイニングを担当するスタッフは、アルコール類の注文やバイキングにないメニューの注文が入ることを配慮すると、各サービスステーションにスタッフを配置しておくことがポイントであろう。

■ 各部施設計画のチェックポイント

【スケッチ1】
バイキングコーナーとメインキッチンを俯瞰したスケッチである。
焼き肉バイキングレストランは、効率や機能を重視するあまり、レストランとしての「環境」がおろそかになりがちである。この店の場合には、あくまでも本格的な肉、野菜類、その他の素材を自由に楽しんでもらうという企画コンセプトであり、肉質やグレードも決して他の焼き肉専門店に劣らない食材を提供している。

食材を保冷する冷蔵ショーケースは、扉を全開放するのではなく、あくまでも食材の保冷状態を保持することにこだわり、扉をその都度開閉し食材を選んでもらうというスタイルをとっている。

冷蔵保冷ショーケースの背後には、メインキッチンがあり食材類の減り具合や補充しなければならない食材をすぐに確認できるように計画していることがポイントである。全体のイメージも焼き肉という業態の独特なイメージを演出するものではなく、むしろ食材類の美味しさや新鮮さがあざやかに映えるように、比較的明るい色のタイルを貼った。キッチン側は白基調、客席側は木の薄茶基調で全体のイメージをまとめていることがポイントである。

【スケッチ2】
メインキッチン側からダイニングに隣接した冷蔵ショーケースを見たスケッチである。メインキッチンには、種々の作業ができるようにワークテーブルを配置している。営業時前の段階でほとんどの仕込み作業は終えて

いるが、繁忙時には冷蔵ショーケースに陳列されている食材類に欠品が出ないように視覚確認できるようにするためである。

冷蔵ショーケースには肉類、野菜類、サラダ、スープ、デザートに至るまで様々な食材が並ぶ。したがって繁忙時に合わせた食材ストックもキッチン側の冷蔵庫に保冷しておく仕組みが大切であろう。

キッチン側の作業としては、開店前の事前仕込みが主作業であり、営業時にはスタッフの人数も少なくなるものの、バンケットの予約状況やメニュー内容、構成によっては、調理エリアにスタッフを配置しておくことも配慮しておかなくてはならない。

【スケッチ3】
メインキッチンのクッキングラインのスケッチである。
ここでは揚げ物、スープ類、デザート類、その他肉と野菜を煮込んだ料理やスープなど、店としての特徴を打ち出す調理がクッキングラインの中心作業である。繁忙時の補充商品として、たとえば常に温かい状態で提供でき

図ラベル：
- オーバーシェルフ
- ワークテーブル
- 冷蔵コールドテーブル
- プレートシェルフ

スケッチ4　ワークテーブル。冷蔵ショーケースに陳列する食材の準備、デザート類の製造が、ここで行われる。ワークテーブル下部に調理備品類を収納している。

メニューリスト

焼肉食べ放題
大人 1980円　子供 1350円　90分時間制限
カルビ　ロース　豚タン　レバー　豚ロース　豚カルビ　とりもも　ササミ　いかミノ　たこ　げそいか　キムチ　カクテキ　オイキムチ　玉葱　ピーマン　かぼちゃ　さつまいも　にんにく　きゃべつ　ホットコーナー　サラダ　ライス　スープ2種　カレー　ソフトドリンク類

アルコール類は別料金
ビール 480円　サワー各種 380円　グラスワイン 480円

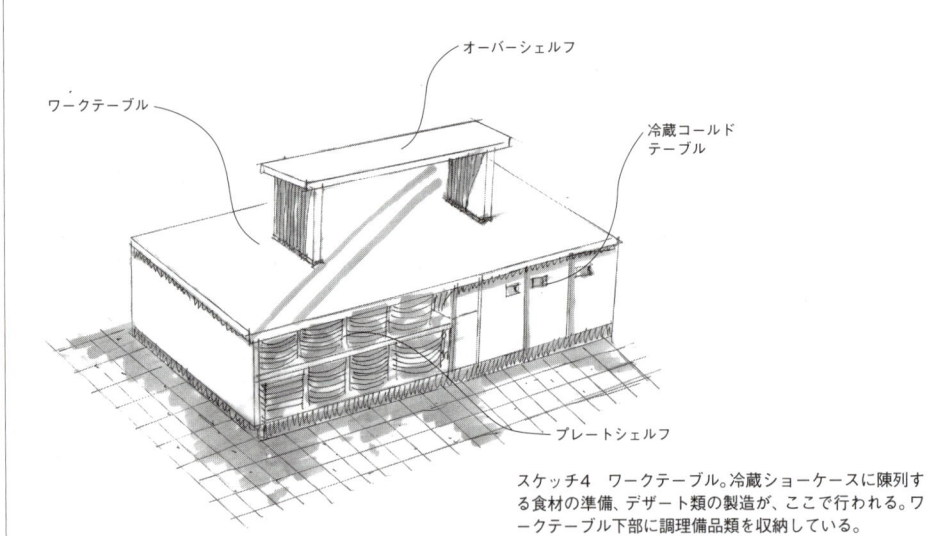

るようにしておきたい揚げ物類は、常に保存、補充のタイミングを把握できるようにしておくことが大切である。
ガスレンジを使用するカルビクッパ、ビビンパなど追加注文のメニューがある場合には、ダイニング側からの指示ですぐに調理できる環境にあることが大切であり、料理内容に合わせて機器配置構成をすることを忘れてはならない。

【スケッチ4】
メインキッチンのワークテーブルのスケッチである。メインキッチンのワークテーブルでの作業の中心は、ブロック肉を部位に合わせてカットしたり、サラダ類の野菜のカットおよび陳列前準備、デザート類の製造など、冷蔵ショーケースに陳列する食材類についてのほとんどがキッチン内で行われる。
調理備品類はワークテーブルの下部に配置しておくこと、また肉をカットする作業が多くなる場合には、ミートスライサー専用の設置スペースを設けるなどの配慮が必要である。繁忙時の状況を配慮すれば、営業ピーク時にメインキッチンがフル稼働することはなく、あくまでも食材を保冷しておくための冷蔵ショーケースの食材状況によって追加の業務や仕込みを行いやすくすることがポイントである。

厨房機器解説 17

ロストルクリーナー

焼肉屋で使用するロストル（焼き網）を洗浄する機器で、回転ドラム式と超高圧水流噴射式がある。
回転ドラム式は、バレルタンクという洗浄室に使用済みのロストルとチップと呼ばれる研磨材、水、洗剤を入れて洗浄する。1回の洗浄サイクルは約30〜60分で、一度に洗浄できる枚数は、10〜20枚程度である。セラミックチップ（研磨材）ならびにバレルタンクとバレルカバーは消耗品で定期的に交換する必要がある。
超高圧水流噴射式は、洗剤や研磨剤は使用せずに31.4Mpa（320kg/cm²）の超高圧水流を強力噴射して洗浄する。洗浄時間は、1分前後のものから3〜6分というものがある。この方式の特長は、柔らかな衝撃で洗浄するため、ロストル本体に浸透している油分は残るので、焦げ付きやこびりつきが少なくなり、肉を焼くのに理想的な表面仕上げを維持することができる。

資料提供：ホシザキ電機

厨房機器解説 18

アイスクリームマシン（ソフトクリームフリーザー）

機器上部のホッパーにベースミックスを入れ、シリンダー内で撹拌しながら冷却してアイスクリームを完成させる機器。撹拌しながら冷却するときに、空気を抱き込むことにより舌触り良い滑らかな仕上がりになるため、撹拌するときの空気の含有量を調整することが重要になる。

資料提供：エフ・エム・アイ

10 | デリ（和・洋）惣菜店

買いやすい価格設定とロス率の低減が
ビジネス成立のポイント

65.5m²

— seats

内装設備工事費2500万円
月商売上予測580万円

■ 企画づくりとコンセプト

景気低迷の影響から全般的に不振となっている外食市場であるが、その中でも中食市場が唯一の成長分野として注目を集めている。わずか約5年間で約8兆円市場にまで拡大するなど、今後、最も将来が有望視されている業態の一つである。

デリ・惣菜店とは、これまではデパートの地下の食品売り場で展開されていた業態であり、その業態が単独店として路面、駅中などの生活者の生活圏にまで広く展開を進めてきたことが市場を拡大させていると言える。

これまで「中食」は食品販売あるいは外食の中間的曖昧な位置づけにあったものの、コンビニエンスの弁当や食材コーナーで販売する料理のように、中食も新しい時代の外食の新しいカタチと理解してよいだろう。

いまでは、デリ・惣菜業態は各企業が種々のスタイルを実験展開している状況にあり、今後は新たに参入する企業は増加傾向にあると言える。

欧米にあるデリ・惣菜店のように、テイクアウトする客と店内に配置された客席でデリ・惣菜料理を楽しむというように複合変化していくことが予測できる。

この店の場合には、あくまでもデリ・惣菜を販売する単独店として企画している。高齢者や主婦層だけではなく、単身女性や男性客など販売スタイルも比較的スマートなスタイルをとっていることで幅広い客層が利用しやすい店を目指している。

デリ・惣菜は個食パックにしてあるもの、好きな量だけ計り売りで買い求めることができるものの二つの方式で販売していることが多く、客層ターゲットとしては高齢者層、主婦層、単身世帯、働く女性層など男女問わず幅広い客層にターゲットを合わせることがビジネスとしての成立を高めるものになるだろう。また食の安全、健康、安心というキーワードでメニューづくりを企画することは必須であろうし、立地としてもターゲット層が多く回遊する立地や駅中、帰宅途中に位置していることがポイントである。

デリ・惣菜の単価としては、料理内容に合わせて1g 1.5円から3円という幅で価格設定することが購買しやすい価格帯と言える。またロス率や売れ残り率をいかに低下させるか

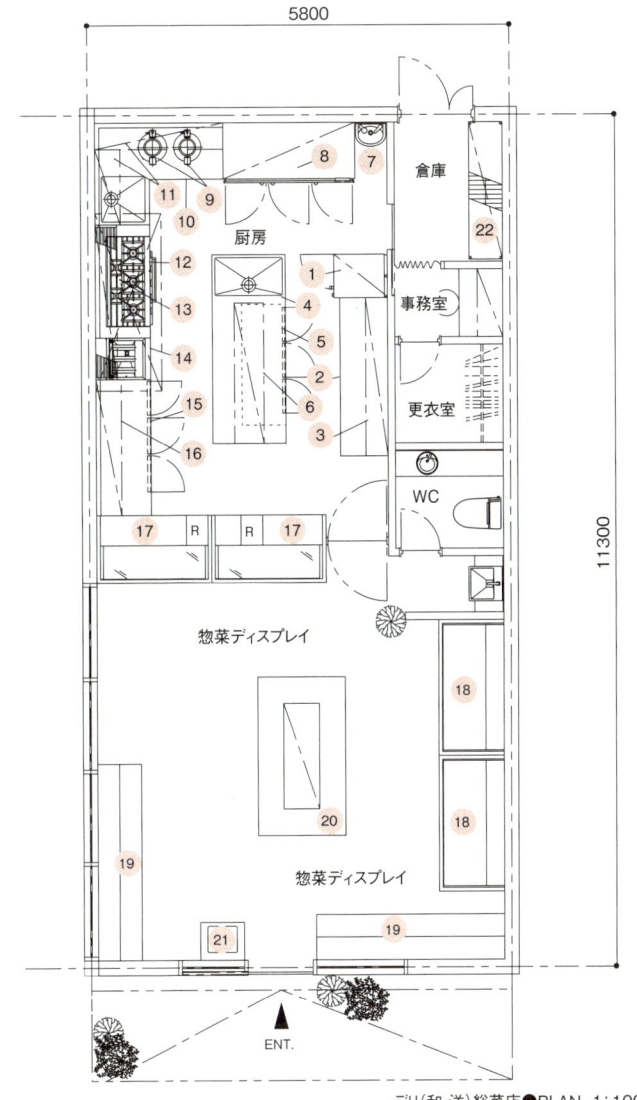

デリ(和・洋)総菜店 ●PLAN 1:100

厨房機器リスト

No	品名	台数
1	スチームコンベクションオーブン	1
2	ワークテーブル	1
3	オーバーシェルフ	1
4	シンク付ワークテーブル	1
5	冷蔵コールドテーブル	1
6	オーバーシェルフ	1
7	ハンドシンク	1
8	冷凍冷蔵庫	1
9	炊飯ジャー	2
10	シンク付ワークテーブル	1
11	オーバーシェルフ	2
12	ガスレンジ	1
13	パイプシェルフ	1
14	フライヤー	1
15	冷蔵コールドテーブル	2
16	オーバーシェルフ	1
17	冷蔵ショーケース	2
18	冷蔵オープンショーケース	2
19	商品陳列シェルフ	2
20	ホットオープンショーケース	2
21	トレー置き場	1
22	ラックシェルフ	1

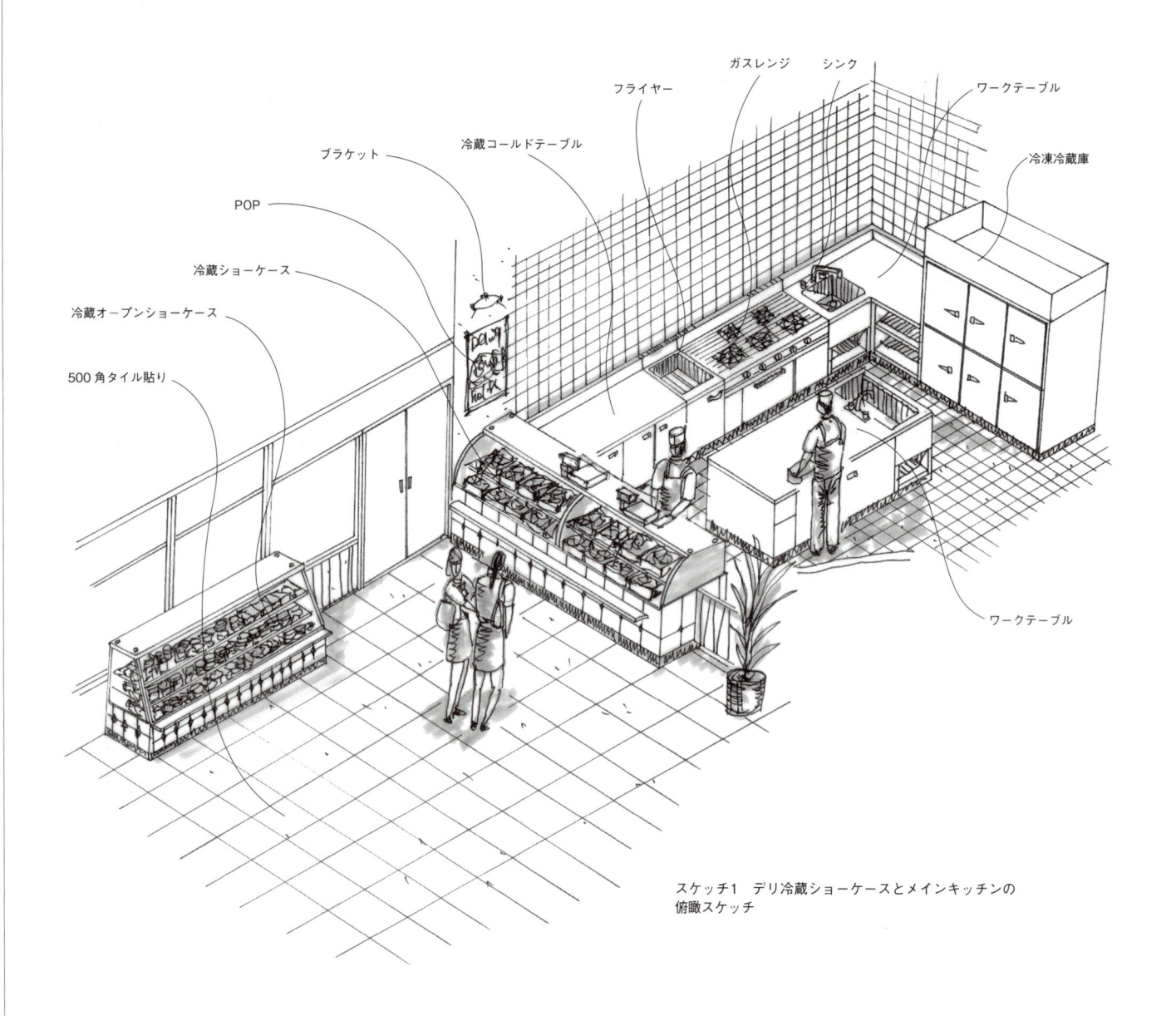

スケッチ1 デリ冷蔵ショーケースとメインキッチンの俯瞰スケッチ

ワークテーブル
冷凍冷蔵庫
シンク
ガスレンジ
フライヤー
冷蔵コールドテーブル
ブラケット
POP
冷蔵ショーケース
冷蔵オープンショーケース
500角タイル貼り
ワークテーブル

がビジネスとしての成否を左右することになるだろう。
またデリ・惣菜類の盛り付けはもちろん、色彩などの空間演出の細部にまで配慮することを忘れてはならない。

■ 平面計画／ゾーニング計画のポイント

この店のゾーニング計画は、入り口に向かって正面に冷蔵ショーケース、その背後にメインキッチン、右側に事務所などの付帯施設を配置している。
入り口から店内に入ったエリアの中央に常温保管の食材のディスプレイラックを配置し、壁側には保冷タイプの個食パック、弁当、惣菜、デリなど和食・洋食など客層に合わせた品揃えをしている。
レジカウンターの下には、和・洋惣菜の計り売りの料理をディスプレイする冷蔵デリケースを配置し、計り売り販売にも対応できる。
店の利用方法としては、各コーナーに陳列した惣菜料理を見て選び、最後にレジカウンターで清算してもらうという仕組みであり、衝動買いや視覚的刺激購買を促進することがビジネスとしての成立要素を高めることになるだろう。

■ 各部施設計画のチェックポイント

【スケッチ1】

デリ・惣菜店には、和を主体とした和風デザインと洋を主体とした洋風デザインの店があるが、この店の場合は和・洋の両方の料理を品揃えしていることもあり、内装イメージとしては、食の健康をイメージするグリーン、キッチン内は清潔さを訴求する白、食をイメージするオレンジを店内のデザインポイントとして施している。
各コーナーの上部には、陳列する料理のイメージ告知や購買意欲を高める言葉などサインを配置しておくことが理想的である。
時間帯によっては弁当、デリ個食パックをランチとして購買するという目的買いの客層も多くいるため、繁忙時やアイドル時を想定した料理の品揃えや配置計画をしておくことがポイントである。

【スケッチ2】
レジカウンターのイメージである。レジカウンターの下部には、デリ冷蔵ショーケースを配置し、このコーナーでは主に計り売りデリ・惣菜をディスプレイしている。

冷蔵ショーケースの機能としは、客側はガラスをフィックスし、キッチン側はひき違いの扉で開閉を行い、包材パックに盛り付けてデジタルスケールレジで客側からグラムと価格が見えるようにして、レジでグラムと価格を確認し販売するという仕組みである。

冷蔵ショーケースの上にレジを配置する場合には、レジカウンターの高さはフロア側から約1200mm以下で設定することが理想的であり、キッチン側と段差が生じる場合には充分に注意が必要である。

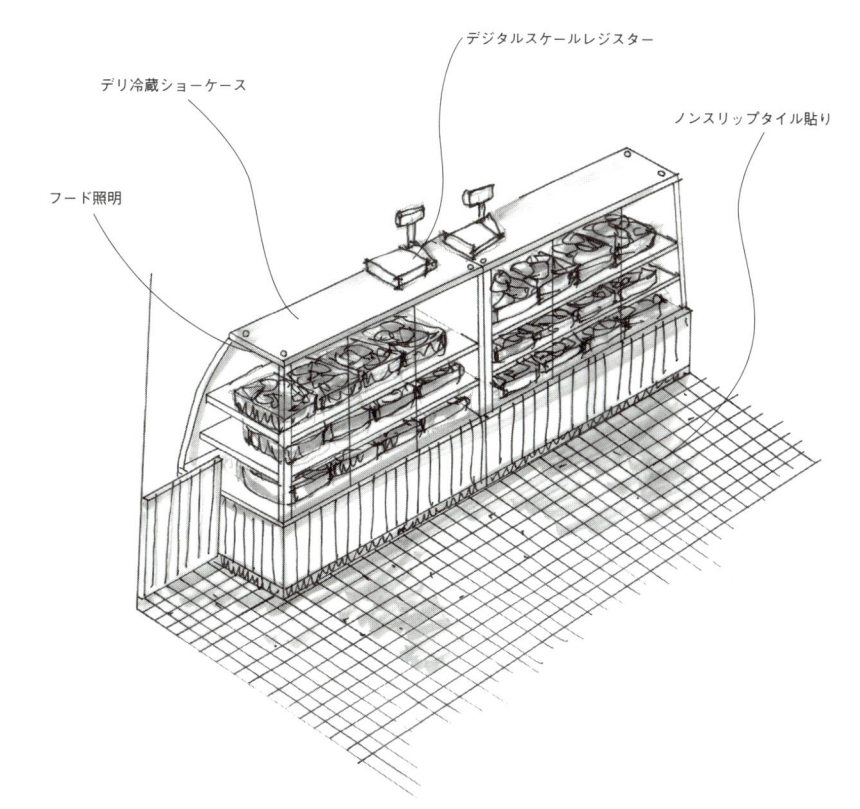

スケッチ2　デリ冷蔵ショーケース、レジカウンターまわりのスケッチ。レジカウンターの高さは客側フロアから1200mm以下に設定する。

（ラベル：デリ冷蔵ショーケース、デジタルスケールレジスター、ノンスリップタイル貼り、フード照明）

厨房機器解説 19

ガスレンジ

鋳物製のリングバーナーを使用したコンロとオーブンで構成された機器で、鍋やフライパンなどを直火で加熱する際に使用する。小型の一重式のものから三重式のものまで様々なバーナーがある。ガスの燃焼は、ガスと空気を1:1で混合した一次空気をバーナーの孔から吹き出させ、それに点火することで得られる。オープントップレンジとも呼ばれるように、バーナーの周辺は開放されているので、燃焼に必要な二次空気（一次空気の4～5倍が必要とされる）が充分確保されるため、大量のガスを燃やすことができ、強い火力を得ることができる。二重バーナーは10,000～15,000kcal/h（11.6～17.4kW）、一重バーナーは3,000～6,000kcal/h（3.5～7.0kW）のガス消費量である。

バーナーの孔はタテ方向にあけられているため、調理中の吹きこぼれ、調理時の食品くずや油汚れなどで目詰まりしやすいので、定期的に手入れを行う必要がある。

オーブンは、ガステーブルの下に配置され、食品全体を高温の熱で包み込んで加熱調理する。一般的に、オーブンの温度設定範囲は100℃～300℃で、間口が1500mm未満ではオーブン1台、それ以上になると2台付となる。オーブンのドアは、重いポットやパンを載せて出し入れするため、充分な強度が求められる。

最近は、スピーディーに調理するため、ファンにより庫内の空気を強制対流させるコンベクション機能が付いた機種もある。

写真提供：コメットカトウ

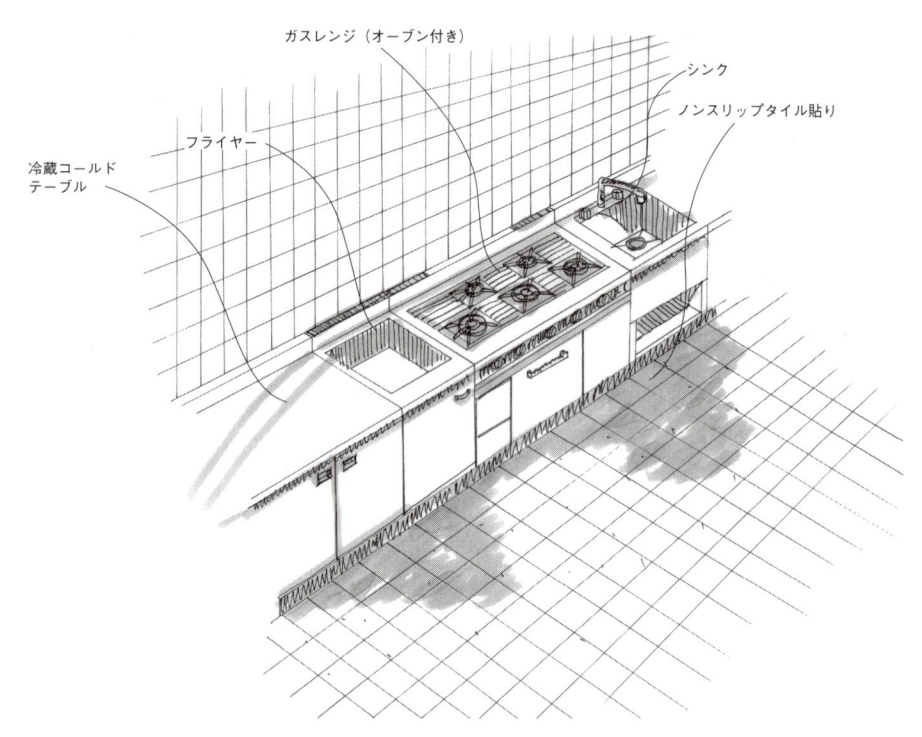

【スケッチ3】
クッキングラインのスケッチである。この店のデリ・惣菜類の調理は、一部ベンダーの仕入れ以外は、すべて店内調理を基本にしているため、厨房設備としてもガスレンジ、オーブン、フライヤー、スチームコンベクションオーブンなど「蒸す」「焼く」「煮る」「炒める」はもちろん、その他の料理に対応できる調理機器を配置している。

基本的には、食材の下処理した素材を仕入れる方法をとり、あくまでも素材を切ったりするなど調理前の仕込み作業はクッキングラインでの工程から排除しておくことが理想的である。

なお店内調理が主体となる場合には、開店前の仕込み調理作業も機器に調理を依存できる計画にするなど、多種多様な調理を同時並行できる計画にしておくことが大切になる。店のスペースに制限がある場合には、冷蔵・冷凍ストレージのストックは、売上想定に合わせて2回配送するなどのオペレーションも併せて検討しておくことを忘れてはならない。

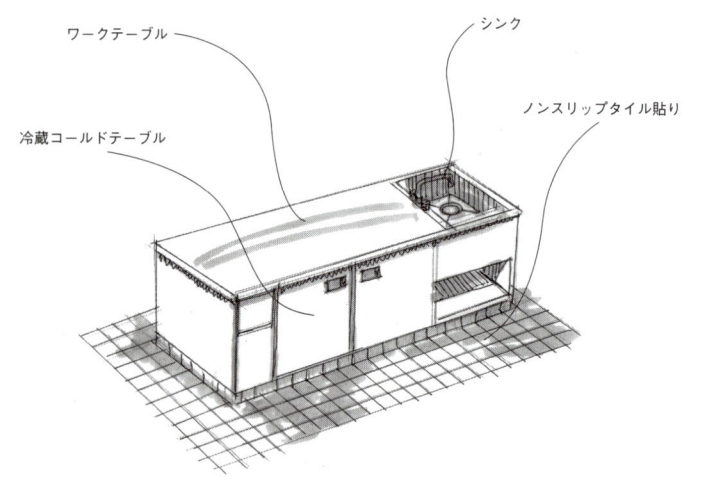

【スケッチ4】
メインキッチンのワークテーブルである。ワークテーブルで行う作業は、調理する料理内容に合わせて仕込み作業や食材類をソース類と和える作業など、多種多様な作業を行えるよう広いスペースを確保しておきたい。開店前の仕込み作業時間と調理を並行する時間帯など、それぞれの時間帯の作業工程を計画しておくことが大切である。これは狭いスペースを効率的かつ機能的に活用することが、店内調理を主体とする店のキッチン計画のポイントになるからである。

小規模企業や個人店の場合には、セントラルキッチンで調理されたデリ・惣菜類を店に配送するというシステムを構築できないため、素材を低価格で仕入れるルートの確立や、様々な料理を限られたスペースで大量に調理できるシステムをいかに構築するかがビジネスとしての成立を左右することになる。

スケッチ3 クッキングラインのスケッチ。一部ベンダーの仕入れ以外、すべて店内調理を基本にしているため、対応調理機器を配置している。

スケッチ4 メインキッチンのワークテーブル。ここでは様々な調理作業を行うため、広いスペースを確保しておきたい。

メニューリスト

ミニタコライス丼 520円　こだわりから揚げ丼 900円　キーマカレー 780円　ヘルシービューティ弁当 820円　黒豚しょうが焼き弁当 870円　国産雑穀入りごはん 210円　シャキシャキコールスロー 198円　彩り野菜ピクルス 398円　山蒟蒻オリーブオイルのドレッシング添え 498円　無添加惣菜4点セット 590円　あら挽きソーセージとじゃがいものガレット 298円　牛挽肉入りのシシカバブ風 248円　タンドリー風チキンクリスピー 235円　ポテトの香草焼き 248円　特性ミートソース入り丸焼きトマト 320円　お豆腐と鶏肉の甘辛あんかけふわふわ団子 320円　夏野菜入りベジカツ 420円　野菜たっぷりメンチカツ 198円　牛肉コロッケ 198円　野菜たっぷりコロッケ 100円　さつまいものスティック大学いも 258円

11 | グルメサンドイッチカフェ

サンドイッチ専門店らしさを訴求する複合カフェ

105.2m²

46 seats

内装設備工事費2650万円
月商売上予測580万円

■ 企画づくりとコンセプト

かつてのカフェブームの再来のように、後発企業の市場参入が激化している業態である。このカフェという業態にもセルフサービス、テーブルサービス、セミセルフサービスなどがあり、種々のスタイルのカフェが街のあちらこちらに登場している。

カフェ市場の売り上げ規模が拡大している理由は、大手チェーンの展開スピードが速くなっていること（つまりは出店ラッシュ）や従来の喫茶店がカフェスタイルに変換していることにある。

小規模企業や個人店の場合には、カフェとレストランを複合したカフェスタイルに業態変換したり、またサンドイッチ専門店との複合やその他の専門業種とカフェを複合化させる傾向が多くなってきている。

この店の場合には、これまでも業態としては成立しているものの、もっとサンドイッチに個性を持たせたものであり、一つのサンドイッチのボリューム感やパンの間に挟む具材、ソースに至るまでこだわりを前面に打ち出した「グルメサンドイッチカフェ」である。販売システムは、あらかじめ調理し仕込んだサンドイッチを冷蔵ショーケースに陳列しておき、客がサンドイッチを選び、その場で受け取り、レジでドリンク類を注文し、精算するという仕組みである。

専門店であるこだわりを訴求するためパンに挟む素材も肉、野菜類、魚介類など種々なバリエーションのサンドイッチを選べることが魅力の一つであり、一つでも充分に腹を満たすメニューを企画している。

客層としては、女性客を主軸に置き、立地によっては男女を問わず幅広いターゲットにすることがビジネスとして成立しやすくなる。また時間帯によってはコーヒーなどカフェ需要のみの客でも、気軽に入店できる環境にしておくことがポイントになる。

客単価としては、サンドイッチとドリンクセットで約680円から780円に設定し、この店でしか食べることができないこだわりのサンドイッチを、いかに客に提案できるかが大切である。

立地としては繁華街、駅中、駅周辺のビル1階、2階、またターゲット層が多く回遊する場所に位置していることが理想的である。

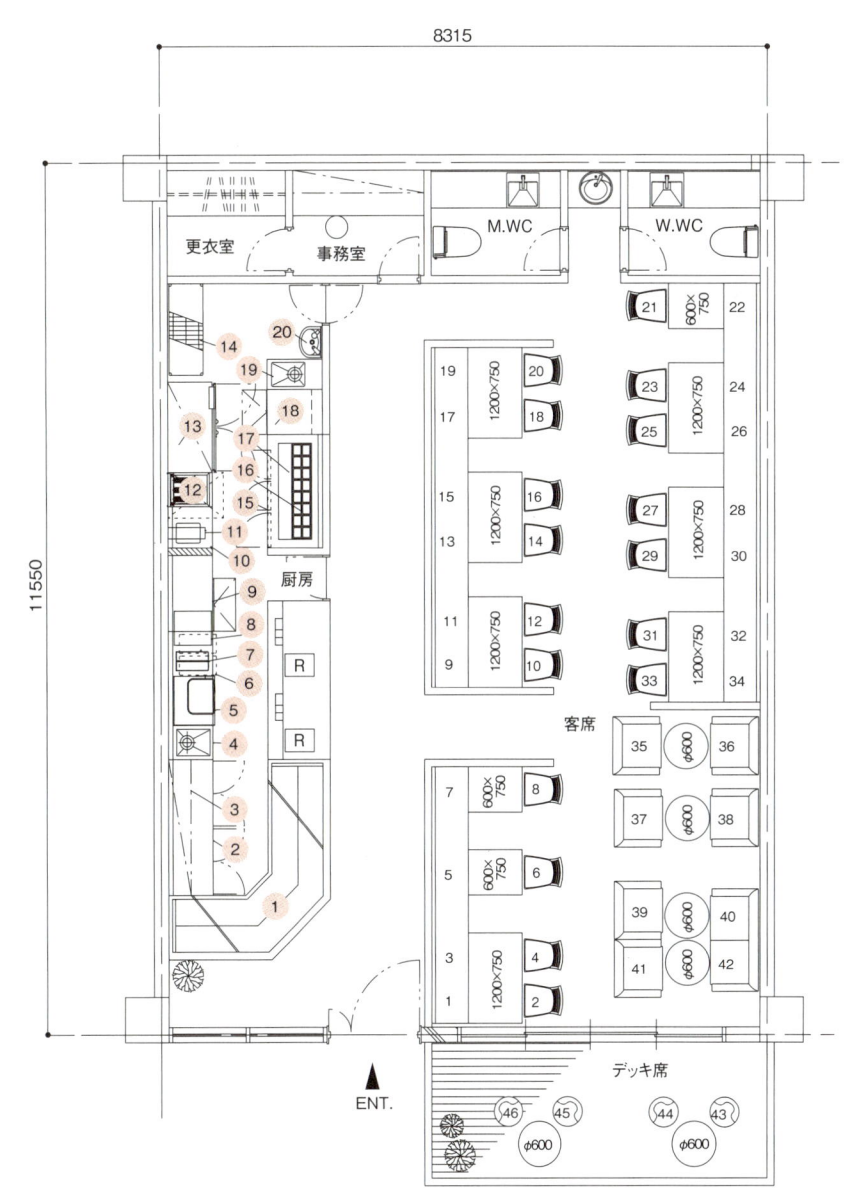

グルメサンドイッチカフェ●PLAN 1:100

厨房機器リスト

No	品名	台数
1	サンドイッチショーケース	1
2	パッキングテーブル	1
3	オーバーシェルフ	1
4	シンク	1
5	コーヒーマシン	1
6	グラスラック	1
7	ジュースディスペンサー	1
8	コーラディスペンサー	1
9	アイスメーカー	1
10	ワークテーブル	1
11	ヒートランプウォーマー	1
12	フライヤー	1
13	冷凍冷蔵庫	1
14	シェルフ	1
15	冷蔵コールドテーブル	1
16	ホテルパン	1
17	カッティングボード	1
18	アイスメーカー	1
19	シンク	1
20	ハンドシンク	1

047

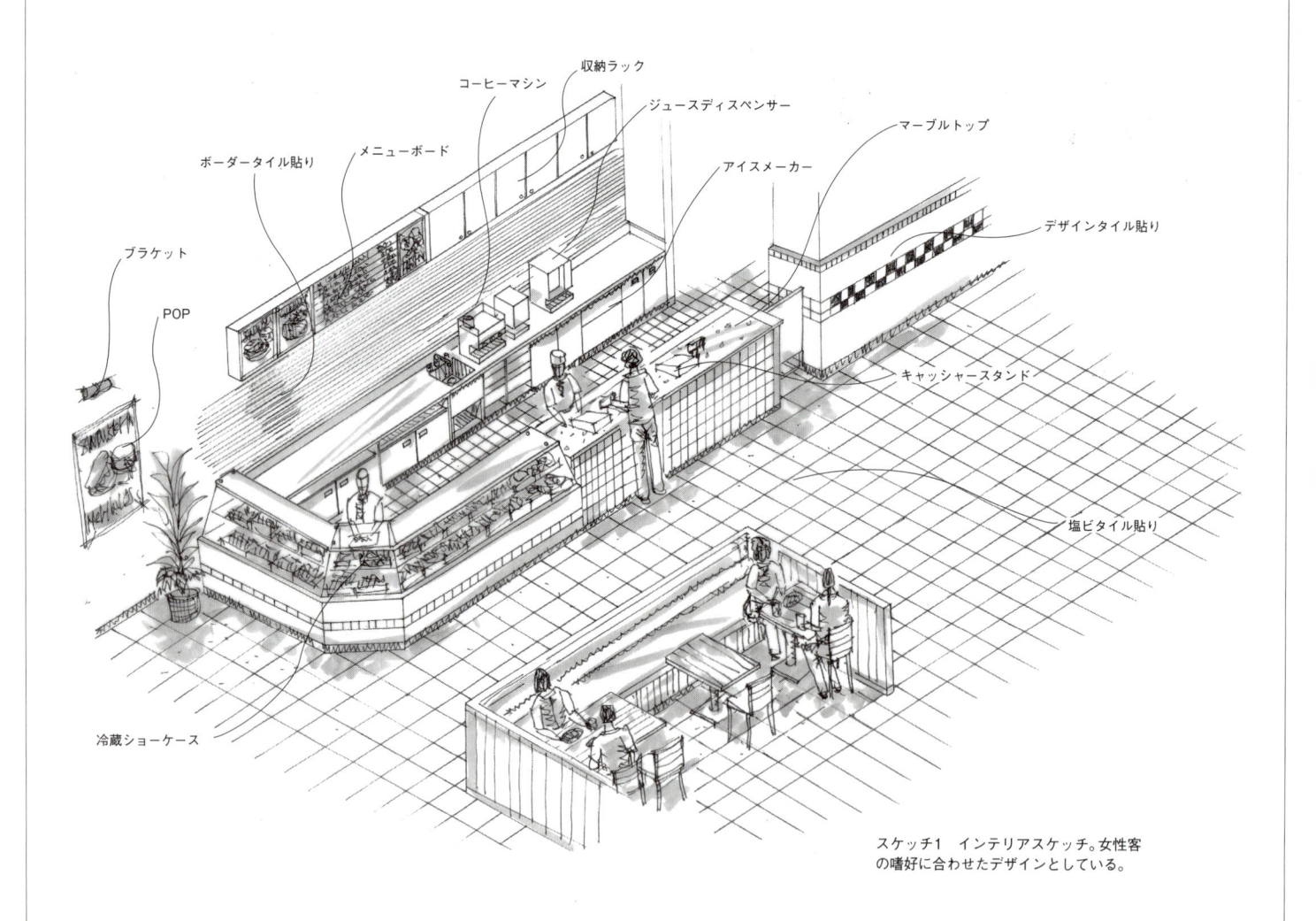

スケッチ1　インテリアスケッチ。女性客の嗜好に合わせたデザインとしている。

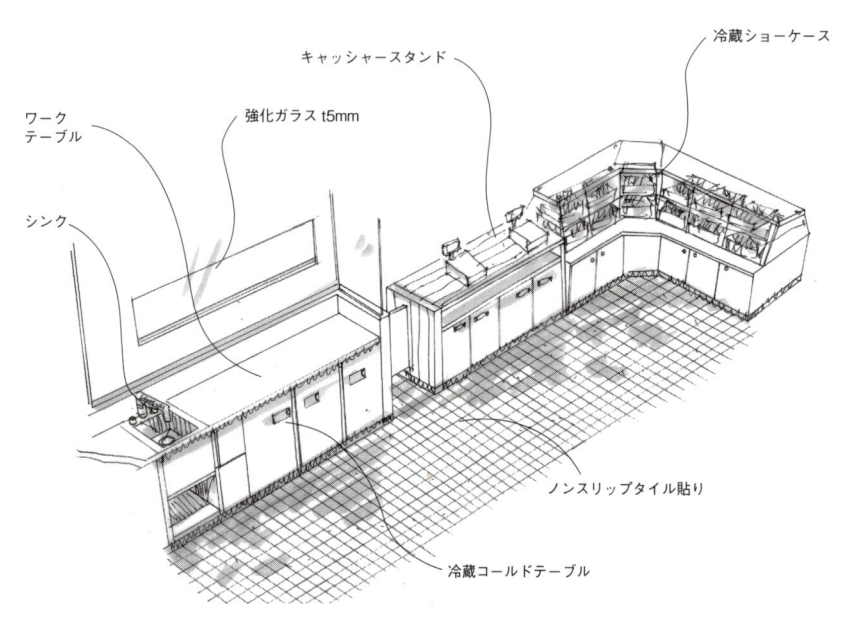

スケッチ2　キャッシャースタンド、冷蔵ショーケースまわりのスケッチ。

もちろん好立地であればあるほど賃借料が高くなるので、想定売り上げとの損益バランスを充分に考慮しておくことが必須である。

■ 平面計画／ゾーニング計画のポイント

この店のゾーニングは、入り口に向かって左側に冷蔵ショーケース、レジ、背後にドリンク設備、奥にサンドイッチ製造エリア、事務所などを配置している。客席はゆったりと座れるソファ席、ベンチシート席など種々の客層に合わせて利用できるように計画している。右側には店内からアプローチができるデッキ席を設けている。

レジカウンターと客席エリアとの間のスペースは約1200mm以上確保しておくと繁忙時に客同士で混雑しない。

また基本的なサービスのスタイルは、セルフスタイルであるため、食べ終わった皿やグラス類は下膳エリアへトレーごと返却できるように、奥のキッチンの一角の壁を開口し、直接トレーや食器類を客が返却できるように計画しておくことを忘れてはならない。

■ 各部施設計画のチェックポイント

【スケッチ1】

グルメサンドイッチカフェというと、サンドイッチにこだわりを持ったカフェであるというイメージは理解できるものの、街に多く存在する業態ではないため、入り口あるいは店頭で「グルメサンドイッチカフェ」のアピールを明確にデザインすることが集客力を上げるポイントとなる。

一般的なサンドイッチとの差別化を図るため、冷蔵ショーケースに陳列しているサンドイッチが、付加価値のある商品であることを道行く人に明確にアピールしたい。

冷蔵ショーケース、カウンタースペースの装飾としては、サンドイッチのイメージを高めるため、白を基調とし、かつポイントに黒とペパーミントグリーンのデザインタイルを施し、女性客の嗜好に合わせたデザインイメージづくりをしている。

【スケッチ2】

レジカウンターまわりのスケッチである。冷蔵ショーケースの背後は、引き違いのガラス扉にし、サンドイッチエリアで調理されたものが冷蔵ショーケースに製造順に陳列できるように計画している。

サンドイッチのみのテイクアウトの場合には、入り口に近いレジで精算できるようにし、迅速にサービスをするためにレジとレジの間の寸法も約800mmを確保しておきたい。レジの下部には、包材やドリンク類のシロップ、ストロー、ペーパー類を保管できるようにしておくこと。

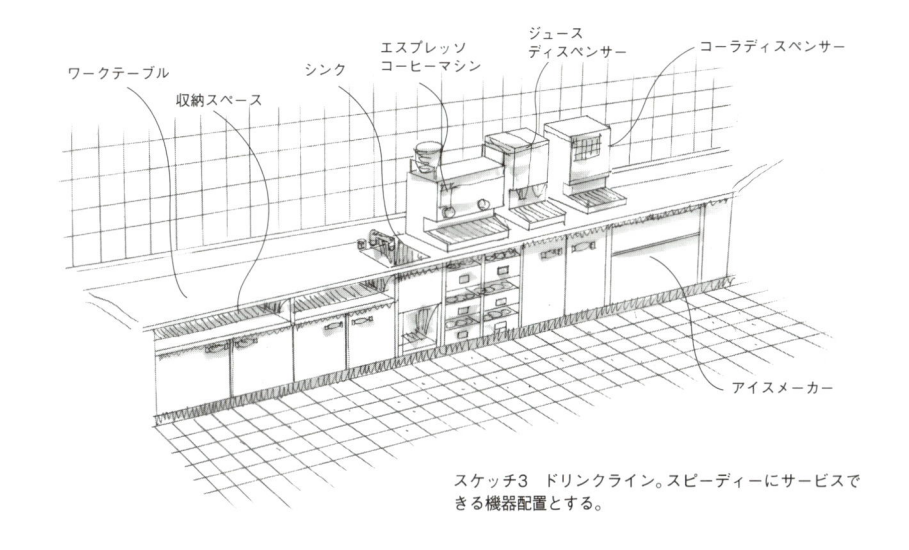

【スケッチ3】

ドリンクラインのスケッチである。冷蔵ショーケースの背後には、テイクアウトのための袋詰めスペースを設け、隣接したレジで精算できるように計画している。

イートインの場合には、トレーにサンドイッチを載せたままレジカウンターでドリンク類を注文するため、レジカウンターの背後にはコーヒーマシン、グラスラック、カップラック、アイスメーカー、ソフトドリンクディスペンサーなどサンドイッチに合うドリンク類を、スピーディーにサービスできる機器配置としておくことが大切である。

繁忙時にはレジ精算のスピードによって売り上げが左右されるだけに、細部に至るまで配慮した計画にしておくこと。

【スケッチ4】

サンドイッチ製造エリアのスケッチである。サンドイッチの調理スペースは、サンドイッチを調理する手元が見えない高さで販売エリアと区画し、壁の一部をガラスにして客席側、キッチン側の双方から見えるよう、調理の安心感や安全性を訴求できるようにしている。サンドイッチパンについては、パンメーカーに仕様書発注をし、パンに挟む具材やソース類はすべて店内調理としている。ワークテーブルを兼ねたコールドテーブルでサンドイッチの調理製造を行う作業が主になるため、コールドテーブルの天板は一部開口し、使用するソース類や具材は下部の冷蔵コールドテーブルから取り出さずにサンドイッチ製造ができるようにしておきたい。

スケッチ3 ドリンクライン。スピーディーにサービスできる機器配置とする。

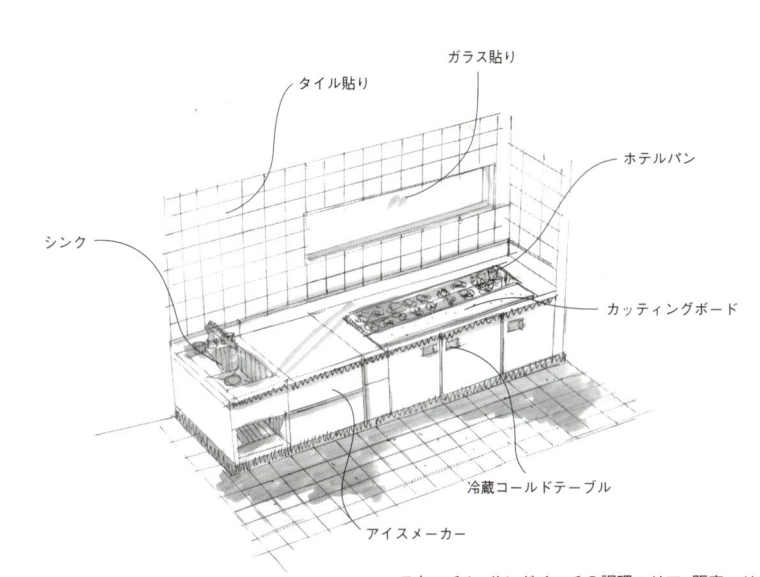

スケッチ4 サンドイッチの調理エリア。販売エリアと区画するが、小窓を設け調理の安心感を打ち出している。

メニューリスト

たまごマヨネーズ 460円　カリカリベーコン 580円　小エビカクテルソース 650円　ツナマヨネーズ 580円　ハム 640円　蒸し鶏 640円　ローストビーフ 680円　エメンタールチーズ 680円　ベジタブルサンド 600円　スモークサーモン 750円　タマゴ＆ベーコン 550円　小エビ＆アボガド 750円　蒸し鶏＆ベーコン 680円　ハム＆エメンタールチーズ 750円　リナスクラブ 900円　クラブハウス 680円　テリヤキチキン 680円　シュリンプ＆アボガド 800円　ベーコンレタストマト 800円　ハムとチーズ 800円

厨房機器解説 20
ヒートランプウォーマー

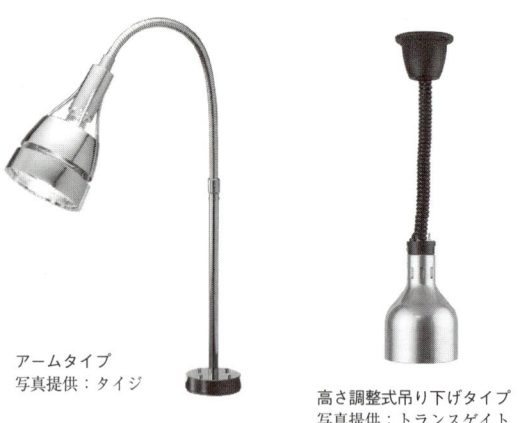

レストランのディッシュアップカウンターで、盛り付けを完了した料理を、テーブルまで運ぶサービス担当者が受け取りに来るまでの間、保温しておく際に使用される。赤外線を利用したヒーターの輻射熱で上部から料理を温めるものでインフラレッドウォーマー（赤外線ウォーマー）とも呼ばれる。ランプタイプでは、吊り下げタイプが一般的で、巻き取り装置やスパイラルコードで自由に高さを調整できるものから、天井に固定したトラックレールに取り付けて左右に移動させて使用することもできる。また、テーブルに固定したアームにより方向や高さを自由に調節できるものもあり、ビュッフェレストランなどでローストビーフをカットして提供するときなどに利用される。棚下に固定して使用する箱型のタイプもある。棒状の赤外線ヒーターを使用し、反射板が備えられており、広い範囲を照射することが可能となる。長さは50mm前後から1.8m前後までを選ぶことができる。このタイプには、ヒーターがダブルになって、さらに幅広い範囲を照射することができるものや料理を照らすディスプレイランプが付属しているものもある。

アームタイプ
写真提供：タイジ

高さ調整式吊り下げタイプ
写真提供：トランスゲイト

吊り下げタイプ
写真提供：タイジ

棚下固定タイプ
写真提供：トランスゲイト

厨房機器解説 21
コーラディスペンサー（ポストミックスディスペンサー）

コーラディスペンサーに代表されるポストミックスディスペンサーには、シロップタンクと炭酸ガスボンベの組み合わせのものから、BIBと呼ばれるバッグに入ったシロップと炭酸ガスボンベの組み合わせのものがある。ボンベ上部に取り付けられたレギュレーターで減圧した炭酸ガスは、2系統に分けられ、シロップタンクもしくはBIBバッグに注入され、その圧力でシロップをディスペンサーヘッドまで押し出し、炭酸水と混合される。一方、カーボネーターと呼ばれる炭酸水を作る機器のタンクにも注入される。

また、水は浄水器を通過してろ過した後、カーボネーターのタンクに注入され、ボンベから供給された炭酸ガスとミックスされて炭酸水が作られ、ディスペンサーまで送られる。機種によっては、ディスペンサー自体にカーボネーターを内蔵しているものもある。

ビールディスペンサー同様に、ディスペンサー内部の細いパイプは、冷却装置や氷で冷やされており、そこを通過することでシロップと炭酸水は冷却され、ディスペンサーには最大6種類程度のミキシングヘッドが取り付けられており、そこでシロップと炭酸水がミックスされる。

資料提供：東京コカコーラボトリング

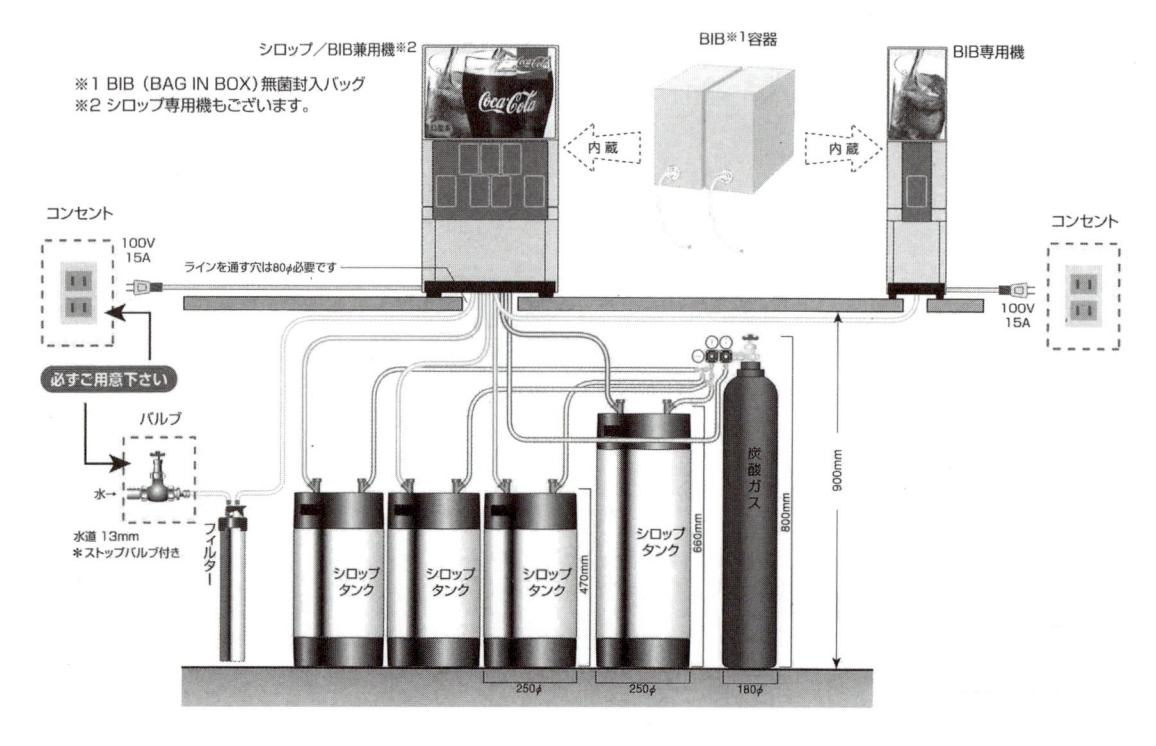

シロップ／BIB兼用機※2
※1 BIB（BAG IN BOX）無菌封入バッグ
※2 シロップ専用機もございます。

BIB※1容器
BIB専用機

コンセント 100V 15A
ラインを通す穴は80φ必要です
コンセント 100V 15A

必ずご用意下さい
バルブ
水→
水道 13mm
*ストップバルブ付き
フィルター
シロップタンク
シロップタンク
シロップタンク
シロップタンク 470mm
炭酸ガス 660mm 800mm
900mm
250φ 250φ 180φ

12 | スープカフェ専門店

NYスタイルのスープ専門店に
カフェを複合させる

75.6m²

42 seats

内装設備工事費1870万円
月商売上予測500万円

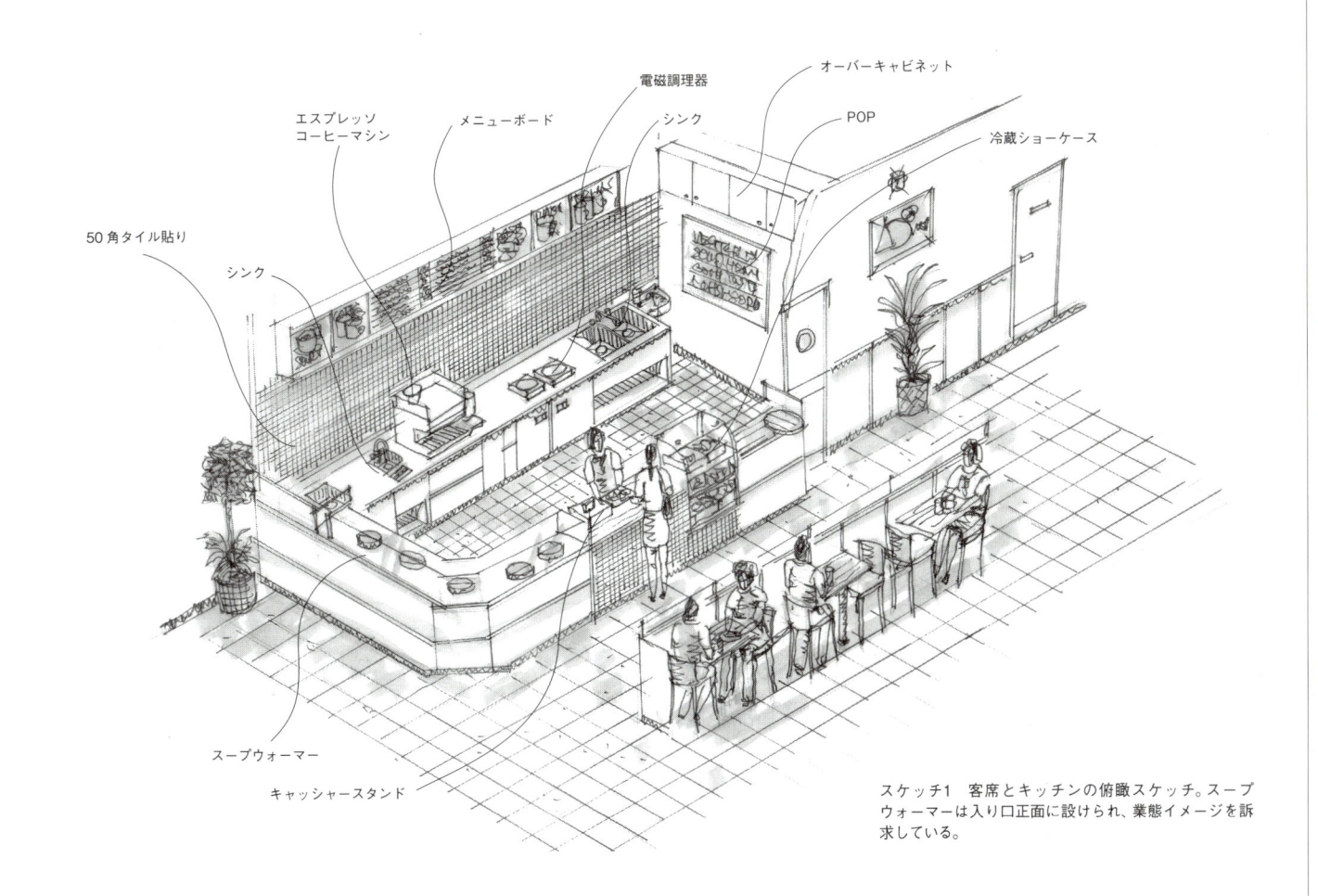

(図中ラベル：50角タイル貼り／シンク／エスプレッソコーヒーマシン／メニューボード／電磁調理器／シンク／オーバーキャビネット／POP／冷蔵ショーケース／スープウォーマー／キャッシャースタンド)

スケッチ1　客席とキッチンの俯瞰スケッチ。スープウォーマーは入り口正面に設けられ、業態イメージを訴求している。

■企画づくりとコンセプト

スープ専門店という業態は誕生して歴史は浅いものの、関東を中心に全国へ様々なスタイルのスープ専門店が展開されている。スープ専門店は25年ほど前からニューヨークで広まった業態であり、種々のスープが約10種類、例えばミネストローネ、ベジタブルスープ、ビーンズスープ、ビーフスープなどを品揃えしたファストフード業態として展開されているものが多い。

またスープ以外のメニューはバケットやデニッシュなどで、サイドメニューは少ない。バケットはサイズをスタッフに注文、その場で切り分けて、スープとバケットを紙袋に入れて客に提供するというスタイルが一般的である。

この店の場合は、ニューヨークのスープ専門店にカフェという要素を複合した「スープカフェ」という業態であり、サイドメニューやカフェ需要に対応した新業態提案である。女性客を主軸に、立地によっては男性客でも満足いくスープの量とするなど、比較的幅広い客層に適合するように企画している。スープ専門店は、店のスペースが小さくても開業可能であろうし、客席を付帯した店であれば、時間帯に適合した利用の仕方を提案することが成功の確率を高めるものになるだろう。

サービススタイルは、セルフサービスの仕組みをとることが基本であり、客がレジでスープやその他のメニューを注文し、その場で会計・精算するスタイルとする。

スープやその他のメニューのサービスもすべてワンウェイで、テイクアウト、イートインにかかわらず紙の包材類でサービスする。食べ終わった容器は専用のダストボックスにセルフで捨ててもらう。

スープ専門店である以上、スープへのこだわりやカフェのサイドメニューなど女性客に焦点を合わせたメニュー構成とすることは言うまでもなく、いかに女性客に支持されるかが盛衰を左右するポイントになるだろう。

駅中、駅周辺、ショッピングセンター内など比較的軽い食事利用や少し休むなど、食事とカフェ需要を満足させる立地であれば理想的であろう。

スープの仕込みやサイドオーダーのメニューについては、ベンダーからの仕入れや仕様書発注のスープベースに、店でスパイスを付加して完成する仕組みにしている。

もちろんスペースに余裕があれば、店内でスープを仕込むことやデニッシュを焼くことも可能であるが、あくまでも簡易的な設備機器でどこでも開業できるスタイルを目指している企画である。

■平面計画／ゾーニング計画のポイント

この店のゾーニング計画は、入り口に向かって左側にキッチン、事務所、その奥にトイレの付帯設備を配置し、入り口左脇にカウンター席、右側にはベンチシート席、2人席、4人席など種々の客層に対応できるように客

051

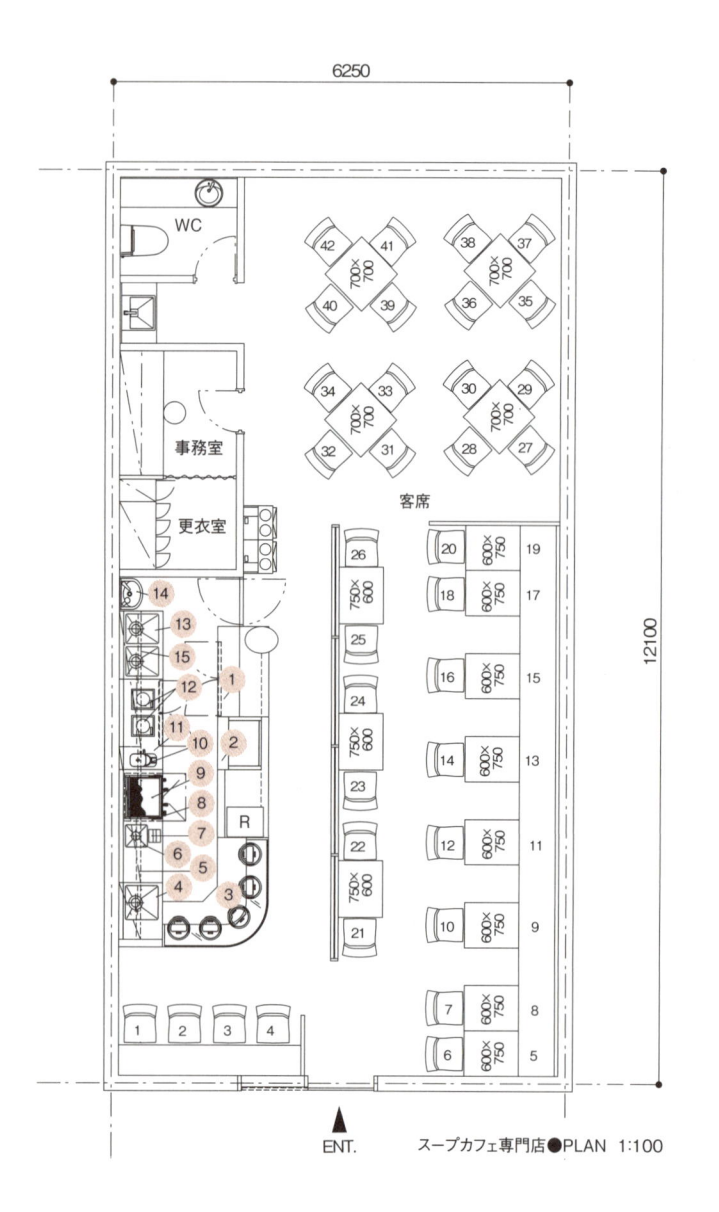

席を配置している。

入り口からすぐ入ったコーナーに、スープを陳列するスープウォーマーを配置し、夏季の季節メニューとしては冷製スープ(1品)を提供するなど、スープウォーマーのコーナーが業態のイメージを訴求するための一つのデモンストレーションになっている。

基本的なシステムの流れとしては、レジでメニューを注文し、ピックアップカウンターで商品を受け取る仕組みであり、テイクアウトの場合にも同様にピックアップカウンターで清算レシートと照合し商品を手渡すスタイルである。

スープカフェ専門店●PLAN 1:100

厨房機器リスト

No	品名	台数
1	冷蔵コールドテーブル	1
2	オープン冷蔵ショーケース	1
3	スープウォーマー	5
4	シンク付ワークテーブル	1
5	オーバーキャビネット	3
6	サービスシンク	1
7	ダストシュート	1
8	アイスメーカー	1
9	エスプレッソマシン	1
10	コーヒーミル	1
11	冷蔵コールドテーブル	1
12	電磁調理器	2
13	二槽シンク	1
14	ハンドシンク	1
15	オーバーシェルフ	1

厨房機器解説 22

スープウォーマー

スープや味噌汁などを焦げ付きや煮詰まりを抑えて保温する機器で、ファミリーレストランのランチスープの提供やスープ専門店でカウンターの中にビルトインして使用されている。内釜を取り出し、直火やIH調理器にかけられるモデルもある。スープジャーとも呼ばれる。

方式は、底面と側面に配置したヒーターで内釜周辺を均一に温める乾式と、本体と内釜の間にお湯を入れてヒーターで温める湯煎式がある。

資料提供：象印マホービン

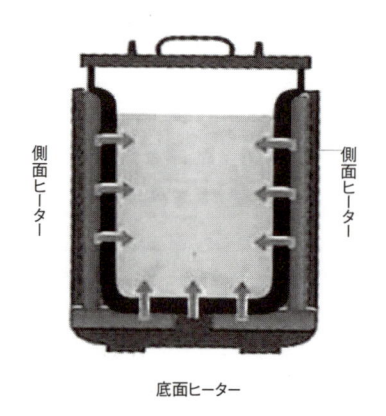

側面ヒーター　側面ヒーター

底面ヒーター

■ 各部施設計画のチェックポイント

【スケッチ１】
客席とキッチンを俯瞰したスケッチである。スープウォーマーを演出するコーナー、レジカウンターの背後にはメニューボード、カラーコルトンなど、いわゆるファストフードの演出をしつつも、少し大人の雰囲気がする黒、グレー、白のモザイクタイルを組み合わせた腰壁とし、ドリンクラインの背後の壁に装飾デザインを施している。
またスープのイメージを訴求するために、スープのイメージポスターやスープのコンセプトボードをキッチンの奥の壁に大きく配置していることも、スープカフェのイメージポイントとしている。
テーブルや椅子については、ファストフード店でよく見るFRP製や簡易的なものではなく、しっかりとした木調の無垢材を使用した家具を使用することで、一般的なファストフード店との差別化を図っている。

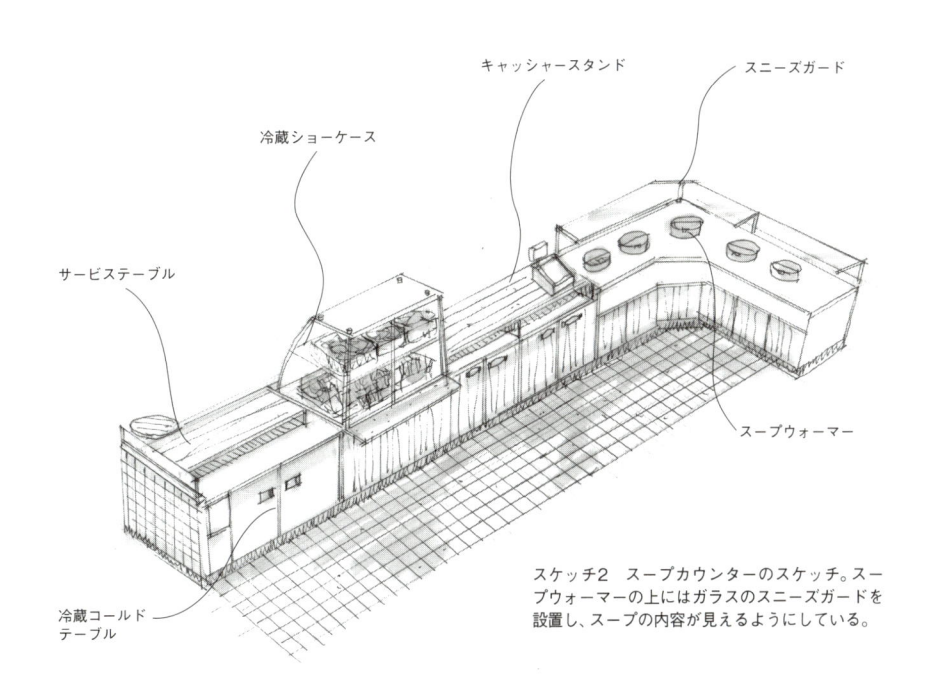

【スケッチ２】
スープカウンターのスケッチである。スープウォーマーの上にはガラスのスニーズガード（埃防止板）を設置してスープの内容や状態が見えるようにしている。
カフェタイムのサイドメニューとしては、レジとピックアップカウンターの中間に冷蔵・常温ショーケースを配置して、スコーン、クッキーなど、またスイーツ類、バケットサンドなどカフェに合う簡易的な食事需要にも対応できるメニューを品揃えしている。
客はショーケースに陳列してある商品をスタッフに注文すれば、その他のメニューと一緒にピックアップカウンターへ運ばれて提供されるように計画されている。

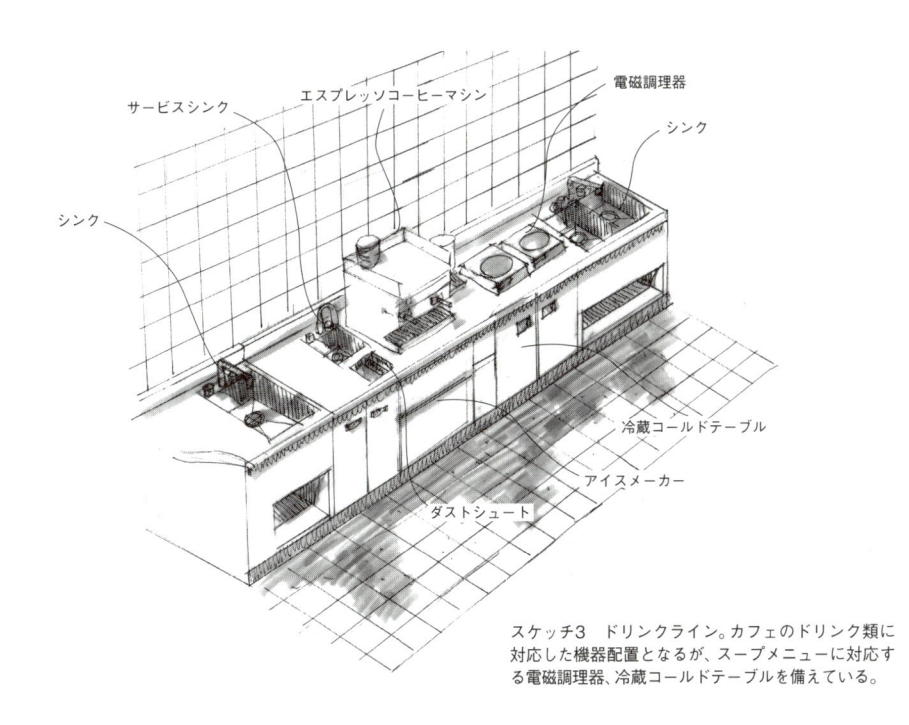

【スケッチ３】
ドリンクラインは、基本的にはカフェのドリンク類に対応した機器配置が中心であり、ピックアップカウンターに近い配置にしている。
何種類かのコーヒーやソフトドリンク類がサービスできるように、下部には冷蔵コールドテーブルを、隣にはアイスメーカーを配置している。電磁調理器は補充する濃縮スープを再加熱するためのものであり、下部の冷蔵コールドテーブルにスープ、具材のストックを保冷・保管しておけることが理想的であろう。
スープウォーマーの容量としては、約5リッターのスープポットを使用している。繁忙時にスープが不足することがないように配慮しておきたい。スープといえども時間が経過すると味が低下するので、スープメニューの内容によっては、ストック量を調整するように計画しておくことが大切である。

スケッチ２　スープカウンターのスケッチ。スープウォーマーの上にはガラスのスニーズガードを設置し、スープの内容が見えるようにしている。

スケッチ３　ドリンクライン。カフェのドリンク類に対応した機器配置となるが、スープメニューに対応する電磁調理器、冷蔵コールドテーブルを備えている。

メニューリスト

ミネストローネ 380円　トマトシチュー 380円　メキシカンスープ 380円　トマトロガロフ 400円　山芋のすり流し和風スープ 400円　クラムチャウダー 380円　焼きトマトとセロリのオニオンスープ 380円　オニオンクリームポタージュ 400円　牡蠣のポタージュ 400円　かぼちゃの冷スープ（季節限定）420円　とうもろこしとかぼちゃの冷スープ（季節限定）420円　赤レンズ豆と白身魚のトルコ風スープ 450円　トマトとレタスのアジア風スープ 450円　えんどう豆と豆乳の冷たいポタージュ（季節限定）450円

ごはん 160円　石窯パン 160円　フォカッチャ 160円　スコーン 230円　ドーナツ 260円　デニッシュ 260円　アップルシナモン 260円　チーズとパストラミのバケットサンド 380円　ハムとチーズのバケットサンド 300円　バケット20cm 180円　バケット25cm 230円

【スケッチ4】

事務所スペースのスケッチである。ここに示したオフィススペースは、最低限の事務所機能と更衣室であり、ほとんどのテナント飲食店の基本的な例と理解しておけばよいだろう。事務所は、事務作業ができるテーブルと上部にプリンター、ファイルラックを配置し、奥にロッカーあるいは更衣ラックシェルフを設置するなど、店の管理状態に合わせた配置が求められる。

更衣室は土足で上がらないように薄地のカーペットや靴箱などを配置しておきたい。スタッフがアルバイトやパートを主体とする場合には、複数のスタッフが更衣室を利用することを配慮すると、個人ロッカーを設置しておくことが危機管理としては大切だろう。更衣ラックの場合には私服に貴重品を入れたままの状態では問題が残るので、貴重品はすべて社員に預けるなどの措置が必要である。

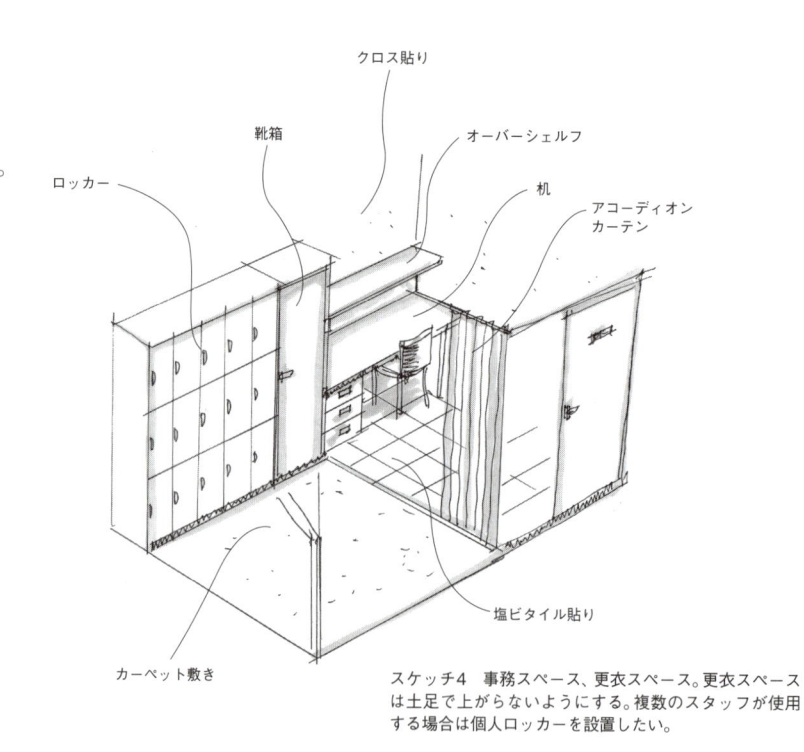

スケッチ4 事務スペース、更衣スペース。更衣スペースは土足で上がらないようにする。複数のスタッフが使用する場合は個人ロッカーを設置したい。

厨房機器解説 23

エスプレッソコーヒーマシン

近年のカフェブームやイタリアンレストランの隆盛により、エスプレッソコーヒーやカフェラテ、カプチーノといったイタリアンコーヒーを提供する店舗が増えてきている。エスプレッソコーヒーは、深煎りのコーヒー豆をグラインダーで均一に粉砕し、圧力をかけて短時間に抽出したコーヒーである。

美味しいエスプレッソコーヒーの決め手は、コーヒー豆の焙煎、グラインダーによる豆の挽き方、抽出する湯温と抽出圧力、抽出時間の4点に集約される。したがって、エスプレッソコーヒーの美味しさは、バリスタと呼ばれるコーヒー職人の技量に大きく左右される。そのため、オペレーションと職人の技術に合わせて対応できるように、機器もフルオートのものからセミオートのものまでラインナップされており、好みによって選定する機種は分かれるようである。

フルオートのマシンでは、コーヒー豆の粉砕からコーヒーの抽出、使用済み豆の排出まで自動で行うことができる。専用のミルククーラーを併用するとカフェラテやカプチーノも自動でつくることができる。一方、セミオートのマシンの場合は、コーヒー豆の粉砕用のエスプレッソグラインダーや使用済みの豆を捨てるためのノックボックスをマシンの周辺に配置する必要がある。

写真提供：エフ・エム・アイ

セミオートマシン

フルオートマシン（ミルククーラー付属）

13 | ピザ・バイキングレストラン

幅広い集客を目指す
ピザ窯で焼き上げるバイキングレストラン

320.6m²

108 seats

内装設備工事費6960万円
月商売上予測1350万円

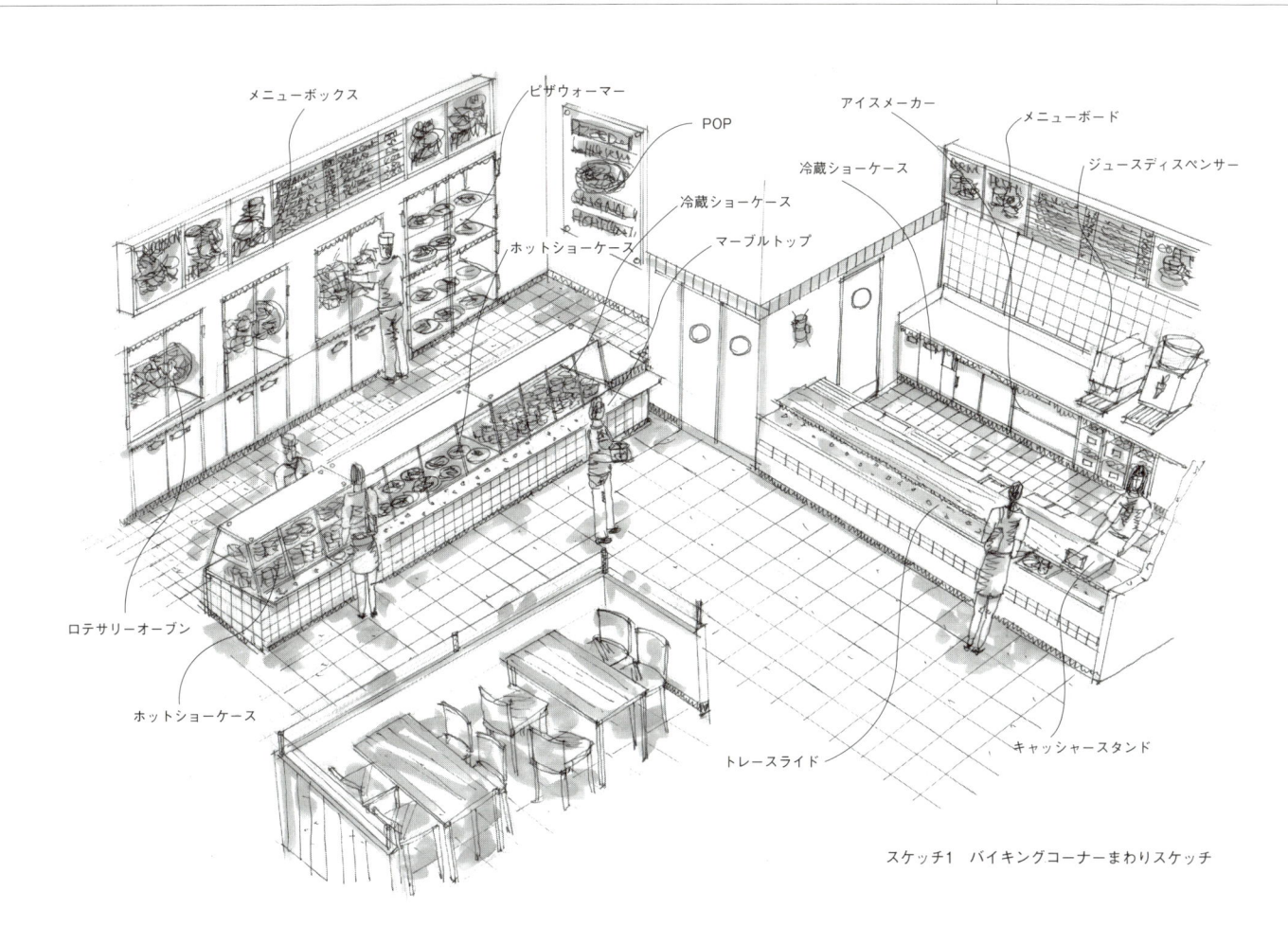

スケッチ1　バイキングコーナーまわりスケッチ

■ 企画づくりとコンセプト

バイキングレストランという業態は、一定の料金を支払うことで、陳列ショーケースの料理がすべて食べ放題になるという形態で、料理の内容が変わろうとも、さほど大きくシステム、仕組みが変わるものではない。

この「ピザ・バイキングレストラン」の場合は、大人約1800円、小学生1000円、幼児450円、90分の時間制限とソフトドリンクを含む、食べ放題の料金設定である。ディナータイムには、大人は男女問わずアルコールを注文する場合も多く、アルコール類は別料金でチェック精算するスタイルとしている。

ピザのチェーンレストランの場合には、ピザの美味しさに特徴がない限り単独店としては成立しにくく、バイキングスタイルという仕組みを導入することによって繁盛店として活性化することが期待できる。

いわゆる「低価格高付加価値」の原理を認識しない限り、ビジネスとしては成立しにくいという時代であるのだ。

客層としては大人からヤングアダルト、ファミリー客に至るまで幅広い集客ができる業態であるので、いかにピザ、チキン、その他の料理の美味しさを訴求できるかがビジネスとしての成否を大きく左右するものになる。気軽に食事ができるレストランとして人気店の一つになりつつある業態である。

メニューの主軸となるピザ生地はスクラッチではないものの、ピザ窯焼きでひとつひとつのピザを焼き上げて陳列ショーケースに並べるというこだわりを持っている。またチキンはロテサリーチキンの炙り焼きをショーケースラインの背後に調理機器を演出し、焼き上がった料理を前に配置したショーケースに陳列する。提供される料理の美味しさや付加価値を、客が確認できるようにしている。

立地としては街中、駅周辺であれば、ビジネスとしては成立するだろう。ただしバイキングスタイルの企画の場合は店舗規模が大きいことから、賃借料と売り上げのバランスが合わなければ成立しない、ということを認識して立地選定をすることが大切である。

このピザ・バイキングレストランのビジネスの難しさは、ディナータイムでなければ客単価を上げることができないことであり、ディナーの男女客に対して、料理のメニューやイタリア料理のつまみメニューを時間帯に合わせて提案できるように企画しておくことが理想的である。

追加メニューについては、すべてスタッフが客席までサービスするスタイルをとるため、客にとって注文やそのつど料理を取りに行くという煩わしさがない。いかに夜の客単価を高めていくかが課題であろう。

■ 平面計画／ゾーニング計画のポイント

この店のゾーニングは、入り口に向かって左側にレジカウンター、背後にピザをピザ窯で焼くためのピザコーナー、その奥にメインキッチン、そのラインに沿ってドリンクカウンター、背後に洗浄エリア、背後に事務所、ト

055

ピザバイキングレストラン ●PLAN 1:150

厨房機器リスト

No	品名	台数
1	アイスメーカー	1
2	オーバーシェルフ	1
3	クリーンテーブル	1
4	オーバーシェルフ	1
5	ディッシュウォッシャー	1
6	オーバーシェルフ	1
7	ソイルドテーブル	1
8	オーバーシェルフ	1
9	シェルフ	1
10	カート	1
11	シェルフ	1
12	シンク付ワークテーブル	1
13	コーヒーマシン	1
14	アイスコーヒーマシン	1
15	ジュースディスペンサー	1
16	アイスメーカー	1
17	冷蔵ショーケース	1
18	キャビネットテーブル	1
19	バーシンク	2
20	シンク付ワークテーブル	1
21	ビールサービスユニット	1
22	アイスビン	1
23	グラスラック	1
24	ワークテーブル	1
25	ハンドシンク	1
26	冷凍庫	1
27	冷蔵庫	1
28	ワークテーブル	1
29	フライヤー	1
30	冷蔵コールドドロアー	1
31	ワークテーブル	1
32	ガスレンジ	1
33	二槽シンク付ワークテーブル	1
34	オーバーシェルフ	1
35	オーバーシェルフ	1
36	シェルフ	1
37	ロテサリーオーブン	3
38	冷蔵パススルー	1
39	ワークテーブル	1
40	オーバーキャビネット	1
41	ワークテーブル	1
42	ハンドシンク	1
43	コールドオープンショーケース	1
44	ホットオープンショーケース	2
45	冷凍庫	1
46	冷蔵庫	1
47	シンク	1
48	オーバーシェルフ	1
49	ハンドシンク	1
50	ワークテーブル	1
51	シンク	1
52	オーバーシェルフ	1
53	冷蔵コールドテーブル	1
54	オーバーシェルフ	1
55	ピザオーブン	1
56	トレー置き場	1

イレなどの付帯施設を配置し、右側には、ベンチシート席、4人席、2人席、グループ席など客層の人数やライフスタイルに合わせて客席を選定できるように計画している。
店の利用システムとしては、入り口のレジカウンターで顧客登録(入店時間記録)をし、客席へ案内される。その後は、セルフサービスでバイキングエリアの冷蔵・常温ショーケースのトレースライドにトレーを置き、好きな料理を皿に盛り付けてドリンクカウンターでドリンクを受け取り、席に戻って食事を楽しむというスタイルをとっている。
ドリンク類をセルフサービスにせずにドリンクサーバーを設置する理由は、アルコール類やバイキング料理以外のメニューを追加した場合の対応と、客席状況の管理を兼ねたスペースとして計画しているからである。

うイメージを演出するのではなく、比較的落ち着いたオリーブのグリーン、トマトの赤、生地の粉の白など、コンセプトカラーを基調に家具も木調の落ち着いた環境にしている。

【スケッチ2】
ドリンクカウンターには、コーヒーなどのソフトドリンク、ビール、カクテルまで製造できる調理設備が配置されていることが基本である。しかし繁忙時にはすべての客の注文に応じてドリンク類をつくるのではなく、例えばバイキングタイムには、ドリンクカウンターの上に各種類のドリンクピッチャー、ポット類を事前に配置しておき、あくまでもセルフサービスですべて提供できるようにしておく。
ドリンクコーナーのスタッフは、バイキングにないドリンク類の提供、また空いたテーブルの下膳の指示、あるいは自らが下膳にいくなど、全体のサービスと管理を兼ねた仕事ができるように配置している。

メニューリスト

大人平日ランチバイキング(90分) 1680円　子供 980円　大人休日ランチバイキング(90分) 1800円　子供1000円　ピザ5種　ロテサリーチキン3種　パスタ5種　前菜10種　サラダ5種　デザート5種　ソフトドリンク類5種　アルコール類は別途料金

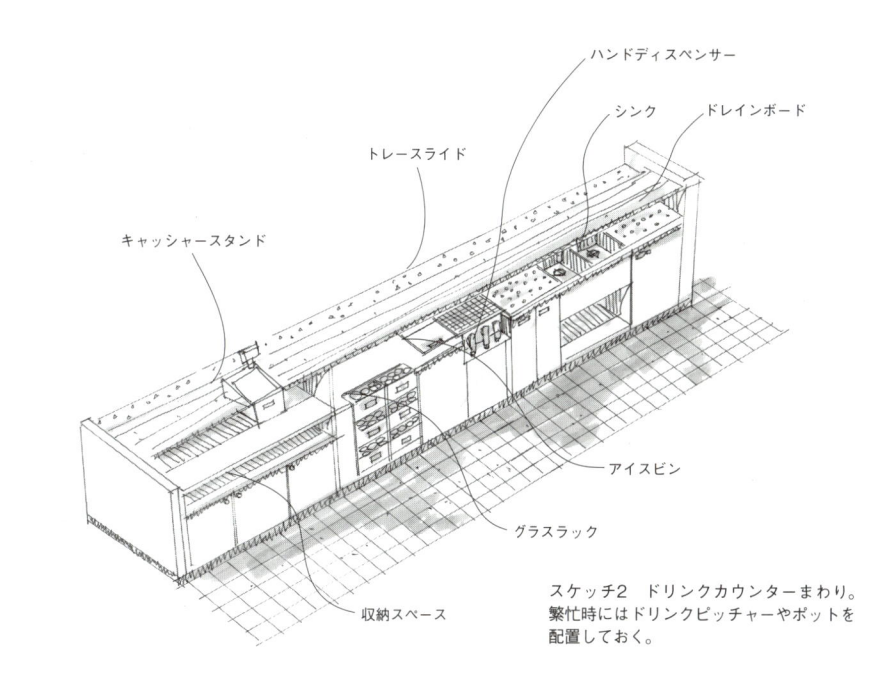

■ 各部施設計画のチェックポイント

【スケッチ1】
バイキングコーナーの全体スケッチである。バイキング料理の陳列は、冷蔵・常温ショーケースにすべて綺麗に並べられており、客はそれぞれの好みの料理を自由にセルフで取るという仕組みにしている。
ショーケースの手前には、一時的にトレーを置くためのトレースライドを配置し、両手を使って料理の盛り付けができるようにしている。ショーケースの背後上部には全体のメニューボードと料理の調理コルトンなどを、キッチンの壁側には入り口からでもよく見える料理へのこだわりイメージのグラフィックボードを配置している。
インテリアイメージもイタリア料理店とい

スケッチ2　ドリンクカウンターまわり。繁忙時にはドリンクピッチャーやポットを配置しておく。

厨房機器解説 24

ピザドゥシーター

発酵させたピザ生地を予め分割して上部のホッパーから投入し、上段の斜めに取り付けられたローラーと下段の水平に取り付けられたローラーで丸く延ばしていく卓上型の機器。
資料提供：愛工舎製作所

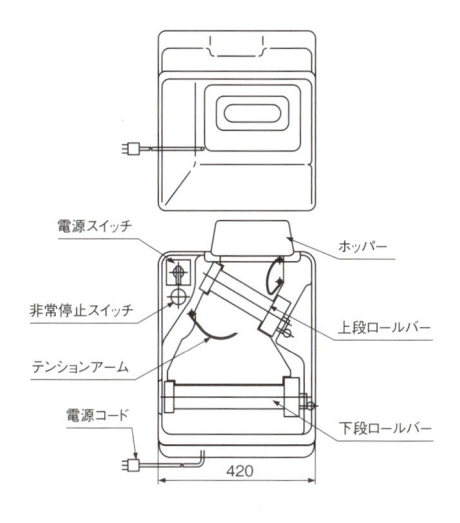

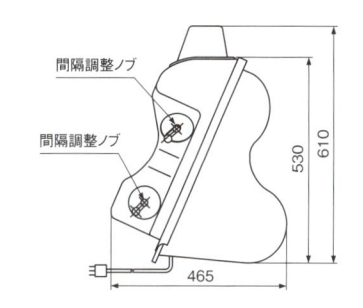

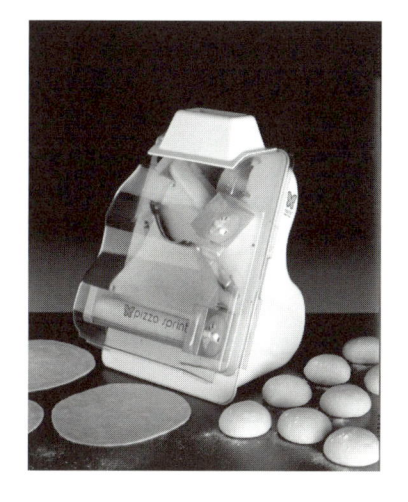

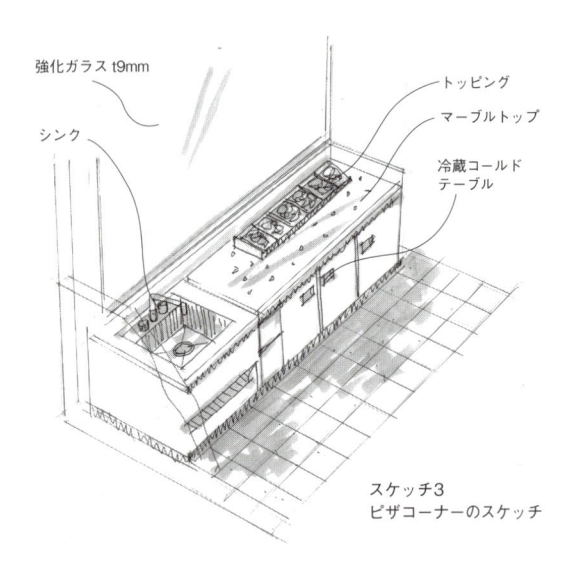

スケッチ3 ピザコーナーのスケッチ

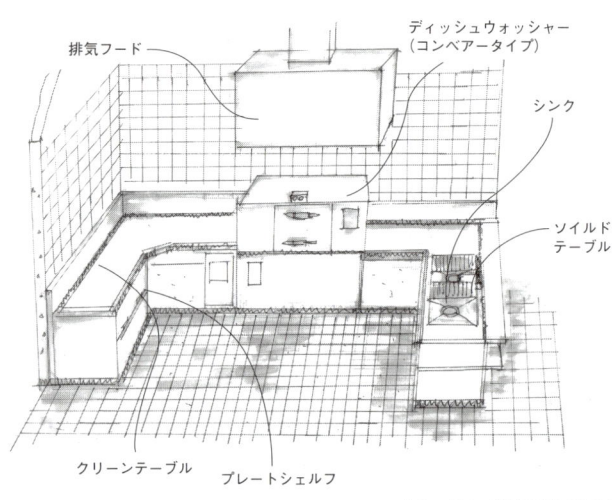

スケッチ4 洗浄エリアのスケッチ

【スケッチ3】
ピザコーナーのスケッチである。店の規模や客席数が多くなければ、生地玉の製造まで店内仕込みをする（徹底的に原価率を追求する場合には店内仕込みをすることが理想的である）ことが多いが、この店ではピザを焼く工程をコンベアーブロイラーに依存するのではなく、本格的なピザ窯焼きにこだわりを訴求するというコンセプトをポイントとしているため、このような構成となっている。
このピザコーナーは、レジカウンターの背後に配置されているため、ピザ窯やピザ生地に種々の具材類をトッピングする調理工程など、料理への期待感や美味しさの視覚的訴求をする演出ポイントを兼ねている。
マーブルテーブルのピザ上で生地を延ばす方法には、手延ばしとドゥーシーター（生地を一定の大きさに伸ばす機器）を使用する場合があるが、ピザを担当する職人のパフォーマンス技術や繁忙状況に合わせて選定することが大切である。

【スケッチ4】
洗浄エリアの計画の鉄則は、客席数が多ければ多いほど、一度に洗浄する能力や効率を上げるためにボックスタイプ、コンベアータイプを選定し、それに見合ったスペース、配置計画とすることである。
客席数が100席を超える場合でかつバイキングスタイルの仕組みを想定すると、ダイニングからの下膳はワゴンでの返却が想定できるためコンベアー洗浄機を選定することが理想的である。
また洗浄エリアの各機器配置はコの字形に配置するとスタッフの労力を軽減、かつ効率的に作業ができる。
特にワゴン下膳の場合には、繁忙時にはワゴンが洗浄エリアへそのまま入ってくることを配慮すると、ソイルドテーブル前のスペースは比較的広く計画しておくことがポイントである。

厨房機器解説 25
ロテサリーオーブン

ロテサリーオーブン（ガス式）

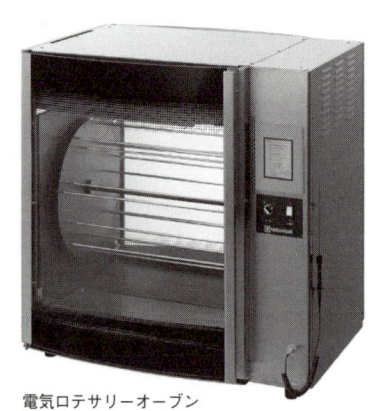

電気ロテサリーオーブン
写真提供：ニチワ電機

スピットと呼ばれる大きな串にチキン、ポーク、ビーフなどの塊を刺し、モーターで回転させながらあぶり焼きにしていく機器。電気式とガス式があり、調理中はデモンストレーション効果があるため、ショーケースとしての役割も果たす。
電気式の場合、前面ガラス製のコンベクションオーブンの中で、肉の塊を刺した串をセットしたローターを回して調理する形態になっている。一方、ガス式の場合は、肉を刺したスピットを横に配置し、サイドのチェーン駆動で回転させ、その奥に横方向に配置した炎であぶり焼く。
ガス式のように前面ガラスのない機器の場合、機器前面に輻射熱が大量に放出されるので、前面の作業スペースまでには十分な距離を確保しておかなければ、その機器の前で作業する人の背中もあぶり焼きにされてしまう。さらに、排気フードを計画する際は、機器前面に大きくせり出させ、その手前に給気口を設け、そのフードの排気量の80%近くをメークアップエアーとして取り入れ、エアーカーテンを作り、排気排熱するようにする必要がある。

14 | インド料理店

インド料理の食材のカラーイメージでまとめてアプローチしやすくする

115.5m²

60 seats

内装設備工事費2750万円
月商売上予測580万円

■企画づくりとコンセプト

インド料理とはインド発祥の料理であり、フランス料理や中国料理などと並んで世界中で食されている料理と言える。

多種多様なスパイスをふんだんに使うことが最も大きな特徴であり、インド大陸は広大であるため、地域、民族、宗教、階層などによる多くのバリエーションがある。

大別すると北インド料理と南インド料理に分けられ、それぞれに菜食料理と非菜食料理が発達している。

インド国外では「インド人は毎食カレーを食べている」と言われることが多いが、これは正確ではないだろう。香辛料を使ったインドの煮込み料理をまとめて「カレー」と呼び始めたのは西洋人なのだから。

近年では、関東地区の都心部、地方都市の街のあちこちでインド料理店を多く目にするようになってきている。

いくら日本が世界各国の料理が集まる飽食大国だと言っても、すべての国の料理が日本人の味覚に合うとは限らず、いかに個性的に、日本人に合った料理にアレンジしていくかがビジネスとして成否を決めることになる。例えばインド料理店のランチセット980円、ナン、ご飯、カレー3種、デザート、ドリンクが付くお値打ち価格で繁盛している店もあるが、その客がディナー時にリピート客になるかは……？

また連日、日本人客で賑わうインド料理店もあるが、そうした店の味は本場インド料理そのままではなく、日本人の味覚に合わせた料理となっていることが多い。

客層としては、インド料理を一度でも食べたことのある男女アダルト層をターゲットとすることであろう。しかし昼のランチ需要は高いものの、ディナータイムのインド料理店の使い方が日本人にはイメージしにくいことが、集客を難しくしていると言える。

「食わず嫌い」という言葉があるように、美味しいインド料理を食べたことのない人は多いだろう。その美味しい料理を、どのように客に告知し店に引き入れるかが最初のポイントであろう。ただ単にインド料理店の看板

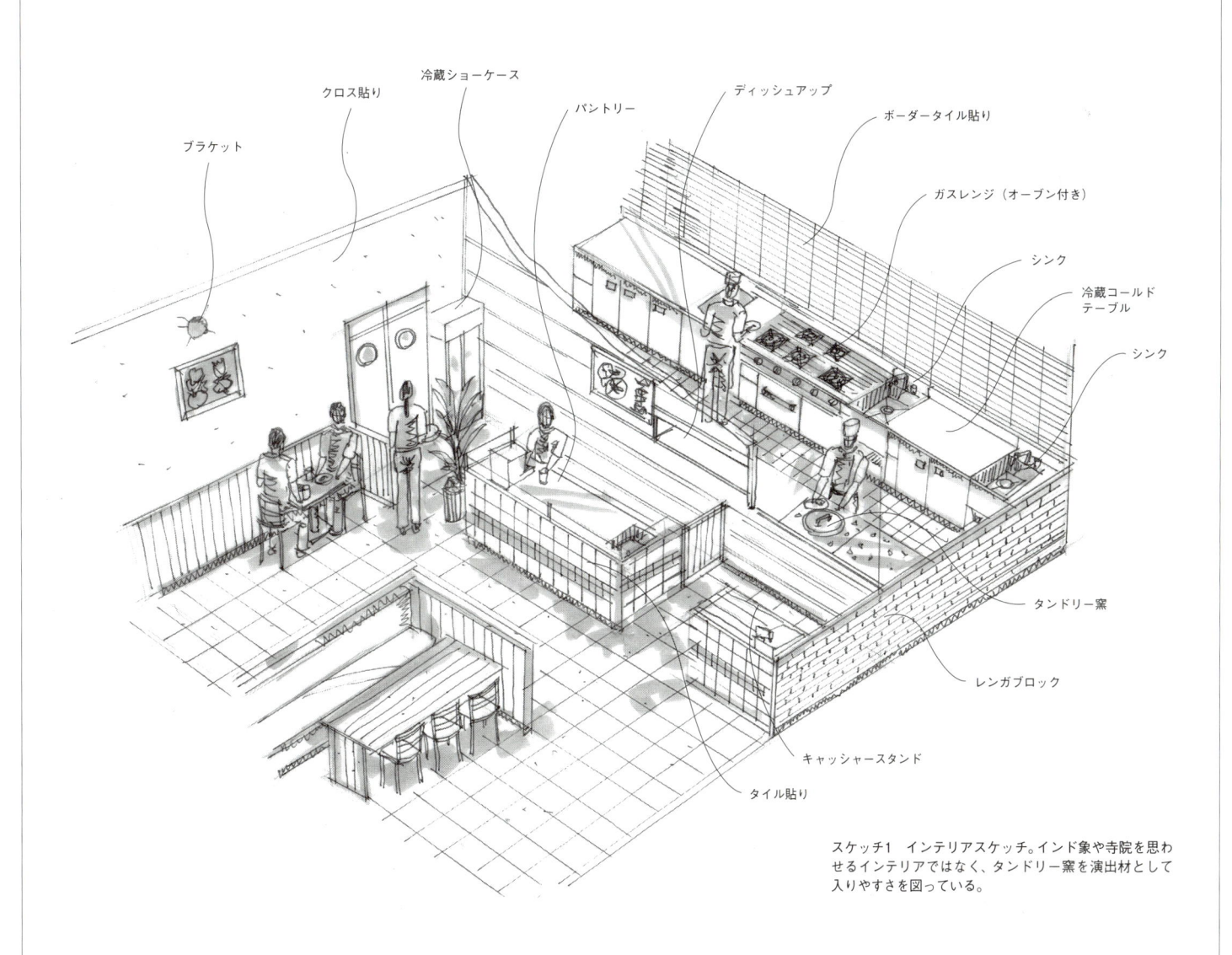

スケッチ1　インテリアスケッチ。インド象や寺院を思わせるインテリアではなく、タンドリー窯を演出材として入りやすさを図っている。

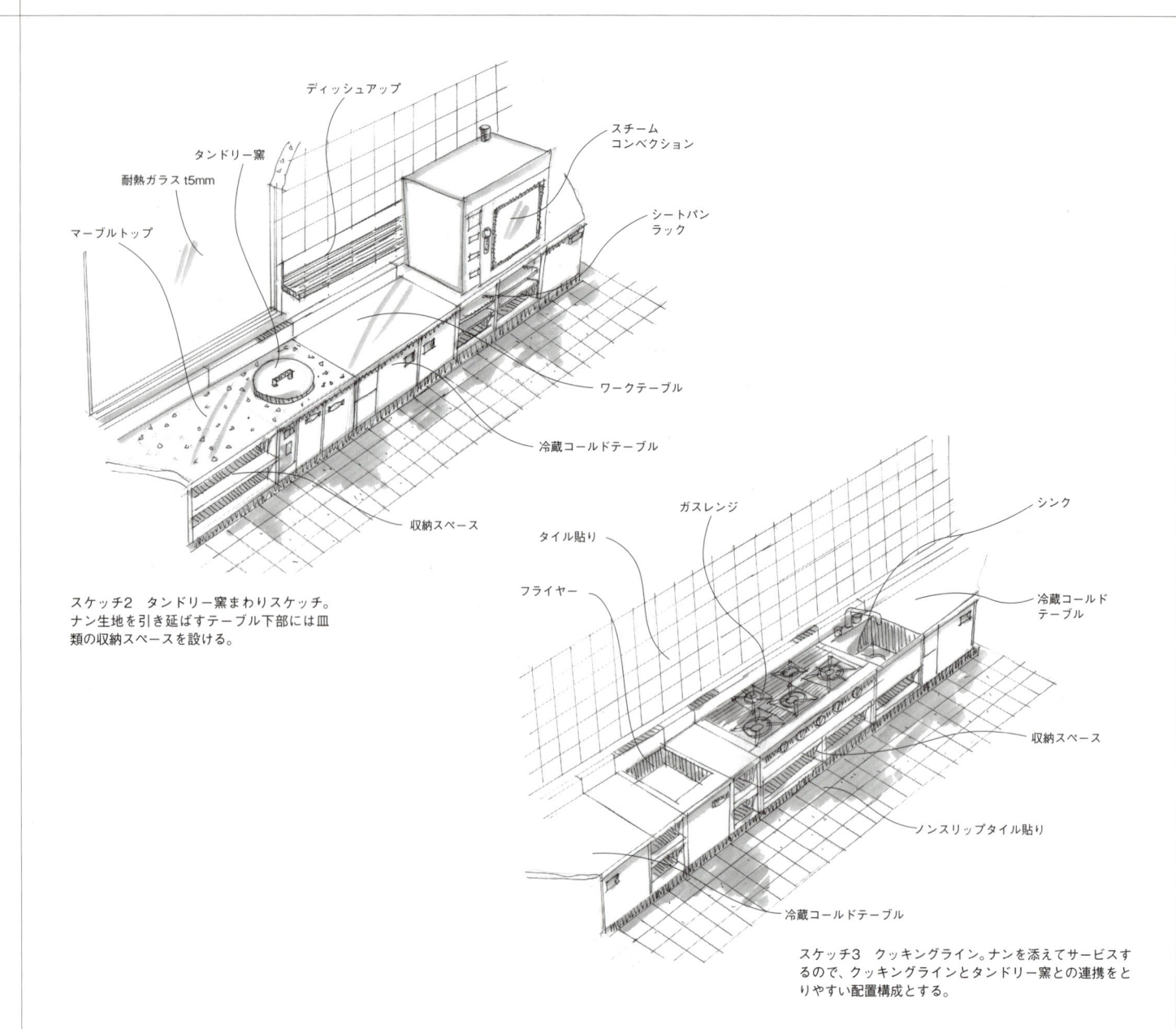

スケッチ2　タンドリー窯まわりスケッチ。ナン生地を引き延ばすテーブル下部には皿類の収納スペースを設ける。

スケッチ3　クッキングライン。ナンを添えてサービスするので、クッキングラインとタンドリー窯との連携をとりやすい配置構成とする。

を掲げただけでは、まだ気軽に利用する店としての認知は難しく、カレー以外の料理を食べてもらう努力をすることが大切である。

インテリアイメージもインドの雰囲気を出し過ぎることは逆効果であり、象のオブジェや寺院的イメージでは、むしろ日本人には入りにくい環境となってしまう。もっと気軽に入れるインテリアで、かつインド料理店であるということがPRできればもっとアプローチしやすくなるだろう。

■ 平面計画／ゾーニング計画のポイント

この店のゾーニング計画は、入り口に向かって右側にキッチンスペース、外部からも見えるようにキッチン手前にタンドリー窯を配置、その奥に洗浄エリア、隣接して事務所、トイレなどの付帯施設を配置している。客席はベンチシート席、2人席、4人席など種々の客層にも適合できるように客席形態を配置している。全体のオペレーションとしては、ラ

ンチタイム、ディナータイムにかかわらず、すべてテーブルサービスを基本としている。パントリーの背後に料理をキッチン側から提供できるディッシュアップを配置しており、注文のオーダリーは、客席数から伝票処理でもサービスは可能であろうが、繁忙時の煩雑さや種々の料理の注文メニューをキッチンへ伝える方法としては、オーダーエントリーシステムを採用することが理想的である。

■ 各部施設計画のチェックポイント

【スケッチ1】

街に点在するインド料理店のインテリアは、あまりにもインドという国の象徴や宗教的デザインに片寄り過ぎてはいないだろうか。この店では、インドというイメージカラーにこだわることなく、タンドリー窯の演出訴求や入りやすさを優先したイメージでまとめている。もちろん入り口のサインなどは、インド料理店としての顔づくりはするものの、インド象

や寺院の黄金色などはほとんど使用していない。むしろカレーの香辛料の色など比較的おとなしいクミンの薄いグリーン、カイエンペッパーの赤と紺色を混ぜ合わせたカラー、レンガブロックなどを用いて構成し、家具類も無垢基調の茶系の染色をしたもので計画している。

【スケッチ2】

タンドリー窯まわりのスケッチである。タンドリー窯のテーブルはマーブルトップとしナン生地の引き延ばしなど、テーブルの温度が一定を保てるようにしている。

テーブルの下部には、タンドリー窯で調理した料理を盛り付けるための皿類を収納しておくためのスペースを確保することがポイントである。

またその横には、料理を提供するためのディッシュアップを配置し、その他の料理もすべてこのスペースから提供できるようにしておきたい。

インド料理店●PLAN 1:100

その隣には多種多様な料理の調理ができるようにスチームコンベクションオーブンを配置し、下部にはコンベクションで使用するシートパンラック収納を配置している。

【スケッチ3】
クッキングラインはタンドリー窯ラインと前後の作業に合わせた調理機器の配置構成をし、生地を保冷しておくための冷蔵コールドテーブルを設置しておきたい。
クッキングラインの構成としてはガスレンジとその下部には什器備品が収納できるスペースを確保、またガスレンジの左側には、フライヤー、その隣には食材保冷用とワークテーブルを兼用した冷蔵コールドテーブルを配置する。
ほとんどの店ではナンを添えて提供するので、タンドリー窯の使用頻度が高く、主軸料理はすべてメインキッチンで調理されることを想定しておくことが理想的であろう。

厨房機器リスト

No	品名	台数
1	ソイルドテーブル	1
2	ダストシンク	1
3	シンク	1
4	ラックシェルフ	1
5	ディッシュウォッシャー	1
6	クリーンテーブル	1
7	ラックシェルフ	1
8	シェルフ	1
9	二槽シンク	1
10	スチームコンベクション	1
11	ワークテーブル	1
12	冷蔵コールドテーブル	1
13	タンドリー窯	1
14	ワークテーブル	1
15	シンク	1
16	冷蔵コールドテーブル	1
17	オーバーシェルフ	1
18	シンク	1
19	オーバーシェルフ	1
20	ガスレンジ（オーブン付）	1
21	パイプシェルフ	1
22	ワークテーブル	1
23	フライヤー	1
24	炊飯ジャー	1
25	冷蔵コールドテーブル	1
26	オーバーシェルフ	1
27	ハンドシンク	1
28	冷蔵ショーケース	1
29	ワークテーブル	1
30	酎ハイ＆ビールディスペンサー	1
31	冷蔵ショーケース	1
32	アイスメーカー	1
33	シンク	1

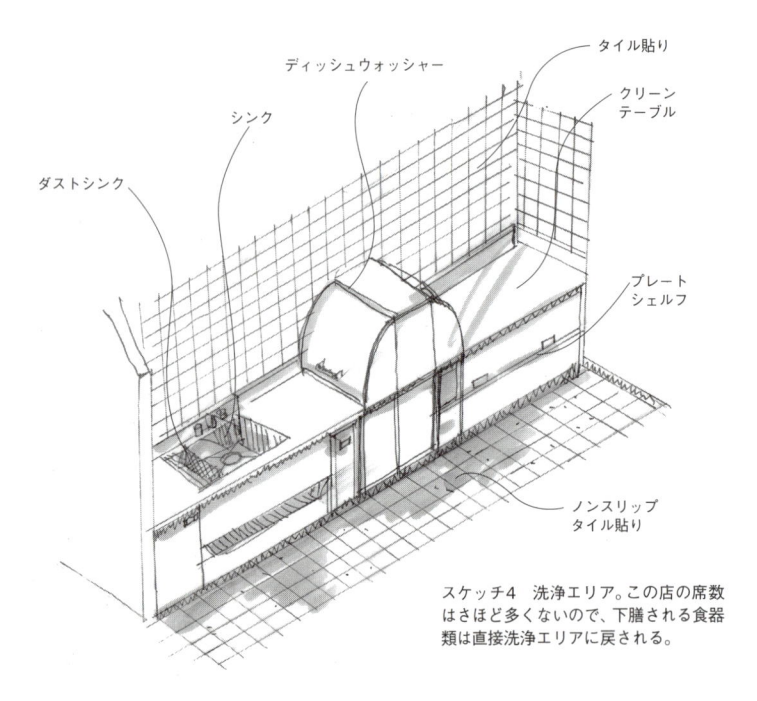

【スケッチ4】
洗浄エリアの機器配置や構成は業種業態が大きく変わらない限り、さほど大きく変化するものではない。ここでは、ラインの左右にソイルドテーブルが配置されることでその後の構成は洗浄機、クリーンテーブル、下部にプレートシェルフ、あるいは周辺にラックシェルフといった一般的な構成としている。この店の場合、客席数は60席でさほど多くないために、下膳される食器類はそのつど直接洗浄エリアへ返却されることが多く、ソイルドテーブルでの残菜類の処理や食器類の種分けまでサービス側が行うことが多い。
最近では、繁忙時には洗浄エリア専任の担当者が配置されるものの、アイドル時には洗浄ラインを稼働しないといった店も多く、料理提供を優先し下膳作業の一環である洗浄作業はそのつど対処するといったオペレーションに変わりつつある。

スケッチ4　洗浄エリア。この店の席数はさほど多くないので、下膳される食器類は直接洗浄エリアに戻される。

メニューリスト

サラダ
グリーンサラダ 400円　ポテトサラダ 600円　パイナップルサラダ 600円　チキンサラダ 600円

スープ
豆腐スープ 500円

軽食
ギーロースト 1100円　マサラ・ドーサ 1200円　ラヴァ・マサラ・ドーサ 1400円　オニオン・ドーサ 1200円　チーズ・ドーサ 1200円　セットドーサ 1200円

前菜
パッパド 2枚 300円　マサラ・パッパド2枚 400円　ウディン・ワダ2個 990円　パニール・チリ 990円　ベジタブル・バジ 990円　ベイビーコーン・フライ 990円

チキン
ショーレイ・ケバブ 1000円　チリ・チキン 1000円　レモン・チキン 1000円　タンドリーチキン3個 1000円

マトン
マトン・ドライ 1100円　マトン・チリ 1100円　マトン・ロースト 1100円

シーフード
ケララ・フィッシュ・フライ4個 1200円　フィッシュ・チリ 1200円　フィッシュ・ロースト 1200円　ジンジャー・ブラウン・フライ 1200円

野菜カレー
ベジタブル・クルマ 1300円　スタッフド・カプシカム・カレー 1400円　ベジタブル・ハイドラバディ 1400円　グリンピース・マサラ 1400円　パニール・マサラ 1400円　鶏肉のカレーペッパーチキングレイビー 1400円　ケララ・チキンカレー 1300円　アンドラ・マトン・カレー 1500円　マトン・シチュー 1500円　マトン・カレー 1500円　フィッシュ・カレー 1400円　マラバー・シュリンプ・カレー 1400円

おつまみ
ケララ・ポロタ1個 300円　ヌール・プットゥ1個 400円　アッパム1個 300円　ナン 400円　バター・ナン 450円　チーズ・ナン 450円　ガーリック・ナン 500円

デザート
マンゴー・デライト 500円　ケサリ・バース 500円　パヤサム 500円　グラブ・ジャムン 500円

厨房機器解説 26

タンドリー窯

タンドリー窯は、インド特有の土窯の名前で、インド料理には欠かせない調理器具である。かまどの上に素焼きの壺のような大きな窯をのせただけのシンプルな構造である。素焼きの窯を固定するために土や粘土、あるいは耐熱材で周りを固めている。
熱源は、七輪などの炭を使用するのがインドでは一般的であるが、日本では飲食店での取り扱いを容易にするためにガスバーナーを使用するところも多い。まれに電気ヒーターというのもあるようだ。
タンドリー窯では、窯の下部に置かれた熱源から発せられた熱風が下から上へ、窯の蓋に当たって、上から下へという対流が起きており、ナンを焼くときは、生地を窯の壁面に貼り付け、タンドリーチキンやシシカバブは串に刺して窯の中に立てかけて焼き上げる。窯の中の温度は400℃以上の高温になる。

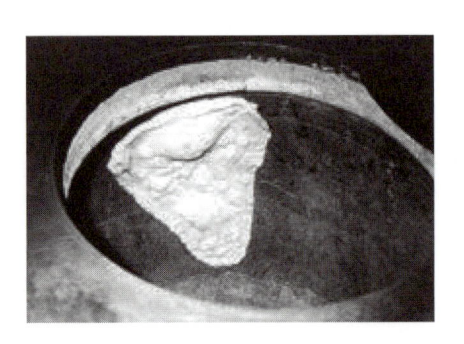

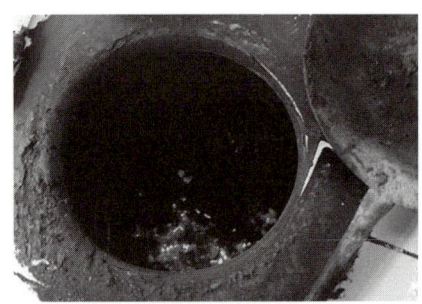

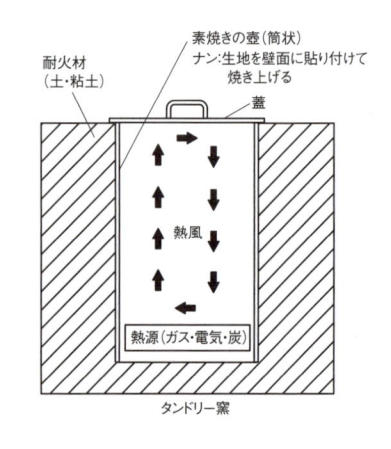

タンドリー窯

15 ｜ カフェレストラン

様々な企画・コンセプトが提案される古くて新しい業態

177.4m²

74 seats

内装設備工事費4550万円
月商売上予測900万円

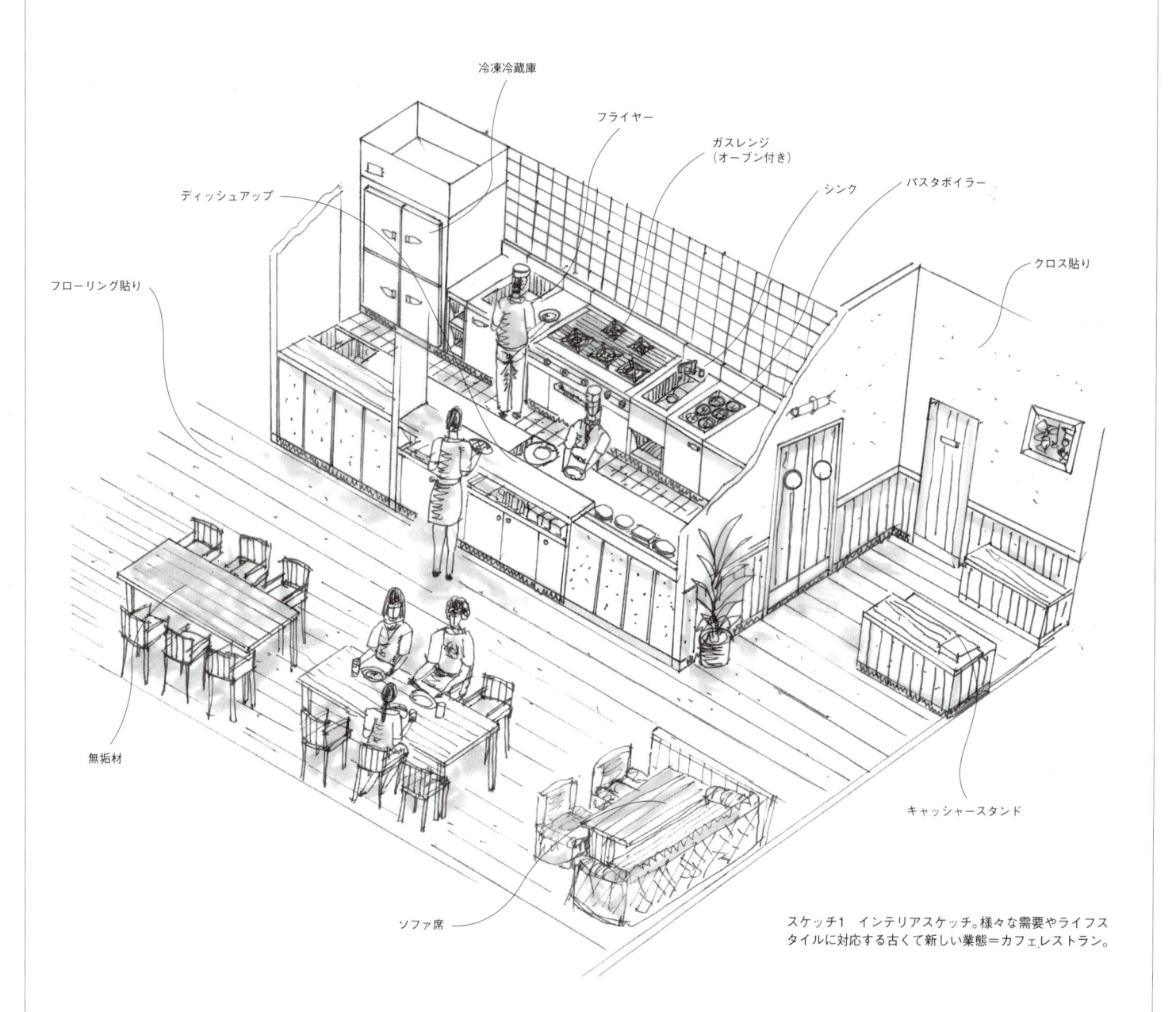

（図中ラベル）
ディッシュアップ／冷凍冷蔵庫／フライヤー／ガスレンジ（オーブン付き）／シンク／パスタボイラー／クロス貼り／フローリング貼り／無垢材／ソファ席／キャッシャースタンド

スケッチ1　インテリアスケッチ。様々な需要やライフスタイルに対応する古くて新しい業態＝カフェレストラン。

■ 企画づくりとコンセプト

カフェレストランという業態は、これまでも存在していたものの、カテゴリーやコンセプトとして確立したものが何もないと言える。近年のカフェブームで脚光を浴びていることは周知のとおりであるが、業態としてのコンセプトとしては店の企画によってマチマチである。今後も出店企画のコンセプトによって様々なスタイルが登場してくるであろうし、すべてを一つのカタチにはめる必要はないだろう。

基本的には、客に支持される店であるとともに、ビジネスとして成立するか否かが重要であり、その内容を細部まで固定化する必然性はない。
一般的には、カフェとレストランの複合店、あるいは複合化したものがカフェレストランと認識されているが、その認識もライフスタイルに合わせて変化、適合されたものがカフェレストランという大きな括りでよいだろう。お茶をしたい人、食事をしたい人、利用する動機も時間帯も人それぞれに異なっており、様々な需要やライフスタイルに対応する空間、

飲食店が「カフェレストラン」なのである。
ヤングアダルト、サラリーマン、OL、ファミリー客、また曜日や時間帯に合わせた客層に対応できることが理想的であり、様々な需要に対応できるコンセプトづくりが必要となる。この店は、カフェや料理にこだわりを持つことは当然のこととして、差別化としては書籍、雑誌を自由に読めることや店内で流れているCDなど書籍、CDラックが客席とディッシュアップの間に設置されている。
椅子や客席は無垢材を使用し、ソファ席など子供連れのファミリー客にも対応できる客

063

席配置としている。
提供される料理は専門店に引けを取らない洗練された料理で、ランチセットも5種類程度でグランドメニュー数も20品程度と、料理の種類を多く持たないことが特徴でもある。客単価設定もランチセット（ドリンク付き）で約1000円、1200円、夜には簡単なカクテルやアルコール類とつまみ料理を提供できる環境にしておくことが理想的であろう。
特別に好立地を選ぶ業態でもなく、比較的広いスペースで街の一角や駅と住宅地の間などターゲットとする客層を集客できる場所であれば、さほど限定されるものではない。むしろ物件の天井の高さや空間などが、非日常的環境をつくりやすいということを優先し選定することが大切であろう。

■平面計画／ゾーニング計画のポイント

この店のゾーニングは、入り口に向かって右側手前がキャッシャースタンド、メインキッチン、奥に洗浄エリア、その後方にトイレなどの付帯施設を配置し、左側にソファ席、6人席、4人席、ベンチシート席、比較的閉鎖された客席、ダイニング空間とキッチンエリアを区画する間に高いブック＆CDラック（幅4000mm）となっている。
時間帯によって客層や使い方が異なってくることを想定し、幅広い客増に適合する客席形態を計画している。
サービスの仕組みとしては、フルサービスのスタイルをとっているため、客席とキッチンの注文は、オーダーエントリーシステムを活用している。
客席の間隔も差別化の一環として広く配置し、心地よい空間環境を維持できるようにしておきたい。

■各部施設計画のチェックポイント

【スケッチ1】
カフェレストランのイメージとしては、コーヒーの茶系色、ダークグレー、オレンジなどのカラーをインテリアデザインに施すことが多いものの、この店では店内の天井が高く、全体のイメージとしても、モルタルのスケルトングレーと無垢の温かみがある木調家具、フローリングなど無機質な質感と温かみの対

厨房機器リスト

No	品名	台数
1	冷蔵コールドテーブル	1
2	ワークテーブル	1
3	パスタボイラー	1
4	シンク	1
5	オーバーシェルフ	1
6	ガスレンジ	1
7	パイプシェルフ	1
8	ワークテーブル	1
9	フライヤー	1
10	ワークテーブル	1
11	冷凍冷蔵庫	1
12	二槽シンク付ワークテーブル	1
13	吊型冷蔵ショーケース	1
14	ワークテーブル	1
15	ライスジャー	1
16	冷蔵コールドテーブル	1
17	ワークテーブル	1
18	オーバーシェルフ	1
19	ソイルドテーブル	1
20	ダストシンク	1
21	シンク	1
22	ディッシュウォッシャー	1
23	クリーンテーブル	1
24	炊飯器	1
25	オーバーシェルフ	1
26	アイスメーカー	1
27	ハンドシンク	1
28	シンク	1
29	エスプレッソマシン	1
30	冷蔵コールドテーブル	1
31	コーヒーミル	1
32	アイスメーカー	1
33	スムージーブレンダー	1
34	ジュースディスペンサー	1
35	冷蔵ショーケース	1
36	シェルフ	1

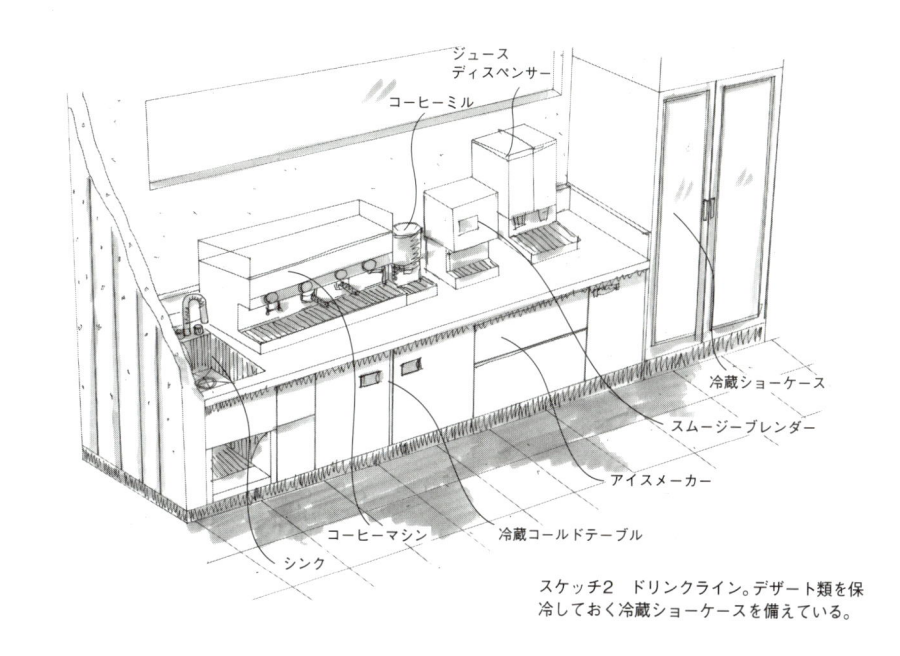

スケッチ2　ドリンクライン。デザート類を保冷しておく冷蔵ショーケースを備えている。

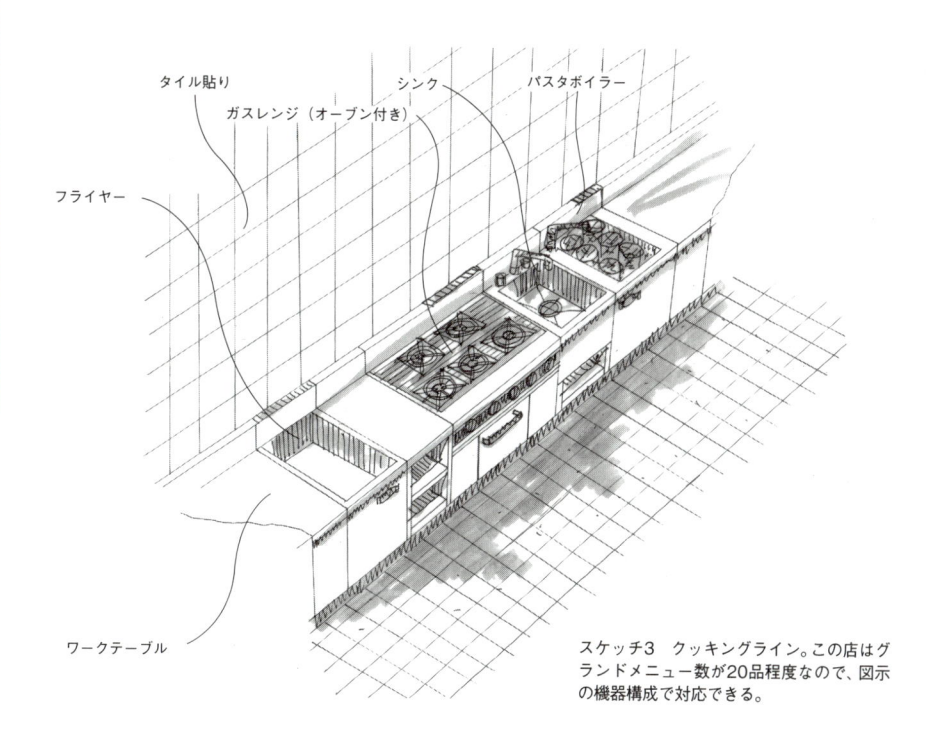

スケッチ3　クッキングライン。この店はグランドメニュー数が20品程度なので、図示の機器構成で対応できる。

比を空間づくりのポイントとしている。
また、ところどころに配置したグリーン色が、空間のカラーポイントとして視線に安らぎを与えている。ブック＆CDラックも素材の木目を生かした仕上げにしている。

【スケッチ2】

ドリンクラインのスケッチである。カフェというこだわりも訴求しているため、コーヒーマシンは手動式のエスプレッソマシンを設置し、横にはコーヒー豆を挽くためのコーヒーミルと下部には種々のバリエーションコーヒーを製造できるように冷蔵コールドテーブル、隣にスムージーブレンダー、ジュースディスペンサーとその下部にはアイスメーカーなどで構成している。

アルコール類はボトルのままで提供するものやグラスに移して提供するものがあり、またデザート類などの商品や素材類を保冷しておくための冷蔵ショーケースを配置しておくと理想的である。

ドリンクパントリーの配置としては、左右両側から客席に出入りできるように計画しておくことが、サービスをスムーズに進めるためのポイントである。

【スケッチ3】

この店のクッキングラインは、右側からパスタボイラー、シンク、オーブン付きガスレンジ、脇台、フライヤーなどの調理機器から構成されている。

もちろんキッチンの調理機器は、提供する料理内容や種類によっても異なるが、この店の場合にはグランドメニュー数で約20品程度であるため、ガスレンジ、フライヤー、パスタボイラーなどパスタ茹で上げ専用器があれば、ほとんどの料理を調理できる。

グランドメニューの種類が少ないために、日替わりランチ、毎月のグランドメニューは季節の旬素材に合わせて料理をサービスするなど、カフェだけではなく、料理にもこだわりを持っていることを訴求できる厨房設備計画にしておくことを忘れてはならない。

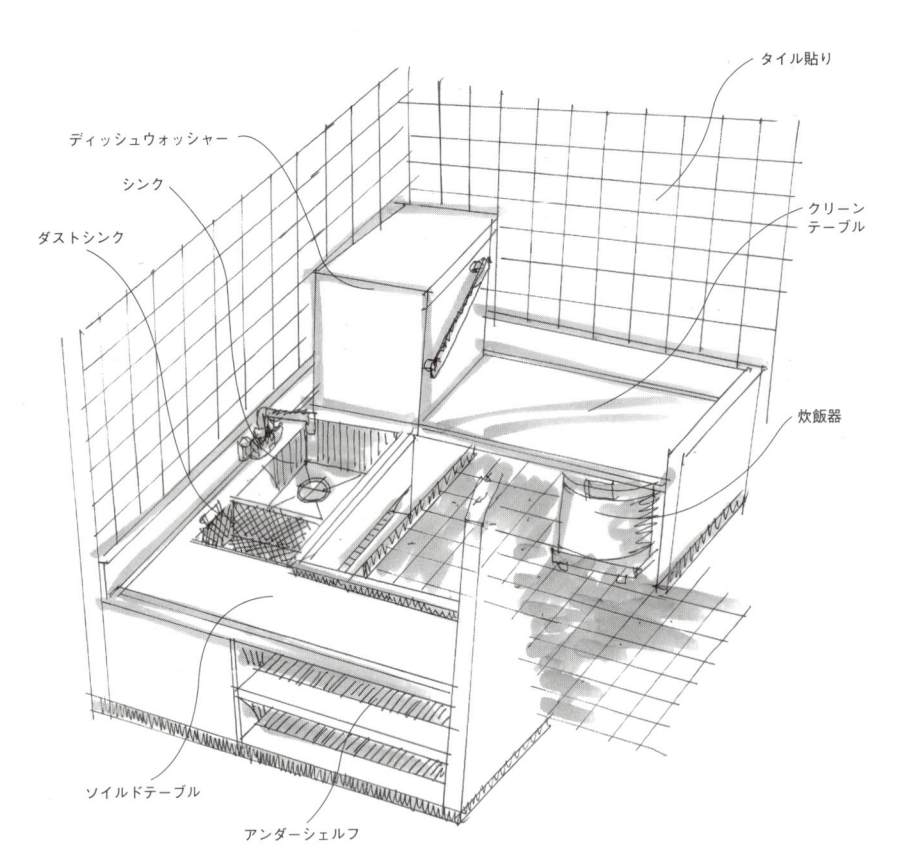

ラベル（スケッチ内）:
- タイル貼り
- ディッシュウォッシャー
- シンク
- ダストシンク
- クリーンテーブル
- 炊飯器
- ソイルドテーブル
- アンダーシェルフ

スケッチ4　洗浄エリア。パントリーの背後に位置しており、食器類が下膳しやすいようにソイルドテーブルの高さは850mm、下部にはアンダーシェルフが配置されている。

【スケッチ4】

洗浄エリアのスケッチである。客席数70席以上の場合には、ボックスタイプの洗浄機で各ラインを構成することが基本的な計画のポイントであろう。

この店の洗浄ラインはパントリーの背後に位置していることや、客席から下膳されてくる食器類がすぐにソイルドテーブルに下膳できるように、850mmのテーブルの高さ、下部からも下膳できるアンダーシェルフなどを配置している。

食器類はソイルドテーブルに配置したバスボックスにサービススタッフが食器ごとに仕分けできるようにしておくと、洗浄スタッフの作業を軽減することができる。

この店では洗浄エリアの作業も客席スタッフが担当し、ソイルドテーブルが食器類でいっぱいになる前に、洗浄エリアに入り食器類を洗浄する仕組みとしている。繁忙時以外は、ほとんどの時間帯はスタッフが作業を兼務することが、機能的かつ効率的である。

メニューリスト

季節の減農薬野菜600円　ラタトゥイユ（冷製又は温製）650円　カナッペ盛り合わせ（肉のパテ・サーモンのマリネ・アボガドエビ）1000円　温野菜800円　アボガドとトマトのサラダ680円　盛り合わせパン 350／650円　15穀ライス 340円　季節のスープ 650円　きのこのチーズグリル 580円　野菜のグリル（バーニャカウダ）1000円　じゃがいもとエビのスティック揚げ 580円　フライドポテト 650円　白身魚のフリット 680円　ポークとリンゴのソテー温野菜添え 1200円　若鶏のロースト 1400円　北海道サーモンのトマトクリームソース 1000円　アマトリチャーナ 800円　プリプリエビのトマトソース 1200円　旬野菜のペペロンチーノ 1000円　野菜のパエリア 1500円　各種ケーキ 650円　リンゴのコンポート 680円　かぼちゃシフォンケーキ 600円　チェリーシフォンケーキ 680円　ランチセット（パスタセット・五穀米健康セット・カレーセット・オムライスセット）ミニサラダ・ドリンク付き 1000円

厨房機器解説 27

パスタボイラー

ゆで麺器と基本的には同じである。角型のゆでカゴを引き上げて湯切りするタイプと、ゆでカゴを手前に反転させて受けカゴで受けて湯切りするタイプとがあり、オペレーションによって選択される。

パスタをゆでる際には、食塩を投入するので、パスタボイラーの槽の材質は耐食性に優れたオーステナイト系ステンレス（SUS304、SUS310、SUS316など）が使用される。見分け方は、厨房機器の甲板などによく使用されるフェライト系ステンレス（SUS430）が常温で磁性を有するのに対し、オーステナイト系ステンレスは非磁性体であるため、磁石を近づけるとすぐに分かる。　写真提供：ニチワ電機

厨房機器解説 28

スムージーブレンダー

氷を素早く砕き、舌触りのよいスムージーをつくるために、強靭な攪拌刃を採用したブレンダー。機器の構造は、ドリンクブレンダーとほぼ同じだが、氷を砕いてミキシングする際の音を軽減するために、ポリカーボネート製の防音フードが取り付けられている。

機械部をカウンター下に組み込んで、容器のみがカウンター上に見えるような造作も可能。

写真提供：エフ・エム・アイ

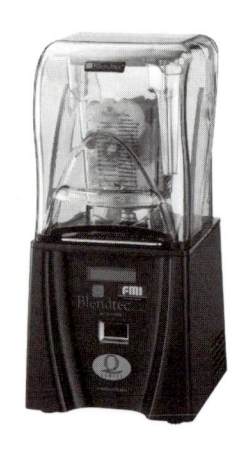

16 ｜ スイーツカフェ

「ワンプレートスイーツ」を提案する
スイーツ新業態

105.7m²

33 seats

内装設備工事費4770万円
月商売上予測980万円

■ 企画づくりとコンセプト

「スイーツカフェ」という業態は、これまでもスイーツのテイクアウトを主力に客席を付帯した「ケーキショップ」として街のあちこちに数多く存在していた。近年では、「スイーツバイキング」などスイーツを主軸にした食べ放題の業態スタイルなどが登場しているものの、あくまでも定番のスイーツを主力メニューにしたもの、あるいはケーキショップとして訴求している店がほとんどであろう。またスイーツ業界にも、生活者の健康志向や低カロリーというキーワードに対応した、野菜をソースやペースト状に使用したスイーツなど新商品開発も著しく、新しいスタイルの店が登場してきてもいる。

スイーツカフェとは、名称のごとくスイーツを主軸にしたカフェであり、この店の場合には、食べるワンプレートスイーツ（食事代わりにもなる）をコンセプトとした新しい業態を提案している。ただ単にこれまでの事前に製造したスイーツを客に提供するというものではなく、注文をもらってから料理を作るという点が従来のケーキショップとは異なっている。もちろんカフェという名称が付いていることから、サンドイッチやパンとスイーツのコラボレーションなど、糖分を抑えた美味しいスイーツを店のオリジナル商品として訴求していることも業態確立のポイントである。客層としては、女性の20歳から50歳後半までの広い年齢層をターゲットにコンセプトを練り上げており、野菜スイーツ、オリジナルスイーツ類もテイクアウトできるように冷蔵ショーケースを入り口周辺に配置している。

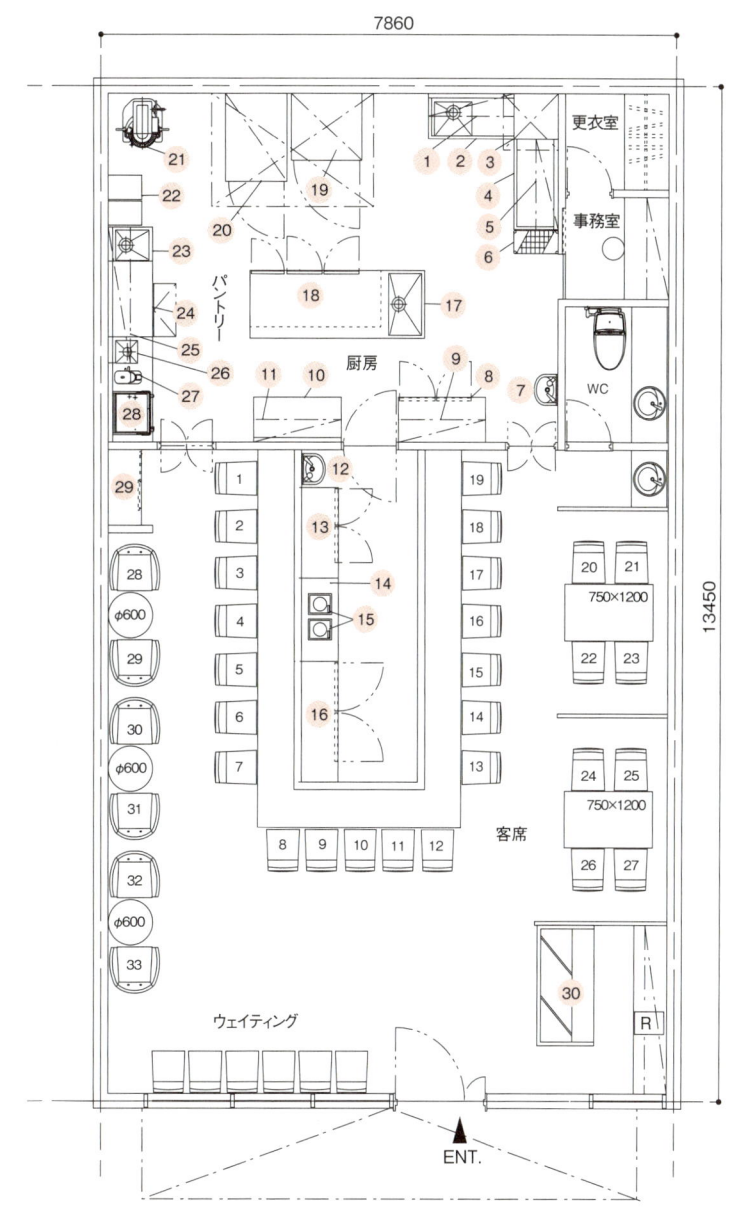

スイーツカフェ●PLAN 1:100

厨房機器リスト

No	品名	台数
1	オーバーシェルフ	1
2	ソイルドテーブル	1
3	ディッシュウォッシャー	1
4	クリーンテーブル	1
5	オーバーシェルフ	1
6	シェルフ	1
7	ハンドシンク	1
8	冷蔵コールドテーブル	1
9	オーバーシェルフ＆オーバーキャビネット	1
10	ワークテーブル	1
11	オーバーシェルフ＆オーバーキャビネット	1
12	ハンドシンク	1
13	冷蔵コールドテーブル	1
14	ワークテーブル	1
15	電磁調理器	2
16	冷蔵コールドテーブル	1
17	シンク付ワークテーブル	1
18	冷蔵コールドテーブル	1
19	ベーカリーオーブン	1
20	ホイロ	1
21	ミキサー	1
22	フラワービン	1
23	シンク付ワークテーブル	1
24	アイスメーカー	1
25	オーバーシェルフ	1
26	バーシンク	1
27	コーヒーミル	1
28	コーヒーマシン	1
29	冷蔵ショーケース	1
30	スイーツ冷蔵ショーケース	1

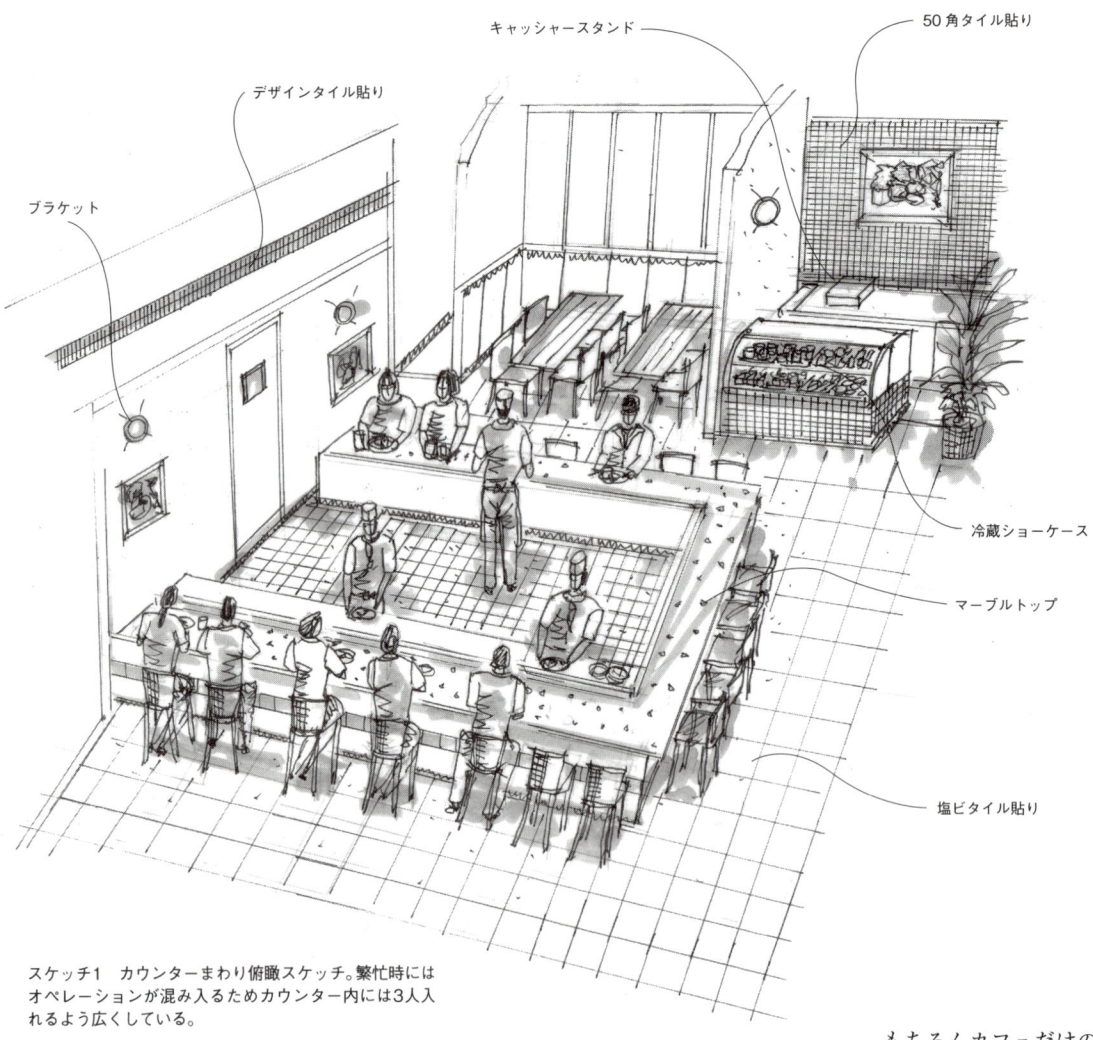

スケッチ1　カウンターまわり俯瞰スケッチ。繁忙時にはオペレーションが混み入るためカウンター内には3人入れるよう広くしている。

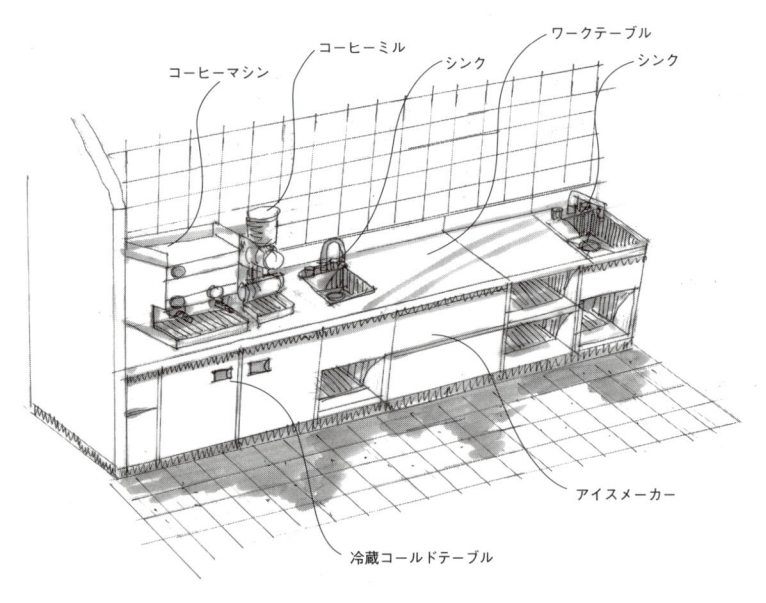

（図中ラベル：ブラケット／デザインタイル貼り／キャッシャースタンド／50角タイル貼り／冷蔵ショーケース／マーブルトップ／塩ビタイル貼り）

スケッチ2　ドリンクライン。ドリンクラインの壁面上部には棚やキャビネットを計画しておく。

（図中ラベル：コーヒーマシン／コーヒーミル／シンク／ワークテーブル／シンク／冷蔵コールドテーブル／アイスメーカー）

もちろんカフェだけのニーズにも対応できるようにコーヒー、紅茶などドリンクのバリエーションを持たせている。

客単価としては、ランチスイーツセット（ドリンク付き）で1200円、1500円、スイーツ単品で約380円から580円の設定にしておくと利用しやすいだろう。

立地としては駅周辺、駅中、街の繁華街の一角、駅に近い住宅地の中間などターゲット層が集客できる環境にあることが選定条件になる。

一般的なスイーツカフェとは一線を画した「食べるスイーツ」というコンセプトを差別化のポイントにしていることから、新しいスイーツカフェの存在をいかに認知させるかがビジネスとしての成否を左右するものになる。

■ 平面計画／ゾーニング計画のポイント

この店のゾーニングは、入り口右側手前にスイーツの冷蔵ショーケース、キャッシャースタンドを配置、正面にカウンター席を囲んだオープンキッチン、背後にはバックキッチン、隣接して事務所、トイレなど付帯施設を計画している。

客席形態としては、キッチンを囲むようにカウンター席、少し区画した4人席、ソファ席な

ど、あくまでも主軸になる客層に合わせた客席配置構成にしている。

全体的なオペレーションの流れとしては、スイーツ料理については注文に応じて、オープンキッチンで盛り付けや簡単な調理をしたものを提供するスタイルであり、その他単品スイーツ類については、レジの冷蔵ショーケースより客席へサービスされる。

カウンター席で調理、盛り付けるスイーツ類については、繁忙時にオペレーションが混み入るため、カウンターキッチンに3人が入れるようにキッチンの幅は少し広く確保しておくことがポイントである。

■ 各部施設計画のチェックポイント

【スケッチ1】
スイーツカフェというイメージから、明るいオレンジ色、グリーン、白など女性客が好きな色やデザインにすることが一般的であろう。基本的には、幅広い客層に合わせた、清潔感がある明るい空間づくりをすることがポイントになる。

この店の色彩計画は、全体的に白基調で統一していることや、ポイントにデザインタイルでスイーツに使用するパプリカ、グリーン、オレンジなどのタイルをデザイン貼りしている。カウンタートップもマーブル（人工大理石）を使用、腰壁にもタイルのデザイン装飾を施し、全体的な雰囲気を清潔かつ落ち着ける雰囲気に統一している。

【スケッチ2】
ドリンクラインのスケッチである。カフェを付帯したケーキショップやスイーツを主軸においた店の場合には、ドリンクパントリーは客席に隣接して配置するのではなく、客席とは区画したスペースでドリンク類をつく

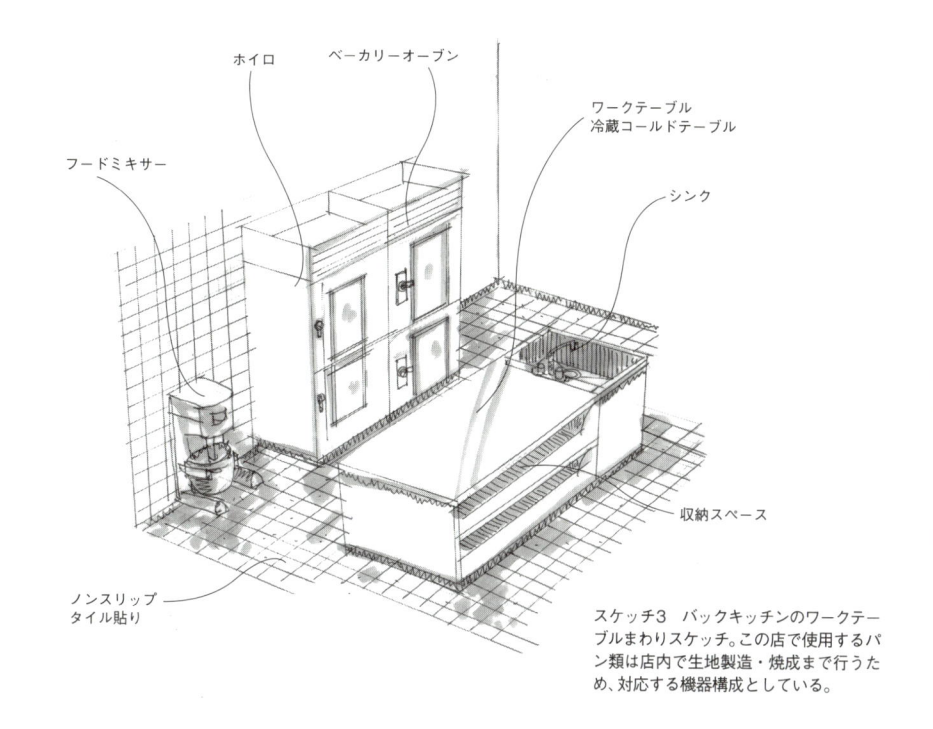

スケッチ3　バックキッチンのワークテーブルまわりスケッチ。この店で使用するパン類は店内で生地製造・焼成まで行うため、対応する機器構成としている。

厨房機器解説 29

ベーカリーオーブン

2段式デッキオーブン／下部は天板などの収納スペース。レンガ化粧モデル。

2段式デッキオーブン／下部にホイロを備え付けたモデル。

2段式の小型のデッキオーブン／コンベクションオーブン、ホイロ、ドゥコンディショナーを組み込んでいる。焼き上がった商品を冷ますベーカリーラックも組み込まれた省スペース型ユニット。

ベーカリーオーブンは、大きく分けてデッキオーブンとコンベクションオーブンに分類される。熱源によって、ガス式と電気式に分けられる。

デッキオーブンは、オーブン庫内をヒーターで温めておき、熱ムラが生じないように蓄熱した状態で焼成するのに対し、コンベクションオーブンは、その名の通り、ヒーターで加熱した風を吹き付けて加熱するオーブンである。どちらも天板（最近は、欧州天板と呼ばれる600×400mmのサイズのものが多い）と呼ばれるベーキングパンが使用される。

食パンのような高さもある大物の焼成には、デッキオーブンが向いているが、クロワッサンやペストリーのような小物の焼成には、コンベクションオーブンが向いている。また、コンベクションオーブンの場合、庫内に風が生じるので、小さな焼き菓子のように焼成中に庫内の風で飛ばされそうなものもデッキオーブンを使用する。

フランスパンの焼成では、スチームを噴出できるように、ボイラーがセットされた機種を使用する。スイッチ操作で調整できるようになっており、焼成中の庫内の湿度は、表面の色やふくらみ具合を目視しながら、ダンパーを使用して調整する。

ベーカリーオーブンの下にホイロやドゥコンディショナーを組み込んで、スペースをとらず効率よく作業ができる機種もある。

ベーカリーオーブンは、ケーキ用のオーブンとしても使用される。

写真提供：フジサワ・マルゼン

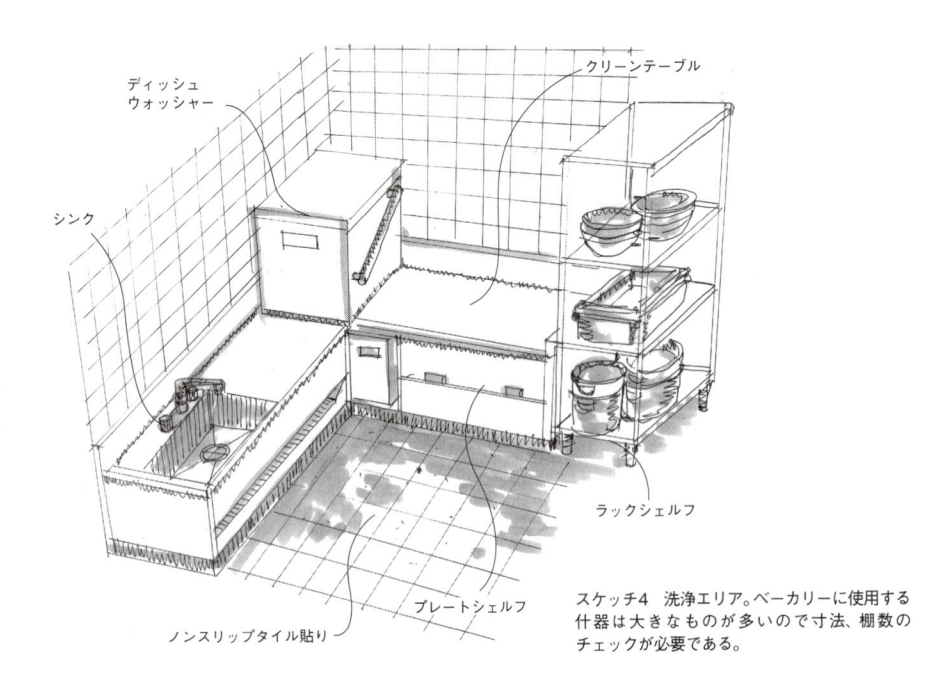

スケッチ4 洗浄エリア。ベーカリーに使用する什器は大きなものが多いので寸法、棚数のチェックが必要である。

メニューリスト

スイーツ
イチゴのショートケーキ 580円　メープルのチーズケーキ 580円　ショコラとキャラメルのムース 600円　フルーツのムース バラの香り 650円　メランジュナッツとクリームブリュレ 650円　オレンジのパンナコッタと彩りヌチェドニア 680円　バリ風クリームぜんざい 780円　スタイリッシュパフェ 850円　トロピカルパフェ 950円

野菜スイーツ
トマトとほうれん草のケーキ　カボチャのムース　グリンピースのムース　本日の野菜スイーツアラカルト 各1500円

オリジナルサンドイッチ（ワンプレート）
イベリコサンドイッチ 1000円　グリルチキン 900円　ビーフステーキ 1100円　オーガニックベジタブルサンド 1200円

こだわりサラダ
オーガニックサラダ 1000円　食べるシーザーサラダ 780円　食べるサーモンとアボガドのサラダ 890円

食べるスイーツセット
バケットのフレンチトーストとスイーツの盛り合わせ 5種類　ガレットとスイーツの盛り合わせ 各1800円

ることが一般的である。
ドリンクラインの機器配置としては、左側からエスプレッソコーヒーマシン、コーヒーミル、下部には冷蔵コールド、サービスシンク、ワークテーブルを兼ねたアイスメーカー、シンクの並びで配置している。ドリンクラインの壁側上部には棚やキャビネットを計画しておく。

【スケッチ3】

このバックキッチンでは、「食べるスイーツ」に使用するパン類は、すべて店内で生地製造から焼成まで行えるように機器配置をしている。
特に食べるスイーツの脇役であるパン類の種類やケーキ生地など用途に合わせて開店前に準備することになるので、粉、玉子、そのほか必要な材料は専用のコンテナに収納できるよう計画しておくことが大切である。
バックキッチンの中央に生地を調整するシンク、ワークテーブル、冷蔵コールドテーブルを配置し、向かい側にはホイロ、ベーカリーオーブンを配置している。
ミキサーは、一度にどのぐらいの生地を製造するかで異なり、必要リッター数を算出して選定する。

【スケッチ4】

洗浄エリアのスケッチである。洗浄エリアの作業の中心は、客席から下膳されてくる皿、グラス類の洗浄作業やベーカリーに使用する什器備品などを洗浄する。
客席数から想定すると、洗浄機の選定はもっと小さいものでも賄うことができるものの、パン類を製造する機器の備品類を洗浄することを配慮すると、洗浄能力があるものを選定しておくことが理想的である。
機器配置としては、シンク付きのソイルドテーブル、洗浄機、クリーンテーブル、下部には一時的に皿類を収納しておくためのスペース、隣接するようにラックシェルフを配置している。
ベーカリーに使用する什器は寸胴、ボールなど比較的大きなものが多く、ラックの広さや棚数も什器数を想定して計画することが大切である。

厨房機器解説 30

ホイロ

パン生地やピザ生地作りにおいては、ミキシングが完了すると発酵という工程に移る。特にパン作りにおいては、生地を分割し成形した後にも発酵（二次発酵）させて焼成する。その際の発酵工程において使用する機器がホイロである。
発酵工程では、ホイロの内部は温度25～30℃、湿度80%前後に保ち、生地が倍になるまで行い、成形後の二次発酵では温度を35～37℃、湿度80%前後に設定して行うのが一般的である。また、発酵時間は、焼成時間の約3倍かかることから、オーブンの焼成能力に対して約3倍の能力を有するホイロを採用する必要がある。
特に、ベーカリーオーブンでの焼成が欧州天板という600×400mm天板を使用することが多いので、ホイロにおいてもそのサイズの天板が使用できるようになっている。
ホイロと同様の機能を持ち、さらに冷凍生地の解凍や発酵速度を遅らせる機能も併せもつドゥコンディショナーを使用することもある。

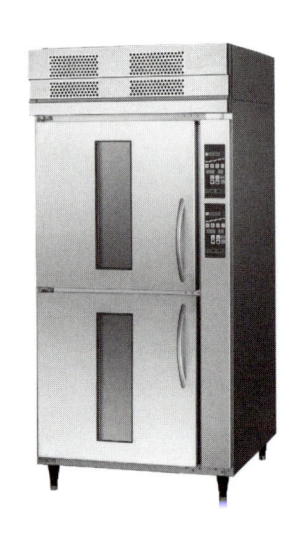

写真提供：福島工業

17 | とんかつ割烹料理店

とんかつ職人の技を見せる平面計画

117.4㎡

40 seats

内装設備工事費3500万円
月商売上予測890万円

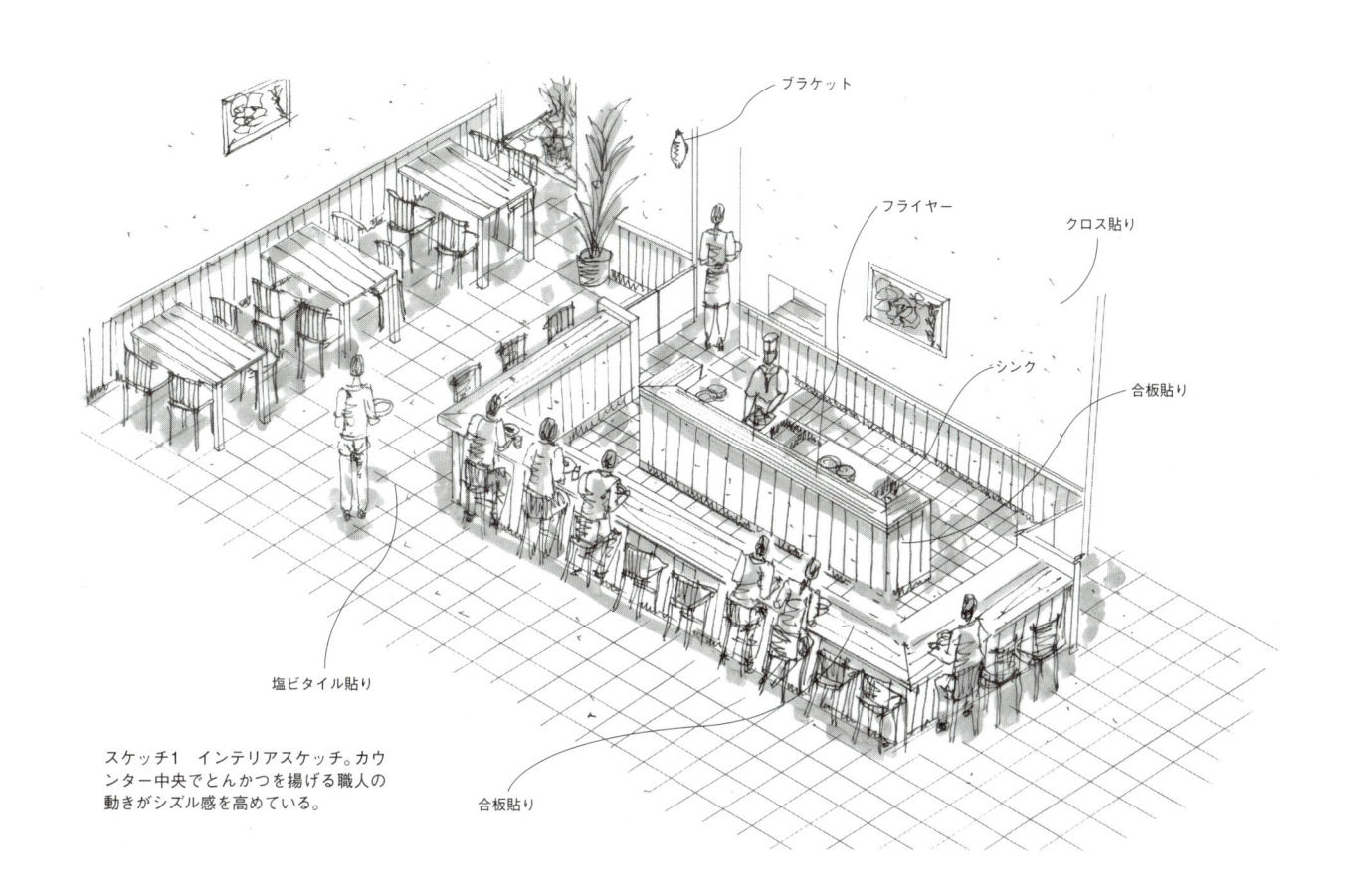

スケッチ1　インテリアスケッチ。カウンター中央でとんかつを揚げる職人の動きがシズル感を高めている。

（ラベル：ブラケット、フライヤー、クロス貼り、シンク、合板貼り、塩ビタイル貼り、合板貼り）

■企画づくりとコンセプト

とんかつ料理の起源を辿ると、「カツレツ（カツ）」とは本来肉を少量の油で焼くものであるが、現在のように大量の油の中で揚げるスタイルを考案したのは明治時代に銀座で開店した「煉瓦亭」であるとされている。

豚カツの元となった料理・カツレツは、英語のcutletがなまったもので、煉瓦亭の店主が日本人に発音しやすいようにカツレツ（漢字では勇ましい感じを持たせるため勝烈とした）と名づけたという。

なおカツに千切りキャベツを添えることを始めたのもこの店である（当初は温野菜を添えていたが、日露戦争でコックが徴兵されたので、手間を省くため、なおかつ安くてソースに合う千切りキャベツを採用したと言われている）。

またオリジナルのレシピでは衣に西洋式の細かい粉末状パン粉を用いていたが、油を吸いやすく日本人には不評だったため、店主の思いつきで荒削りのパン粉が使用されるようになり、ここに日本オリジナルの洋食である「カツレツ」の原型が誕生した。

とんかつは家庭でも月には何度か食卓に上がり、今ではご馳走ではなく日常食になった。もちろん、とんかつ専門店で食べるとんかつ料理とは似たものではあるが、その味は比較する対象のものではないだろう。

本当に美味しいとんかつを食べたいという客は、専門店の味を求めて店に通うというニーズは変わっていない。

客層としては男女問わず幅広いニーズがあるものの、本格的なとんかつを強く志向する客層としてはアダルトが多く、サラリーマン、主婦層など30歳以上の年齢層になるだろう。

立地としては街中、駅中、駅周辺、百貨店の食堂街などターゲット層が回遊する立地であれば、さほど立地条件には左右されないビジネスであろう。

価格帯としてはランチセット約1200円、1800円、2300円、夜のディナーコースで約3000円、5000円の設定が適切といえる。

もちろん豚肉の種々の部位を揚げるメニューが主軸になるものの、とんかつ以外の割烹料理もメニューとして持っていることで夜の幅広い需要に対応できるだろうし、アルコールを組み合わせて食事を楽しんでもらう店としてアピールできる。

食材すべてにこだわりを持つことは当然のこととして、豚肉、キャベツ、その他厳選された食材を確保することが食へのこだわりを訴求する武器になるはずだ。

生活者は食の安全性、こだわり、安心感など目に見える産地表示や厳選された証に付加価値を感じる時代であることを忘れてはならない。特にとんかつ専門店は、豚肉の産地や素材にこだわりを持ってこそ、高付加価値を創出できるのである。

■平面計画／ゾーニング計画のポイント

この店のゾーニングは、入り口に向かって正面にとんかつ専用のキッチン、その背後にクッキングライン、右側に事務所、更衣室を配置している。客席はとんかつ専用キッチンを取り囲むようにカウンター席、両側壁側に4人席、2人席などを配置している。

071

サービススタイルは、すべてテーブルサービスであるものの、カウンター席はキッチン内にサービス担当を一人配置し、各席への料理の提供をする仕組みにしている。

その他フロア席は、フロア担当のスタッフが料理を各テーブルにサービスするフルサービスシステムである。

バックキッチン側から提供される料理については、とんかつフライヤーの背後にディッシュアップを壁とパントリー側に配置し、カウンター、フロア担当のスタッフがキッチン側に入ってサービスを行うオペレーションとしている。

各部施設計画のチェックポイント

【スケッチ1】

とんかつ専門店では、全体的に和という切り口でインテリアデザインをまとめることが一般的であろう。この店ではカウンタートップは合板、腰板は杉材など比較的木調で全体イメージをまとめた雰囲気にしている。

とんかつ専門店を訴求する演出コーナーとしては、キッチンの中央のフライヤーでとんかつを揚げる職人の動きや技術を客席側から見せることがポイントであろう。

店の雰囲気もとんかつを揚げるコーナー演出一つで決まるといっても過言ではなく、料理人の凛とした粋を醸し出すことが大切である。

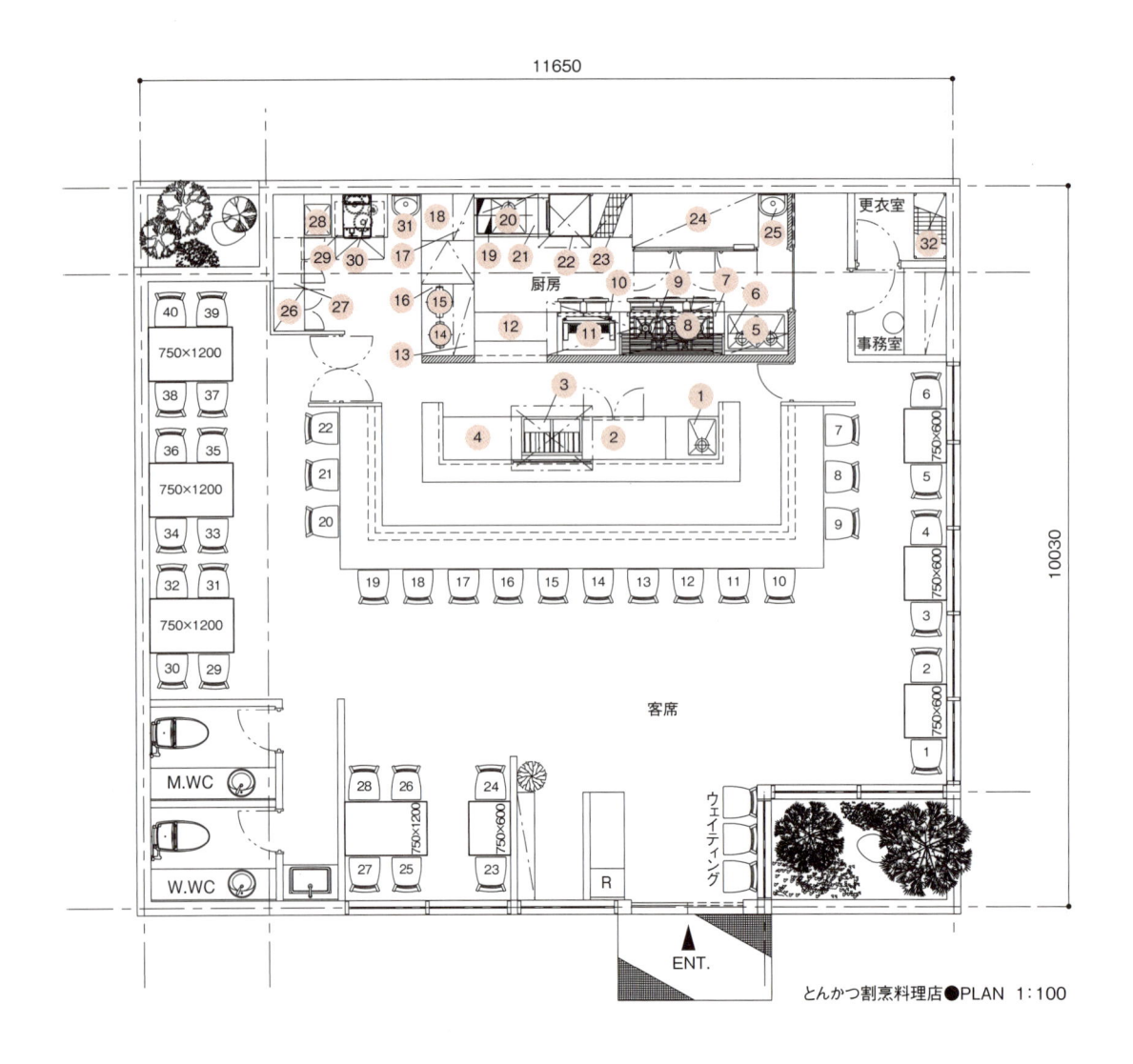

とんかつ割烹料理店●PLAN 1:100

厨房機器リスト

No	品名	台数
1	シンク	1
2	冷蔵コールドテーブル	1
3	フライヤー	1
4	ワークテーブル	1
5	二槽シンク	1
6	オーバーシェルフ	1
7	冷蔵コールドドロワー	1
8	ガスレンジ	1
9	パイプシェルフ	1
10	冷蔵コールドドロワー	1
11	焼き物器	1
12	ワークテーブル	1
13	オーバーシェルフ	1
14	スープウォーマー	1
15	ライスジャー	1
16	ワークテーブル	1
17	オーバーシェルフ	1
18	ワークテーブル	1
19	ダストシンク	1
20	シンク	1
21	ソイルドテーブル	1
22	ディッシュウォッシャー	1
23	シェルフ	1
24	冷凍冷蔵庫	1
25	ハンドシンク	1
26	冷蔵ショーケース	1
27	冷蔵コールドテーブル	1
28	シンク	1
29	アイスメーカー	1
30	酎ハイ&ビールディスペンサー	1
31	ハンドシンク	1
32	シェルフ	1

【スケッチ2】

専任の職人がとんかつ類を揚げるとんかつフライヤーエリアのスケッチである。カウンター席とキッチンの間にはサービスするための通路を配置し、2台のフライヤーを配置した左側にとんかつ類を盛り付けるスペースと、下部には冷蔵コールドテーブルを配置している。

フライヤーの右側には、一時的に収納しておくためのスペースをワークテーブルの下部に配置、バックキッチン側から提供されてくる料理と組み合わせる盛り付け台としても使用できるようにしている。繁忙時には生パン粉、とき玉子などはテーブルの上部に配置し、豚肉はそのつど冷蔵庫から取り出すというオペレーションになることを忘れてはならない。またフライヤーの前面には、耐熱ガラスを配置し、周辺に油が飛び散らないように計画する。

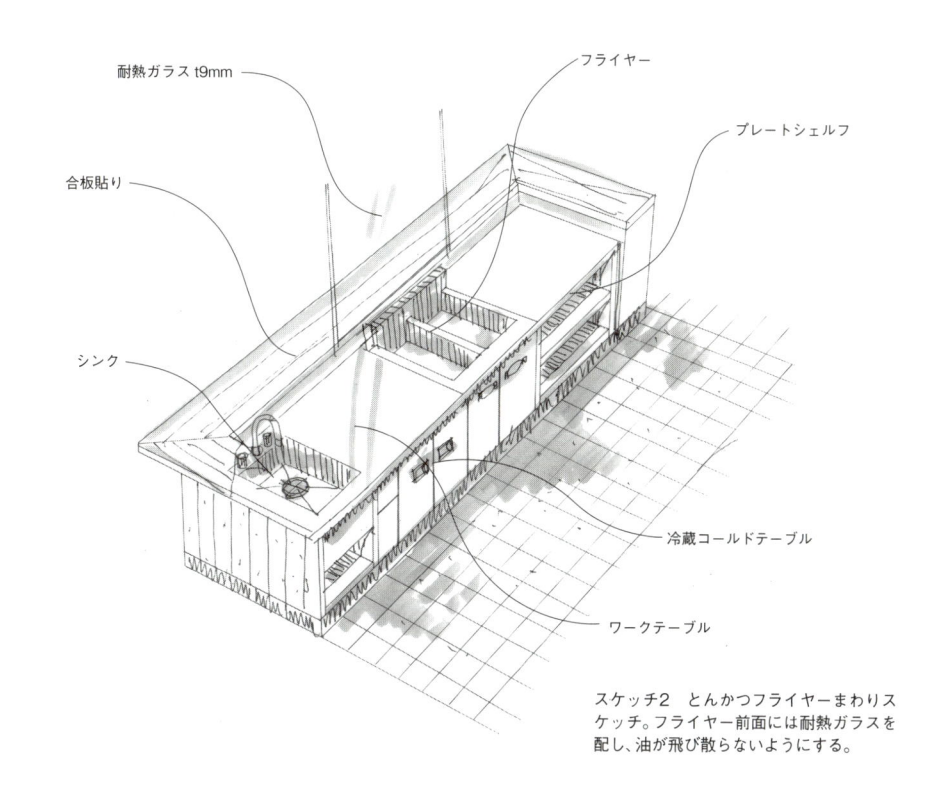

スケッチ2 とんかつフライヤーまわりスケッチ。フライヤー前面には耐熱ガラスを配し、油が飛び散らないようにする。

厨房機器解説 31

フライヤー

[加熱方式]

油槽を加熱する熱源の違いで、ガスと電気に分けられる。ガス式には、油槽にヒートパイプを貫通させてバーナーの炎を吹き込んで加熱する中間加熱方式と油槽の側面と背面から効率よく加熱する直接加熱方式がある。電気式は、帯状のフラットヒーターを油槽に沈めて加熱する方式を採用している。中間加熱方式は、油槽の内部にヒートパイプがあるため、槽内部の清掃がしにくいという欠点がある。それに対し、直接加熱方式と電気式の場合、槽内部清掃は容易である。（写真参照）

新鮮な油は、槽内部の揚カス、加熱による高い温度、空気に接触して酸化することなどにより劣化していく。そのため、フィルターユニットを内蔵しているものや別置きで準備するケースが最近増えてきている。

また、週に一度は「ボイルアウト」（※1）を行うことが望ましい。

最近は、ガス会社各社が提案する「涼厨（すずちゅう）」という商標の製品で、油槽の周囲を空気断熱構造とし、輻射熱を低く抑えたモデルも登場しており、調理環境の改善に寄与するものと期待されている。

（※1）ボイルアウト
油槽内の油を抜いた後、水を入れて沸かし専用の洗剤を使用して、専用ブラシで汚れを流し落とすこと。
洗剤で洗った後は、水または湯を沸かしてすすぎ、完全に乾燥させたのち、油を戻す。

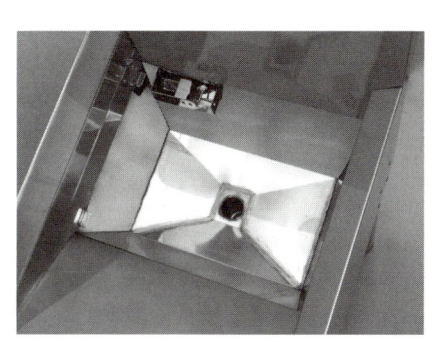

直接加熱方式のフライヤーの油槽

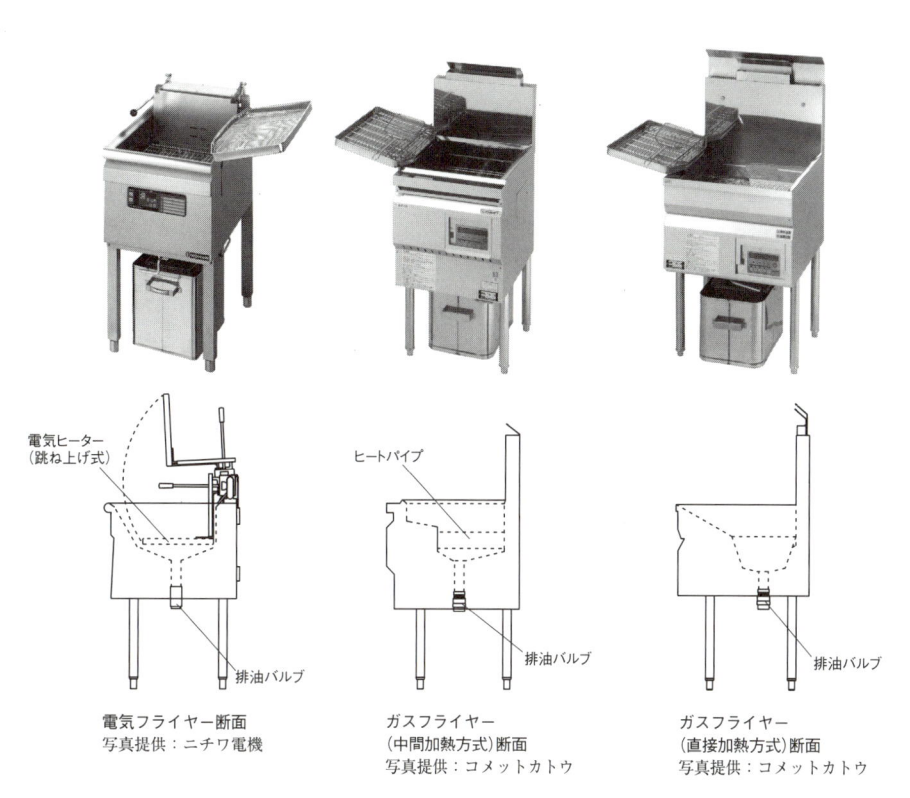

電気フライヤー断面
写真提供：ニチワ電機

ガスフライヤー（中間加熱方式）断面
写真提供：コメットカトウ

ガスフライヤー（直接加熱方式）断面
写真提供：コメットカトウ

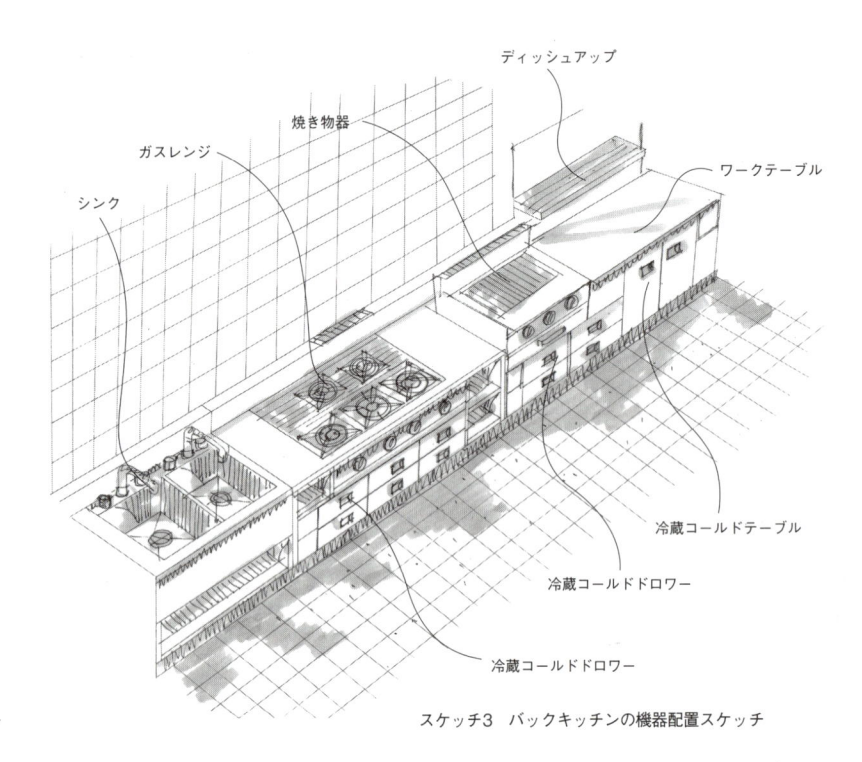

【スケッチ3】
バックキッチンの機器配置スケッチである。和食割烹のメニュー内容によって調理機器の配置は異なってくるものの、ガスレンジを中心に下部には冷蔵コールドドロワー、炭火焼き物器、下部には冷蔵コールドドロワー、ディッシュアップの台下には冷蔵コールドテーブルを配置している。
バックキッチンの稼働率は、圧倒的にディナータイムが主体であり、昼間の時間帯は、食材の仕込みや予約客の料理を調理しておく作業が中心になる。

【スケッチ4】
ドリンクパントリーのスケッチである。とんかつ割烹料理店に限らず、夜の営業に際してはアルコール類を中心に機器配置をすることが大切である。
ビール、酎ハイ、焼酎、冷酒、ワインなど和食料理を提供することを配慮すると冷蔵ショーケース、冷蔵コールドテーブル、シンク、ビールディスペンサー、酎ハイディスペンサーなどサービススタイルを配慮した機器配置をする。ドリンクパントリーの作業台の上には、棚やオーバーキャビネットを配置すると便利であろうし、すべての備品類やグラス類に至るまでこのエリアに収納できるようにしておくことがポイントである。

スケッチ3　バックキッチンの機器配置スケッチ

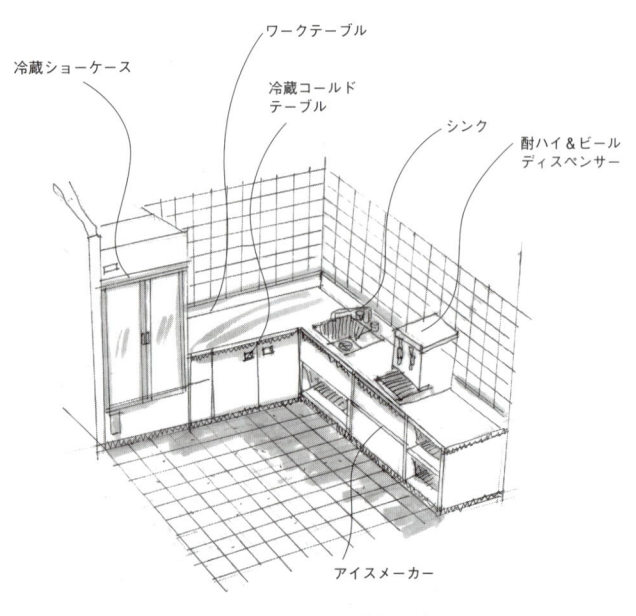

スケッチ4　ドリンクパントリーエリア。作業台の上部に棚やオーバーキャビネットを設けると便利である。

メニューリスト

黒豚ヒレかつ膳（ヒレかつ・御飯・御味噌汁・御新香・デザート）2995円　お好み膳（ヒレ一口かつ・エビフライ・エビクリームコロッケ・御飯・御味噌汁・御新香）1735円　ヒレ／ロース かつカレー（かつカレー・サラダ・御新香・デザート）各 1470円　黒豚生姜焼き膳（生姜焼き・サラダ・御飯・御味噌汁・御新香）1575円　ロースかつ膳（ロースかつ・御飯・御味噌汁・御新香・デザート）2995円　黒豚ヒレかつ重 1575円　野立膳（先付・刺身・焼物・煮物・ヒレかつ・御飯・御味噌汁・御新香・フルーツ）3675円　車海老フライ膳（エビフライ・御飯・御味噌汁・御新香）1890円

厨房機器解説 32

タオルウォーマー

日本料理店や喫茶店などでは、入店すると最初に受けるサービスが、タオル（おしぼり）の提供である。そういったタオルを温めておく機器がタオルウォーマーである。
タオルの大きさや厚みによっても収納本数が変わってくるが、一般的なサイズや厚みのものが30本前後収納できる小型タイプから、250本程度収納できる大容量タイプまでのラインアップがある。庫内温度は、サーモスタットにより70～80℃にコントロールされている。
設置場所の状態に合わせて、縦置きしたり横置きしたりできるものから、扉が横開きするものや前開きするものなど、様々なタイプが用意されている。

写真提供：タイジ

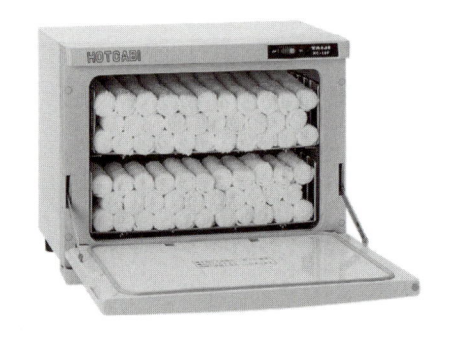

18 | 天ぷら専門店

職人の技術や客との会話により
空間を活性化する

115.2m²

41 seats

内装設備工事費3100万円
月商売上予測750万円

天ぷら専門店●PLAN 1:100

■ 企画づくりとコンセプト

「天ぷら」の起源にはいろいろな説があるものの、海外から九州、沖縄方面に入ってきた油料理の総称であったとされる。後には薩摩揚げなどの以前から日本にあった油料理も含めた名称となったようだ。しかし江戸時代に入ると、江戸では魚介類を原材料としたものを「天ぷら」と呼ぶようになり、野菜類を揚げたものを精進揚げ（しょうじんあげ）として区別するようになる。

また衣に卵黄を多く使ったものを「金ぷら」、卵白を使ったものを「銀ぷら」と呼び分けていたとも言われている。金ぷらには異説もあり、衣に蕎麦粉を使ったもの、揚げる油に椿油を使ったものという説もあるが、蕎麦粉では風味はあるものの衣が黒くなり高級感を欠くので、卵黄と椿油を使ったとの説が有力である。また、これらの料理は屋台ではなく座敷で提供される高級天ぷらであったとされている。

この企画では、本格的な天ぷら専門店であり、客層としては男女問わず30代から50代まで幅広い層に人気があるととらえている。

厨房機器リスト

No	品名	台数
1	ハンドシンク	1
2	冷蔵コールドテーブル	1
3	シンク付ワークテーブル	1
4	天ぷらフライヤー	1
5	冷蔵コールドテーブル	1
6	シンク付ワークテーブル	1
7	天ぷらフライヤー	1
8	冷蔵コールドテーブル	1
9	シェルフ	1
10	冷蔵コールドテーブル	1
11	オーバーシェルフ	1
12	二槽シンク	1
13	冷蔵庫	1
14	シンク付ワークテーブル	1
15	オーバーシェルフ	1
16	炊飯器	1
17	冷凍冷蔵庫	1
18	シェルフ	1
19	シェルフ	1
20	ディッシュウォッシャー	1
21	ラックシェルフ	1
22	ソイルドテーブル	1
23	冷蔵コールドテーブル	1
24	ワークテーブル	1
25	ガスレンジ	1
26	ワークテーブル	1
27	シンク	1
28	冷蔵ショーケース	1
29	ワークテーブル	1
30	酎ハイ＆ビールディスペンサー	1
31	アイスメーカー	1
32	オーバーシェルフ	1
33	シンク付ワークテーブル	1
34	シェルフ	1

スケッチ1　入り口よりカウンター席まわりを俯瞰する。本格的な天ぷら専門店を志向し、男女問わず30代〜50代まで幅広い客層をターゲットとしている。

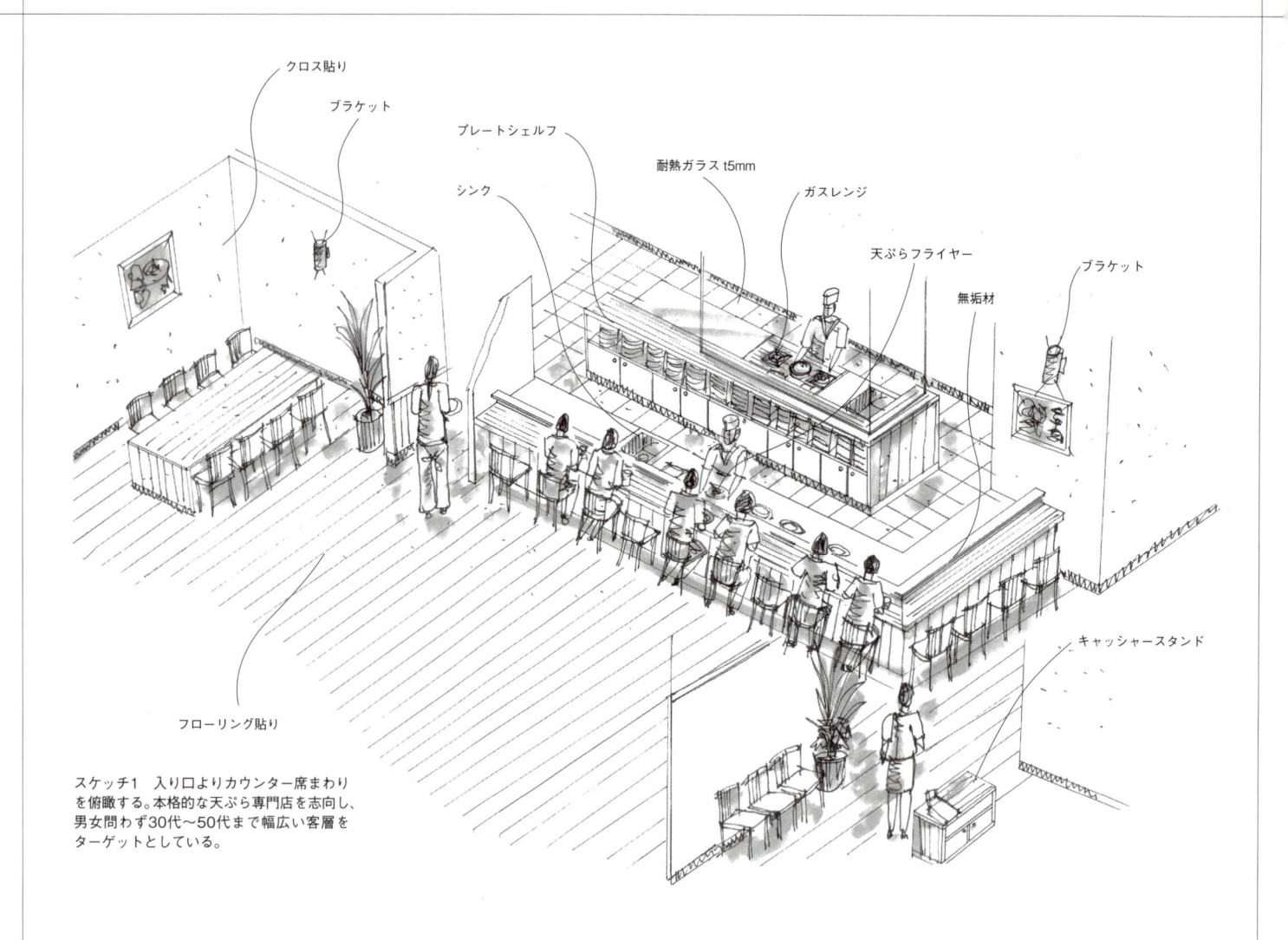

（図中ラベル）クロス貼り／ブラケット／プレートシェルフ／耐熱ガラス t5mm／シンク／ガスレンジ／天ぷらフライヤー／無垢材／ブラケット／キャッシャースタンド／フローリング貼り

本格的な天ぷら専門店のこだわりは、一つ一つ厳選された素材を店独自のブレンドした油で揚げるという技術や絶妙な揚げ具合などにあろう。この「こだわり」が、てんぷら専門店としての証と言える。

客単価としては、ランチセットで1200円、1500円、2000円に設定し、夜はコース料理で2500円、3500円、4500円など具材内容や天ぷらの量に合わせて設定するとよいだろう。もちろん天ぷら以外のメニューも持っておくことがベストだが、あくまでも天ぷらが主軸料理であることは変わらない。天ぷら専門店の素材へのこだわりは、店としての人気を高めるものであり、魚介類を中心に、野菜類に至るまですべての素材が厳選されたものであることが、店の付加価値を高めるポイントである。

立地は街の一角、駅周辺であれば特別に限定されることもないだろう。それよりも「天ぷら専門店」としての店の存在を認知させることがビジネスとして成立させるポイントになる。

■ 平面計画／ゾーニング計画のポイント

この店のゾーニングは、入り口に向かって右側にトイレ、事務所を配置し、左側に入り口からすぐに見えるオープンキッチン、背後にバックキッチンとその左側に洗浄エリアを配置している。

天ぷらキッチンを囲むように配置したカウンター席、4人席、庭を望める2人席、グループの個室など種々の客層に合わせた客席配置としている。

全体的なサービススタイルとしては、カウンター席に対しては職人がそのつどコースメニューに合わせて揚げたての天ぷらを客にサービスする仕組みである。

その他の客席に対しては、それぞれのテーブルに席ごとに天ぷらを提供する。カウンター席以外の客席に対してのサービスは、一般的には、コースあるいはアラカルト料理であろうとも、料理を一人ずつの盛り合わせで提供することがオペレーション上ベストである。

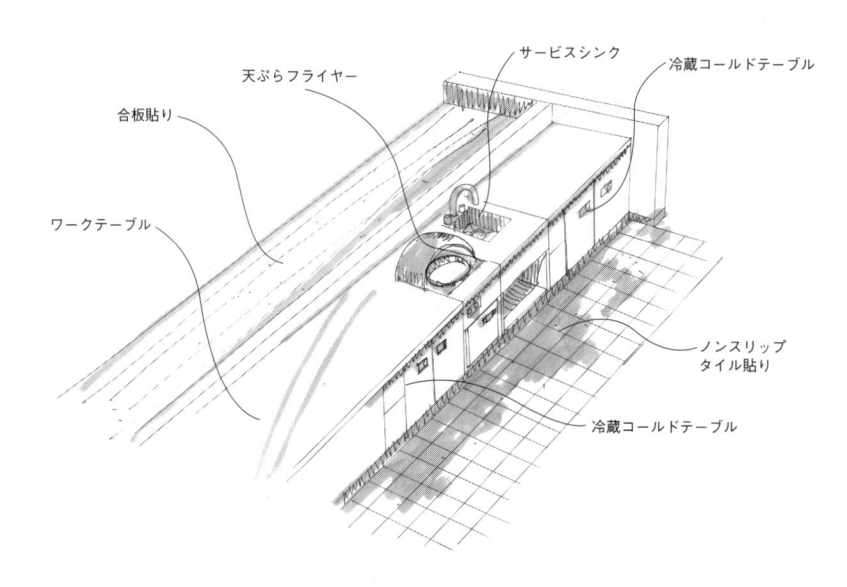

スケッチ2　天ぷらフライヤーまわりスケッチ

（図中ラベル）合板貼り／ワークテーブル／サービスシンク／天ぷらフライヤー／冷蔵コールドテーブル／ノンスリップタイル貼り／冷蔵コールドテーブル

■ 各部施設計画のチェックポイント

【スケッチ1】
「天ぷら専門店」というと、職人の調理技術や客との会話のやり取りなど、和の粋の世界をイメージするのが一般的であろう。

店に入ったとき、凛とした空気が店全体を包んでいる。そんなプロ職人の姿を想像する人も多いだろう。

インテリアデザインは木の無垢材を使用し、木質の温かい雰囲気で全体をまとめている。家具や椅子についても木調であるものの、座のシートなど座り心地が良いものを選定する。

【スケッチ2】
天ぷらフライヤーまわりのスケッチである。天ぷら専門店で使用するフライヤーは、一般のキッチンの調理ラインで使用するものとは異なり、天ぷら職人が仕事をやりやすいように特別に注文された機器が多い。熱源に電磁調理器を使用していることが多く、天井に排気フードを設置するのではなく、天ぷらフライヤーの側に排気設備を設置し、排熱や油煙をダクトで外部へ排気するという仕組みをとっている店も多くある。

天ぷらラインの設備としては、天ぷらのネタを保冷しておくための冷蔵コールドテーブル、天ぷらの衣などを作るためのシンクなど、フライヤーラインで行うオペレーションに必要な機器や備品は、すべて配置されていることが理想的である。天ぷらを盛り付ける皿類は、繁忙時には、ワークテーブルの上に配置されていることが多く、注文に合わせて皿を選定し準備して提供する。

厨房機器解説 33
天ぷらフライヤー

油槽を天ぷら鍋にした天ぷら専用のフライヤー。熱源はガスと電気のタイプがある。特に電気の場合、油槽の中にヒーターを入れて加熱する方式と電磁調理器の上に天ぷら鍋をのせる方式とがある。

いずれも鍋の脇には、温度センサーが取り付けられており、油温を直接計測しながら温度調節ができる。

専門店では、カウンターに天ぷらフライヤーを設置し、その場で上げてサービスする場合が多い。その場合、この天ぷらフライヤーをカウンターに設置し、半円型のカバーを鍋に覆うようにかけてテーブル下までダクトを貫通させてメインダクトまで導く納まりになる。その場合、厨房機器だけでなく、内装工事や設備工事との取り合いが多く発生するので、事前に充分打ち合わせておく必要がある。

また、カウンターの形状やカウンターに設ける天ぷら鍋の数は、客席数だけでなく、客単価とも密接な関係があるので、事業計画(運営計画)にも充分配慮する必要がある。

IH加熱方式

電気ヒーター加熱方式

写真提供：ニチワ電機

厨房機器解説 34
酒燗器

酒燗器は、「どうこ」と呼ばれるもので、酒を徳利に入れて湯煎するタイプと、機器上部に一升瓶をひっくり返してセットし、湯煎による間接加熱により温められ、徳利に取り出すタイプがある。

後者のタイプでは、ガラス管ヒーターを使用した瞬間加熱式のものもある。

後者の機器の場合、設置の際には、一升瓶を取り替えるためのスペースを確保しておく必要がある。

写真提供：タイジ

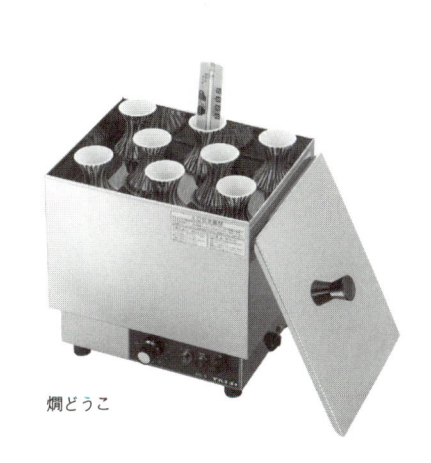

燗どうこ

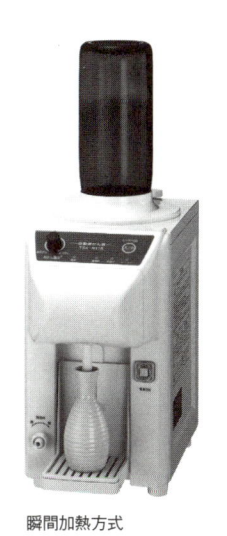

瞬間加熱方式

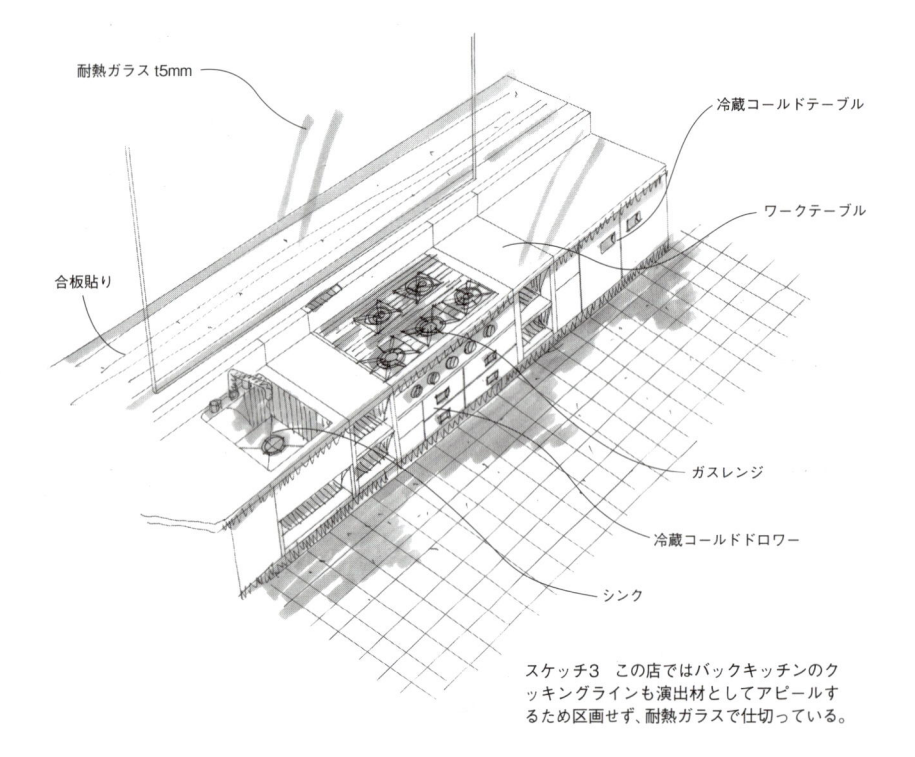

図中ラベル（スケッチ3）:
- 耐熱ガラス t5mm
- 合板貼り
- 冷蔵コールドテーブル
- ワークテーブル
- ガスレンジ
- 冷蔵コールドドロワー
- シンク

スケッチ3　この店ではバックキッチンのクッキングラインも演出材としてアピールするため区画せず、耐熱ガラスで仕切っている。

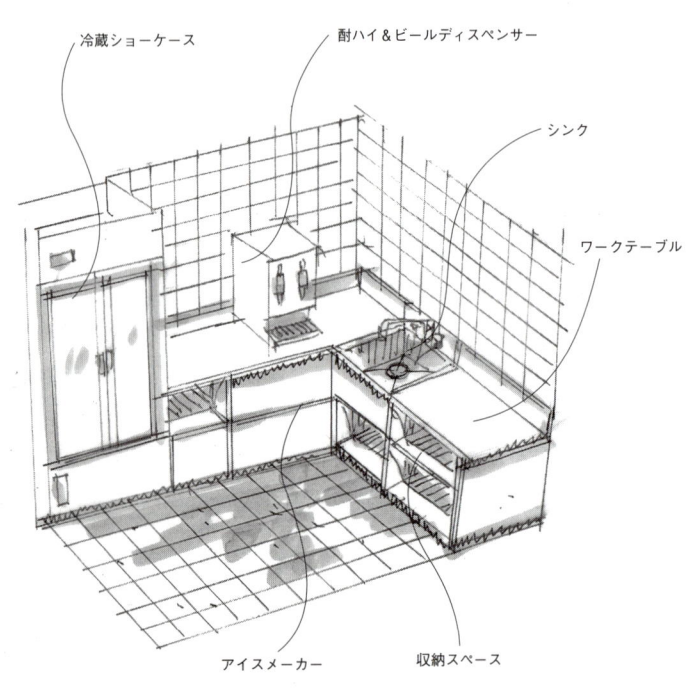

図中ラベル（スケッチ4）:
- 冷蔵ショーケース
- 酎ハイ＆ビールディスペンサー
- シンク
- ワークテーブル
- アイスメーカー
- 収納スペース

スケッチ4　ドリンクパントリー

【スケッチ3】

バックキッチンのクッキングラインのスケッチである。
天ぷらコースの付け合わせの料理の調理をすることが主体になる。またその他のサイドメニューを調理する設備を配置しておくことが基本である。
ガスレンジを中心に下部には冷蔵コールドドロワー、バックキッチンからの料理を提供するスペースを兼ねた冷蔵コールドテーブル、ガスレンジの横にはシンクなどを配置し、熱機器の前面は耐熱ガラスでフィックスし、天ぷらラインの背後もオープンキッチンにしている。
天ぷら専門店の"花"である天ぷらラインをオープン開放し、その他のスペースは閉鎖あるいは区画する場合が多いが、他店との差別化や効率的なオペレーションやスタッフ配置、デモンストレーションによる訴求強化などに配慮して、キッチンの存在も一つの演出材としてアピールしている。

【スケッチ4】

ドリンクパントリーのスケッチである。天ぷら専門店の場合にも夜にはアルコール類の需要があるだろうし、予約客ともなれば、それなりのコース料理に加えアルコール類を注文することが多くなるだろう。
パントリーの設備としてはビール、酎ハイディスペンサー、アイスメーカー、冷酒、焼酎などを保冷しておくための冷蔵ショーケースを配置しておく。
またパントリーのコーナーには、機器類の上には棚やキャビネットの収納スペースを配置しておくことが大切である。

メニューリスト

おまかせ膳（食前酒・先附け・前菜・御椀・刺身・焼物または煮物・旬の揚げ物・お食事・デザート・コーヒー）5250円　菊膳（食前酒・先附け・前菜・御椀・刺身・焼物または煮物・強肴・旬の揚げ物・お食事・デザート・コーヒー）8400円　旬菜おまかせコース（先附け・旬の刺身盛り合せ・活巻海老二品・季節の天ぷら六品・活穴子）10500円

昼の献立
天ぷら定食（小鉢・天ぷら・お食事・デザート・コーヒー）2900円　なごみ定食（小鉢・綱八流刺身・西京焼き・本日の一品・旬の天ぷら・お揃い・シャーベット・コーヒー）2900円

19 ｜ピザテリア

ピザ石窯に視線を集めるインテリアづくり

145.4m²

68 seats

内装設備工事費4000万円
月商売上予測900万円

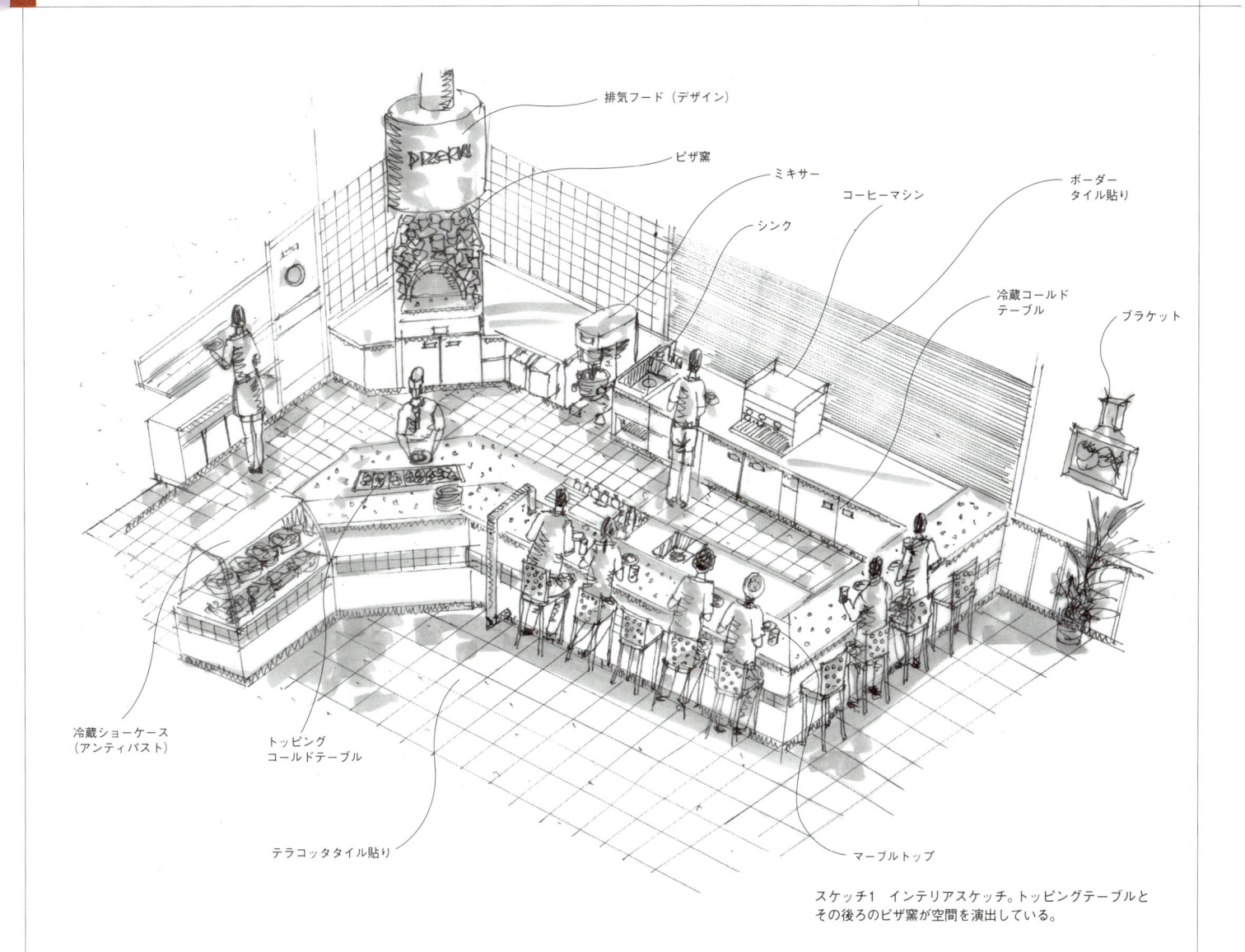

スケッチ1　インテリアスケッチ。トッピングテーブルとその後ろのピザ窯が空間を演出している。

■企画づくりとコンセプト

「ピザテリア」とは、ピザを主軸においたイタリア料理店のことであり、本場イタリア料理業態の一つである。

本場イタリア料理店は、大きく「バール」「オステリア（食堂）」「トラットリア」「ピザテリア」の4つに分化していたが、時代の変遷によってさらに細分化してきている。

現在では、パステリア、バール（イタリア型のコンビニエンス）」とトラットリアを複合した店など様々な業態が登場している。ピザテリアの場合には、ピザのみを提供するピザ専門店業態として以前から確立していた業態の一つでもある。

ピザと言えば「ナポリピザ」というように、もっちりとした生地の上にいろいろなトッピングをのせて石窯で焼き上げるというスタイルがピザ専門店の定番である。

日本でも宅配ピザが隆盛であるように、ピザは日本人の味覚に合った、人気のイタリア料理の一つであるといっても過言ではないだろう。

客層としては、低年齢層から高齢者まで幅広い層に受け入れられる料理であり、ターゲットとして特に限定する必要はないだろう。メインターゲット層としてヤングアダルト、男女30歳から40歳代に焦点を当て企画づくりをするとよいだろう。

ピザテリア、ピザレストランに特化した業態の客単価としては、約2000円から2500円程度の価格設定をしておくとよいだろう。より幅広い客層を集客することを狙っているならば、比較的低価格でピザ、その他の料理を楽しめるメニュー構成をする必要がある。

立地としては街の一角、あるいは駅周辺に位置し、ターゲット層が回遊あるいは集客できる場所であれば、ビジネスとして成立する要素は高いだろう。

もちろんピザテリアであるといってもピザメニューしかないということではなく、前菜、いくつかの肉料理や魚料理、パスタ料理などのメニューも持っておくことが重要である。イタリアの食文化は、しっかりと生活者に浸透したものであり、今後も人気や支持はすたれることはないだろうし、気軽にイタリア料理を楽しめる環境づくりをすることがビジネスとしての成功率を高めることになる。

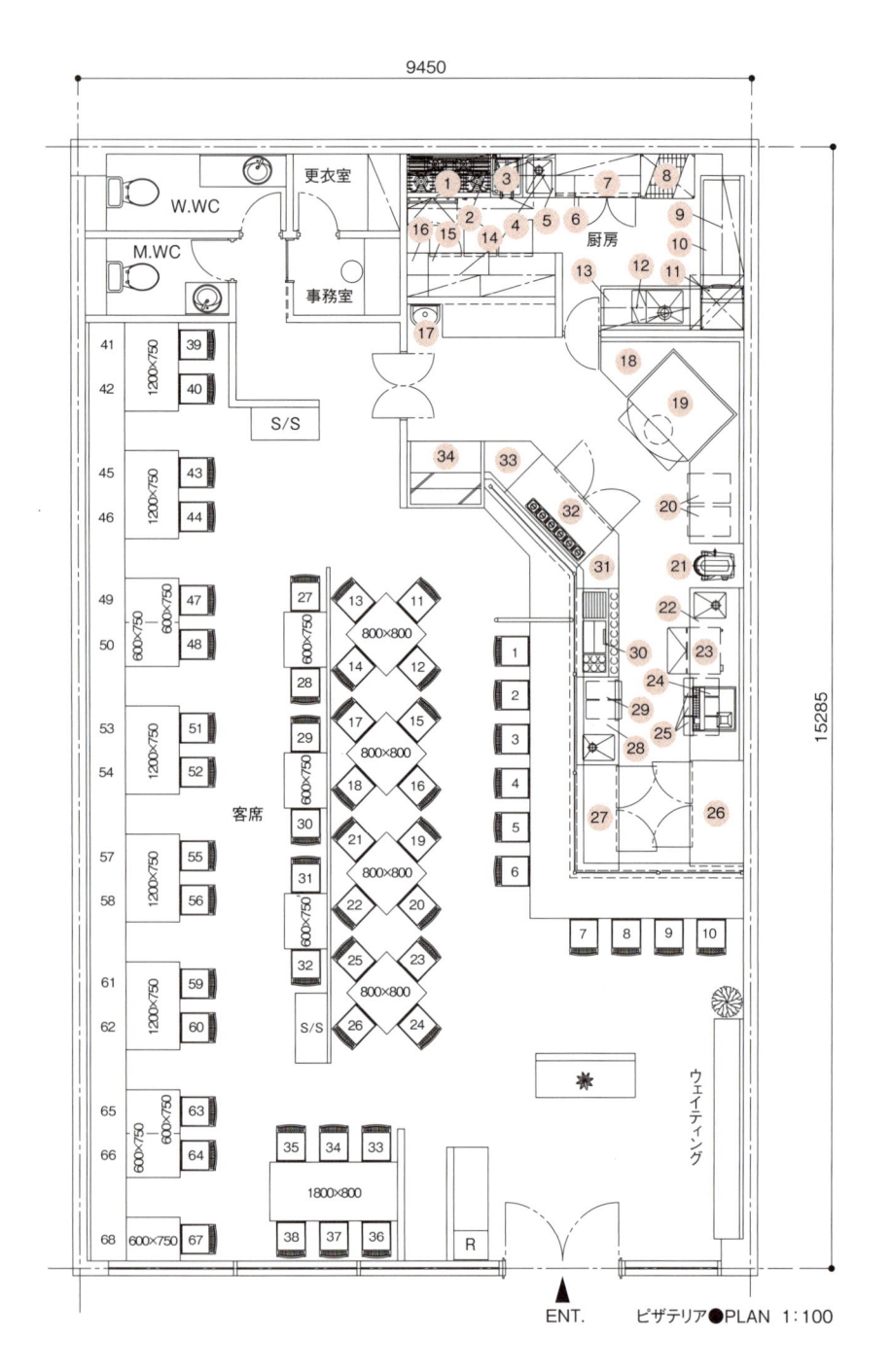

■ 平面計画／ゾーニング計画のポイント

この店のゾーニングは、入り口に向かって右側にピザ、ドリンクのキッチン、奥にはバックキッチン、洗浄エリアを配置している。左側には、キャッシャースタンド、4人席、ベンチシート席、2人席など、ピザキッチンを囲むようにカウンター席など種々の客層に対応した客席形態としている。

ピザに主軸を置いた業態だけに、入り口から入った正面にピザの石窯を配置していることや、生地を伸ばすパフォーマンスなど、客席側のどの席からも見えることが理想的な計画と言えよう。

ピザは、ピザコーナーの前から提供されるが、その他の料理は、すべてピザコーナーに隣接したディッシュアップから客席へサービスすることとしている。

■ 各部施設計画のチェックポイント

【スケッチ1】

ピザテリアのインテリアをイメージすると、ピザを焼く石窯の演出をデザイン活用するのが効果的であろう。本場のピザテリアのようにレンガと木材を使用した装飾をするか、あるいはタイル、マーブルトップ、ステンレスなどハイタッチのピザテリアの空間づくりをするかは、立地環境に合わせて方向性を決定する。

この店の場合には、後者のイメージでデザインしている。

床はテラコッタタイル、カウンタートップはマーブル材、ピザ石窯には種々のイタリアタイルなど多種多様に変形タイルを貼り、視線がピザ窯に集まる空間づくりとしている。

ピザテリア●PLAN 1:100

厨房機器リスト

No	品名	台数
1	ガスレンジ（オーブン付）	1
2	パイプシェルフ	1
3	パスタボイラー	1
4	オーバーシェルフ	1
5	シンク	1
6	オーバーシェルフ	1
7	冷蔵コールドテーブル	1
8	シェルフ	1
9	オーバーシェルフ	1
10	クリーンテーブル	1
11	ディッシュウォッシャー	1
12	オーバーシェルフ	1
13	ソイルドテーブル	1
14	オーバーシェルフ	2
15	冷凍冷蔵コールドテーブル	1
16	ワークテーブル	1
17	ハンドシンク	1
18	ワークテーブル	1
19	ピザオーブン	1
20	フラワービン	2
21	ミキサー	1
22	シンク付ワークテーブル	1
23	アイスメーカー	1
24	コーヒーマシン	1
25	グラスラック	3
26	冷凍コールドテーブル	1
27	冷蔵コールドテーブル	1
28	ドリンクテーブル	1
29	グラスラック	1
30	バーユニット	1
31	ワークテーブル	1
32	トッピングコールドテーブル	1
33	ワークテーブル	1
34	冷蔵ショーケース	1

【スケッチ2】

ドリンクラインのスケッチである。この店の場合はアルコール類、エスプレッソコーヒーなど、すべてのドリンク類はピザコーナーに隣接したドリンクカウンターから提供される仕組みとしている。

機器構成は、手動型のエスプレッソマシン、隣接してワークテーブルと下部に冷蔵コールドテーブル。左側下部にはアイスメーカー、シンクなど、カウンター側のアルコール製造ラインに並行した配置計画をしている。

特にピザテリアのドリンクラインは、ランチタイムと夜のディナータイムの利用が多く、ピザに合うアルコール類をメニューとして持っておくことがベストである。

ワインの種類もイタリアワインにこだわることや、レモンチェローなどグラッパ（食後酒）などにもこだわりを持った種類を揃えておくことがポイントであろう。

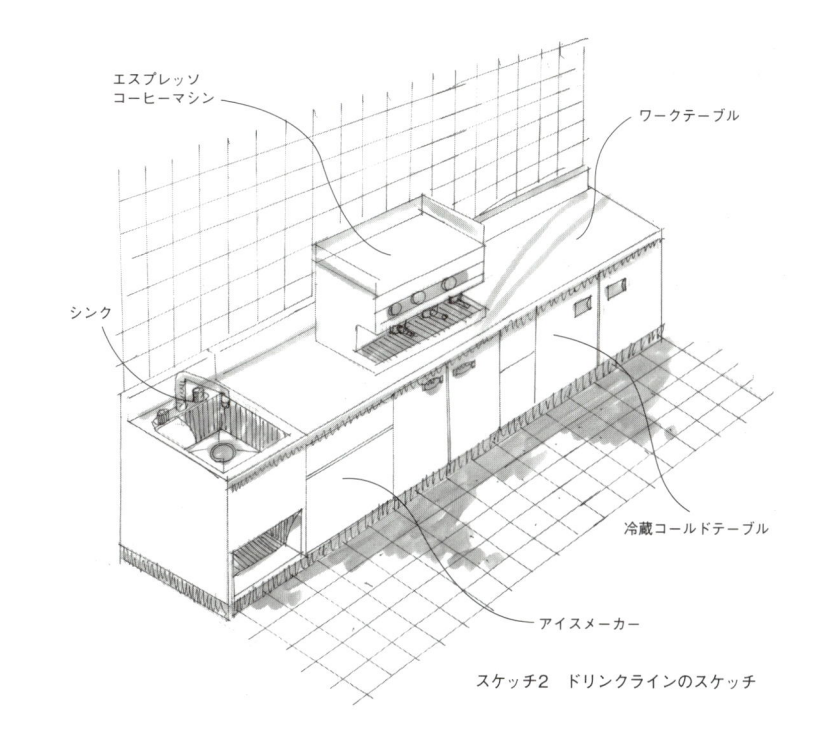

スケッチ2　ドリンクラインのスケッチ

厨房機器解説 35

ピザオーブン

手前に開く扉付きで、ガス、電気を熱源とし、オーブン内部のセラミックプレートをプレヒートさせてピザを焼成するステンレスの筐体を持つ箱型のオーブンと、ピザ窯とも呼ばれる耐火煉瓦や石で組み上げるものがある。

前者の場合、庫内の温度は、サーモスタットで350〜400℃前後に設定される。最近はピザ窯並みの500℃近くまで対応している機種もある。

一方後者は、熱源にガスの他に薪も使われ、庫内の温度は500〜700℃近くにもなる。

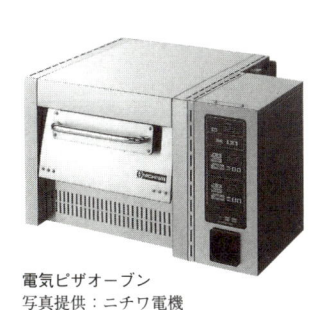

電気ピザオーブン
写真提供：ニチワ電機

ピザオーブン（ガス式）
写真提供：藤村製作所

厨房機器解説 36

フラワービン

ベーカリーショップやケーキショップなどで、小麦粉などの粉類などの原材料を収納保管する容器。イングリーディエントビンとも呼ばれる。ポリプロピレン製の継ぎ目のないラウンド形状の、一体成形された丈夫で清掃しやすいものがよく使われている。フタの内側にスクープホルダーが取り付けられており、使いまわして原材料が混入するのを防ぐことができる。また、キャスターも付属しており、取り回しも容易となっている。

写真提供：エレクター

イングリーディエントビン（卓上式）をキャスター付シェルフと併用した事例

081

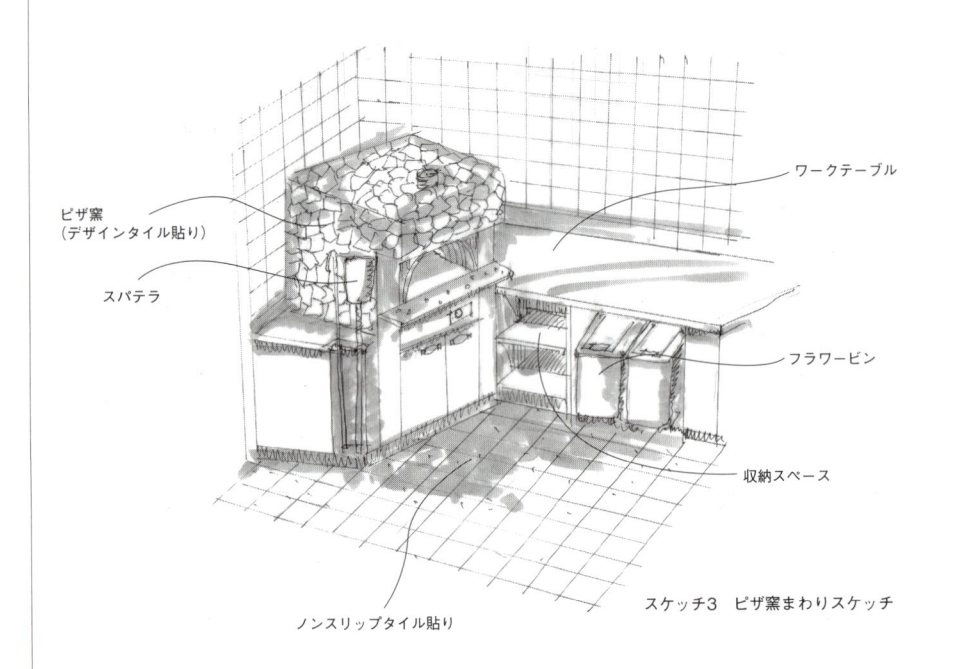

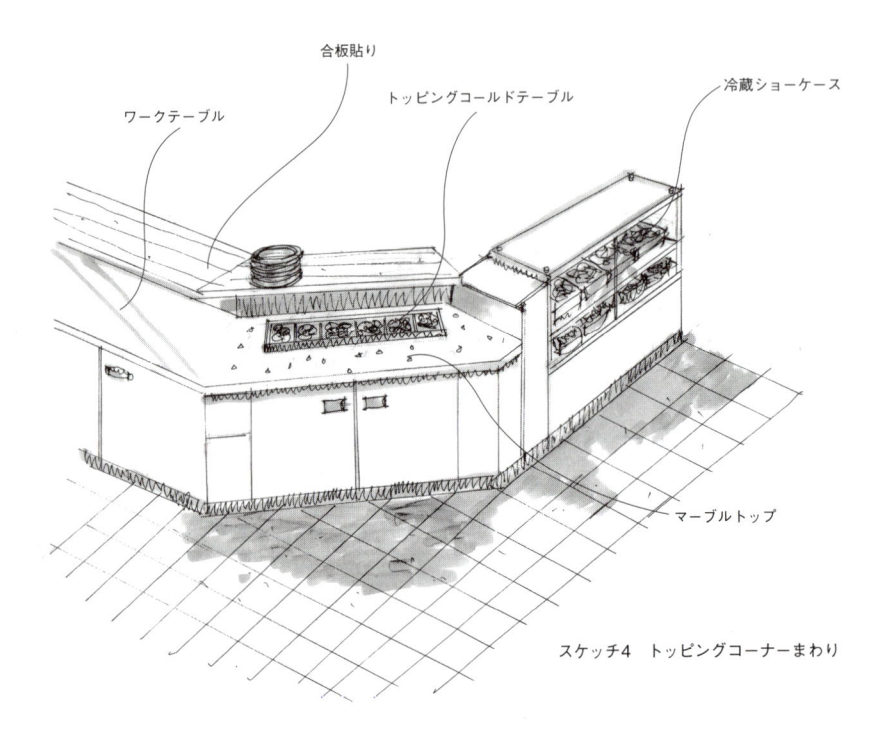

【スケッチ3】
ピザ石窯コーナーまわりのスケッチである。ピザ窯の計画に際しては、ピザ窯自体の必要スペースと設置位置や角度を考慮して計画することが大切である。
石窯を使用する場合の注意点としては、排気フードだけでは上昇した熱を排熱しきれず、熱が天井内にこもってしまうので、排気フードと天井の間に不燃材、断熱材を計画しておくことがポイントである。石窯が加熱されると、上部の温度は800度を超えるまでに上昇することもあるため、上階との天井空間がさほどない物件や躯体条件によってはディテールを検討することが必要である。
この店のように、ピザ生地はスクラッチですべて粉から生地にまとめていく仕組みとする場合には、フラワーペールや生地を寝かす方法など専用器を使用するのか、簡易的な方法で管理するのかなど、そこで調理する職人との打ち合わせを密にしておくことがポイントである。

ピザ窯（デザインタイル貼り）
スパテラ
ワークテーブル
フラワービン
収納スペース
ノンスリップタイル貼り

スケッチ3　ピザ窯まわりスケッチ

【スケッチ4】
ピザのトッピングコーナーのスケッチである。ピザ生地を伸ばすためのワークテーブルはマーブルトップを配置し、生地の熱が上がらないように配慮しておくことが美味しいピザを焼くための基本である。
また生地を手伸ばしにする、あるいは伸ばすシーダーを使用するなどの方法があるが、本格的にピザコーナーを演出することを考えると、手伸ばしで生地を円形にしていくことがベストであろう。
ピザコーナーに隣接する冷蔵ショーケースには、アンティパスト（前菜）を陳列することで、店内のディスプレイを兼ねている。
焼き上げたピザは、スパテラ（ピザをすくうヘラ）で直接盛り付け皿に盛り付けることが多く、客席側にサービスする位置に皿類を積み上げておくとよいだろう。

ワークテーブル
合板貼り
トッピングコールドテーブル
冷蔵ショーケース
マーブルトップ

スケッチ4　トッピングコーナーまわり

メニューリスト

ピザ
ドック 2300円　ベニート 1700円　ローザ 1500円　ウンドゥーヤ 1300円　マリナーラ 1200円　マルゲリータ 1400円　プロシュート&ルーコラ 2000円

パスタ
ポモドーロフレスコ 980円　4種のチーズのクリームニョッキ 980円　アサリとオクラとチェリートマトのパスタ 1150円　アラビアータ 1200円

一品料理
ピクルス 480円　エスカペッシュ 480円　ボッコンチーニ 2個 680円　フリットミスト 780円　バーニャカウダ 780円　ナポリもつ煮込み 780円

サラダ
シーザーサラダ 800円　生ハムサラダ 1200円

デザート
紅茶のシフォン 380円　ティラミス 480円　トルタカプレーゼ 480円

20 | 中華バイキングレストラン

オープンキッチンで職人が調理する様子やライブ感を訴求

231m²

121 seats

内装設備工事費4800万円
月商売上予測1200万円

■ 企画づくりとコンセプト

「中華バイキングレストラン」とは、一定の料金と時間制限の中で種々の中華料理を楽しめる業態である。

近年の傾向としては、業種を問わずバイキングスタイルで営業する店が増加傾向にあると言える。店によってシステムの詳細は異なるものの、単価は大人1800円、子供890円、制限時間90分というのが一般的であろう。

バイキングスタイルの場合の料理数は、約60品から80品と多く、前菜、メイン料理、一品料理、デザート類、ソフトドリンク類に至るまで、すべてバイキングコーナーに陳列されていることが一般的である。

中華料理の種類には、上海、広東、北京、四川など各地域の有名料理スタイルがあるが、バイキングスタイルのシステムをとる場合には、特別に地域料理にこだわらないで、幅広い客層のニーズに合わせた料理を並べることが集客力を高めることになる。

またソフトドリンク類はバイキング料金に含まれているものの、ディナータイムのアルコール類は別料金として追加注文を受け、スタッフがテーブルまでサービスするというシステムが一般的である。

特に夜のディナータイムには、ほとんどの客がアルコール類を注文することを想定すると、ビール、紹興酒、ワイン類など、中華料理に合うアルコール類はすべて揃え、対応する

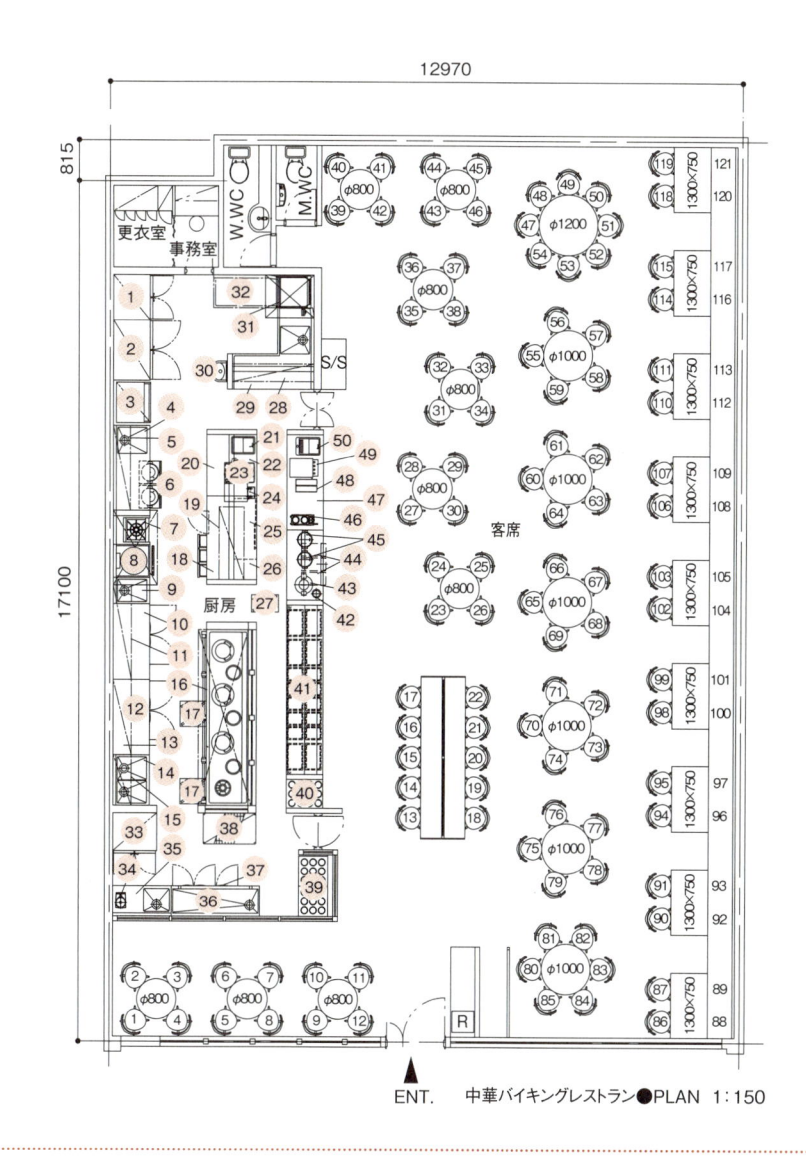

中華バイキングレストラン●PLAN 1:150

厨房機器リスト

No	品名	台数
1	冷凍冷蔵庫	1
2	冷蔵庫	1
3	アイスメーカー	1
4	シンク付ワークテーブル	1
5	オーバーシェルフ	1
6	炊飯器	2
7	ローレンジ	1
8	麺ボイラー	1
9	シンク	1
10	冷蔵コールドテーブル	1
11	オーバーシェルフ	1
12	冷蔵コールドテーブル	1
13	オーバーシェルフ	1
14	二槽シンク	1
15	パイプシェルフ	1
16	中華レンジ	1
17	カート	2
18	冷蔵コールドドロワー	1
19	オーバーシェルフ	1
20	キャビネットテーブル	1
21	アイスビン	1
22	キャビネットテーブル	1
23	酎ハイ＆ビールディスペンサー	1
24	カクテルリキッドディスペンサー	1
25	冷蔵ショーケース	1
26	ワークテーブル	1
27	カート	1
28	オーバーシェルフ	1
29	ソイルドテーブル	1
30	ハンドシンク	1
31	ディッシュウォッシャー	1
32	クリーンテーブル	1
33	冷蔵庫	1
34	ジューサー	1
35	シンク付ワークテーブル	1
36	舟形シンク	1
37	冷蔵コールドテーブル	1
38	シェルフ	1
39	蒸し器	2
40	ウォーマーユニット	1
41	ウォーマーユニット	1
42	ダストシュート	1
43	ライスジャー	1
44	ラック	3
45	スープウォーマー	2
46	コーヒーメーカー	1
47	ドリンクテーブル	1
48	ポストミックスディスペンサー	1
49	ジュースディスペンサー	1
50	アイスビン	1

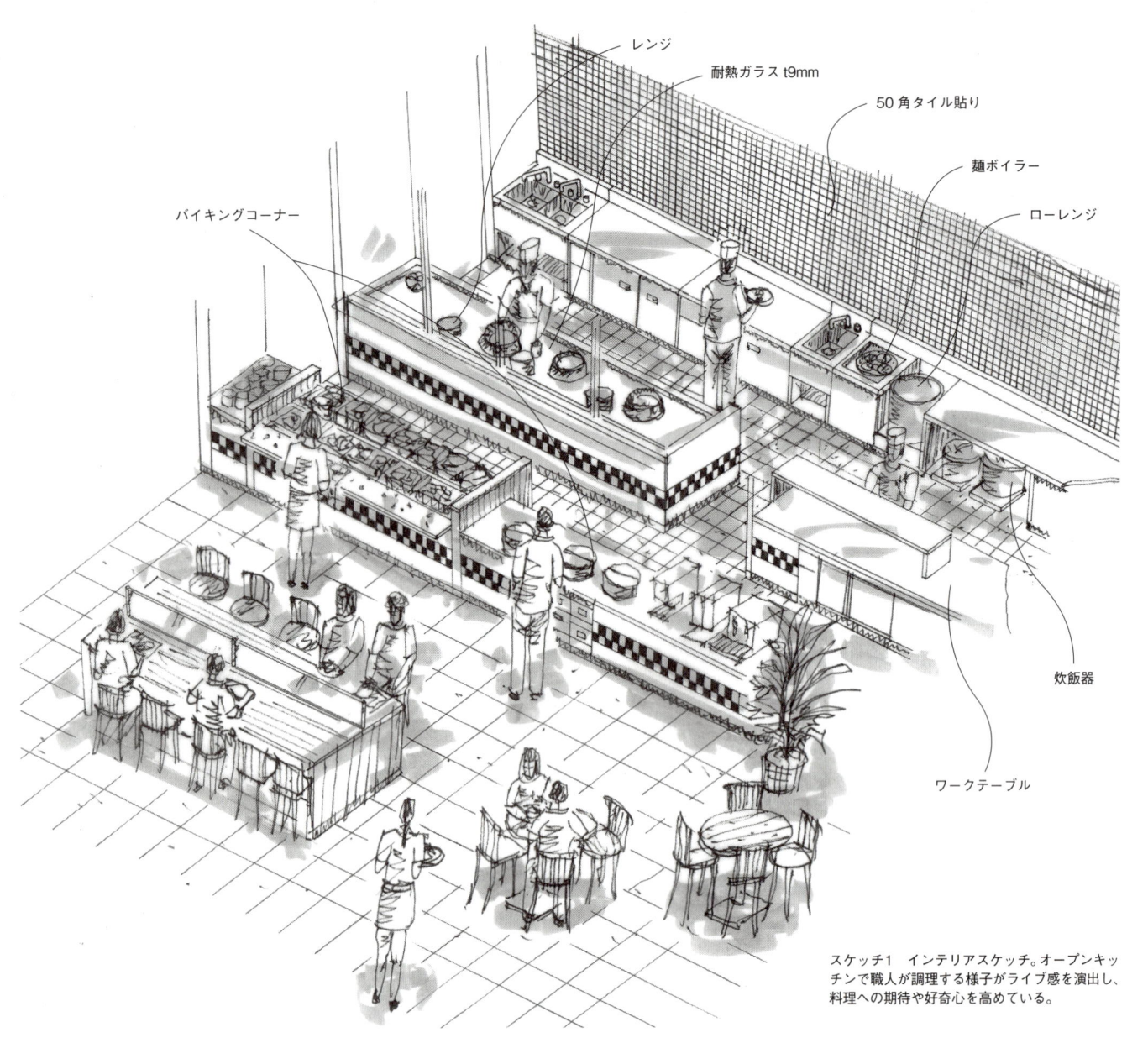

スケッチ1 図内ラベル:
- バイキングコーナー
- レンジ
- 耐熱ガラス t9mm
- 50角タイル貼り
- 麺ボイラー
- ローレンジ
- 炊飯器
- ワークテーブル

スケッチ1　インテリアスケッチ。オープンキッチンで職人が調理する様子がライブ感を演出し、料理への期待や好奇心を高めている。

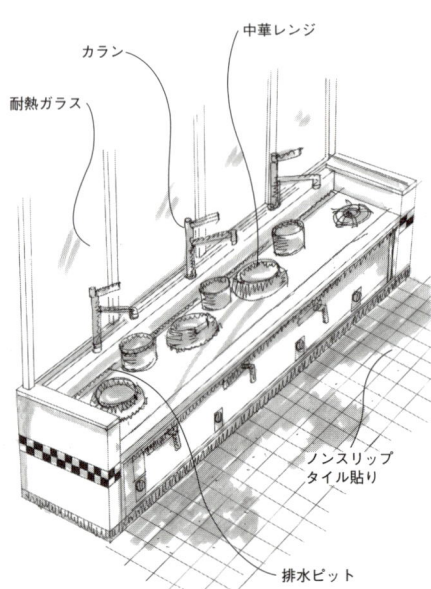

スケッチ2 図内ラベル:
- 耐熱ガラス
- カラン
- 中華レンジ
- ノンスリップタイル貼り
- 排水ピット

スケッチ2　クッキングラインのスケッチ。中華料理は「火力」が料理の味を左右すると言っても過言ではない。この店ではオープンキッチンであるため、耐熱ガラスでバイキングコーナーを区画している。

設備機器を設置しておくことがポイントであり、各客席へスピーディーにサービスできる仕組みにすることは言うまでもない。

客層としては、中華料理を好む男女、ファミリーなど幅広い客層をターゲットにできることが強みであり、中華料理の味としても個性的なものや香辛料の味が強いものは選定するべきではないだろう。

立地としては、比較的スペースを広く確保する必要があるため、街の一角であれば、1階にこだわることもなく、商業施設、飲食ビルなど上層階でもビジネスとして成立する確率は高い。

今後、バイキングスタイルを導入する店や企業は多くなるだろうが、ただ単に種々な料理をバイキングスタイルで提供すれば成立するというものではないことを忘れてはならない。あくまでも客にとって高い付加価値があることや、美味しい料理を提供しなければリピート客や集客力を上げることはできないのである。

■ 平面計画／ゾーニング計画のポイント

この店のゾーニング計画は、入り口に向かって左側にバイキングコーナー、並行してメインキッチン、奥に洗浄エリア、その奥に事務所、更衣室、隣接してトイレなどの付帯施設を配置している。右側を客席エリアとし、大テーブル、円卓テーブルを中心にテーブルの大きさによって複数の客が座れるように配慮している。

入り口で入店のチェックをし、時間やバイキング、その他の利用の有無を聞き、伝票をチェックし客席へ案内する。その後はバイキングコーナーの利用方法やサービスの仕組みの説明を受けて、料理をセルフで自由に楽しむという仕組みである。

下膳については、基本的にはスタッフがテーブルの後片付けをするシステムで、場合によってはバスボックスで下膳する、あるいはカートで下膳返却するなど、繁忙時の状況に

合わせて臨機応変にバッシング（下膳）方法を配慮することが大切である。

■ **各部施設計画のチェックポイント**

【スケッチ1】
中華料理店のイメージと言うと、黒を基調として朱色、赤など比較的派手なイメージや、逆にシックで落ち着いたイメージなど、街に点在する様々な中華料理店の色彩やデザインが思い浮かぶだろう。

この店では、特別に中華料理店らしいインテリアデザインにこだわることなく、オープンキッチンで職人が中華料理を調理する様子を見せることによりライブ感を訴求し、料理への期待や好奇心を持ってもらうことに焦点をおいている。全体イメージとしては白と黒のデザインタイル貼り、床は茶系の塩ビタイルで落ち着いたものとしている。椅子、テーブルも木調の落ち着いたものとし、空間全体も統一感ある空間づくりとしている

【スケッチ2】
中華クッキングラインのスケッチである。中華レンジの設置で大切なことは、火力が料理の味を左右すると言っても過言ではないことであり、高カロリーの中華レンジ、スープストックレンジ、カランはバックガードから立ち上げ、レバーも長いものとし、中華お玉で動かせるようにしておくことがポイントである。また一度使用した中華鍋を掃除し、排水するシステムとしては中華レンジの奥側に排水ピットを配置、すぐに汚れた水や残菜類を捨てることができるようにしておくことが大切である。オープンキッチンであるため、バイキングコーナーとの区画は耐熱ガラスでフィックスしている。

【スケッチ3】
バイキングコーナーのスケッチである。バイキングコーナーに陳列する料理の種類によっては、下部にプレートヒーターを配置し、料理が冷めないように配慮しなければならない。またバイキングコーナーの手前には、トレーを一時的に置くことができるようにトレースライドを配置し、客が料理を皿類に盛り付けやすいように計画する。

上部に配置した料理の上には、スニーズガード（埃防止）を設備し、衛生面にも配慮しなければならない。

【スケッチ4】
バイキングコーナーのアルコール類およびディッシュアップコーナーのスケッチである。

一般的に、バイキングスタイルでのアルコール類は別料金で、そのつどゲストの注文に応じてスタッフが提供することが多く、ビール、酎ハイディスペンサーやカクテルディスペンサーを配置しておくとよいだろう。この店では、セルフサービスのソフトドリンクラインの背後に配置している。

またバイキングラインに並べる料理やおすすめメニュー等の注文料理については、すべてドリンクディスペンサーに隣接したディッシュアップシェルフから提供するように計画している。

バイキングコーナーに陳列される料理については、常に調理ラインのスタッフが料理残量を確認し、そのつどタイミングを配慮し料理を調理・補充するという仕組みである。

メニューリスト

60品本格中華バイキング（90分時間限定）
大人 2480円　子供 1480円

芝エビチリソース　芝エビのマヨネーズ和え　白身魚の唐揚　牛肉とピーマンの細切り炒め　牛肉のXO醤炒め　牛肉のオイスターソース炒め　豚角煮　スペアリブの塩胡椒風揚げ　豚肉とピーマンの細切り炒め　鶏肉とピーナッツの唐辛子炒め　鶏肉とカシューナッツ炒め　麻婆茄子　揚げ豆腐辛子炒め　かに玉　五目ビーフン　エビチリ　もやしと豚肉のブラックペッパー炒め　五目豆腐うま煮　イカの四川風ピリ辛炒め　牛肉と玉子炒め　坦々麺　鶏麺　牛肉麺　餃子　シュウマイ　飲茶

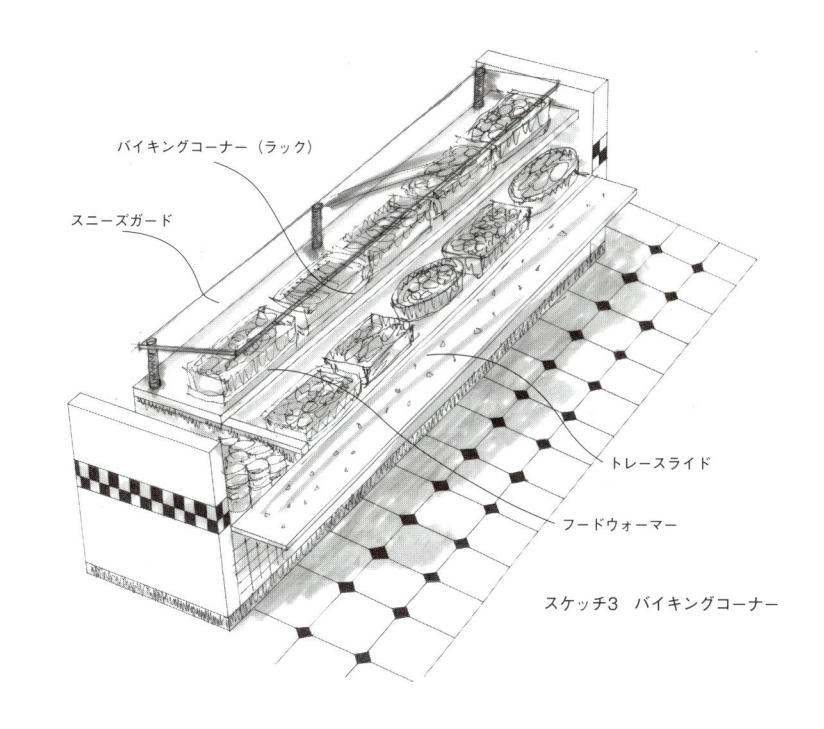

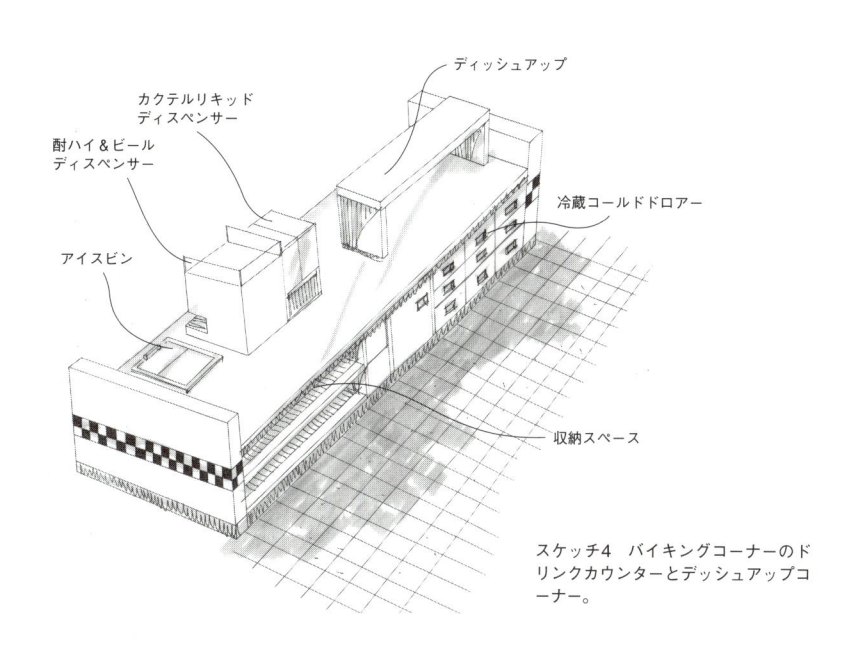

スケッチ3　バイキングコーナー

スケッチ4　バイキングコーナーのドリンクカウンターとデッシュアップコーナー。

【スケッチ5】

事務所スペースのスケッチである。
一般的には、ほとんどの飲食店の事務所施設計画はさほど大きく変わるものではない。郊外型の飲食店でない限り、更衣室と簡単な事務を行うデスクが配置されていることがほとんどである。
更衣室は、一度に1人、2人程度が着替えるスペースを確保し、またユニフォームに着替えた私服を収納するロッカーを配置しておくとよいだろう。
更衣するスペースは土足厳禁であるため、更衣室に隣接したスペースに下足箱を計画しておく。事務所スペースへは厨房を通過せずにフロアから直接にアプローチできると効率的である。
事務デスクスペースの設備としては、パソコン、プリンター、書類ファイルなどの収納ラックなどデスク上部に棚を配置しておくことがよいだろう。

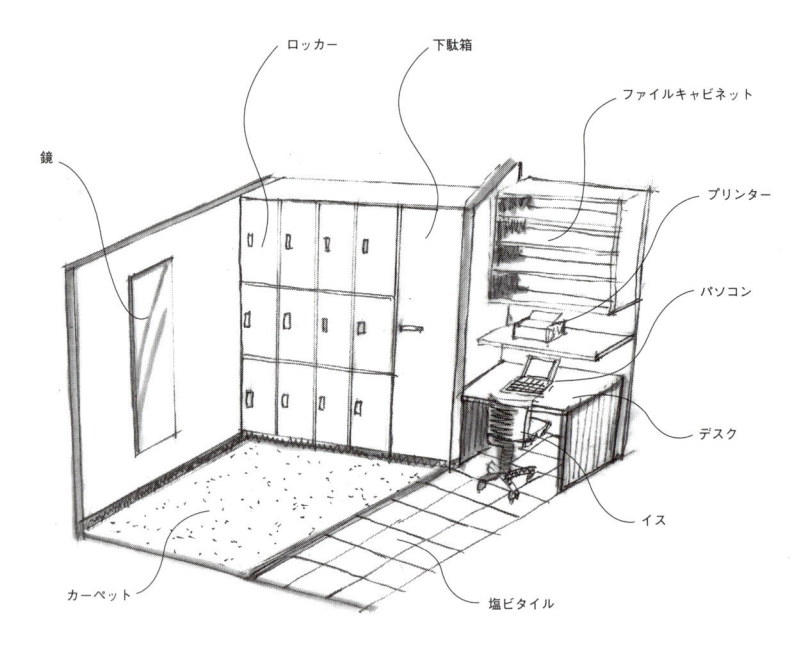

スケッチ5　事務所、更衣室スペース

厨房機器解説 37

ゆで麺器

うどん、そば、ラーメンといった麺をゆでるための専用機器。テボと呼ばれるネット状のカゴに麺を入れてゆでる。テボには丸型のものや角型のものがあり、角型は冷凍麺をゆでる際に使用される。
また、パスタの乾麺をゆでるためにネット部分が長いものもある。
ゆで麺器はバックガードに水栓が取り付けられており、お湯を補充できるようになっている。また、テボの真下からは噴流が吹き上がり、麺をほぐしながらゆでるようになっている。省エネのために使用していないテボの孔を湯気シャッターというもので蓋をする機種もある。
熱源により、ガス式と電気式がある。加熱方法はフライヤーと同様で、ガス式は、中間加熱パイプにより行い、電気式の場合は、槽の中にヒーターを入れて行う。
最近は、ガス会社各社が提案する「涼厨(すずちゅう)」という商標の製品で、中間加熱パイプの内部を熱交換パイプとすることで、バックガードからの排気温度を従来の1/2にしたものや、バックガードに取り付けられた水栓への給湯パイプを槽の熱でプレヒートするモデルも登場している。

資料提供：タニコー

写真提供：ニチワ電機

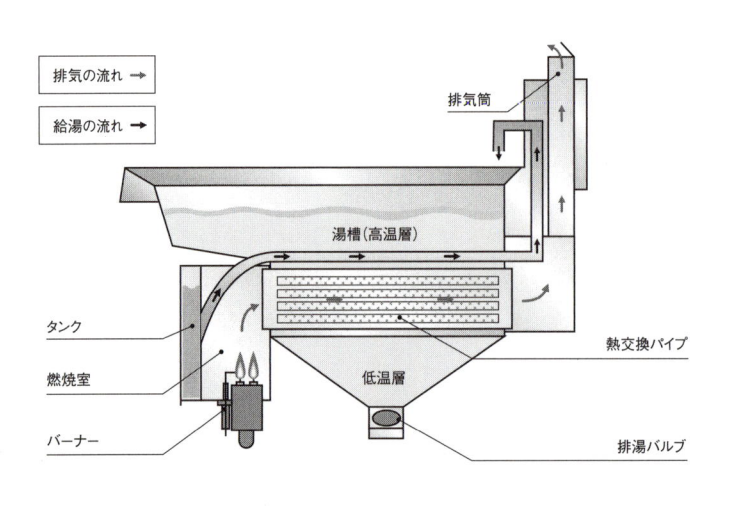

21 | イタリアンレストラン（トラットリア）

豊富な食材演出と調理のライブ感を創出するオープンキッチン

482m²

198 seats

内装設備工事費9800万円
月商売上予測2300万円

■企画づくりとコンセプト

イタリアンレストランは、「オステリア（食堂）」「トラットリア（気軽にイタリア料理を楽しめる店）」「リストランテ（コース料理を主体に提供する店）」の大きく3つに分かれるが、この店は、「トラットリア」であり、誰でも気軽に食事を楽しむことができる業態を指向している。

最近の傾向としては、リストランテとトラットリアの業態の垣根がなくなりつつある。これは生活者のライフスタイルの変化により利用の仕方もマチマチになり業態カテゴリーが曖昧になってきたからであろう。

あくまでも業態の分類は、店側のカテゴリー、いわば棲み分けを意味するもので、生活者は業態としての店を選ぶのではなく、あくまでも料理の美味しさや価格、付加価値などの複合した内容を求めて来店している。

イタリア料理の演出方法としては、キッチンを客席に向かって開放することで、キッチンのライブ感や料理への期待を高めるオープンキッチンが流行っている。

特にイタリア料理の場合には前菜、肉、魚介類などの演出素材が豊富で、加えて調理工程そのものを演出行為として訴求できるなど、客へアピールする題材が豊富であることが基本にあるからだろう。

客層としては男女問わずヤングアダルト、アダルト、ファミリーに至るまで幅広い客層を集客できる業態であり、ランチタイムにはランチセット、ディナータイムにはアラカルト、コース料理など、来店してくる客層のニーズ

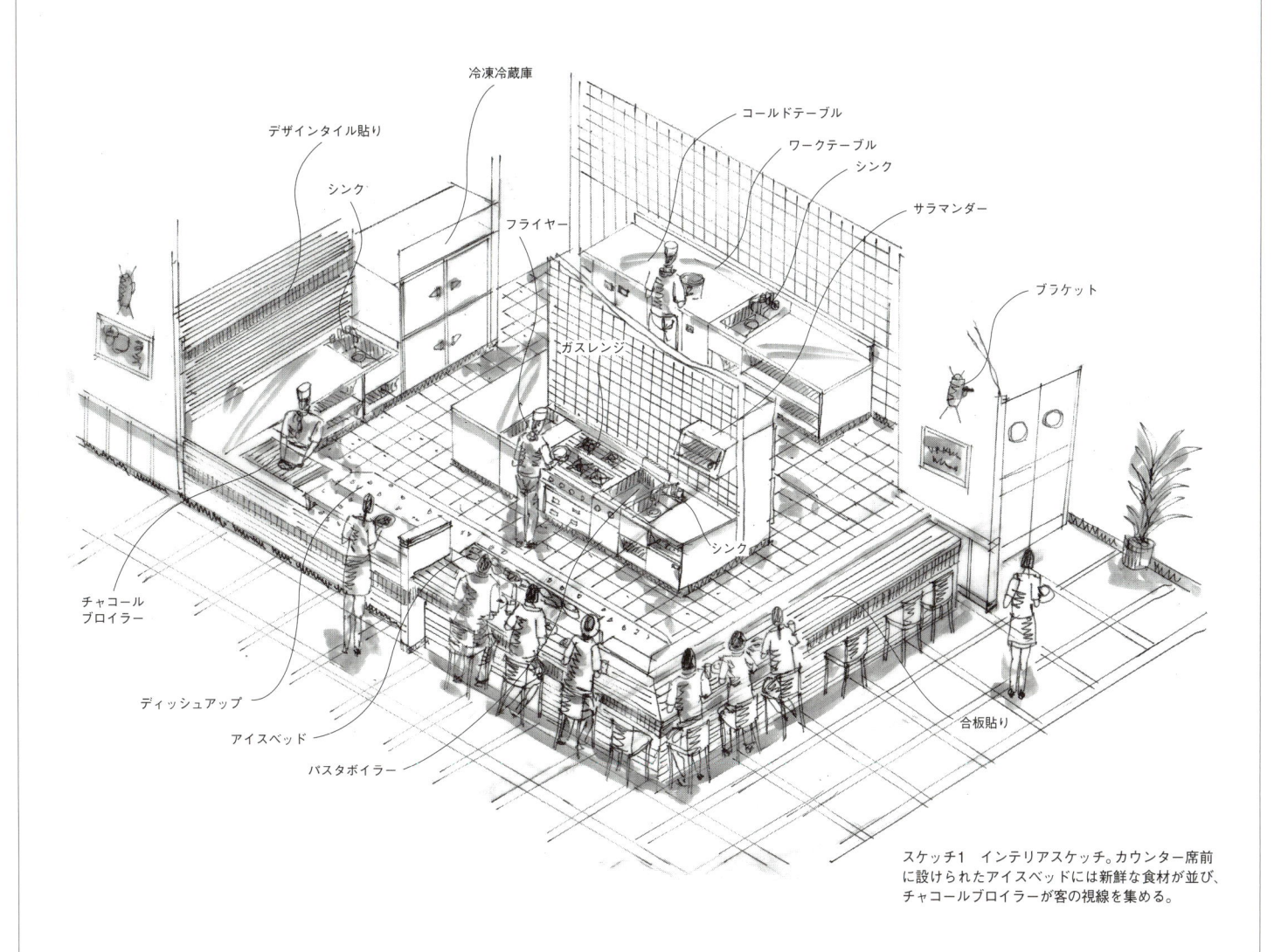

スケッチ1　インテリアスケッチ。カウンター席前に設けられたアイスベッドには新鮮な食材が並び、チャコールブロイラーが客の視線を集める。

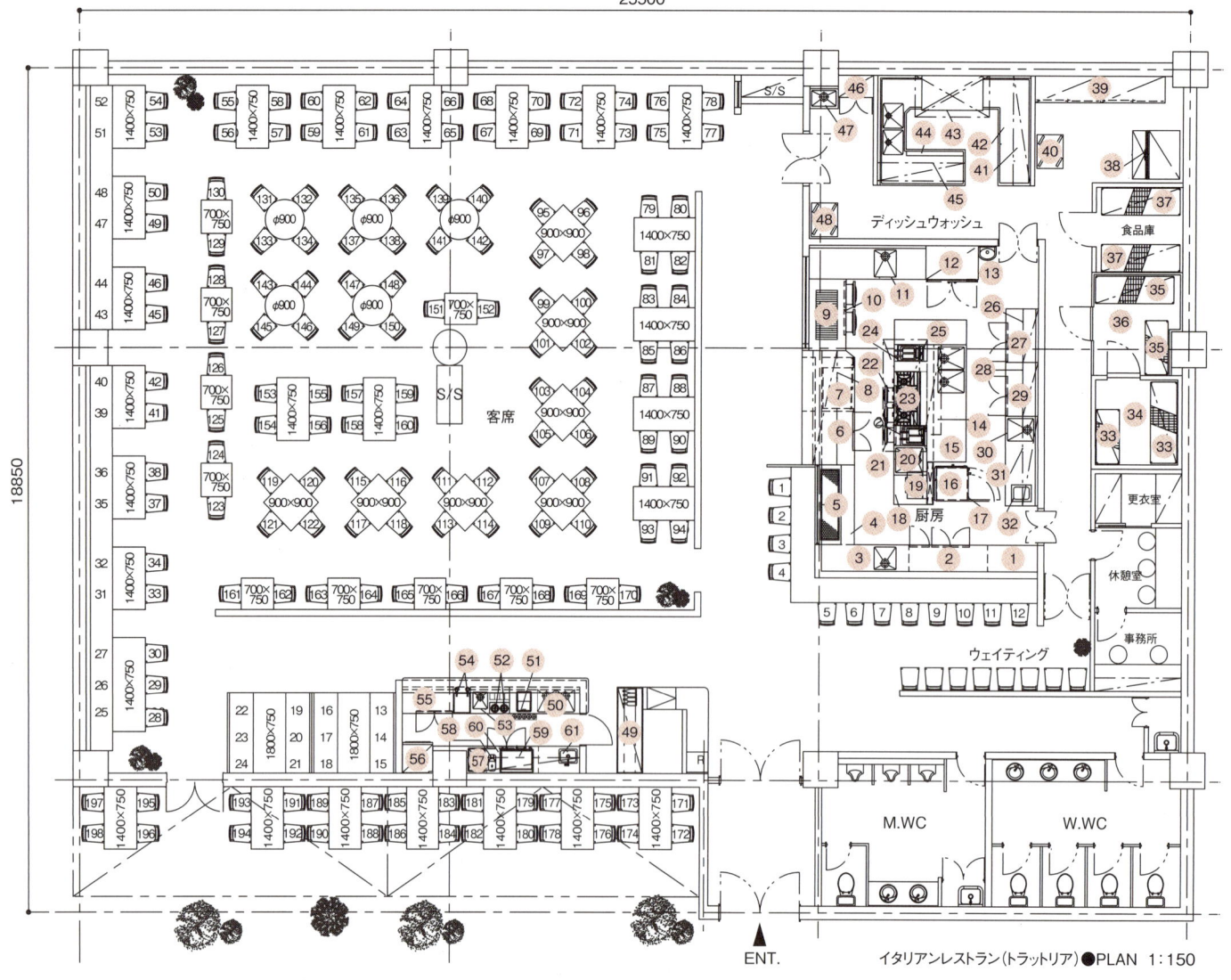

イタリアンレストラン(トラットリア) ●PLAN 1:150

厨房機器リスト

No	品名	台数
1	ワークテーブル	1
2	冷蔵コールドテーブル	1
3	シンク付ワークテーブル	1
4	ワークテーブル	1
5	アイスベッド	1
6	冷蔵コールドテーブル	1
7	ディッシュウォーマーテーブル	1
8	オーバーシェルフ	1
9	チャコールブロイラー	1
10	冷蔵コールドドロワー	1
11	シンク付ワークテーブル	1
12	冷蔵庫	1
13	ハンドシンク	1
14	オーバーシェルフ	1
15	二槽シンク付ワークテーブル	1
16	スチームコンベクションオーブン	1
17	ブラストチラー	1
18	ワークテーブル	1
19	サラマンダー	1
20	シンク	1
21	麺ボイラー	1
22	冷蔵コールドドロワー	1
23	ガスレンジ	1
24	フライヤー	1
25	ワークテーブル	1
26	オーバーシェルフ	1
27	冷蔵コールドテーブル	1
28	オーバーシェルフ	1
29	冷蔵コールドテーブル	1
30	シンク付ワークテーブル	1
31	オーバーシェルフ	1
32	真空包装器	1
33	シェルフ	2
34	プレハブ冷凍庫	1
35	シェルフ	2
36	プレハブ冷蔵庫	1
37	シェルフ	2
38	アイスメーカー	1
39	キャビネット	2
40	カート	1
41	ラックシェルフ	1
42	クリーンテーブル	1
43	ディッシュウォッシャー	1
44	ソイルドテーブル	1
45	ラックシェルフ	1
46	モップキャビネット	1
47	モップシンク	1
48	カート	1
49	ワインセラー	1
50	二槽シンク付ワークテーブル	1
51	バーユニット	1
52	ブレンダー	2
53	ビルトインシンク	1
54	ビールドラフト	2
55	冷凍冷蔵コールドテーブル	1
56	アイスメーカー	1
57	シンク	1
58	コーヒーミル	1
59	エスプレッソマシーン	1
60	冷蔵コールドテーブル	1
61	ハンドシンク	1

に合わせてサービスできる仕組みにしておくことが、ビジネスとしての成功率を上げることになるだろう。

客単価は、集客率を高めることからもランチタイム1200円、1500円、2000円のセット、ディナーで約2500円から3500円までの設定とするのが適切と言えよう。

立地としては街の一角、駅周辺、飲食施設の飲食街などであれば、特別に立地を選ぶものではなく、店の認知とアクセスが良いことを基本に検討選定すると良いだろう。

客席数が多い店の場合には、アルコール、ソフトドリンクなどを専用カウンターからサービスできるように客席全体が見える位置、またパントリーに近い位置に配置しておくことが全体のオペレーションからも理想的である。

■ 平面計画／ゾーニング計画のポイント

この店のゾーニングは、入り口に向かって右側手前にトイレ、左側客席に対面してメインキッチン、背後に冷蔵・冷凍ストレージエリア、奥側に洗浄エリア、ドライストレージを配置している。左側手前にキャッシャースタンド、並びにドリンクカウンター、前面に4人席、2人席、ベンチシート席、ガーデンテラス席など幅広い客層に合わせて種々の客席を配置している。

メインキッチンは、調理エリアのみを前面開放し、客席側すべてのエリアからキッチンが見えるように配置している。

パントリーエリアはディッシュアップとドリンクカウンター、サービスステーションに機能を分散し、料理の遅延やサービスに支障が生じないように配慮しておく。

この店でもオープンキッチンとしているが、洗浄エリアはメインキッチンとは区画し、あくまでも演出訴求することができるコーナーのみを"オープンキッチン"とすることを忘れてはならない。

■ 各部施設計画のチェックポイント

【スケッチ1】

イタリアンレストランと言うと、イタリアのレンガタイルやイタリアンタイルを使用したインテリアを想像する人が多いが、この店の場合にはペパーミントグリーン、白、赤をデザインのポイントに全体のイメージを構成している。キッチンを取り囲むように配置したカウンター席は、調理エリアで料理人の動きや調理動作をすべて見ることができるなど、ライブ感ある雰囲気を味わえる環境づくりをしている。

また肉、魚類を焼くためのチャコールブロイラーは、客席に向けた焼き場のコーナーの演出装置とし、客の視覚効果を刺激する訴求ポイントとしている。

【スケッチ2】

クッキングラインのスケッチである。クッキングラインの機器配置は、右側からワークテーブル、上部壁側にサラマンダー、シンク、パスタボイラー、ガスレンジを配置し、下部には冷蔵コールドドロワー。その隣にはフライヤー、バックキッチンとクッキングラインを統合するワークテーブルをラインの左側に配している。

クッキングラインとバックキッチンの間にオーバーシェルフを配置している理由は、クッキングラインで使用する食材類の補充やフライパン類を配置するスペースとして確保するためである。メインキッチンの中間を壁ですべて区画するのではなく、視覚的に演出効果がある部分、開放できるところはオープン化するというコンセプトの現れである。

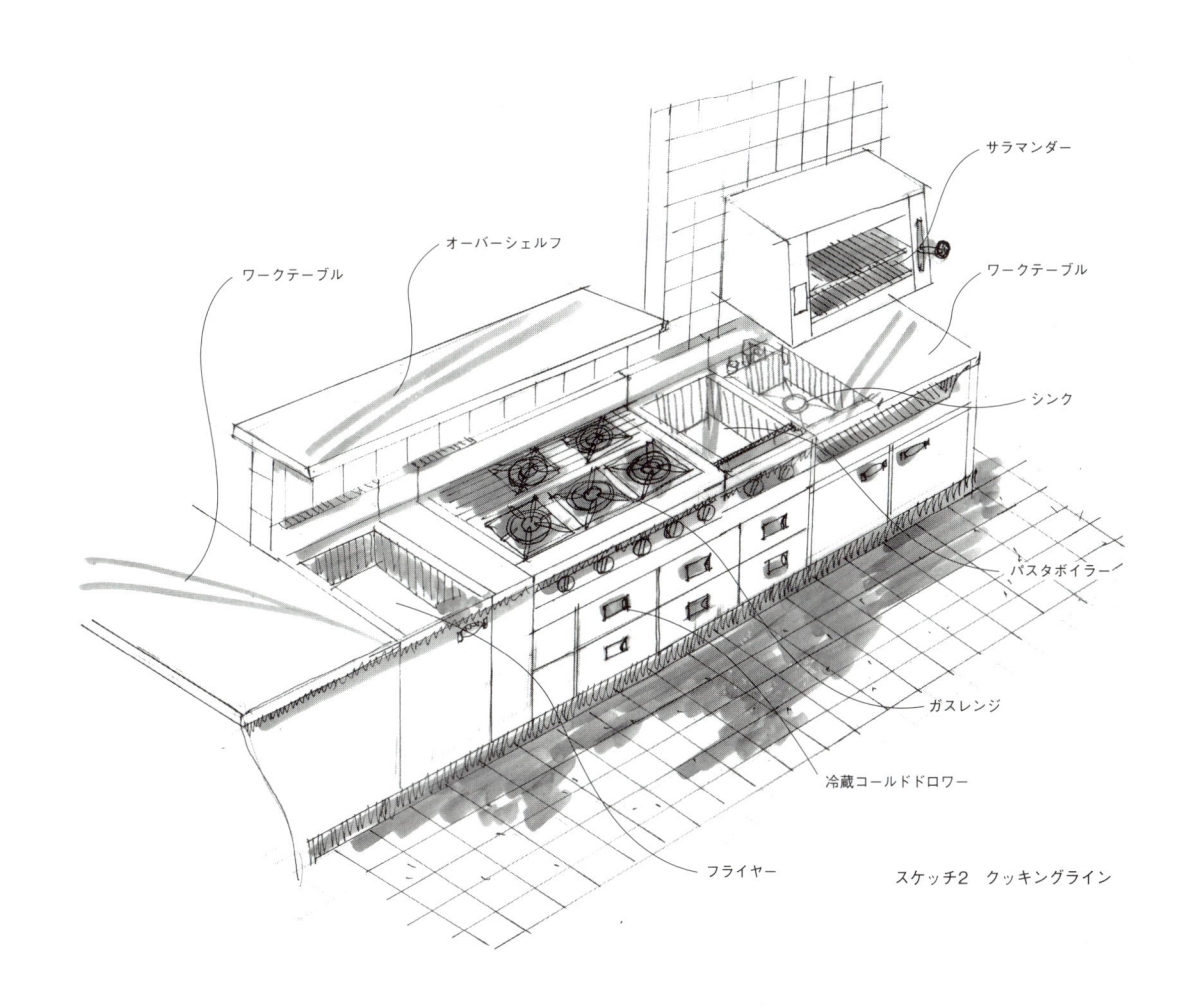

スケッチ2　クッキングライン

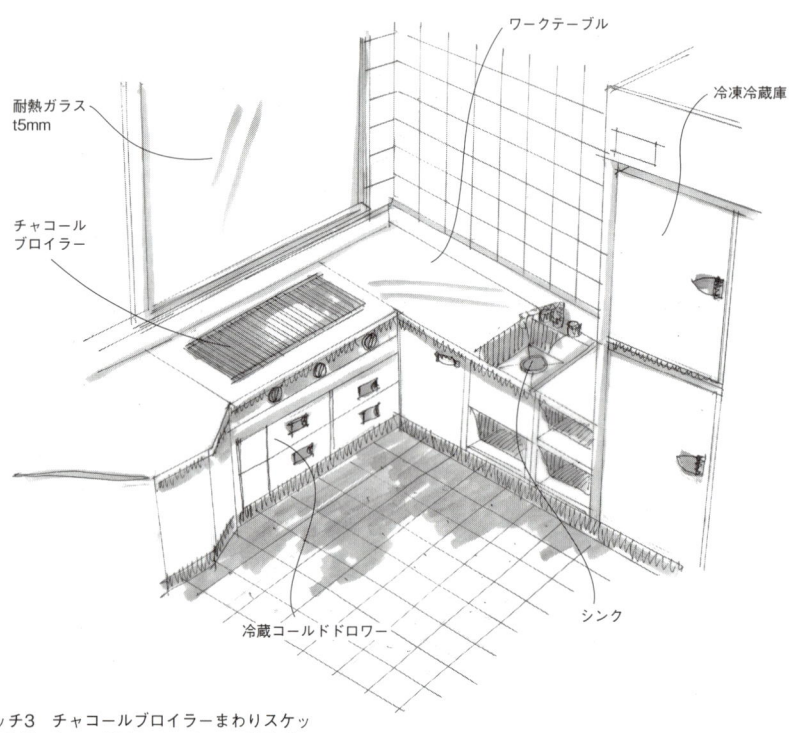

スケッチ3 チャコールブロイラーまわりスケッチ。客席側に向いて配置しているので、耐熱ガラスで区画している。

メニューリスト

マルゲリータ 1400円　プレーン 800円　スモークサーモン 1580円　ミートボール 1100円　プロシュート 1300円　6種のチーズ 1450円　ミックスグリーンサラダ 680円　シーザーサラダ 880円　クラムチャウダー 950円　ペペロンチーノ 550円　アラビアータ 650円　からすみと甲イカ 750円　メランツァーネ 950円　ボロネーゼ 980円　カルボナーラ 1150円　ジェノベーゼ 1280円　手長エビのトマトクリームソース 1480円　蒸し鶏と青ネギの和風ソース 980円　小エビとルッコラ 980円　辛子明太子あえ 950円　自家製ピクルス 290円　アンチョビ&オリーブ 290円　サーモンのカルパッチョ 580円　マグロとアボガドのタルタル 650円　国産牛もも肉のたたき 680円　季節野菜のバーニャカウダ 650円　パルマ産プロシュート 680円　サラミモンタナーロ 480円　チーズの盛り合わせ 900円　カマンベールチーズのフリット 390円　フライドポテト 480円　チキンラビオリ 650円　ミートボール 680円　茄子のグラタン 390円　鉄板焼きソーセージ 700円　緑色野菜のリゾット 980円　ポルチーニ茸としめじのパルメジャンリゾット 950円　魚介のトマトソースリゾット 1280円　プリン・アラモード 500円　チョコレートムース 500円　クラシックティラミス 500円　NYチーズケーキ 500円　アップルパイ 500円　アフォガード 850円

【スケッチ3】

チャコールブロイラーまわりのスケッチである。この焼き場コーナーは客席側に向いて配置しているため、機器前面は耐熱ガラスでフィックスし、油煙や煙が客席に流れ出さないようにしている。

チャコールブロイラーの下部には、調理前の食材類を保冷しておくための冷蔵コールドドロワー、右側にはシンクテーブル、その隣にリーチインタイプの冷凍冷蔵庫を配置している。

この焼き場のコーナー演出は、肉や魚類の網焼きグリル料理を調理する専用コーナーとして、客の視線を集め料理への期待感を高める役割であり、料理人は常に客側に向いて調理することに重きをおいている。

厨房機器解説 38

ブラストチラー

クックチルの普及とともに、65℃以上に加熱調理した料理を10℃以下まで90分以内に冷却することを目的に開発された機器。従来の冷却に比べて、バクテリアが繁殖しやすい10〜40℃という温度帯を短期間で通過させることができるのが特長。また、中心温度-18℃まで急速に凍結させるショックフリーズ機能もあるので、製菓や製パンの際にも重宝に活用できる。

冷却方法は、ファンで冷気を吹き付ける方式や吸い込んだ庫内の空気を冷却して循環する方式などがあるが、いずれの方式も冷気は最大-40℃に達する。

また、最近は、クックチルだけでなく、様々な料理の調理過程での粗熱取りにも利用されている。

写真提供：エフ・エム・アイ　　　写真提供：エレクトロラックスジャパン

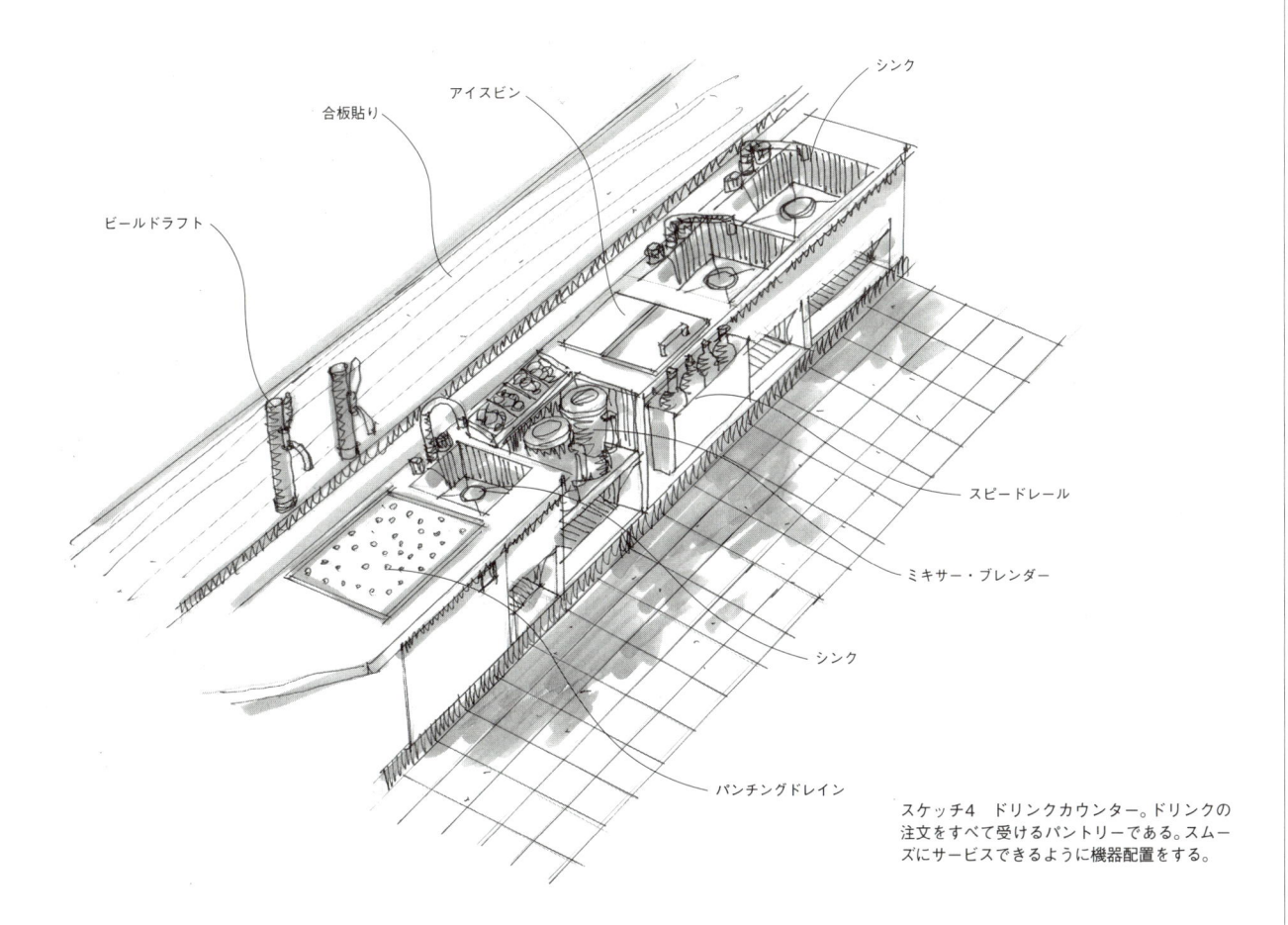

スケッチ4 ドリンクカウンター。ドリンクの注文をすべて受けるパントリーである。スムーズにサービスできるように機器配置をする。

【スケッチ4】
ドリンクカウンターのスケッチである。ドリンクの注文をすべて受けるパントリーであるため、アルコール類、ソフトドリンク類、ワイン類に至るまでスムーズに提供できるように機器配置しておくことがポイントである。

カウンターの上部には、ビールドラフトを立て、サービスシンク、ミキサー、ブレンダー、その前にトッピング類を保存しておくためのホテルパン、ボトルを収納するためのスピードレール、前にはアイスビン、その隣には2層シンクから構成している。

イタリア料理店では、ワインを保冷しておくためのワイン専用クーラーを演出配置する場合も多いが、この店ではオープンキッチンに視線が集まるように全体構成をしている。

厨房機器解説 39

真空包装機

一般的に飲食店では、卓上型のチャンバー式の真空包装機が使用される。真空専用フィルム（耐ガスバリアー性）の袋に食品を入れ、真空にするためのボックス（チャンバー）内にセットし、ボックス内全体を真空にし、この状態で袋を密封シールするものをチャンバー式という。つまり、ボックス内にシール装置が設置されている。オプションとして、不活性ガスを（窒素・炭酸ガスなど）封入できるモデルもあり、酸化・カビを防止するとともに、大気の圧力が緩和され、柔らかい食品を、形状を崩さないでパックすることができる。

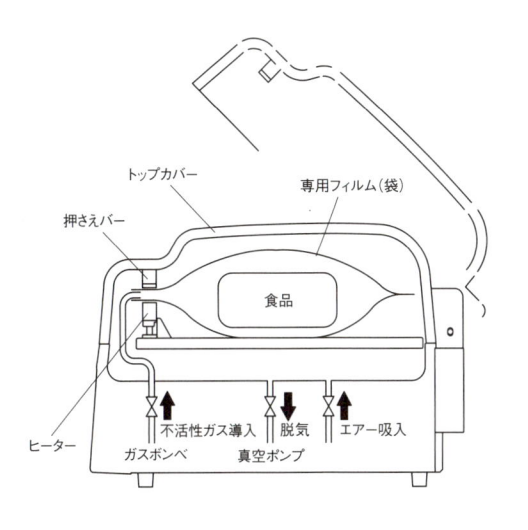

写真提供：ニチワ電機

22 | グルメバーガーカフェ

地域密着型のオリジナルハンバーガーショップ

141.9m²

72 seats

内装設備工事費2800万円
月商売上予測680万円

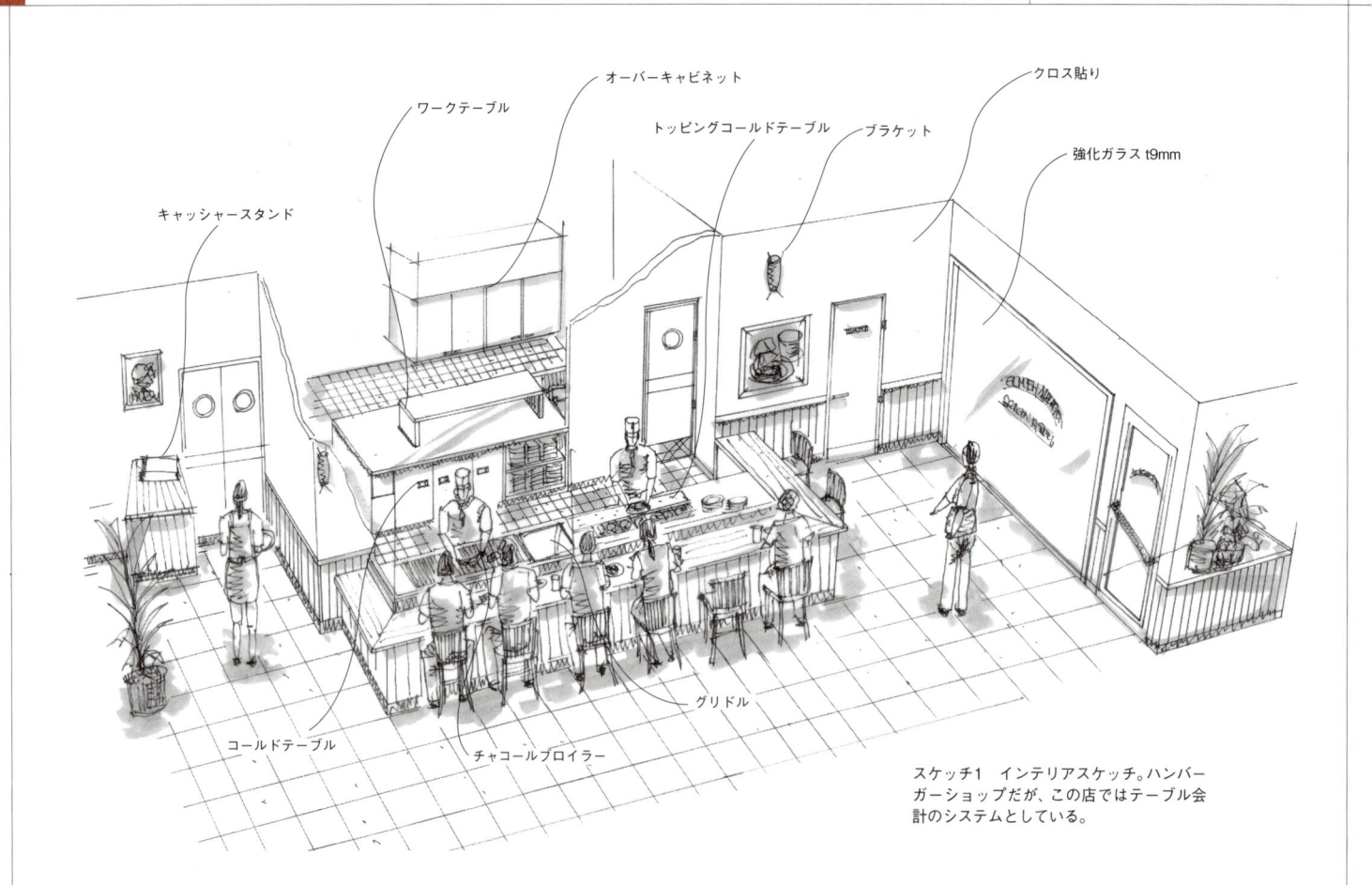

（図中ラベル）
- キャッシャースタンド
- ワークテーブル
- オーバーキャビネット
- トッピングコールドテーブル
- ブラケット
- クロス貼り
- 強化ガラス t9mm
- コールドテーブル
- チャコールブロイラー
- グリドル

スケッチ1　インテリアスケッチ。ハンバーガーショップだが、この店ではテーブル会計のシステムとしている。

■ 企画づくりとコンセプト

「グルメバーガーカフェ」とは、グルメバーガーとカフェ業態の複合化したスタイルであり、これまでもファストフードのハンバーガーを卒業したアダルト客を中心に人気店も多く、街に点在している業態である。

特にグルメバーガーは、チェーン店にはない地域に密着したオリジナリティーを持った店が多く、生活者の認知を確立している業態として人気が高まっている飲食店の一つであろう。そもそもハンバーガーの誕生や名前の由来については諸説あるものの、挽き肉料理のルーツは遊牧民・タタールに由来すると考えられている。彼らが発案した「タルタルステーキ」に遡るとされている。

これがヨーロッパを経由して独自の発展を遂げ、「ハンブルク風(＝ハンバーガー)ステーキ」としてアメリカに伝わったと考えられている。1891年の文献には既に「ハンバーガーステーキ」の文字が見られ、1904年にセントルイスで開催された万国博覧会場内で

ハンバーガーステーキを挟んだサンドイッチが「ハンバーガー」という表記のもとで販売されていたという事実からも、20世紀の初頭には専用の丸いバンズと組み合わさり、今日のハンバーガーの原型が誕生していたと考えられている。

ハンバーガーのルーツはアメリカであり、種々のハンバーガー店がそれぞれの地域に数多く存在しているのである。

ハンバーガーは幅広い客層に支持されており、この業態は、ハンバーガーとカフェも時間帯に合わせて自由に利用してもらうことをコンセプトにした店である。

地域密着型のスタイルが多く、立地としては駅周辺や街の一角であれば認知度が上がることによってビジネスとして成立しやすい業態である。

客単価としては、ランチセット（ドリンク付き）1000円、ディナーもハンバーガー以外のサイドメニューを揃える。例えばアルコールに合うつまみメニューなどである。ここではアルコールはすべて瓶、缶にグラスを添えて提供するラフなスタイルにしている。

特に他店との差別化を配慮すると、バンズや肉も店ですべて仕込むなど、とことんこだわりを持つことも方法であろう。アメリカにはバンズをベーカリーオーブンで焼き、パティは挽き肉から成形し、チルド保冷し、注文に応じてハンバーガーをつくる本格的な店も多くある。

■ 平面計画／ゾーニング計画のポイント

この店のゾーニングは、入り口に向かって右側にオープンキッチン、奥側にトイレを配置し、左側には大テーブル、ベンチシート席、4人席、オープンキッチンに対面するようにカウンター席など幅広い客層に対応できる構成にしている。

サービススタイルはテーブルサービスの仕組みをとり、食事を楽しんだ後の会計も各テーブルで行う方式をとるように計画している。客の注文については、伝票処理方式でそのつ

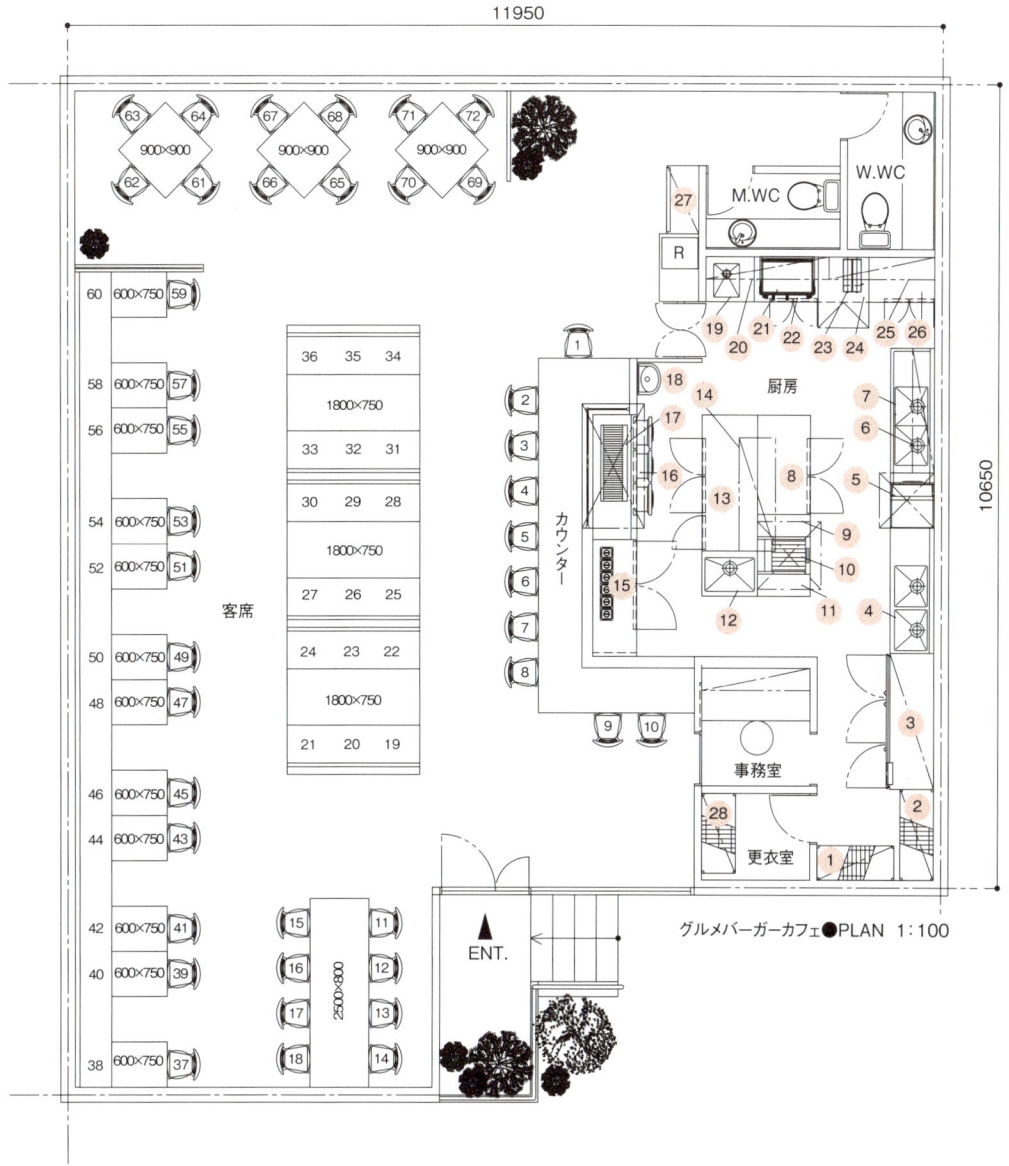

グルメバーガーカフェ●PLAN 1:100

ど注文内容を書いた伝票をキッチンのオーダリーコーナーへ差し出す方式で、客席とキッチンのコミュニケーションを図るようにしている。
客席数が多くなれば、オーダーエントリーを活用することもできるが、さほど大きくない店の場合には、伝票処理でも繁忙時のサービスが停滞することはないだろう。

■ 各部施設計画のチェックポイント

【スケッチ1】
このグルメバーガーのインテリアは、木調のオールディーズな雰囲気づくりで全体構成をしている。
カウンタートップの素材や腰壁などはすべて木材を使用し、天井は空調や排気ダクトなどをむき出しにして空間を広く見せるデザインとしている。
椅子、テーブルなどの家具についても使い込んだ傷や色あせた部分があるなど、1980年代のアメリカのオールドファッションを彷彿させるイメージづくりをしている。

厨房機器リスト

No	品名	台数
1	シェルフ	1
2	シェルフ	1
3	冷凍冷蔵庫	1
4	二槽シンク付ワークテーブル	1
5	ディッシュウォッシャー	1
6	ラックシェルフ	1
7	ソイルドテーブル	1
8	冷凍冷蔵コールドテーブル	1
9	ワークテーブル	1
10	フライヤー	1
11	ワークテーブル	1
12	シンク	1
13	冷蔵コールドテーブル	1
14	オーバーシェルフ	1
15	冷蔵コールドテーブル	1
16	冷蔵コールドドロワー	1
17	チャコールブロイラー	1
18	ハンドシンク	1
19	シンク	1
20	オーバーシェルフ	1
21	エスプレッソマシン	1
22	冷蔵コールドテーブル	1
23	ジュースディスペンサー	1
24	アイスメーカー	1
25	オーバーシェルフ	1
26	冷蔵コールドテーブル	1
27	冷蔵ショーケース	1
28	シェルフ	1

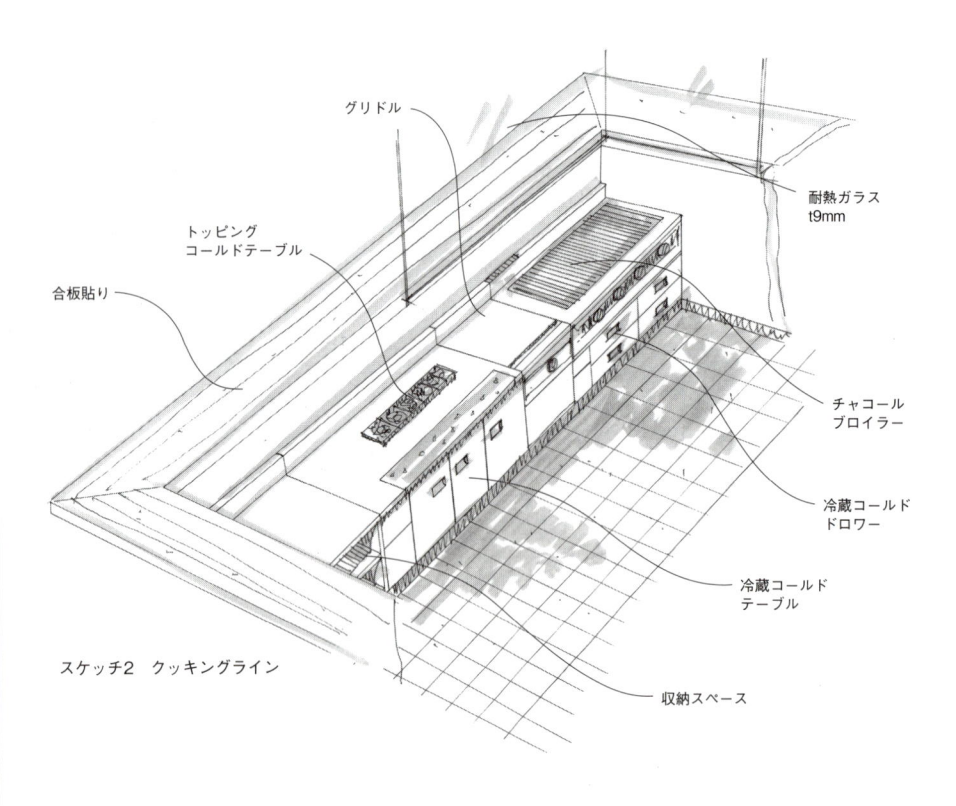

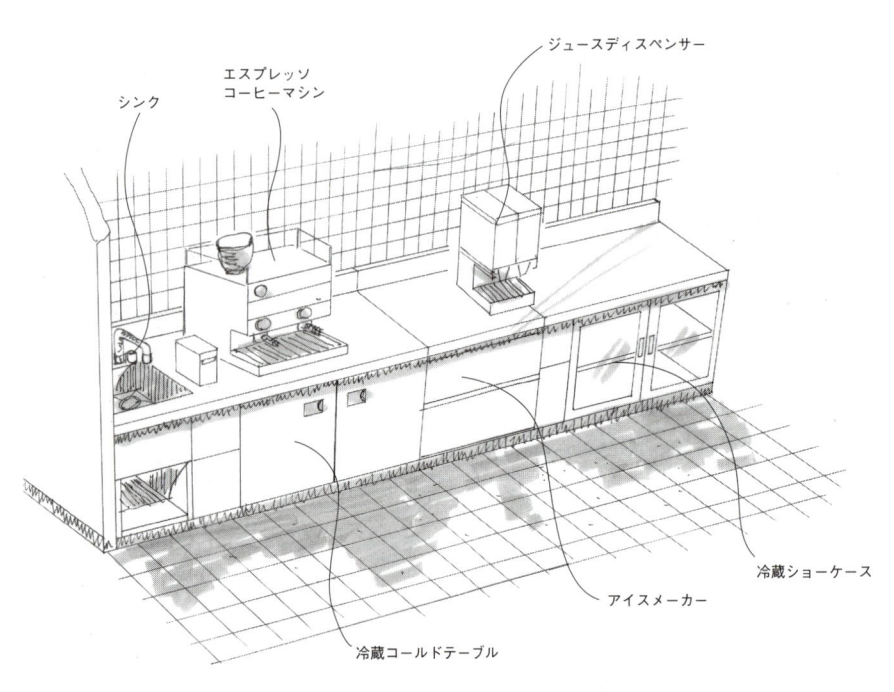

【スケッチ2】

クッキングラインのスケッチである。右側から肉を焼くためのチャコールブロイラー、下部にはチルドパティを保冷しておく冷蔵コールドドロワー、隣にパンや玉子、ベーコンなどを焼くためのグリドルを配置。その隣にはパンの間に挟むためのソース類、野菜類などを保冷しておく冷蔵コールドテーブルを配置している。

コールドテーブルの手前には、食材やサンドイッチ類を半分に切るなどの、オペレーションを円滑にするためのスペースとしてカッティングボードを計画しておくと良いだろう。冷蔵コールドテーブルの隣には、食器類を保存しておくためのワークテーブルを配置してはいるものの、営業時には、コールドテーブルの側に使用するための皿類を積み上げておくことが一般的である。

【スケッチ3】

ドリンクラインの構成として左側からサービスシンク、全自動エスプレッソコーヒーマシン、下部には冷蔵コールドテーブル、隣にアイスメーカー、その上にはジュースディスペンサー、隣にワークテーブルを兼ね冷蔵コールドショーケースを配置している。

ハンバーガーとの相性が合う炭酸類のドリンクについては、すべて瓶で提供するため、保冷には瓶そのままの状態で冷蔵コールドに保管しておくことがベストである。

使用するナイフ、フォーク、備品類に至るまで、オールドファッションのコンセプトで統一することが大切である。

スケッチ2 クッキングライン

スケッチ3 ドリンクライン

メニューリスト

プレーンバーガー 800円　アジアンバーガー 950円　アメリカンバーガー 1100円　リオバーガー 1100円　カリビアンバーガー 1200円　アボガドチーズバーガー 1200円　サルサバーガー 1300円　テリヤキバーガー 1100円　ソティーオニオン 1000円　イタリアンバーガー 1100円　フライドエッグバーガー 1100円　クラブハウスサンド 1200円　ハーブチキン1200円　シュリンプ＆アボガド 1200円　ベーコンレタストマト 1000円　フィッシュフィレ 1000円　ツナサラダ800円　チキンサラダ800円　オーガニックエッグ850円　パストラミ1000円　オニオンリング680円　フィッシュ＆チップス 880円

【スケッチ4】

ワークテーブルのスケッチである。ワークテーブルの機能としてはハンバーガー類、その他の料理をディッシュアップするスペースを兼ねているため、下部には冷蔵コールドテーブル、向かい側には冷凍冷蔵コールドテーブル、隣にフライヤーを配置している。開店前の仕込み作業については、すべてこのワークテーブルで仕込みを行うため、作業台に大きいシンクを配置していると便利である。

ワークテーブルの上にオーバーシェルフ、その上にフライヤーの排気フードを兼ねたキャビネットを配置し、その背後にある洗浄エリアが丸見えにならないように配慮することを忘れてはならない。

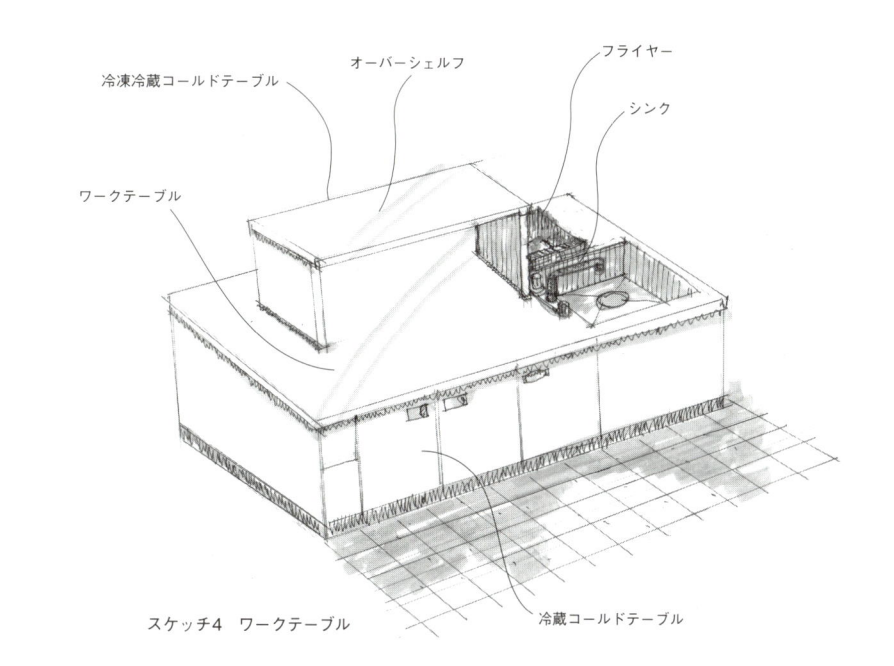

スケッチ4　ワークテーブル

厨房機器解説 40

コーヒーマシン

コーヒーマシンには大きく分けて、レギュラーコーヒーと呼ばれるドリップ式のブリュワータイプと圧力をかけて抽出するエスプレッソタイプがあるが、ここでは前者のドリップ式について説明する。

ドリップ式のコーヒーマシンは、デキャンタと呼ばれる耐熱ガラスのポットで抽出してカップに注ぐタイプと、1杯ずつマシンから直接カップに取り分けるタイプがある。デキャンタタイプは一度の抽出量が1.8リットル程度で、一度にカップを並べておいて、次々と注いでいくオペレーションにマッチしている。しかし、抽出した直後から空気に触れるため、味や香りの劣化やヒーターの熱により煮詰まりが生じてくるので、ホールディングタイムを守って提供する必要がある。宴会場などで、たくさんの人に一度にコーヒーを提供するのに向いている。

抽出後のコーヒーの品質の劣化を抑えるために、デキャンタではなく真空ポットに抽出する機器が最近では人気となっている。この機種の場合、保温機能もあるため、コーヒーを抽出した後に提供する場所にポットを移動させてカップに注いでいく際に、別置のウォーマーを必要としない長所もある。

1杯ずつ直接抽出するタイプは、抽出に時間がかかるが、毎回フレッシュなコーヒーが提供できるので、コーヒーにこだわって提供するカフェなどはこちらの機種の方がお薦めである。また、宴会場やルームサービスのポットへの抽出といった、一度に大量のコーヒーを提供する際は、コーヒーアーンという機器を使用することが多い。さらに、最近この機器はセルフで提供する讃岐うどんチェーンのかけつゆ用に応用されている。

写真提供：エフ・エム・アイ

厨房機器解説 41

アイスコーヒーマシン

アイスコーヒーは、コーヒーマシンで抽出したコーヒーを冷却するのが一般的である。しかし、時間をかけてコーヒーを冷却すると、せっかくのコーヒーの風味も逃げてしまう。そこで考えられたのが、コーヒーを抽出する装置と冷却装置を組み合わせたアイスコーヒーマシンである。夏のアイスコーヒーの需要に対応するためには便利な機器である。

機器構造は、上部はドリップタイプのコーヒーマシン、下部はディスペンサー機能が備えられており、抽出したコーヒーを急速冷却することでコーヒーの酸化を抑え、タンクに貯蔵される。

抽出したコーヒーを上部の注ぎ口から入れ、機器内部の冷却ユニットで急速冷却され、保冷タンクに蓄えられ、タップから注ぎ出し提供するディスペンサー単体のものもある。

写真提供：エフ・エム・アイ

23 | ステーキレストラン

幅広い客層をターゲットにした
地域密着型専門レストラン

142.3m²

60 seats

内装設備工事費3600万円
月商売上予測780万円

■ 企画づくりとコンセプト

ステーキ料理の起源を考えるとき、その代表的な「ビーフステーキ」とは適当な厚さに切った牛肉をフライパンや熱した鉄板の上、あるいは炭火で焼いた肉料理の総称であった。
また「ビフテキ」の語源となったのはフランス語のbifteckで、これをもとに日本では長らく「ビフテキ」と呼ばれ、古くは「ビステキ」とも言われた。今日では単にステーキと呼ばれるようになっている。
いまや「ステーキレストラン」といってもそのスタイルは様々で、本格的に牛肉料理を主軸に提供する店や、牛肉、ハンバーグなどその他肉料理のバリエーションを持ち、比較的低価格かつ幅広い客層を対象とした店など、種々のスタイルの業態がある。
近年では50坪以下の小さいスペースの専門店が多く、地域に密着した店や幅広い客層をターゲットにしたファミリーユースの店など、大型店から小型店化への傾向があると言える。もちろん肉や食材類へのこだわりが強くなってきているのは、ほかの飲食店と同様である。
ここで提案する「ステーキレストラン」のターゲットは、男女問わずヤングアダルト、アダルト、ファミリーまで幅広く気軽に利用できるステーキレストランを目指している。
価格帯としてもランチセットで約1000円、1500円、2000円など。ディナータイムは、食事とアルコール類を楽しむ客層などを想定すると、ステーキ類で約1800円から3500円の設定にしておくと良いだろう。
立地としては、幹線道路に面した郊外型、街の一角、駅周辺などであれば利用しやすく幅広い集客が期待できる。傾向としては郊外型よりも徒歩でアクセスできることが望ましい。ステーキレストランの差別化のひとつとして、グレードの高い肉質のステーキを低価格で提供できるルートを確立する、また肉のグラム数が多く高付加価値であることがあげられる。また肉の脇役でもある野菜サラダ類もオーガニック野菜、減農薬野菜であることなど、食の安全性や健康志向にこだわりを持っていることが、他店との差別化、店独自のオリジナリティーを訴求する武器となる。

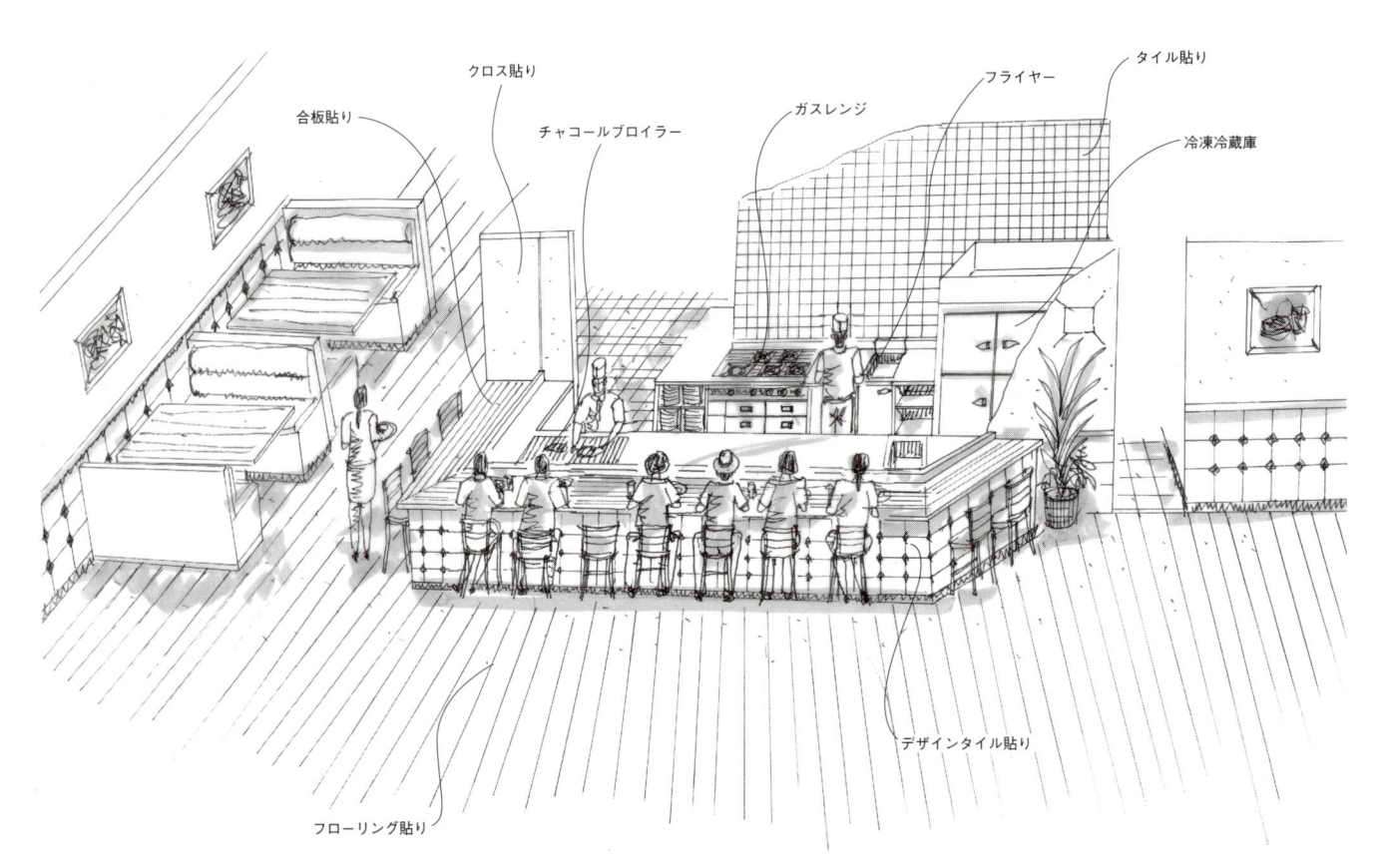

スケッチ1 インテリアスケッチ。客の視線がカウンターに隣接したチャコールブロイラーに集まるようにしている。

肉の質や量目など、低価格で満足できる肉が食べたいというニーズは、いつの時代でも変わらない生活者の気持ちである。幅広い客層をターゲットとする場合には、低価格高付加価値のコンセプトを訴求することが大切であろう。

平面計画／ゾーニング計画のポイント

この店は、入り口に向かって右側にセミオープンキッチン、クッキングラインの背後に洗浄エリア、プレパレーションエリア、事務所などを配置し、左側に4人席、キッチンに隣接したカウンター席、奥側壁に沿って4人掛けのベンチ席など種々の客層に適合できるようゾーニングしている。

全体のオペレーションシステムは、キャッシャースタンドでスタッフが来店客に合わせて客席までアテンドし、注文をオーダーエントリーでキッチンへ伝達するという仕組みである。サラダバーコーナー等は配置していない。

客席内にサラダバーコーナーを配置するには、客席スペースが広いことが条件であり、店全体のスペースに合わせて配置を検討しなければならない。

この店では客の視線を、カウンターに隣接したチャコールブロイラーの焼き場に集まるようにしていることが全体計画のポイントである。ドリンクパントリーは客席に隣接するのではなくキッチン内に配置している。

各部施設計画のチェックポイント

【スケッチ1】

ステーキレストランのインテリアをイメージすると、一般的に木基調とレンガブロックの構成が多いが、この店はこれまでの固定されたイメージを払拭するために、木基調とデザインタイルの組み合わせで少しハイタッチの内装イメージ計画にしている。

加えて、カウンター席に隣接した焼き場（チャコールブロイラー）コーナーを演出の主軸にしていることや、客席側から料理への視覚的効果や期待を高めるライブ感を強く強調していることがポイントと言える。

腰壁には白と赤がポイントのデザインタイルを貼り、床材はフローリングタイプの落ち着いた色調にしている。

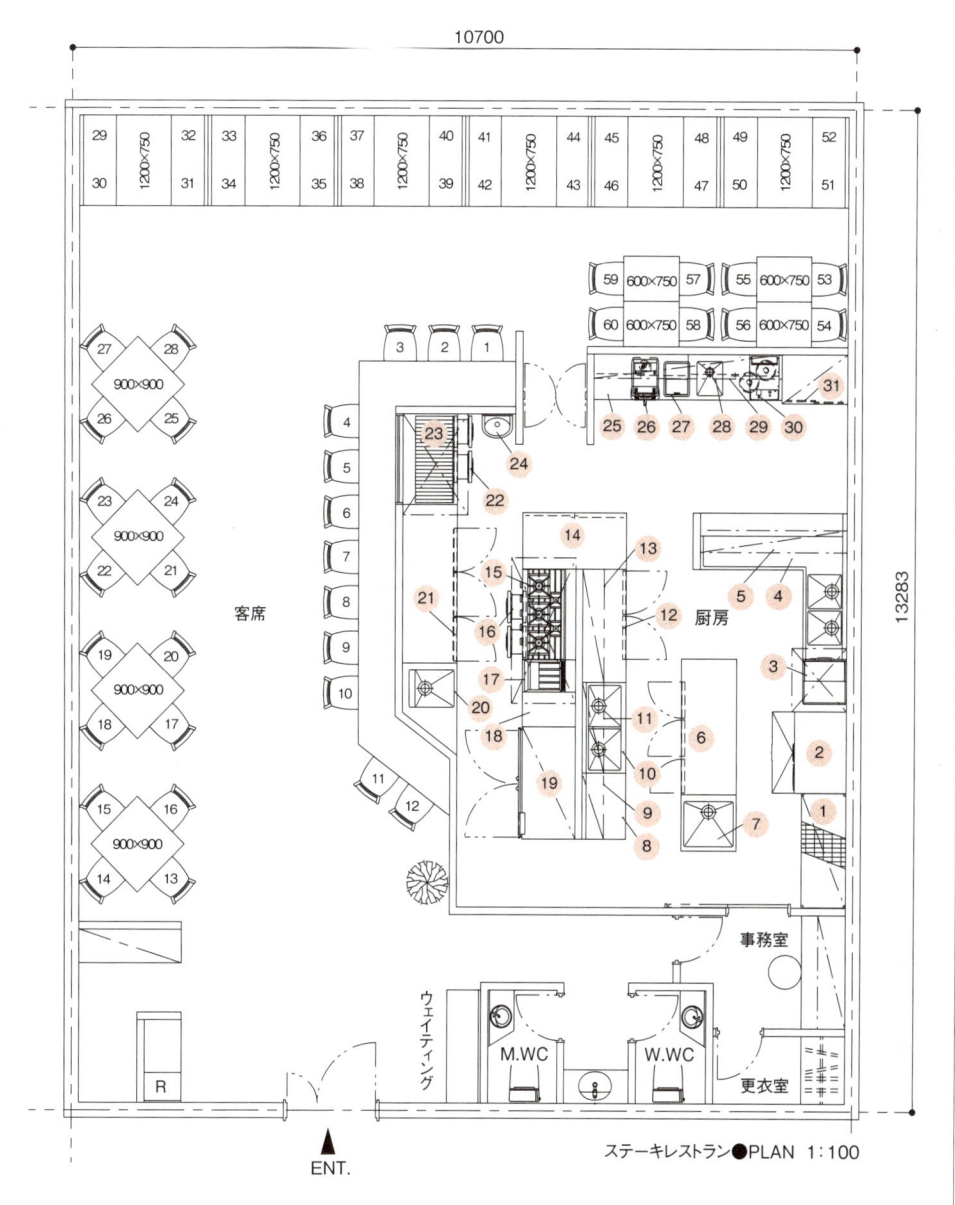

ステーキレストラン●PLAN 1：100

厨房機器リスト

No	品名	台数
1	シェルフ	1
2	アイスメーカー	1
3	ディッシュウォッシャー	1
4	ソイルドテーブル	1
5	オーバーシェルフ	1
6	冷凍冷蔵コールドテーブル	1
7	シンク	1
8	ワークテーブル	1
9	オーバーシェルフ	1
10	二槽シンク	1
11	オーバーシェルフ	1
12	冷蔵コールドテーブル	1
13	オーバーシェルフ	1
14	キャビネットテーブル	1
15	ガスレンジ	1
16	冷蔵コールドドロワー	1
17	フライヤー	1
18	ワークテーブル	1
19	冷凍冷蔵庫	1
20	シンク付ワークテーブル	1
21	冷蔵コールドテーブル	1
22	冷蔵コールドドロワー	1
23	チャコールブロイラー	1
24	ハンドシンク	1
25	シンク付ワークテーブル	1
26	コーヒーマシン	1
27	アイスビン	1
28	オーバーキャビネット	1
29	シンク付ワークテーブル	1
30	ビールディスペンサー	1
31	冷蔵ショーケース	1

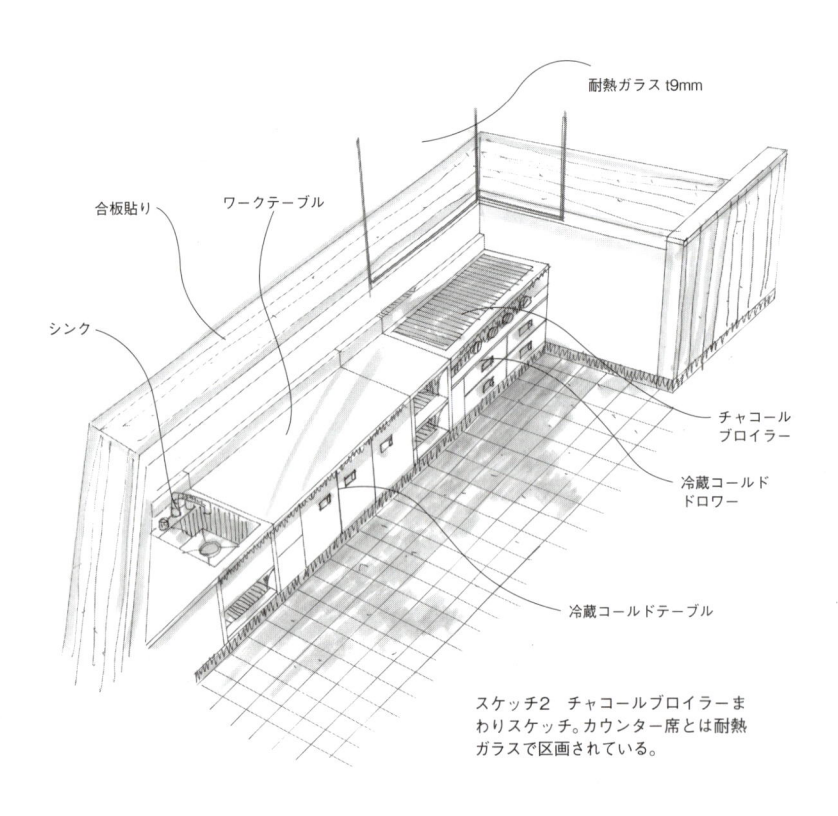

【スケッチ2】

チャコールブロイラーまわりのスケッチである。カウンター席左側前に配置したチャコールブロイラー、下部にはステーキ、ハンバーグなど焼く前の状態に仕込んだ肉、野菜類などを保冷するための冷蔵コールドドロワーを、左隣にワークテーブルを兼ねた冷蔵コールドテーブル、シンクの順に配置をしている。

もちろん背後のクッキングラインとのオペレーションの組み合わせや、背後の動きなどスムーズに料理を提供できるスペース、機器配置とすることを忘れてはならない。チャコールブロイラーの前面には、カウンター席との区画をするために、耐熱ガラスを配置し、熱や煙が客席に流れないようにしなければならない。

スケッチ2　チャコールブロイラーまわりスケッチ。カウンター席とは耐熱ガラスで区画されている。

厨房機器解説 42

器具洗浄機

寸胴鍋、ボウル、ホテルパンといった調理備品を洗浄する洗浄機。最近は、給食分野だけでなく、レストランでも保健所の指導が厳しくなっている調理備品の洗浄、殺菌、消毒に寄与する機器である。

タイプは、処理能力によりアンダーカウンタータイプ、ドアタイプ、コンベアタイプがある。食器洗浄機と構造ならびに洗浄方式は変わらないが、被洗浄物が食器に比べて嵩張るため、開口部が大きく取られている。洗浄対象からベーカリーやペストリーの店舗では、必須のアイテムとなっている。

食器洗浄機同様に、最近は温湿度が高くなりがちな洗浄室の作業環境向上のために、洗浄機筐体の断熱性を高めるとともに、省エネの観点から洗浄機内部の熱を外部に出す代わりに、その熱を利用して給湯する「ヒートリカバリー（排熱回収）タイプ」が出現している。

資料提供：ウィンターハルター

アンダーカウンタータイプ　内部構造

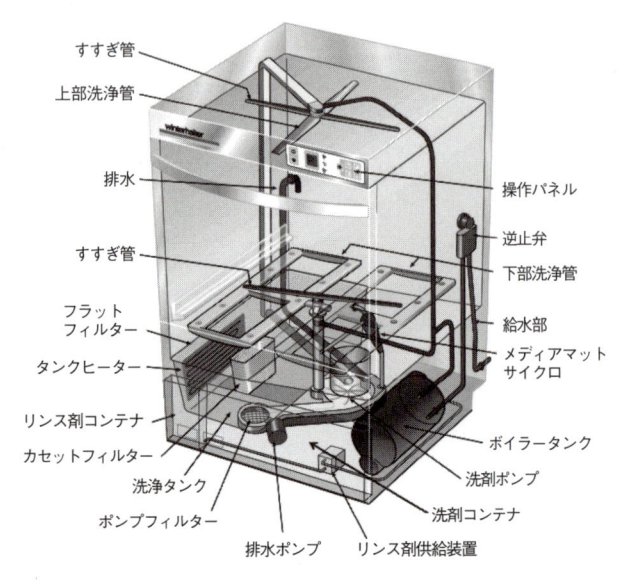

ヒートリカバリータイプ

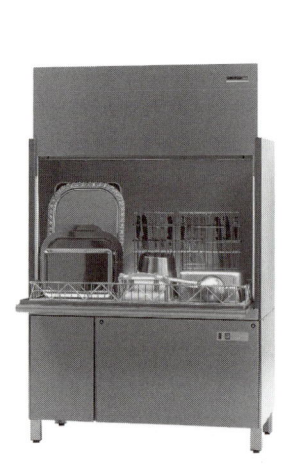

ドアタイプ

【スケッチ3】
クッキングラインの機器配置は、右側からリーチインタイプの冷凍冷蔵庫、隣接してフライヤー、脇台のワークテーブル、その隣にガスレンジ、下部には冷蔵ドロワー、最後にディッシュアップテーブルの順としている。
バックヤードとクッキングエリアの区画は天井まで壁を設け、ディッシュアップのワークテーブルは、バックエリアとクッキングラインを繋ぐように計画している。
料理の提供はすべてこのディッシュアップワークテーブルに集められることになるため、オーダリーもスムーズにできる仕組みにしておかなくてはならない。

【スケッチ4】
ドリンクラインのスケッチである。右側から冷蔵ショーケース、隣にビールディスペンサー、下部は樽類の収納スペース、シンク、アイスビン、コーヒーマシン、下部にコールドテーブルを配置している。
ソフトドリンク類は、下部の冷蔵コールドの保冷庫にピッチャーで保存しておきサービスする。その他ワイン、アルコール類については、すべて冷蔵ショーケースに保冷しておき注文ごとにボトルまたはグラスで提供するように計画をしておく。

スケッチ3　クッキングラインの機器配置スケッチ

スケッチ4　ドリンクラインのスケッチ

> **メニューリスト**
>
> **グリル**
> リブロースステーキ(225g) 2180円　リブロースステーキ(300g) 2680円　リブロースステーキ(450g) 3180円　カットリブロースステーキ(150g) 1780円　イベリコ豚のハンバーグステーキ(240g) 1780円　フィレステーキ(130g) 2580円　グリルチキン(1/2羽) 1680円　グリルチキン(1羽) 2880円　ハーフボンドステーキ(225g)＆ロテサリーチキン(1/4羽) 2780円　カットリブロース(150g)＆ロテサリーチキン(1/4羽) 2580円　カットリブロース(150g)＆ハンバーグ(120g)＆ロテサリーチキン(1/4羽) 2780円　カットリブロース(150g)＆ハンバーグ(120g) 2580円　ハーフボンドステーキ(225g)＆ハンバーグ(120g) 2780円　フィレステーキ(130g)＆赤海老のスパイシーグリル(2尾) 2980円　カットリブロース(150g)＆赤海老のスパイシーグリル(2尾) 2680円　ハーフボンドステーキ(225g)＆赤海老のスパイシーグリル(2尾) 2780円　キングサーモンのグリル(150g)＆赤海老のスパイシーグリル(2尾) 2480円　厚切りスモークベーコンのぶり焼き 580円　赤海老の香草焼き(3尾) 680円　スパイシーチョリソーグリル(6本) 680円　サーモンと赤海老のカクテル 780円　自家製厚切りポテトチップス 380円　オニオンリング 380円

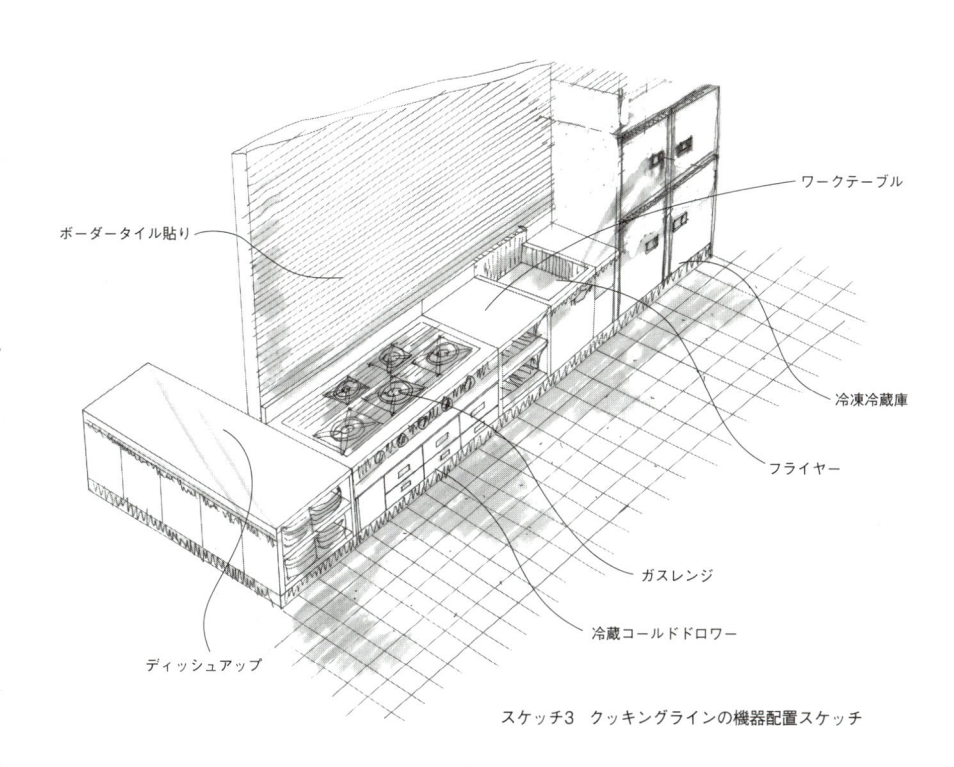

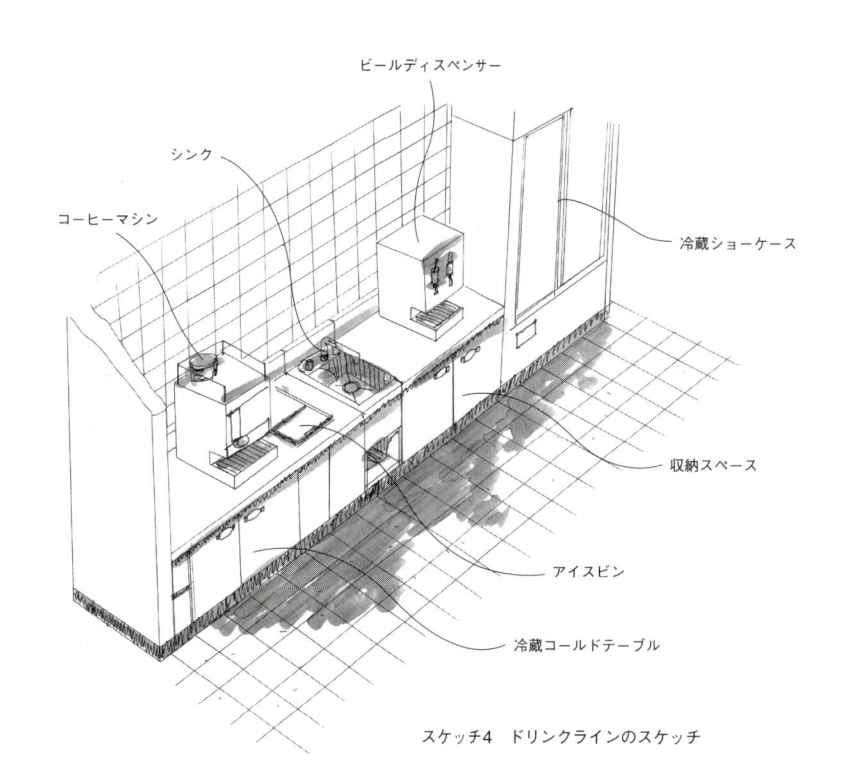

厨房機器解説 43

食器洗浄機

食器洗浄機は、ドアタイプとコンベアタイプに大別され、ドアタイプはアンダーカウンタータイプとカウンタータイプに、コンベアタイプはラックコンベアタイプとフライトタイプにさらに分けられる。機種を選定する際は、食器を処理する数と実際の洗浄オペレーションを考慮して行う。

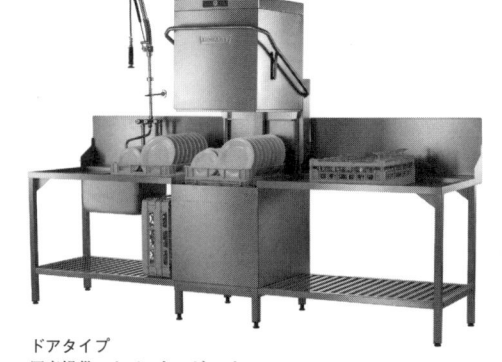

ドアタイプ
写真提供：ホバート・ジャパン

アンダーカウンタータイプ
写真提供：ホバート・ジャパン

ラックコンベアタイプ
写真提供：ホバート・ジャパン

フライトタイプ
写真提供：ホバート・ジャパン

米国NSF基準では、食器や備品の手洗いによる洗浄作業は、3槽シンクを使用し、以下の基準で適切に行うこととされている。
1) 第1槽は洗浄用とし、湯温が常時50～55℃であることと、頻繁に洗剤濃度測定器により適正であることを確認しながら、被洗浄物をブラッシングすること。
2) 第2槽は洗浄中に付着した洗剤類の汚れを落とすために、40℃以上の湯温が常に清潔に保たれるように継続的に給湯し、かつオーバーフローさせること。
3) 第3槽は最終消毒用とし、給湯温度は滅菌に必要な82℃以上とし、槽内の湯温が77℃以上の清潔な湯温を保持しながら、最低1.5分浸漬し、かつ湯温を常に確認すること。
4) 以上の手順をマニュアル化し、その通りに実施することとし、かつ消毒後のタオルの使用は不可とし、自然乾燥すること
これらを実用化するために、機械化が進められた。したがって、本来ならば洗浄タンクは60℃以上に保たれ、すすぎのお湯はブースターで80～85℃に昇温され、供給されなければならない。

ドアタイプは、下図のように洗浄タンクのお湯で洗浄し、すすぎ水を排水し、湯温80℃以上の清潔なお湯で最終すすぎが行われる。コンベアタイプも基本的には同じ仕組みだが、複数のタンクで構成されており、それぞれ洗浄用タンク、すすぎ用タンク、最終すすぎ用タンクと分かれている。最終すすぎ用タンクからオーバーフローしたお湯がすすぎ用タンクへ流れ込み、さらにそこからオーバーフローしたお湯が洗浄用タンクに流れ込む構造となっており、洗浄タンクから施設の排水口に排水される構造になっている。

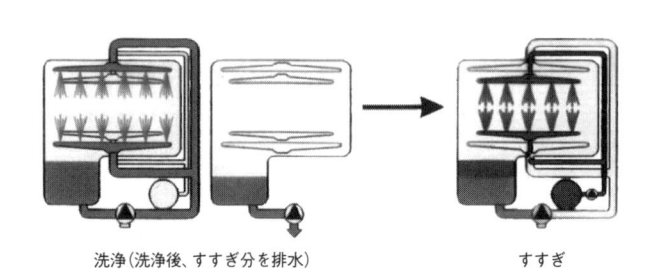

洗浄（洗浄後、すすぎ分を排水）　　すすぎ

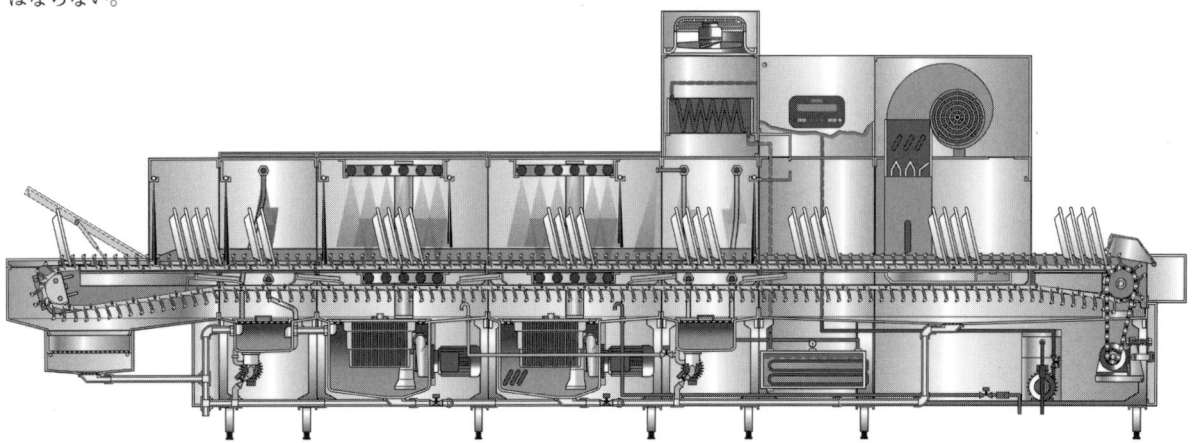

最近は、温湿度が高くなりがちな洗浄室の作業環境向上のために、洗浄機筐体の断熱性を高めるとともに、省エネの観点から洗浄機内部の熱を外部に出す代わりにその熱を利用して給湯する「ヒートリカバリー（排熱回収）タイプ」が出現している。
いずれにしても、良好な洗浄結果を得るためには、(1)洗浄機の洗浄機構(2)適正な洗浄温度(3)洗浄時間(4)洗剤の能力、に加えて水質が重要になる。
資料提供：ホバート・ジャパン

24 | ラーメン店
シンプルな味とサービスで幅広い客層にアピールする

74.9m²

32 seats

内装設備工事費2000万円
月商売上予測550万円

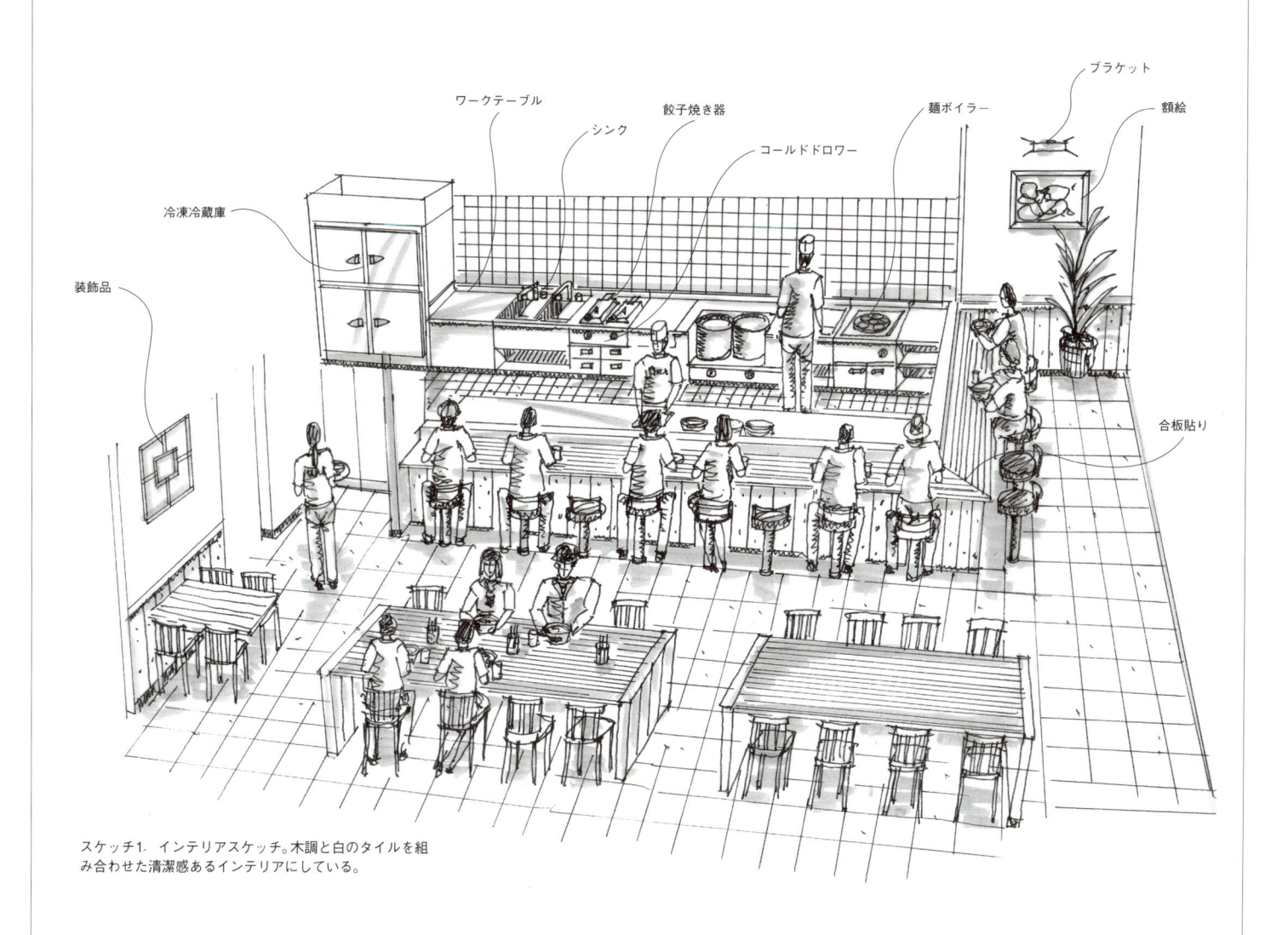

スケッチ1. インテリアスケッチ。木調と白のタイルを組み合わせた清潔感あるインテリアにしている。

■ 企画づくりとコンセプト

現在、ラーメン店は全国に5万店以上あると言われており、投資額も比較的低く、素人でも少しの訓練をすれば容易に開業できるといわれている業態である。

全国的にラーメンの人気は醤油味、味噌味、とんこつ味の順番であるが、雑誌などマスコミが様々に取り上げて、ラーメンの味や種類の人気は、年々変化している。

また「ラーメンおたく」という自称ラーメン評論家が多く、その評価に対応するために次々に新しいラーメンの味が現れ、つけ麺などこれまでのスタイルを変える提供方法などが登場してきている。

今後の人口減少や高齢化などの社会環境を配慮すると、幅の狭い層をターゲットにするよりも、これまでのシンプルかつ美味しい醤油味、味噌味を提供するラーメン店が、幅広い客層を集客できることは言うまでもない。

この店の場合には、昔ながらの鶏とあご類、野菜類で出汁をとったあっさりとした中にもコクがあるスープをベースに、醤油たれを入れた醤油ラーメンを主軸メニューとし、味噌たれとの2種類のラーメンをサービスし、バリエーションとして具材類のトッピングを付加できるように計画している。

また「手作りこだわり餃子」をサイドメニューの柱とし、素材への「こだわり」を訴求している。

客層としてはラーメン好きを対象に、個性的な味ではなく子供から高齢者に至るまで幅広い客層を集客できるように企画している。サービスの仕組みとしては、店の入り口周辺に券売機を配置し、注文の食券をキッチン側のスタッフに渡すという仕組みであり、繁忙時とアイドル時にも比較的少人数でオペレーションができるようにしている。

価格設定は約600円から800円までとし、低価格で美味しいラーメンを楽しんでもらうことを意図している。

もちろん夜にはアルコール類を提供できる

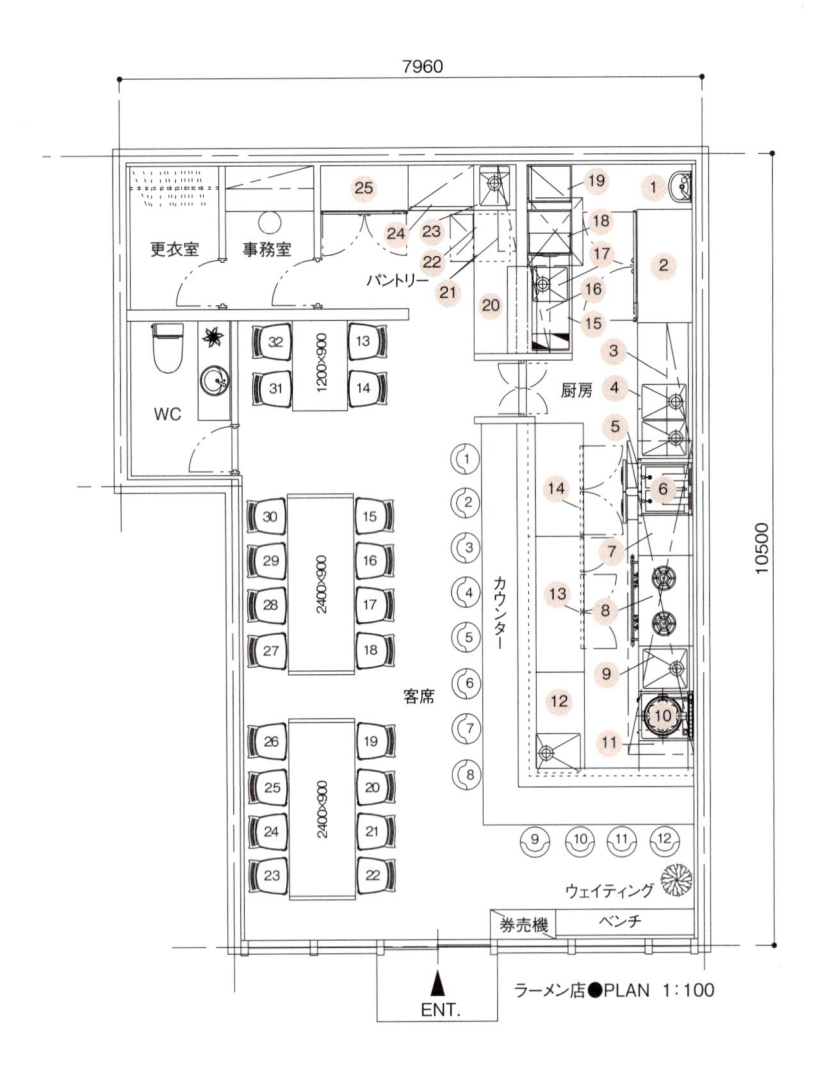

厨房機器リスト

No	品名	台数
1	ハンドシンク	1
2	冷凍冷蔵庫	1
3	オーバーシェルフ	1
4	二槽シンク付ワークテーブル	1
5	冷蔵コールドドロワー	1
6	餃子焼き器	1
7	ワークテーブル	1
8	ローレンジ	1
9	シンク	1
10	麺ボイラー	1
11	ワークテーブル	1
12	シンク付ワークテーブル	1
13	冷蔵コールドテーブル	1
14	冷凍冷蔵コールドテーブル	1
15	ソイルドテーブル	1
16	オーバーシェルフ	1
17	シンク	1
18	ディッシュウォッシャー	1
19	ラックシェルフ	1
20	ワークテーブル	1
21	オーバーシェルフ	1
22	アイスメーカー	1
23	シンク	1
24	冷蔵ショーケース	1
25	冷凍庫	1

ラーメン店●PLAN 1:100

ように、客席に隣接した一角にドリンクパントリーを配置し、客単価を上げることができるようにしておくことを忘れてはならない。ラーメン店は立地を選ばないと言われるものの、認知度を高めやすい場所を選定することは言うまでもなく、1階路面立地がベストである。

麺についても「極細」「太麺」「中太」「ちぢれ麺」など、スープに合わせた麺を組み合わせることが、美味しいラーメンの基本であることを理解しておかなければならない。ラーメンの味の個性ではなく「こだわり」を優先することが大切である。

■ 平面計画／ゾーニング計画のポイント

この店のゾーニングは、入り口の右側脇に券売機、オープンキッチン、奥側に洗浄エリアを配置し、左側に大テーブル席、4人席、キッチンに対面したカウンター席など、奥側に事務所、トイレなどの付帯設備を配置している。

一般的にラーメン店の場合、キッチンを開放しないとサービスが成立しにくく効率が悪いため、オープンキッチンにすることが多い。ラーメン店のビジネスを考えると、繁忙時とアイドル時の落差が大きいが、常にスタッフの人員を最小限に絞ることができるように計画することが基本である。カウンター席のみの店が多く、キッチン側で調理しラーメンを直接カウンター席に提供できることが効率的である。

もちろんスペースが広く確保できる場合には、カウンター席以外の客席を計画することもあるが、効率性の高いオペレーションとすることが基本であることには変わりがない。

■ 各部施設計画のチェックポイント

【スケッチ1】

ラーメン店のインテリアは、様々なラーメン店が街のあちこちに点在するように、そのインテリアも多種多様である。中華系、和風古民家風…等々の店、またステンレスを多用しキッチンのイメージで統一した店など、デザインも時代とともに変化している。

この店の場合には、和の木基調と白のタイルを組み合わせた、明るく清潔感がある親しみやすいインテリアにしている。カウンターの素材も木調の合板、カウンター椅子は固定、ダイニングのテーブル、椅子類の家具は木調に統一している。

また壁側には卍のオブジェ、墨絵など全体に和のイメージを高めるディスプレイを計画している。

【スケッチ2】

クッキングラインのスケッチである。右側から麺ボイラー、シンク、スープストックローレンジ、脇台、餃子焼き器、下部には冷蔵ドロワー、隣にはプレパレーションを兼ねたシンクなどを配置している。

基本的には、熱源を持つ調理機器を壁側1カ所に集中し、排気フードを一つにまとめるこ

とが設備的かつ投資を軽減することになる。
クッキングラインの向かい側、カウンターラインにラーメンの器を配置し、振り向いてラーメンを盛り付ける調理オペレーションが効率的である。

店のスタイルによっては、スープレンジをカウンター側に配置する方式もあるが、熱源が分散するため、そこで働くスタッフの意見調整をしておくことが大切である。

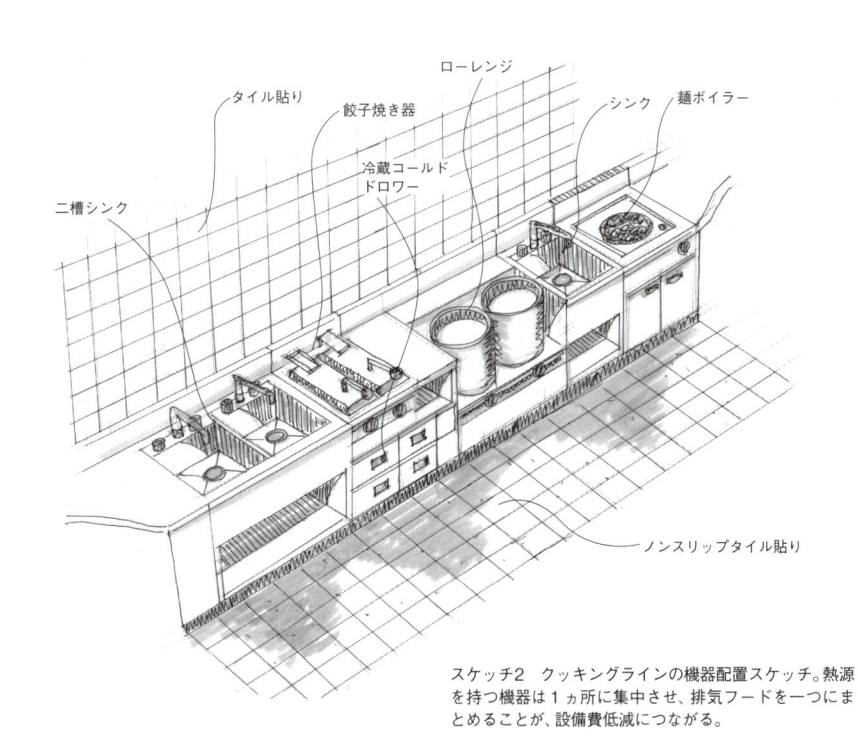

> **メニューリスト**
> 醤油ラーメン 600円　味噌ラーメン 600円　つけめん 700円　麺大盛り +100円　チャーシュー 300円　味付玉子 100円　めんま 150円　のり 100円　わかめ 100円　水餃子 300円　チャーシューご飯セット 850円　ラーメンセット 700円　焼き餃子 350円　白ご飯(小) 100円　白ご飯(並) 150円　チャーシューご飯 300円

スケッチ2　クッキングラインの機器配置スケッチ。熱源を持つ機器は1ヵ所に集中させ、排気フードを一つにまとめることが、設備費低減につながる。

厨房機器解説 44

ローレンジ

ガスレンジ同様に鋳物製のリングバーナーを使用したコンロを床下から450mm程度の高さに配置した機器である。燃焼原理はガスレンジのバーナーと同じであるが、主に寸胴鍋を使用し、大量のお湯を沸かしたり、スープをストックしたりするのに使用される。通常2重式以上のバーナーが使用される。

ガスレンジ同様にバーナーの孔はタテ方向にあけられているため、調理中の吹きこぼれ、調理時の食品くずや油汚れなどで目詰まりしやすいので、定期的に手入れを行う必要がある。最近は、ガス会社各社が提案する「涼厨(すずちゅう)」という商標の製品で、前面から空気を取り入れ、バーナーの外部を空気断熱構造とし機器本体からの輻射熱を大幅にカットするとともに、燃焼排気を機器背面に集めて拡散を防止して排気フードへ捕集できるようにしたモデルも登場しており、調理環境の改善に寄与するものと期待されている。

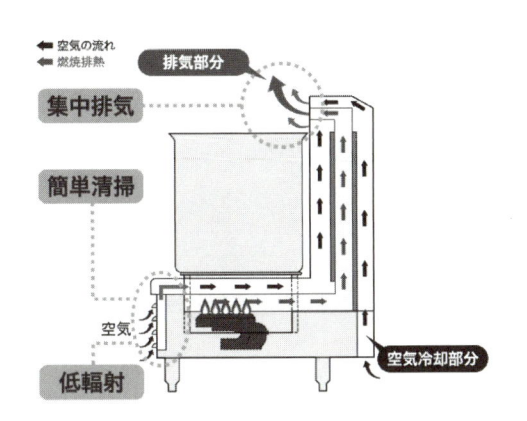

ローレンジ(涼厨仕様)の構造
資料提供：東京ガス

ローレンジ
写真提供：コメットカトウ

ローレンジ(涼厨仕様)
写真提供：マルゼン

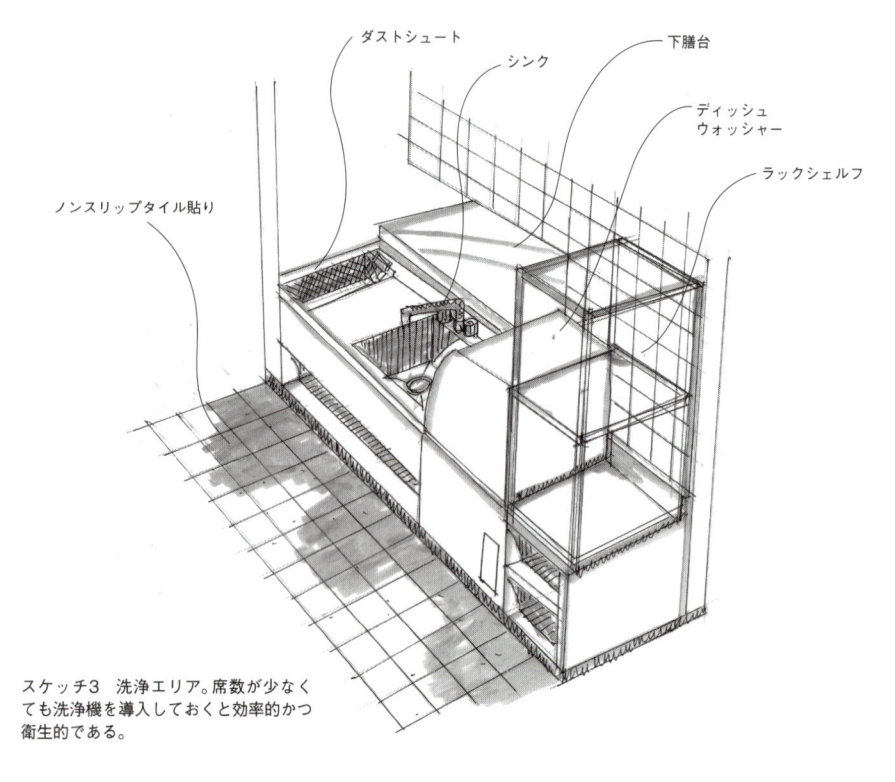

スケッチ3　洗浄エリア。席数が少なくても洗浄機を導入しておくと効率的かつ衛生的である。

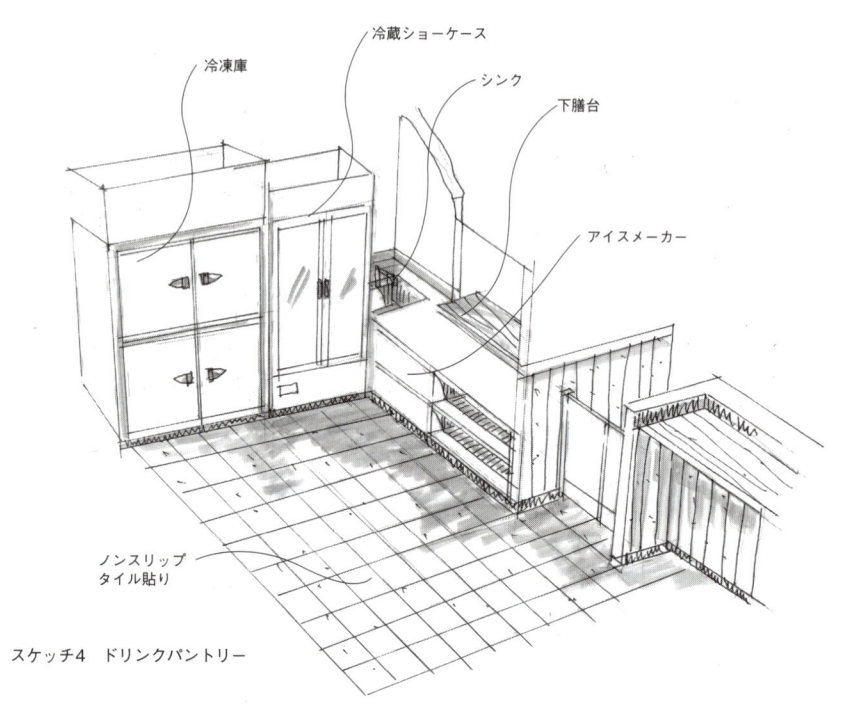

スケッチ4　ドリンクパントリー

【スケッチ3】
洗浄エリアのスケッチである。ラーメン店であろうとも洗浄エリアは下膳をする場所であるため、客側から見えないようにしておかなくてはならない。
この店の場合には、下膳スペースの下膳棚の部分のみに開口部を設け、左側から器に残ったスープや残菜類を処理するダストシンク、次にシンク、洗浄機、ラックキャビネットを配置している。
席数が少ないラーメン店の場合には、洗浄機を使用せずに手洗いにすることもあるが、器類その他の備品などの洗浄作業を配慮すると、小さくとも洗浄機を導入しておくと効率的かつ衛生的な状態を保持、管理できる。

【スケッチ4】
ラーメン店におけるドリンクパントリーの設備としては、水のサービス、アルコール類を保冷しておくための冷蔵ショーケース、アイスメーカーなどの機器がある。
またダイニング側から洗浄エリアへ下膳できるように下膳棚部分のみ開口しておくことが、客席側から洗浄エリアを隠す一般的手法である。
アルコール以外のソフトドリンク類は、瓶類をすべて冷蔵ショーケースに保冷しておくことが、スムーズにドリンク類を提供するためのポイントになるだろう。

厨房機器解説 45

餃子焼き器

厚手の鉄板に上蓋が取り付けられた機器で、餃子を蒸し焼きにする。注水から焼き上げまで自動でできる機種もある。卓上型と床置型があり、熱源もガスと電気の両方が用意されている。

写真提供：ニチワ電機

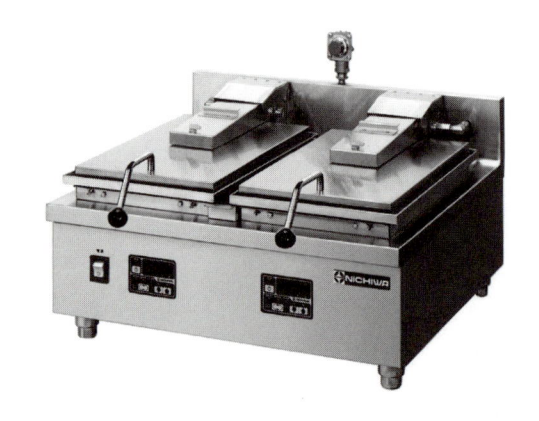

25 | 寿司店

和の持つ「品」と「粋」をアピールした非日常空間

126m²

46 seats

内装設備工事費2800万円
月商売上予測800万円

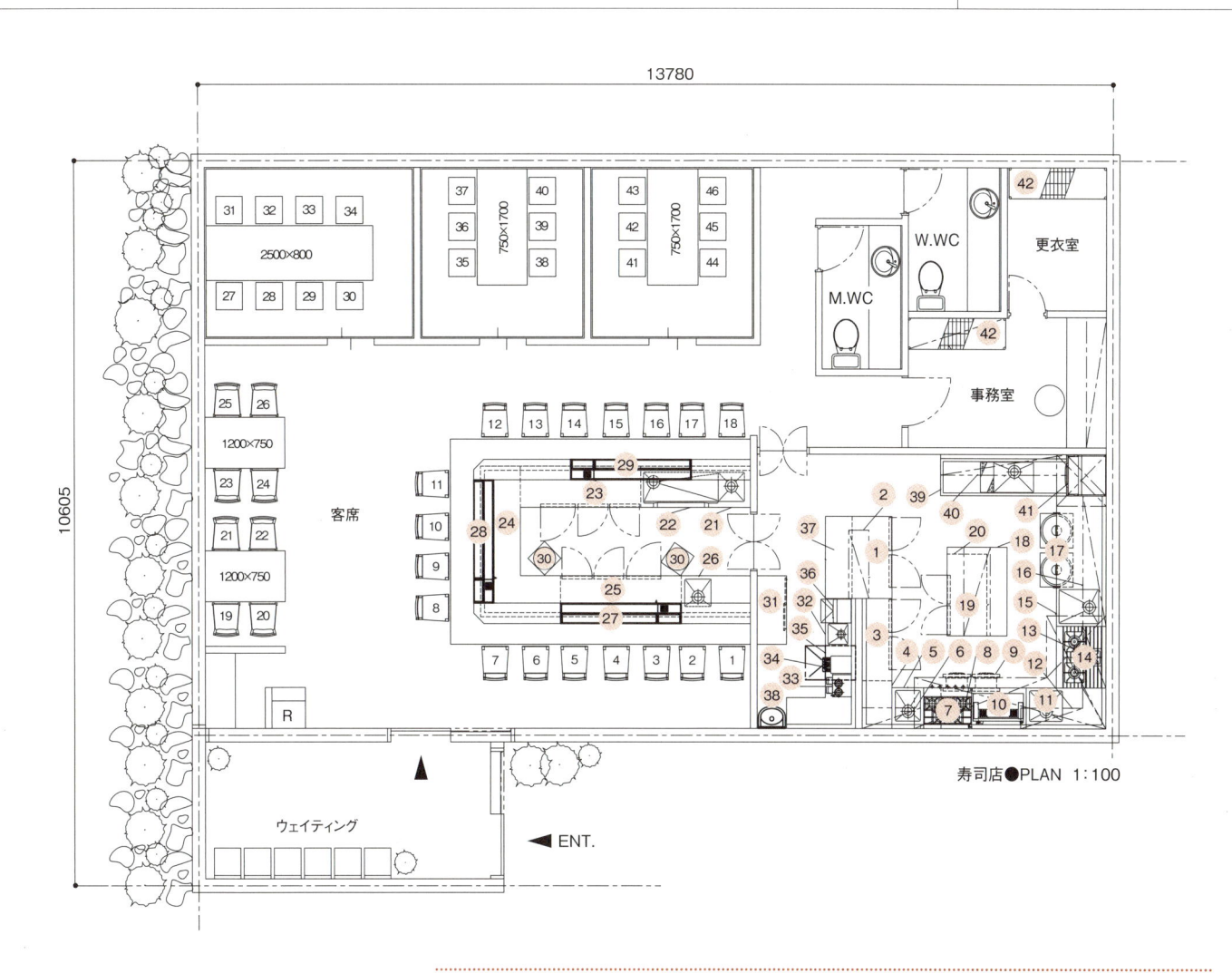

寿司店●PLAN 1:100

■企画づくりとコンセプト

寿司とは、これまでは日常食ではなく、特別の日のご馳走として食卓にのったが、回転寿司などの普及もあり、もはや手軽に低価格で食べられる日常食になっている。

現在、「スシ」はテリヤキ、天ぷらと並ぶ日本食を代表する料理になっており、日本国外の日本食レストランの多くでは寿司がメニューに含まれることが常態化している。

今や、特に欧米では寿司ブームであり、大都市ではもちろんのこと地方都市のスーパーマーケットですら寿司が売られていることが珍しくない。

しかし世界各地の「スシレストラン」には韓国人など日本人以外の経営、調理によるものが増加し、日本人による寿司店の割合は10パーセント以下とまで言われるほど減少している。そのためか、日本の伝統的な寿司の調理法から大きく飛躍（あるいは逸脱）したものまで

厨房機器リスト

No	品名	台数
1	冷蔵コールドテーブル	1
2	オーバーシェルフ	1
3	冷蔵コールドテーブル	1
4	ワークテーブル	1
5	シンク	1
6	オーバーシェルフ	1
7	ガスレンジ	1
8	パイプシェルフ	1
9	冷蔵コールドドロワー	1
10	焼き物器	1
11	シンク付ワークテーブル	1
12	オーバーシェルフ	1
13	パイプシェルフ	1
14	ガスレンジ	1
15	シンク付ワークテーブル	1
16	オーバーシェルフ	1
17	炊飯器	2
18	ワークテーブル	1
19	冷蔵コールドテーブル	1
20	オーバーキャビネット＆オーバーシェルフ	1
21	シンク	1
22	舟型シンク	1
23	冷蔵コールドテーブル	1
24	ワークテーブル	1
25	冷蔵コールドテーブル	1
26	シンク付ワークテーブル	1
27	ネタケース	1
28	ネタケース	1
29	ネタケース	1
30	シャリウォーマー	2
31	冷蔵ショーケース	1
32	シンク付ワークテーブル	1
33	酒燗器	1
34	マルチリカーディスペンサー	1
35	アイスメーカー	1
36	タオルウォーマー	1
37	キャビネットテーブル	1
38	ハンドシンク	1
39	ソイルドテーブル	1
40	ラックシェルフ	1
41	ディッシュウォッシャー	1
42	シェルフ	2

105

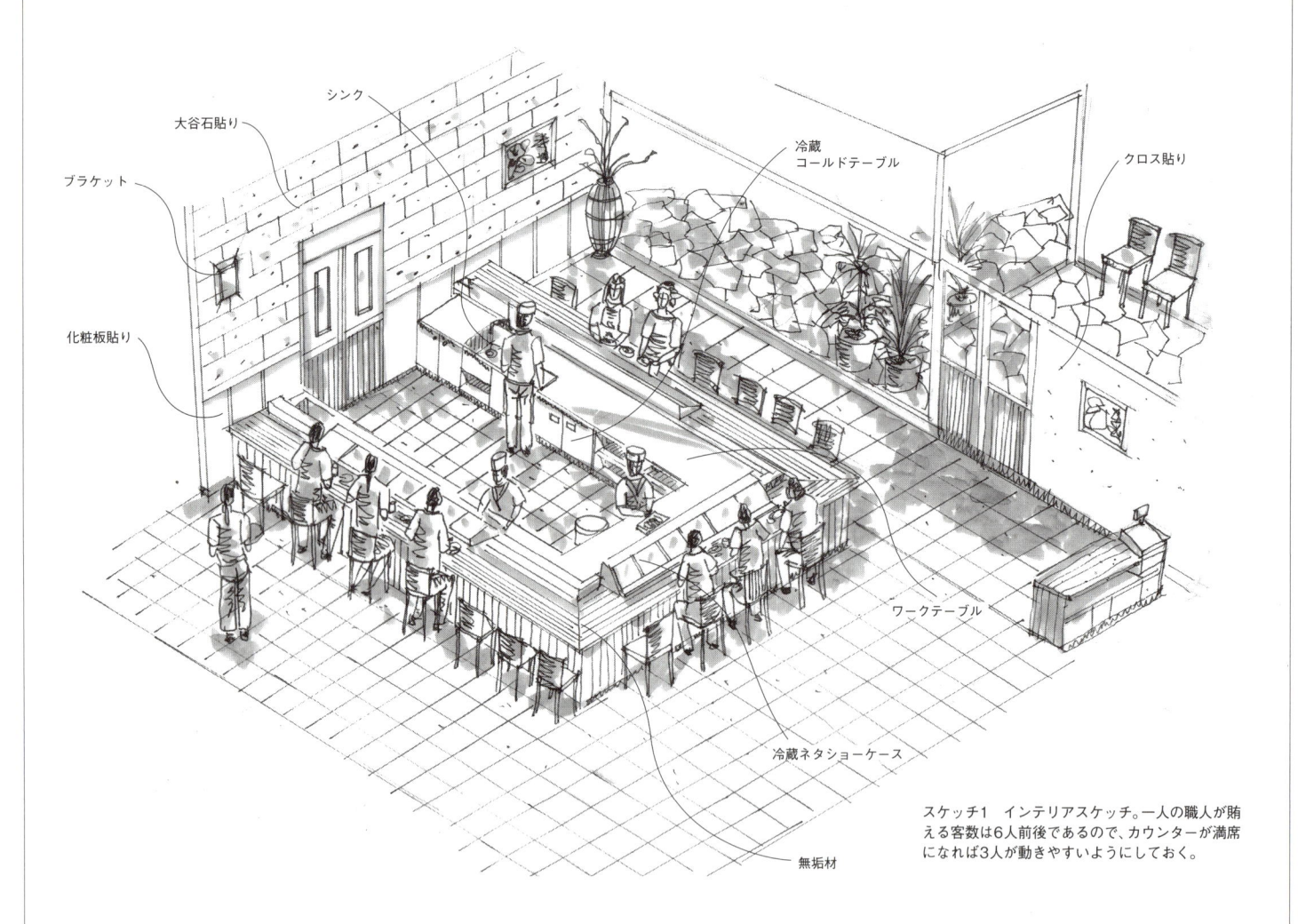

スケッチ1　インテリアスケッチ。一人の職人が賄える客数は6人前後であるので、カウンターが満席になれば3人が動きやすいようにしておく。

が「スシ」として販売されるようになってきている。そうした状況の中、もっと日本の正しい伝統的寿司の技術、文化を伝授しようとする協会、団体により、世界へ向けて寿司の食文化を広める動きが活発化している。

ハレの食から日常食になったスシであるが、本格的な寿司店のカウンターで食する寿司と、回転寿司で食べる寿司のネタの鮮度や素材の仕込みなど、技術的な格差を埋めるまでには至っていない。本格的な寿司店の料理価

値は健在であると言える。
寿司店も時代の変遷とともに立ち食い寿司、低価格寿司などであっても、ネタの鮮度や技術は本格的寿司店と遜色ない業態も登場してはいるものの、伝統的な寿司店も支持され

厨房機器解説 46

ネタケース

寿司ネタをディスプレイするショーケース。既製品のものから特注品まであるが、デザインを優先すると特注することが多い。寿司ネタを乾燥させないために、冷却方法はファンを回さない自然対流方式が採用されており、機器の底面からと上部に配置した冷却パイプから挟み込むように冷却する。ディスプ

レイ効果も必要なので、カウンターからネタケース内部が見やすいように底面を傾斜させたり、前面ガラスに曲面ガラスを取り入れたりしている。
庫内湿度が約80%を実現した恒温高湿タイプのネタケースもある。
また、寿司屋以外に、焼き鳥屋、串焼き屋などで仕込んだ材料をネタケースに保管し、カウンターにディスプレイすることもある。

資料提供：ホシザキ電機

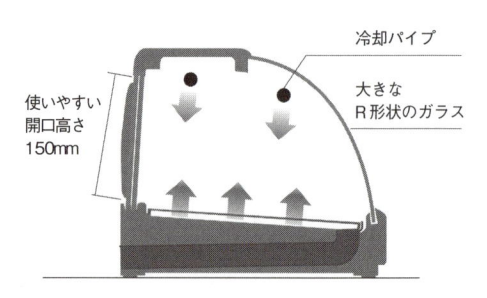

冷蔵ネタケース

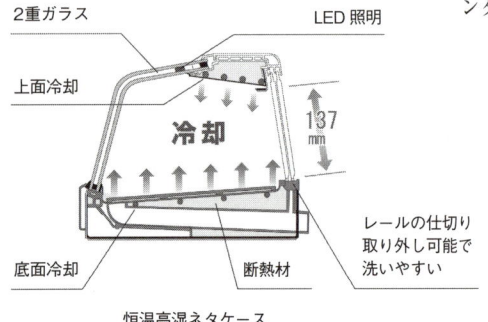

恒温高湿ネタケース

ている店は数多くあり連日の賑わいを見せている。

ここで提案する寿司店の客層は、男女30歳から50歳後半までのアダルト層が多く、気に入った店には常連化する傾向が強い層をターゲットとしている。

客単価は一人約5000円から7000円、ランチセットは約1000円、1800円、2500円程度を設定している。このように低価格で提供する店が多くなってきていることが、寿司ブームの再燃を促していると言える。

立地としては、街の一角に位置する単独店、商業施設の食堂街など、あるいは駅と住宅地の中間など場所としては様々であるが、基本的には1階に位置していることがベストであろう。ネタの質や鮮度、仕込み技術など寿司そのものの美味しさは当然のこととして、魚の仕入れルートや産地直送便など、旬のネタ類が豊富であることが差別化のポイントであり、繁盛店としての鉄則であると言っても過言ではないだろう。

■ 平面計画／ゾーニング計画のポイント

この店のゾーニングは、入り口に向かって右側に寿司カウンター、その背後にバックキッチン、洗浄エリア、その左側奥に事務所、トイレなどの付帯施設を配置し、入り口左側にキャッシャースタンド、4人席、個室グループ席、寿司カウンター席を配置している。

寿司カウンター席を担当する職人は、技術・経験によっても異なるものの、一人の職人が賄える人数は6人前後であり、カウンターが満席になれば、3人が寿司カウンターの中で仕事ができるようにしておく。

また個室やその他の席に対しても寿司やその他の料理を提供することを配慮すると、寿司以外のサービスカウンターはバックキッチンに配置しておくことがベストであろう。

■ 各部施設計画のチェックポイント

【スケッチ1】

寿司店には、共通した和風のインテリアイメージがある。それは、粋の雰囲気をインテリアで表現された空間と言える。

この店のインテリアは、和の持つ「品」と「粋」をアピールできるように、カウンターのトップは無垢材、カウンターに隣接した壁は下部から天井まで大谷石貼りとしている。また客席から庭が見えるようにすることで、高級感ある非日常的環境づくりに付加価値を持たせている。

【スケッチ2】

寿司カウンターを部分的にスケッチした図である。右側からシンク、隣に船型シンク、冷蔵コールドテーブル。ネタショーケースはネタが客側からよく見えるように傾斜を付け、注文されるそのつど、にぎりや魚のつまみなどキッチン側からネタケースの引き違い扉

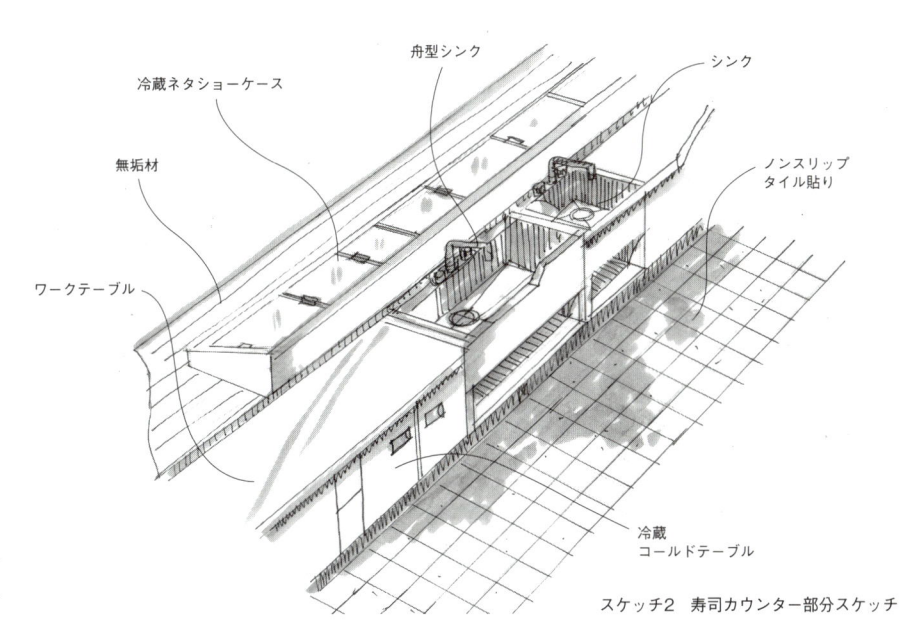

スケッチ2 寿司カウンター部分スケッチ

厨房機器解説 47

舟型シンク

和食レストランにおいて、魚を捌く際に使用する専用シンクを舟型シンクという。通常のシンクより槽の深さは浅く、150〜180mmというのが通常である。手前は低く切り欠いてある。まな板は通常60〜80mm程度のヒノキの一枚板のものが使用され、シンクの中に馬と呼ばれる架台にのせて置かれる。最近では抗菌プラスチックの厚手のまな板が使用されることも多い。

また、まな板面の高さはシンクの手前の切り欠き部より30mm程高くし、全体として900〜950mmと通常の作業台より高くする。シンクへの水栓は、一般的には給水のみでよく給湯は不要である。

舟型シンクの下に冷蔵コールドテーブルを組み込んで、下ろした魚などを収納しておく場合が多い。

交差汚染を回避するために、スペースが許せば、舟型シンクは、魚を捌くための下ごしらえ用と作取りした魚の切り付け用に分けて使用するべきであり、そうでない場合は、まな板を取り替え十分に槽内部を洗浄して使用する必要がある。特に、和の厨房で、調理長は後者の舟型シンクの前に立ち、全体の作業の流れや料理の管理を行うため、全体の見通しが利く場所に配置するのが一般的である。

資料提供：ホシザキ電機

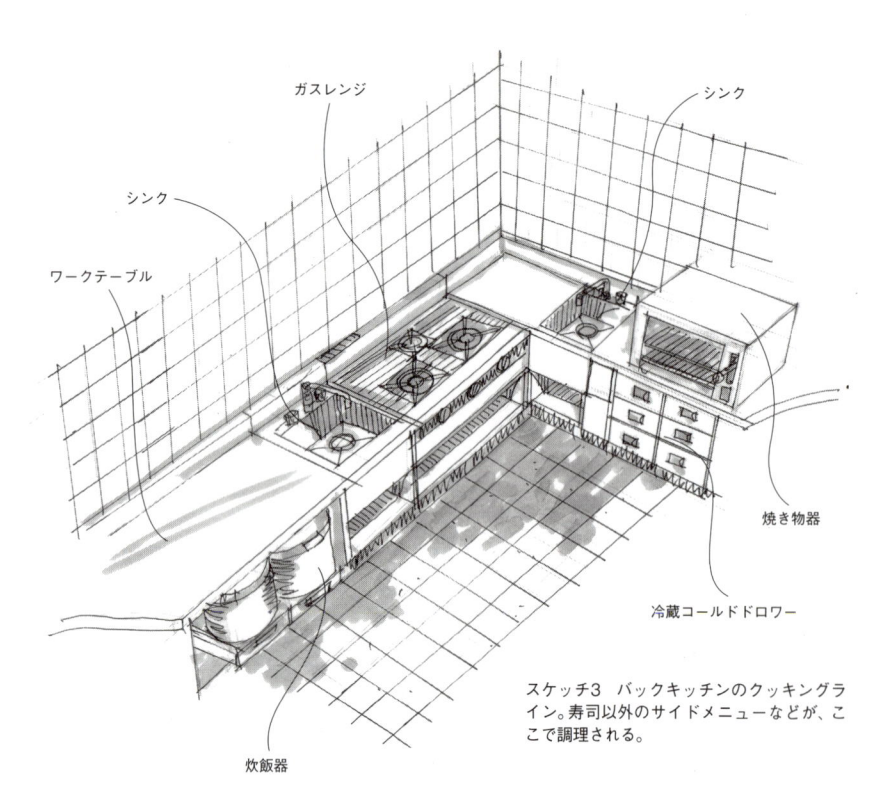

を開き、ネタをとり仕事をするスタイルである。にぎりやつまみ料理などは客のカウンターの目の前にゲタなどをおき、その上にサービスする。

キッチン側の作業台の高さは、職人の仕事のしやすさで様々な高さがあるものの、一般的には、腰をかがめずに刺身包丁を引ける奥行きがあれば問題ないだろう。舟型シンクを配置する場合には、一匹で仕入れる魚が多いことを配慮して検討しなければならない。

【スケッチ3】
バックキッチンのクッキングラインのスケッチである。
バックキッチンでの調理作業としては「焼き物」「蒸し物」「煮物」など寿司以外のサイドメニューやコースメニューの料理を主軸に調理するラインであり、寿司めしのしゃり切りやその他の仕込み作業をするエリアである。焼き物器の下部には、仕込みを済ませた食材類の保冷庫として冷蔵コールドドロワー、隣にシンク、ガスレンジ、シンクを配し、ワークテーブル下部には炊飯器など、調理と仕込みができる機器の配置を計画しておくことが大切である。

【スケッチ4】
バックキッチンのディッシュアップラインである。基本的にディッシュアップラインは寿司カウンター、客席側とは完全に区画された位置にあるため、客席のスタッフがキッチンへ入ってきて料理を各テーブルに料理を運ぶというサービスの流れになる。
もちろんアルコール類のサービスもキッチンに隣接したドリンクパントリーから客席へサービスされることを配慮し、寿司カウンターの寿司、にぎり以外のサービスはこのスペースですべて賄えるように計画する。
ディッシュアップの機器には、最後の料理の再確認と盛り付けを補うために、ワークテーブルを兼ねた冷蔵コールドテーブルを配置しておくと、コース料理や個室へのサービスがしやすくなる。

スケッチ3 バックキッチンのクッキングライン。寿司以外のサイドメニューなどが、ここで調理される。

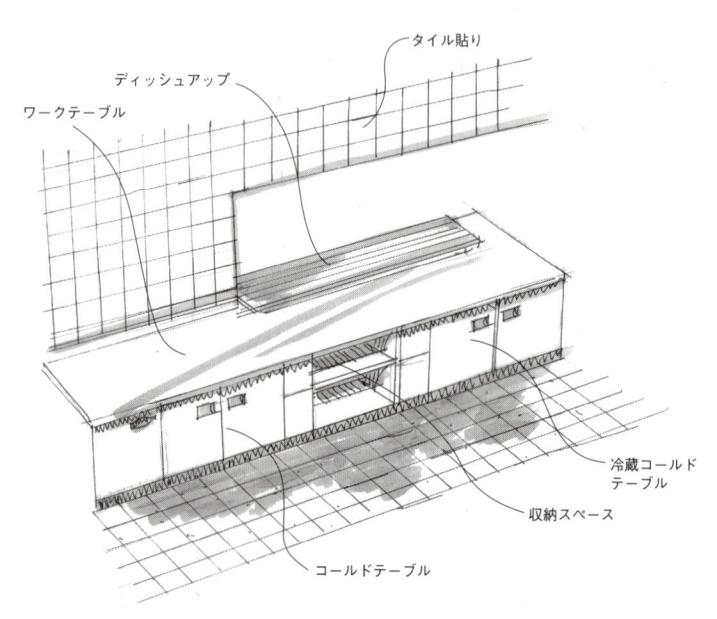

スケッチ4 バックキッチンのディッシュアップライン

メニューリスト

にぎり
たまごやき げそ とびっこ 貝われ 海老 たこ するめいか ひも サーモン いか 芽ねぎ こはだ かんぱち 甘エビ かつお あじ さば 真鯛 さより 帆立貝 すみいか やりいか 穴子 ひらめ 天然本マグロ赤身 えんがわ ほっき貝 白海老 ずわいがに 子持ちこんぶ たいら貝 中トロ うに 赤貝 ぼたん海老 本マグロ大トロ あぶりとろ

細巻
かっぱ巻 かんぴょう巻 梅しそ巻 たくあん巻 山ごぼう巻 納豆巻 鉄火巻 穴きゅう巻 ひもきゅう巻

一品
玉子焼き 400円　季節のお新香 500円　季節のおひたし 500円　もずく酢 500円　豆腐サラダ 650円　かに酢 900円

焼き物
かに味噌焼き 650円　焼きタラバガニ 1800円　かんぱちかま焼き 650円　サザエのつぼ焼き 800円

お刺身盛り合わせ（一人前）
楓刺し 2500円　百合刺し 3800円　おすすめ盛り合わせ3～4人前 5000円

デザート
アイスクリーム 300円　シャーベット 300円

おきまり
おすすめ旬にぎり一人前 3000円　桜にぎり 1500円　桃にぎり 2500円　牡丹にぎり 2800円　雪椿にぎり 3000円　菊ちらし 1300円　華ちらし 2500円　駒草ちらし 3000円

コース料理
牡丹 6000円　椿 5000円　菊 4500円

26 | イタリアンデリ&レストラン

それぞれがビジネスとしての成立を目指す複合レストラン

546.8㎡

230 seats

内装設備工事費1億1800万円
月商売上予測2500万円

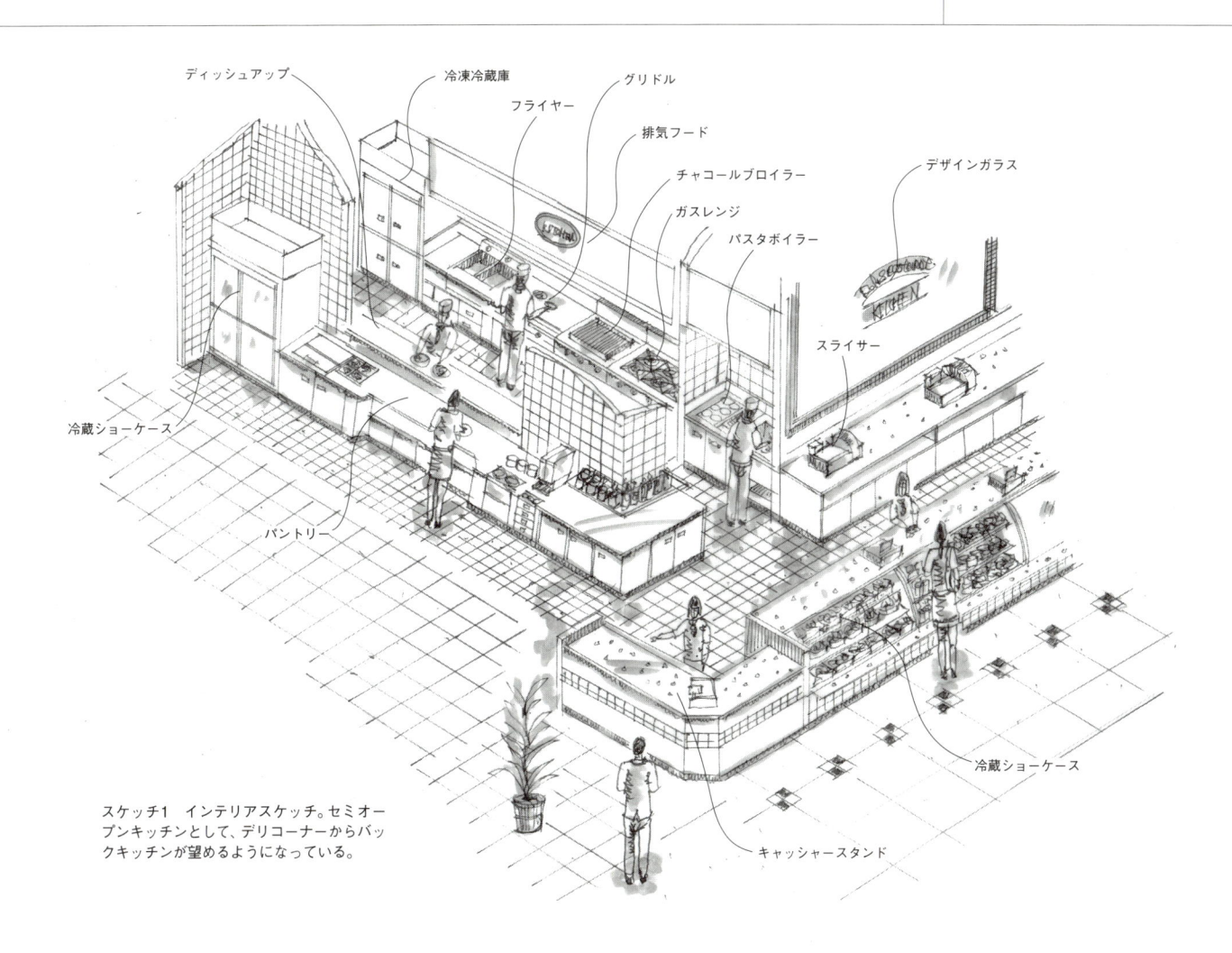

スケッチ1　インテリアスケッチ。セミオープンキッチンとして、デリコーナーからバックキッチンが望めるようになっている。

（ラベル：ディッシュアップ、冷凍冷蔵庫、フライヤー、グリドル、排気フード、チャコールブロイラー、ガスレンジ、パスタボイラー、デザインガラス、スライサー、冷蔵ショーケース、パントリー、冷蔵ショーケース、キャッシャースタンド）

■企画づくりとコンセプト

「イタリアンデリ&レストラン」という業態は、イタリアンレストランにイタリアンデリを併設し、テイクアウト販売する複合店である。計画する店の規模により、デリ惣菜をディスプレイするスペースを広く確保する、あるいはデリ冷蔵ケース1台のみなど種々の複合のカタチがある。

デパートの地下食品売り場でよくあるイタリアンデリ惣菜の単独店に、一般的なイタリアンレストランが合体した店をイメージすると分かりやすいだろう。

本場イタリアの場合には、デリ惣菜店の老舗やデリショップが多く、むしろデリショップに付帯、複合したレストランが多い。そうしたデリレストランではデリ類を前菜として提供するスタイルが一般的だ。

デリ惣菜を買い求める客とレストランを利用する客の動機が、必ずしも一緒であることはないものの、ほとんどの場合、女性客が主客層となろう。

20歳前半から50歳後半までの幅広い年齢層の女性客を集客できる業態であるだろう。もちろん男性客やカップル、ファミリー客など、利用動機に合わせて多種多様な使い方ができることが魅力の一つでもある。

立地を考えるとき、前述したようにそれぞれの規模（デリ／レストラン）、複合の程度により異なってくる。

惣菜販売スペースを広く計画する場合には、デリ販売とレストラン営業を単独店として事業計画を検討することが妥当であろう。したがってデリ惣菜を買い求めるOL、主婦層と、レストランを利用する客のニーズの、二つを満たす立地であることが基本になるだろう。

デパートの食品売り場に隣接した場所や駅周辺に隣接した場所など、ターゲットとする客層が多く利用する施設や立地を選定することがビジネスとしての成立を左右することになる。

客単価としてはデリ惣菜店の場合には約800円、レストランの場合には、ランチ1000円、1500円の設定、ディナーで約2800円から3500円の設定で食事を楽しめることが幅広い客層を集客できるポイントになる。

複合店ビジネスの難しい点は、二つの業態が単独で採算が合うように企画することにある。料理の美味しさや素材へのこだわり、健康志向、また個食化などの生活者のライフスタイルに対応したサービスを豊富に持っていることが認知度を上げ広く集客できる武器となる。

もちろんレストランでの前菜類は、デリ惣菜を利用することが全体のオペレーションや効率的経営の基本であることを忘れてはならない。

■平面計画／ゾーニング計画のポイント

この店のゾーニングは、入り口に向かって右側がデリ販売コーナー、その背後にメインキッチン、バックヤード、事務所スタッフ

109

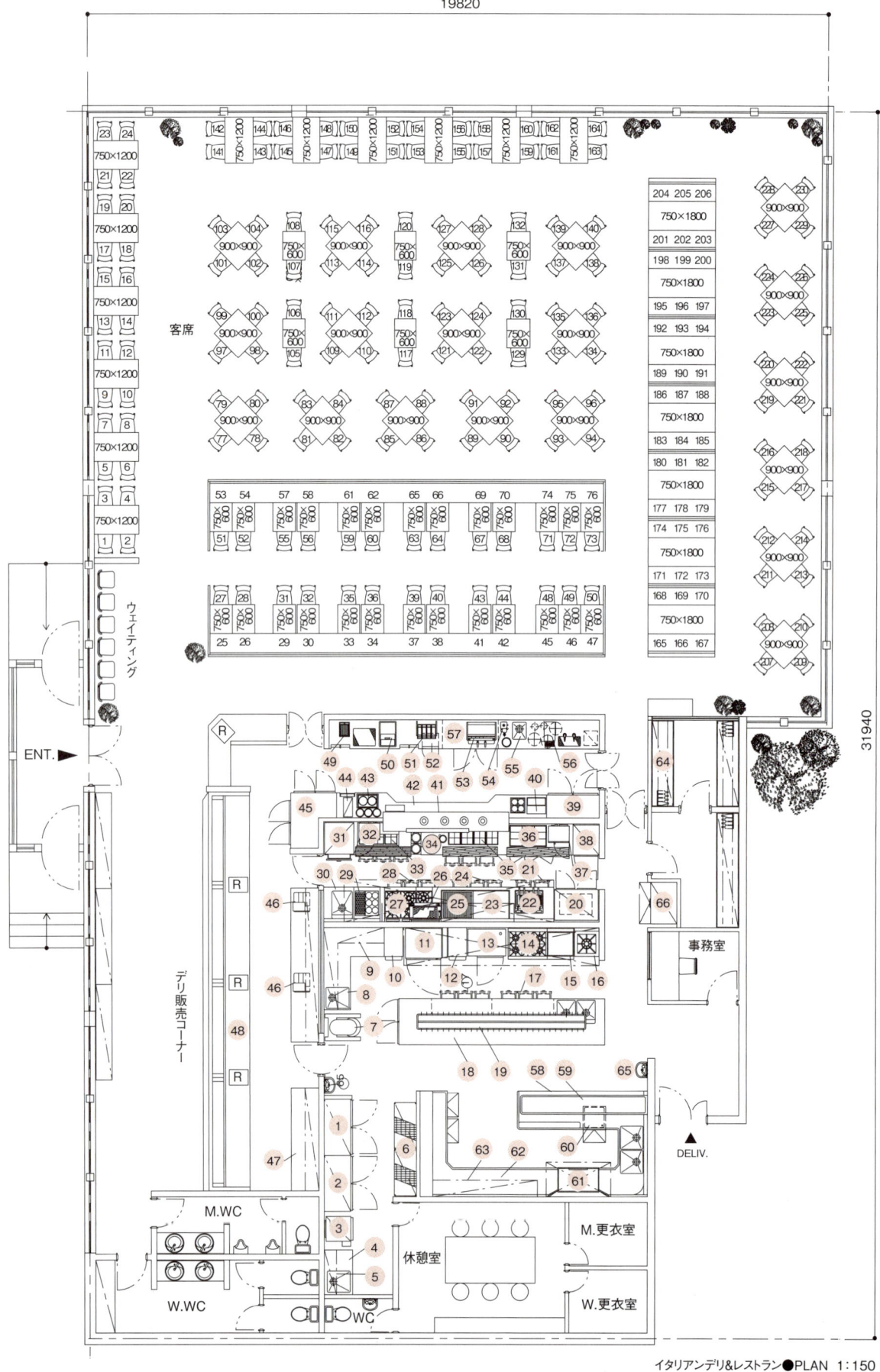

イタリアンデリ&レストラン●PLAN 1:150

ルームなどがあり、左側にレストランスペースを配置している。

デリコーナーとレストランの利用を考えるとき、デリ惣菜のみを買いに来る客とレストランを利用する客の動線が繁忙時に交差しないようにしなければならない。したがって入り口で通路とスペースを二つのゾーンに分けることがベストであろう。

しかし、レストランを利用する客が帰る際にデリ惣菜を購買することも配慮し、コーナーを完全に区画しないようにしておくことが、複合店としての配置計画の基本である。

■ 各部施設計画のチェックポイント

【スケッチ1】

この業態のような場合、キッチンをオープンにする、あるいはセミオープンにするかなど、企画する店によってデザインが異なる。この店の場合はセミオープンキッチンとしている。デリコーナーの背後は大きなフィックスガラスで区切られたキッチンエリアが見えるように配置する。デリ惣菜類が調理製造されるバックキッチンを望める演出は、ひとえに利用者の食への期待感や安心感、好奇心などをアピールするためである。

全体のイメージとしてはセミオープンキッチンであるものの、デリコーナーからもレストランの雰囲気が分かるように開放的にしていることや、レストランのパントリーエリアとデリコーナーを相互に行き来できるように、機能的かつ効率的なスタッフ配置を計画している。

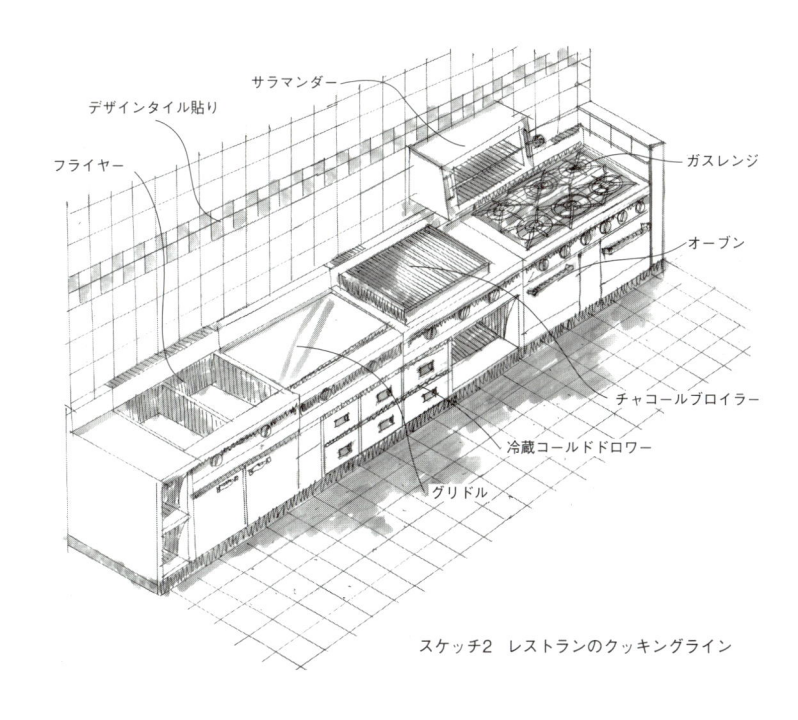

【スケッチ2】

レストランのクッキングラインのスケッチである。クッキングラインの機器配置としては、そこで提供される主軸メニューの内容により異なってくる。一般的にはアラカルト料理、コース料理まで、すなわちイタリア料理の肉、魚類、パスタ類の料理などすべて調理できる計画が基本であろう。この店でも、右側からガスレンジ、下部にはオーブン、チャコールブロイラー、グリドル、下部には冷蔵コールドドロワー、隣にフライヤーなど、ほとんどの調理に対応できる機器配置としている。

特に炭火で肉（ビーフ、子羊など）、ソーセージや魚類を焼く料理を主軸に置いているた

スケッチ2　レストランのクッキングライン

厨房機器リスト

No	品名	台数
1	冷蔵庫	1
2	冷凍庫	1
3	立体炊飯器	1
4	シンク付ワークテーブル	1
5	オーバーシェルフ	1
6	シェルフ	2
7	ミキサー	1
8	シンク付ワークテーブル	1
9	オーバーシェルフ	1
10	ベーカリーラック	1
11	ベーカリーオーブン	1
12	ホテルパンカート	1
13	スチームコンベクションオーブン	1
14	ガスレンジ	1
15	グリドル	1
16	ローレンジ	1
17	冷蔵コールドドロワー	2
18	二槽シンク付ワークテーブル	1
19	オーバーシェルフ	1
20	冷凍冷蔵庫	1
21	冷蔵コールドドロワー	1
22	フライヤー	1
23	グリドル	1
24	冷蔵コールドドロワー	1
25	チャコールブロイラー	1
26	サラマンダー	1
27	ガスレンジ	1
28	冷蔵コールドドロワー	1
29	パスタボイラー	1
30	シンク付ワークテーブル	1
31	冷蔵コールドドロワー	1
32	電子レンジ	1
33	フードウォーマーキャビネット	1
34	ライスジャー	1
35	フードウォーマーキャビネット	1
36	コールドパンキャビネット	1
37	電子レンジ	1
38	冷蔵庫	1
39	冷蔵ショーケース	1
40	サラダユニット	1
41	ヒートランプウォーマー	4
42	ディッシュアップカウンター	1
43	スープウォーマー	1
44	ドリンクディスペンサー	1
45	デザートパントリー	1
46	スライサー	2
47	バックカウンター	1
48	デリショーケース（温・冷）	4
49	ウォーターステーション	1
50	アイスビン	1
51	オーガナイザー	1
52	タオルウォーマー	1
53	エスプレッソマシン	1
54	コーヒーミル	1
55	シンク付ワークテーブル	1
56	ビールディスペンサー	1
57	冷蔵コールドテーブル	1
58	ソイルドテーブル	1
59	ラックシェルフ	1
60	グラスウォッシャー	1
61	ディッシュウォッシャー	1
62	クリーンディッシュテーブル	1
63	ラックシェルフ	1
64	ワインセラー	1
65	ハンドシンク	2
66	アイスメーカー	1

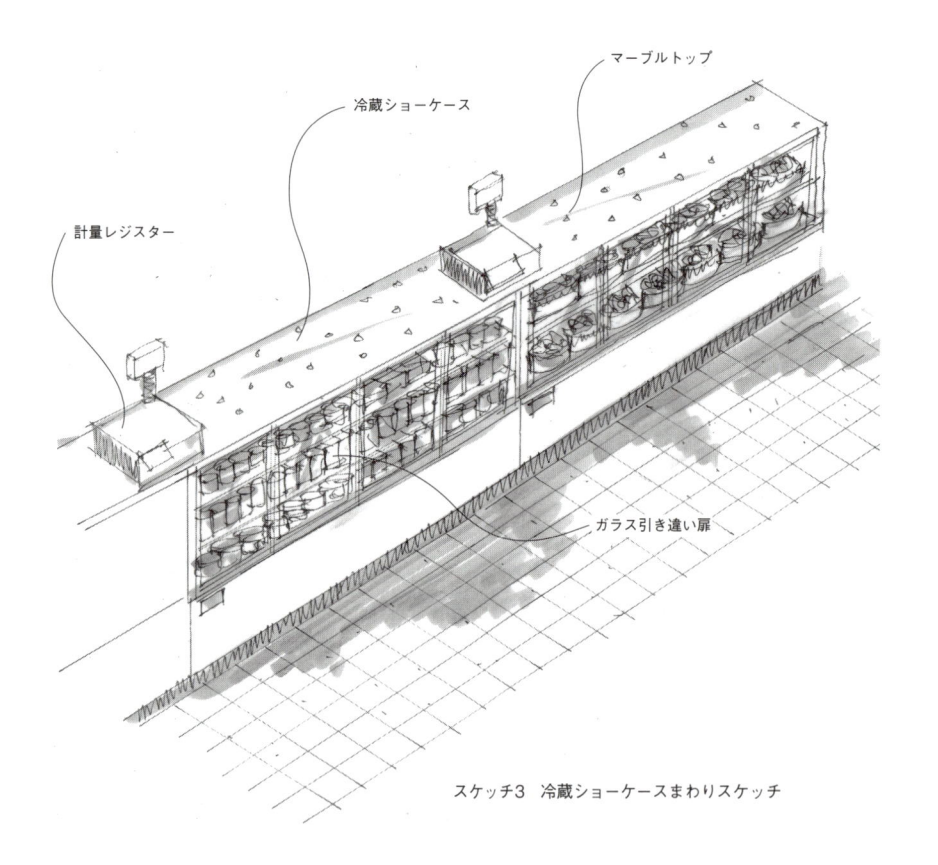

め、グリドルとチャコールブロイラーをラインの中心に設置している。

【スケッチ3】
デリコーナーの冷蔵ショーケースまわりのスケッチである。
惣菜コーナーにはデリ冷蔵ショーケースを4台配置して、多種多様なデリ料理に対応している。
デリ冷蔵ショーケースに陳列する料理によって、そのディスプレイ位置に工夫が必要である。例えば軽量販売のデリ、あるいは小ポーションのパック販売など料理内容によって繁忙時に集中するデリは、レストランコーナーを繋ぐ通路に隣接しない冷蔵ショーケースに陳列するなど、オペレーションを考慮した計画とすることが大切である。
デリ冷蔵ショーケースの販売カウンターの高さは、最大で1350mm以下で設定すると販売サービスの障害にならない。

スケッチ3 冷蔵ショーケースまわりスケッチ

（ラベル：計量レジスター、冷蔵ショーケース、マーブルトップ、ガラス引き違い扉）

メニューリスト

デリメニュー
グリルドチキン・シーザーサラダ　ニソワーズダサラダ　チャイナタウンサラダ　クラシックラタトゥイユ　グリーンアスパラガスとドライトマトのサラダ　タコとブロッコリーのマリネ　海老と甲イカのオーロラソースマリネ　オーロラソースマリネハムと5種の豆サラダ　海老とアボカドのディルマヨネーズ　1g当たり3円〜5円

季節のメニュー
ラザニアボロネーゼ　茄子とトマトのラザニア　ほうれん草とひき肉のラザニア　シーフードラザニア　キッシュ ロレーヌ 6720円／直径27cm（16カット）　季節のキッシュ 7350円／直径27cm（16カット）

イタリア料理
本日の鮮魚のカルパッチョ 1470円　美味しいお野菜のバーニャカウダ 1680円　近海で採れた魚介のフリット 1470円　パルマ産生ハムとサラミの盛り合せ 1050円　モッツァレラチーズのカプレーゼ 1260円　有機野菜の蒸し合わせ 1260円　ルコラとトマトのサラダ バルサミコ和え 1250円　トリッパのフリット 香草風味 950円　グリル野菜と生ハムの温かいサラダ モッツァレラチーズ添え 1890円　インカのめざめのロースト 850円　カジキとまぐろのからすみスパゲッティ 1470円　甲イカの墨煮のリゾット 1470円　ボローニャ風ミートソースのタリアテッレ 1470円　自家製ラザニァ 1000円　生のりの少し辛いクリームソースのリングイネ 1470円　本日の一本魚料理 100g当たり 1050円　野菜とのロースト 香草風味　岩塩包み焼き　サラダ添え　ジャガイモとのオーブン焼き　山梨信玄鶏 骨付きもも肉の炭火焼き1本 2100円　骨付き仔羊背肉のロースト 約250g 2350円

厨房機器解説 48

グリドル

機器の甲板部分に厚さ16〜18mm程度の鉄板を載せ、その下からバーナーもしくはヒーターで均一に加熱し、その上でグリル料理を調理する機器。グリルプレートの温度はサーモスタットにより150〜250℃に制御される。下処理された食材をストックするコールドドロワーの上に設置されることが多い。

電気グリドル
写真提供：ニチワ電機

ガスグリドル
写真提供：コメットカトウ

【スケッチ4】
バックキッチンで行う作業の中心は、デリ惣菜類やレストランで使用する材料類の仕込み作業など、時間帯に合わせた調理作業工程や手順を計画しておくことが大切である。基本的には、デリ類の保存期間も料理内容によって異なる。つまり1.5日、1日など、1日当たりどれくらいの惣菜を調理するかは日ごとに異なるため、計画的調理のオペレーションを図ることが理想的である。
調理機器内容としては、大量調理を円滑に進めることができるスチームコンベクションオーブンを中心にガスレンジ、グリドル、ソース類を調理するためのローレンジなど、調理オペレーションと調理機器に対応できる機器選定にしておく。

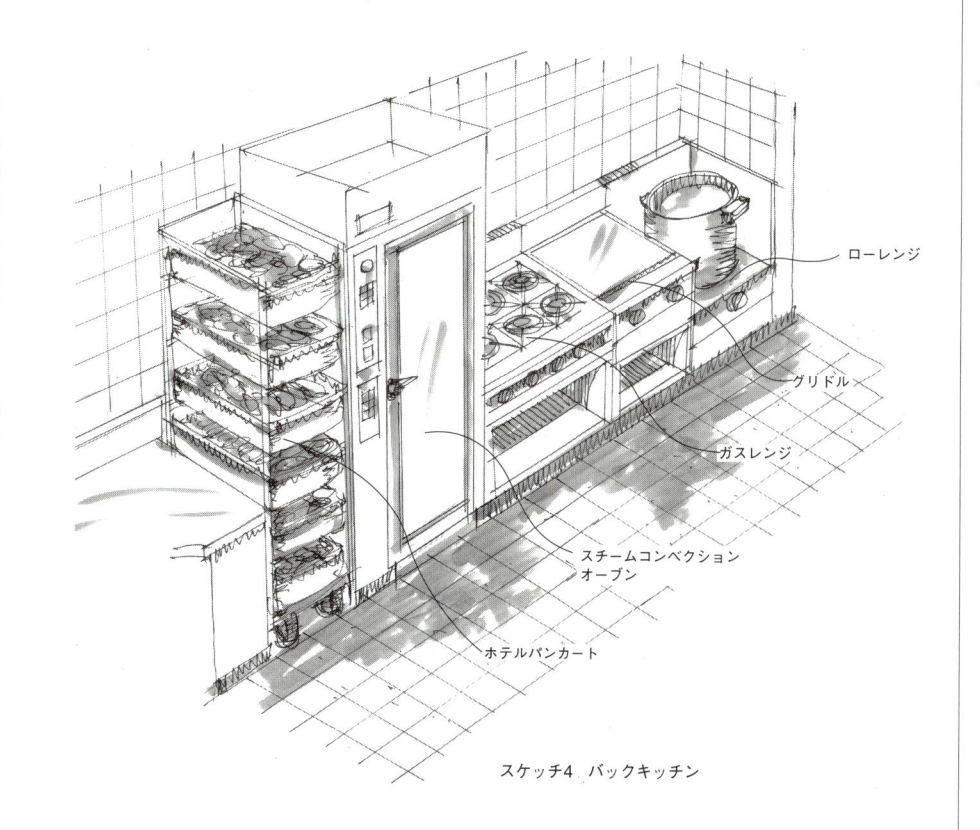

スケッチ4　バックキッチン

厨房機器解説 49
コールドドリンクディスペンサー

コールドドリンクディスペンサーは、コールドドリンクの撹拌方式の違いから噴流撹拌方式とパドル撹拌方式の2つのタイプがある。噴流方式は、冷却ユニット上部にある小判型のクーリングプレートで冷却されたコールドドリンクがインペラと呼ばれる回転する撹拌子によって撹拌していくものである。やさしく撹拌するため、泡立ちにくくコーヒーや紅茶といったデリケートな商品に適している。
もう一つのパドル撹拌方式は、クーリングプレート上部のパドルで撹拌するため、果汁分が多い高粘度なジュースや繊維質の多いつぶつぶ果汁のジュースなどに適している。

資料提供：トランスゲイト

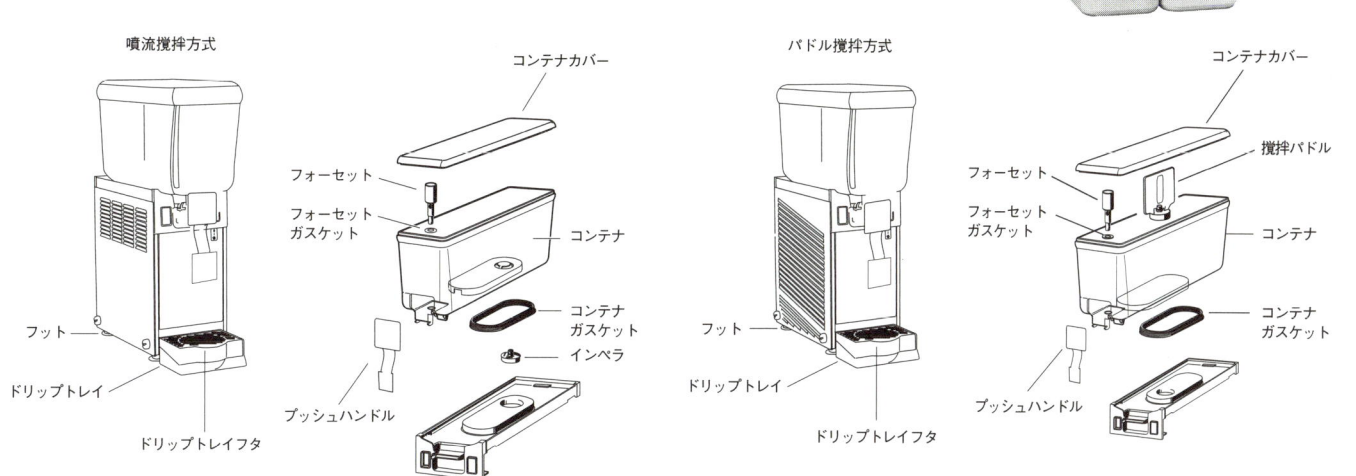

噴流撹拌方式　　　　　　　　　　　　　パドル撹拌方式

27 | 和食創作料理店

差別化のポイントは
創作和食割烹料理を低価格で提供

212.5m²

96 seats

内装設備工事費6000万円
月商売上予測1300万円

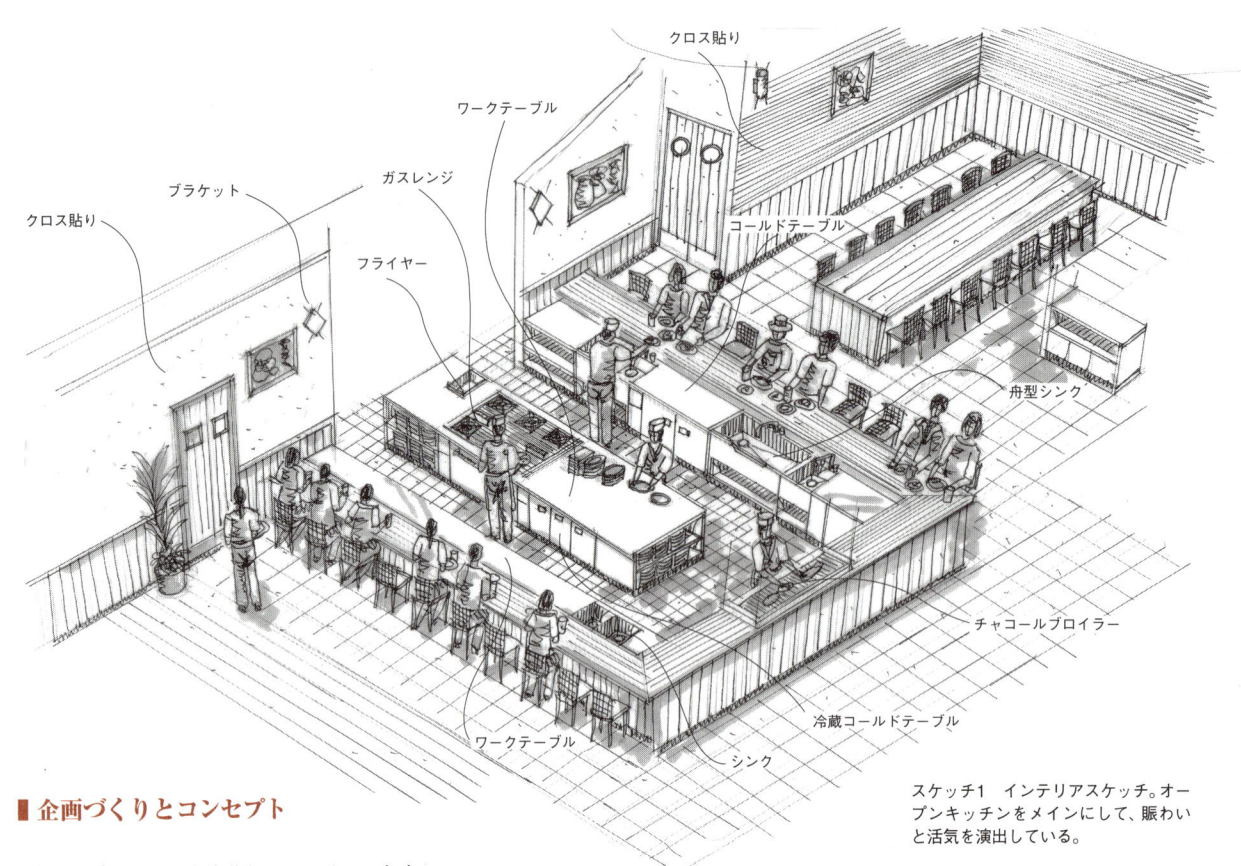

スケッチ1 インテリアスケッチ。オープンキッチンをメインにして、賑わいと活気を演出している。

■企画づくりとコンセプト

近年の傾向として、居酒屋のカテゴリーも専門化、個性化してきている。業態、名称など、店のオリジナリティーを打ち出すイメージにちなんだ店名をつけることが多い。ここに提案する「和食創作料理店」は、和食料理の職人技術を意識した料理やサービスを訴求するものである。

和食創作料理店は、居酒屋のカテゴリーに入るものの、主軸になるメニューはあくまでも美味しい和食割烹料理を低価格で提案するというコンセプトで、メニュー構成や提供スタイルをまとめたものであり、一般的な居酒屋と一線を画した人気業態の一つであろう。これまでの居酒屋は、ただ単に冷凍品や冷蔵品のほぼ完成品を焼いたり、揚げたり、煮るなどのメニューに主軸をおき、メニュー数やバリエーションが豊富かつ低価格であることが共通したイメージであった。

この「和食創作料理店」業態は、あくまでも料理のこだわりや美味しさに重点をおき、和食割烹料理を低価格で提供することに他店との差別化のポイントをおいている。

客単価としては、約3000円から3500円と一般の居酒屋よりも少し高めに設定しているものの、料理の質や美味しさの付加価値で充

厨房機器リスト

No	品名	台数
1	キャビネット	1
2	クリーンテーブル	1
3	ディッシュウォッシャー	1
4	ハンドシンク	1
5	オーバーシェルフ	1
6	ソイルドテーブル	1
7	シェルフ	3
8	冷凍庫	1
9	冷蔵庫	1
10	シェルフ	1
11	電子レンジ	1
12	ワークテーブル	1
13	シンク付ワークテーブル	1
14	キャビネットテーブル	1
15	舟型コールドテーブル	1
16	キャビネットテーブル	1
17	チャコールブロイラー	1
18	冷蔵コールドドロワー	1
19	シンク	1
20	キャビネットテーブル	2
21	ワークテーブル	1
22	シンク	1
23	キャビネットテーブル	1
24	ワークテーブル	1
25	ガスレンジ	1
26	冷蔵コールドテーブル	1
27	キャビネットテーブル	1
28	冷蔵コールドテーブル	1
29	オーバーシェルフ	1
30	ワークテーブル	1
31	フライヤー	1
32	ワークテーブル	1
33	カート	1
34	冷蔵ショーケース	1
35	ジョッキクーラー	1
36	アイスメーカー	1
37	スチームコンベクションオーブン	1
38	ローレンジ	1
39	ワークテーブル	1
40	炊飯器	1
41	ワークテーブル	1
42	酒燗器	1
43	酎ハイ&ビールディスペンサー	1
44	ドリンクテーブル	1
45	オーバーシェルフ	1
46	ビールドラフト	2
47	冷蔵ショーケース	1

和食創作料理店 ●PLAN 1:100

分に補っている。

立地によっては少し異なるものの、客層は20代後半から50歳以上の幅広い客層を集客できることが業態としての強みでもある。

立地は街の一角、商業ビルの上層階などターゲット層が多く回遊する立地であれば特に限定されないと言えよう。

ランチタイムの営業に際しては、お値打ち価格で約1000円、1500円、2000円の三つのセットランチを設定。和食割烹料理のランチを低価格で楽しんでもらえ、男女問わずサラリーマン、OL、主婦など幅広い客のニーズを満足させるものになっている。

昨今、居酒屋業態は衰退化していると言われている。金太郎飴を切ったような類似コンセプトで展開している居酒屋は競合、競争が激化し低価格戦争に突入している。

しかし、料理に主軸をおきオリジナリティーにこだわりを持った店の場合には、さほど業界衰退に影響されることなく集客できていることは事実である。いかに店独自のこだわりを客目線で追及することができるかが、ビジネスとしての成否を左右することを忘れてはならない。

勝ち残るためには、料理や素材類や美味しさ、手作りなど、「その店でしか味わえない料理」を提供することがポイントなのである。

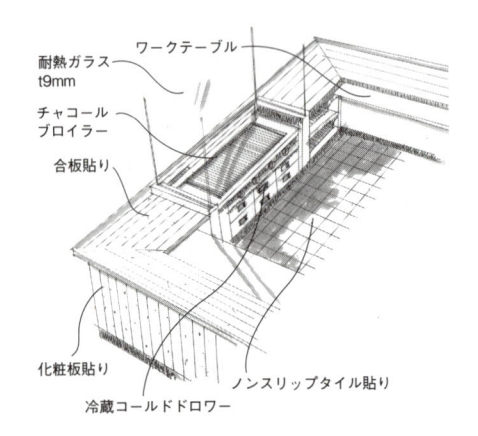

■ 平面計画／ゾーニング計画のポイント

この店は、入り口に向かって右側にキャッシャースタンド、事務所、オープンキッチン、背後にドリンクパントリー、洗浄エリア、奥にトイレなど付帯施設を配置し、左側に個室スタイルのベンチシート席、4人席、6人席、大テーブル席など多様な客層に対応できるように様々な客席を配置している。

全体のサービススタイルとしては、入り口で下足入れに履物を収納し、各客席に誘導する仕組みであり、すべての注文はテーブルに配置したコールベルを押し、スタッフを呼び注文をする。スタッフはオーダーエントリーシステムでキッチン、ドリンクパントリーなどへ各テーブル席の注文を伝える仕組みである。この店の場合には、ランチタイムと夜の通常営業の時間帯は、ほぼ満席状態になることを想定し、全体の配置構成をしている。

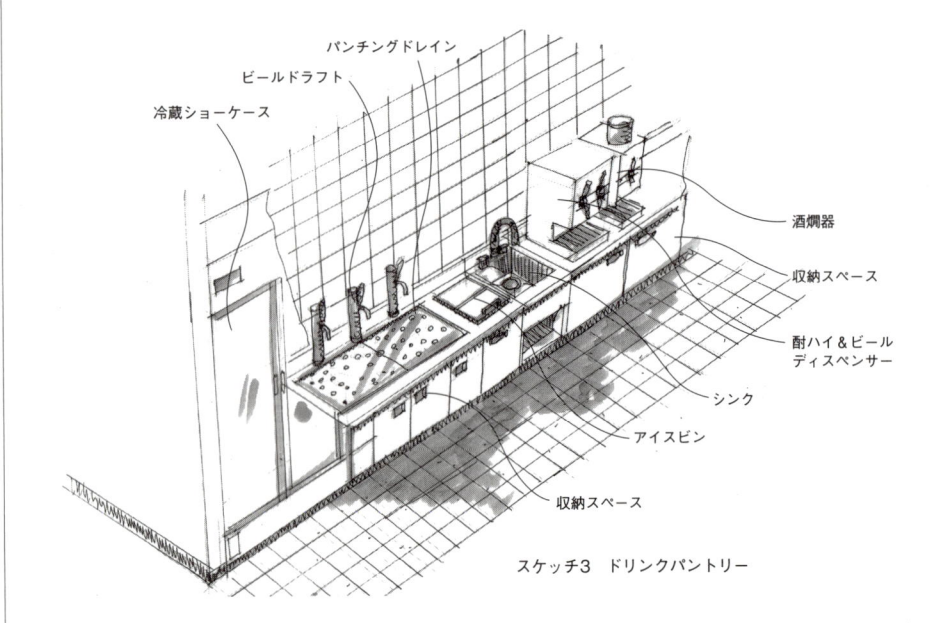

■ 各部施設計画のチェックポイント

【スケッチ1】
和食創作料理店というイメージからすると、和食料理に主軸をおいた店であることは想定できるものの、インテリアはキッチンを閉鎖し、あくまでも個室タイプの席を数多く配置している店や、その逆に和食という切り口でキッチンを全面的に開放し、客席側との区画を取り除き、調理のライブ感を前面に訴求するなど多種多様なインテリアが想像できる。
この店の場合には、メインキッチンと客席との区画を排除し、キッチンを取り囲むようにカウンター席をコの字に配置している。
またオープンキッチンの中心に焼き場を配置し、入り口からも客席側からも焼き場コーナーが望め、ライブ感ある訴求ポイントとしている。

【スケッチ2】
カウンター席と焼き場ラインのスケッチである。
チャコールブロイラー（焼き物器）をカウンター席中央に組み込んでいるために、三方向はすべて耐熱ガラスで区画している。チャコールブロイラー下部には、焼き場コーナーで焼く素材類を保冷しておくため冷蔵コールドドロワーを配置している。
右側カウンターの下部には、焼き場で焼いた料理を盛り付けるための食器類を置いておくためのスペースを確保していることや、繁忙時には右側のワークテーブルを兼ねた冷蔵コールドテーブルの上に皿類を積み上げておくことができるように計画している。

【スケッチ3】
客席数が多い場合にはドリンクパントリーを区画し、専任のスタッフがドリンク類を作るスタイルもあるが、この店の場合も繁忙時の対応としては、ドリンク類を作るスタッフは専任するものの、基本的には各テーブルを担当するスタッフがサービスするスタイルにしている。
ドリンクパントリーの機器配置は、左側から冷蔵ショーケース、ビールドラフトを立てた生ビールサービスライン、次にアイスビン、

スケッチ2　カウンター席の焼き場ライン。三方向は耐熱ガラスで区画している。

（耐熱ガラスt9mm／ワークテーブル／チャコールブロイラー／合板貼り／化粧板貼り／ノンスリップタイル貼り／冷蔵コールドドロワー）

スケッチ3　ドリンクパントリー

（冷蔵ショーケース／ビールドラフト／パンチングドレイン／酒燗器／収納スペース／酎ハイ＆ビールディスペンサー／シンク／アイスビン／収納スペース）

メニューリスト

冷製バーニャカウダ 650円　サメ軟骨の梅肉和え 450円　お刺身3点盛り合わせ 1880円　桶盛り7点合わせ 2800円　産直地魚鮮魚盛り合わせ 3500円　マグロカマの秘伝タレ焼き 580円　やわらか牛すじのさっぱりポン酢 380円　たたききゅうりピリ辛和え 380円　さっぱりごま和え 380円　選べるもつ鍋 880円　漬けマグロとアボガドのアンティパスト 650円　マグロほほ身ステーキ 650円　馬刺し3点盛り合わせ 880円　いか丸ごと肝と一緒焼き 580円　銀むつと大根の炊き合わせ 880円　串焼き6本盛り合わせ 850円　ナポリタン 650円　牛すじと根菜の熱々おこげ 650円　丸ごとアボガドのチーズグラタン 580円　インドマグロ3点盛り合わせ 880円　チーズinつくね 580円　えいひれ 450円　牛ホルモンのコチュジャン焼き 550円　牛すじと大根の京風煮 550円

デザート
フォンダン・ショコラ 380円　金時おさつスティック揚げ 450円

サービスシンク、ビール、酎ハイディスペンサーなどの配列としている。またディスペンサーの下部は、各ドリンク類の樽やポストミックスを配置できるように収納スペースとしている。

【スケッチ4】
クッキングラインのスケッチである。
このクッキングラインは、デモンストレーションである焼き場コーナーで調理する以外のすべての料理の調理や仕込みを行うスペースであり、開店前には各料理の仕込み作業や下処理をする。営業時にはキッチンに配置された中央のキッチンスペースで調理した後、ここから料理を提供することになる。センターアイランドのキッチン設備としては、冷蔵コールドとワークテーブルを兼ねたスペース、隣に六口ゴトクのガスレンジ、下部にはオーブンレンジ、隣にはフライヤー、ワークテーブルを配置している。

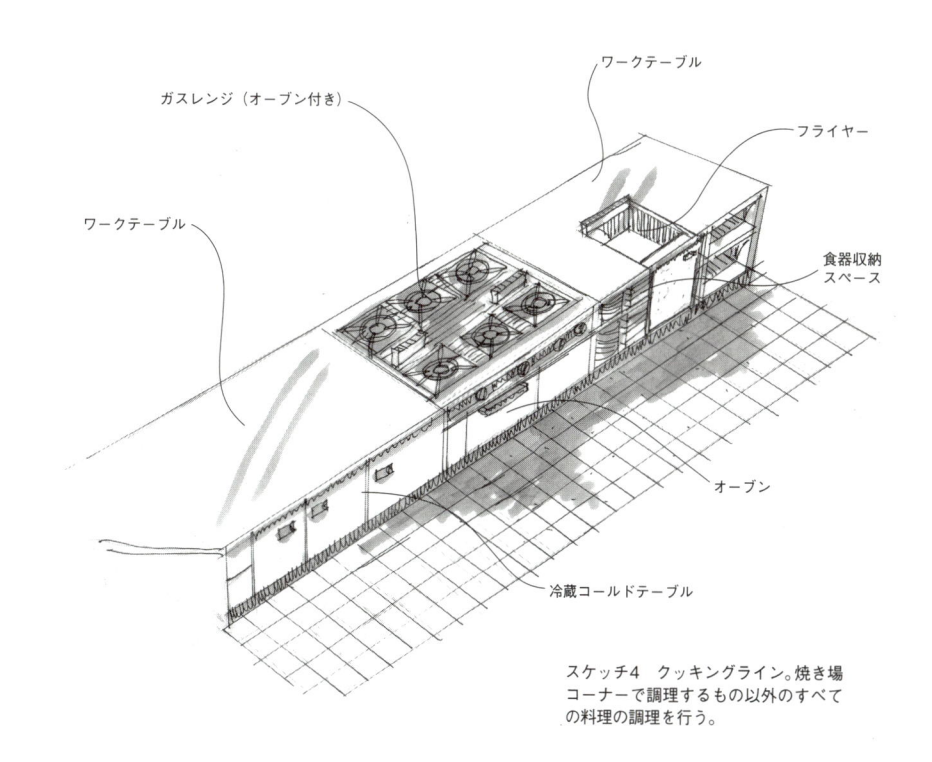

スケッチ4 クッキングライン。焼き場コーナーで調理するもの以外のすべての料理の調理を行う。

厨房機器解説 50

炊飯器

業務用炊飯器には、1升から5升まで炊けるものがある。熱源には、ガスと電気それぞれのモデルが用意されており、季節によって多少の差はあるが、20～25分程度で炊き上がる。形態的には、卓上型のものと縦方向に2段から3段炊飯器を積み上げた形状の立体炊飯器とがある。
炊飯器には、全自動で計量、洗米、炊飯をこなす機器もある。この機器については別途説明することとする（全自動計量洗米炊飯器 P29参照）。最近は、ガス会社各社が提案する「涼厨（すずちゅう）」という商標の製品が登場しており、調理環境の改善に寄与するものと期待されている。具体的には、卓上型は炊飯器本体の胴の部分を3重構造にし、輻射熱をカットしており、立体炊飯器は機体を2重構造にし、機器本体からの輻射熱を大幅にカットするとともに、燃焼排気を機器背面に集めて拡散を防止して排気フードへ捕集できるようにしている。

ガス立体炊飯器（涼厨仕様）
写真提供：コメットカトウ

厨房機器解説 51

魚焼き器

機器本体上部に、シュバンクバーナーを下向きに取り付けた上火式と、バーナーを機器本体下部に取り付け、耐熱ガラスでカバーした下火式がある。
シュバンクバーナーは、ブンゼンバーナーの炎でセラミックプレートを赤熱させて赤外線を発生させる赤外線バーナーである。このバーナーから放出された赤外線は2.8ミクロンという最も水に吸収される波長なので、水分をもった材料などにはぐんぐんと芯に向かって熱が浸透し、表面が焦げ始めるまでに、中心部が焼き終わる。シュバンクバーナーの表面温度は800～950℃に達する。
上火式の場合、火加減は、ガスコックの絞りとレバーによる焼き網の上下で行う。

資料提供：リンナイ

上火式赤外線グリラー

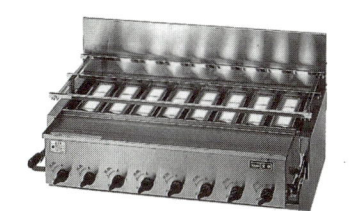

下火式赤外線グリラー

28 | 地鶏居酒屋

「地鶏」「銘柄鳥」を扱う
こだわり素材の鶏専門居酒屋

197.7m²

95 seats

内装設備工事費4700万円
月商売上予測900万円

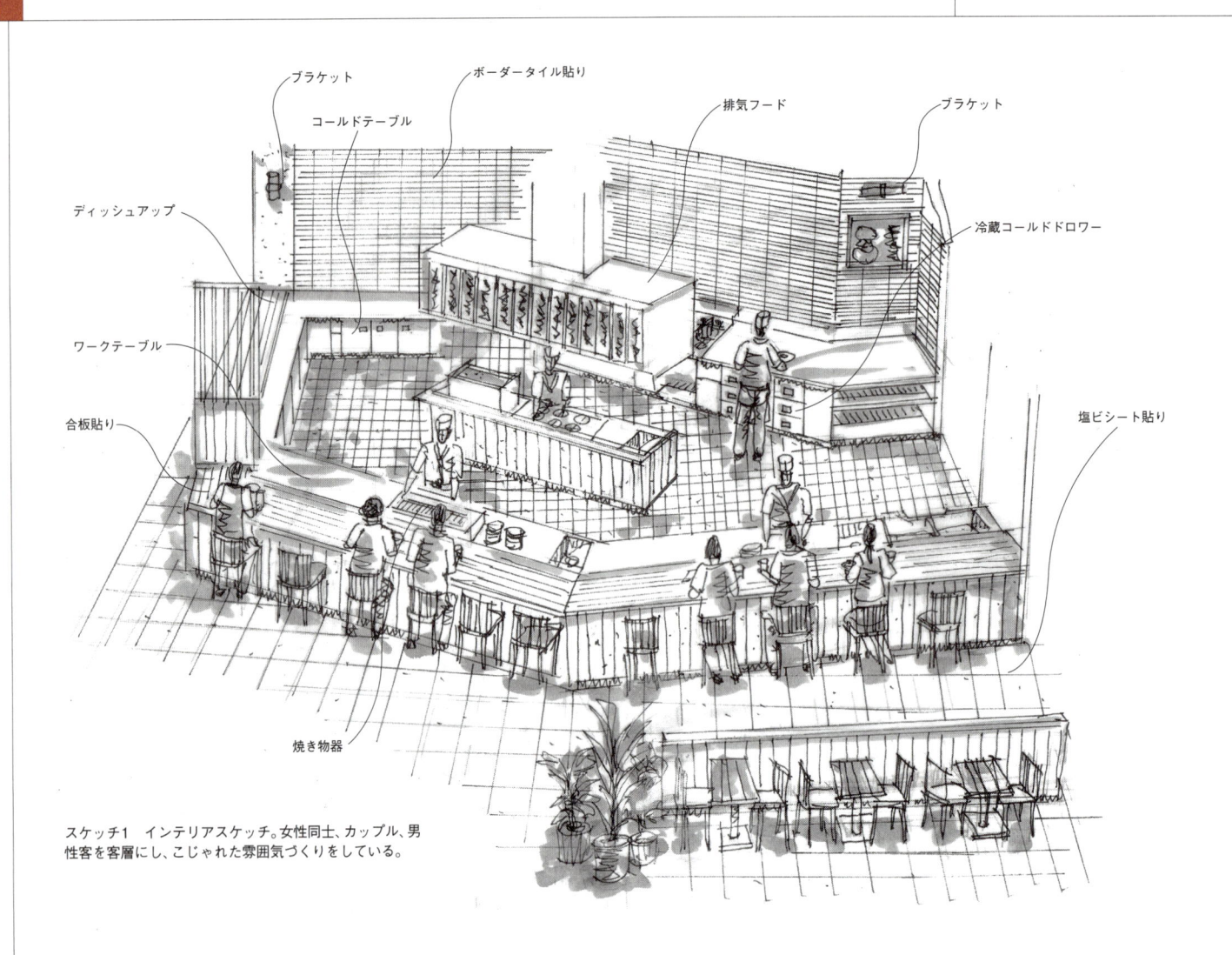

スケッチ1　インテリアスケッチ。女性同士、カップル、男性客を客層にし、こじゃれた雰囲気づくりをしている。

■ 企画づくりとコンセプト

「地鶏（じどり）」といっても国内で肉用として生産されている鶏の多くは、若鶏と言われる肉専用種であり、いくつかの国内銘柄がある。これらの国産銘柄鶏はそれぞれの規定によって生産されており、鶏種、肥料、飼育法、出荷日齢などについて一般の鶏と異なる特別なものが「地鶏」「銘柄鳥」として流通している。

「地鶏」とは、在来種（例えばしゃも、比内鶏、名古屋種など由来の血が50％以上のもの）のひな鶏を80日以上飼育したもので、平飼いなどの工夫を加えられたものをいう。

また「銘柄鶏」とは、在来種由来の血液が50％未満のものをひな飼育したものや、肉専用種を飼料、飼い方など、その飼育方法に通常とは異なる工夫を加えて生産された鶏をいう。

地鶏という名称を付けた店の場合には、しゃも、比内地鶏、名古屋コーチン、烏骨鶏、薩摩鶏などいずれかの鶏を主軸にした料理、焼き鶏を提供する店と考えてよいだろう。

最近の傾向としては、焼鶏居酒屋もただ単に若鶏を焼き鶏にするものではなく、あくまでも素材にこだわりを持っているという独自の差別化を主軸メニューにする店が増加傾向にある。

焼き鶏とは、素材を炭火焼きにして提供するという単純な調理法である。したがって素材の美味しさの良し悪しがそのまま味覚に出てしまう食材だけに、鶏肉のこだわりに視点をおき食材選定をしなければならない。

客層としては、男女問わず25歳から50代後半まで幅広い客層をターゲットに集客することができるだろうし、最近では女性同士で来店する客も増加している。

客単価としては約2500円から2800円以内で設定しておくことが利用しやすいと言える。

また店内が焼き鶏の煙で先が見えないというよりも、比較的居心地がよい環境の店づくりをすることも集客を高めるポイントである。

立地としては街の一角、商業ビルの上層階、1階路面店などターゲットとする客層に合わせて選定することが大切であり、入りやすい店構えとすることも重要である。

地鶏居酒屋の差別化策としては、鶏肉にこだわることは当然のこととして、その他野菜類、サイドメニューについても食材へのこだわりを訴求することを忘れてはならない。それでなくとも焼き鶏居酒屋という業態は街に多く点在する業態であり、焼き鶏1本80円から店によっては400円まであり、業態や素材へのこだわりを持った種々の店が存在しているのである。

いまや独自のこだわりやサービスがしっかりとしていない限り、客を集客できない時代であることを忘れてはならない。

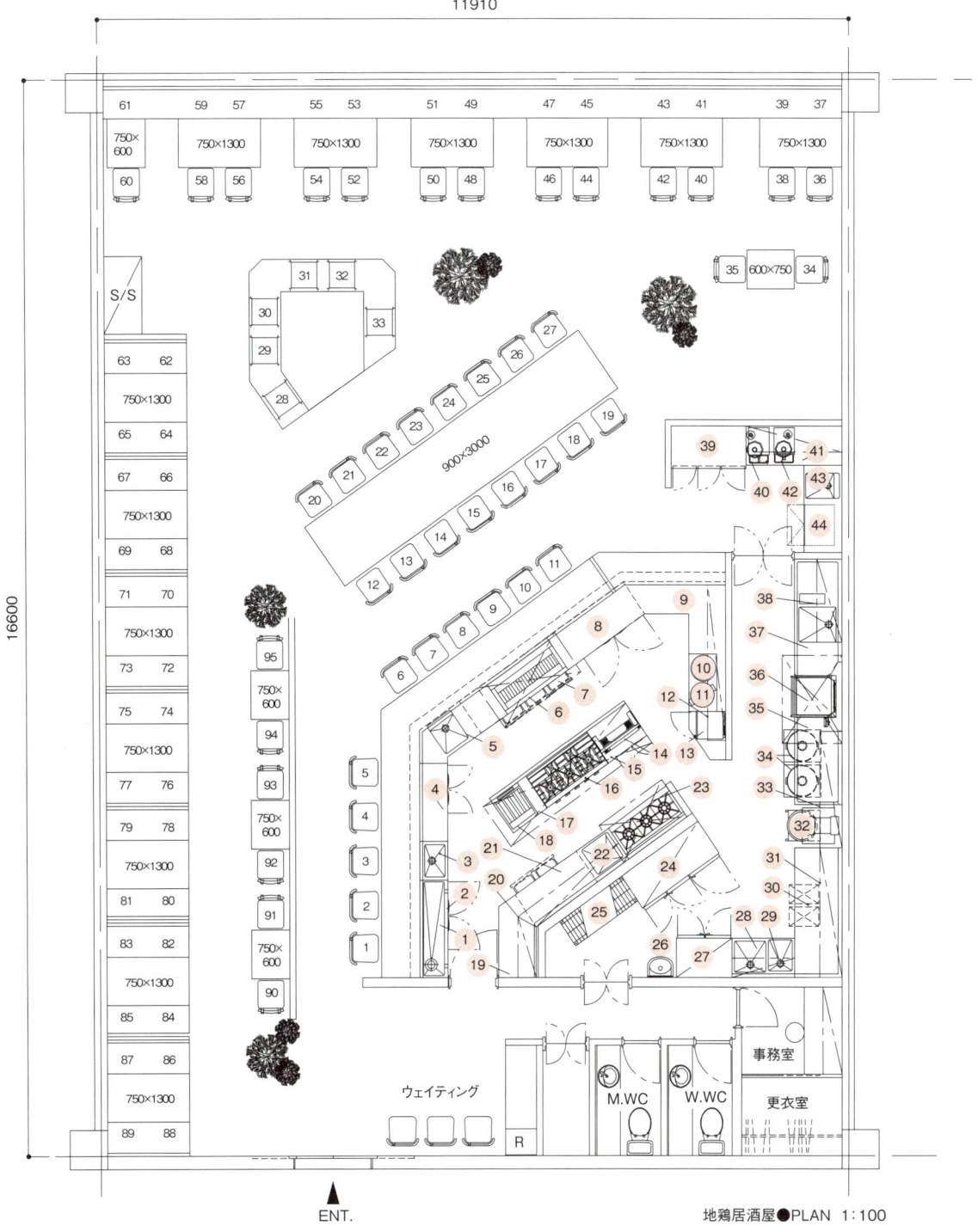

地鶏居酒屋●PLAN 1:100

厨房機器リスト

No	品名	台数
1	舟型コールドテーブル	1
2	冷蔵コールドテーブル	1
3	シンク	1
4	冷蔵コールドテーブル	1
5	シンク付ワークテーブル	1
6	チャコールブロイラー	1
7	冷蔵コールドドロワー	1
8	冷蔵コールドテーブル	1
9	ワークテーブル	1
10	ライスジャー	1
11	スープウォーマー	1
12	オーバーシェルフ	1
13	電子レンジ	1
14	焼き物器	1
15	冷蔵コールドテーブル	1
16	ガスレンジ	1
17	ワークテーブル	1
18	フライヤー	1
19	ワークテーブル	1
20	オーバーシェルフ	1
21	冷蔵コールドドロワー	1
22	シンク	1
23	ガスレンジ	1
24	冷蔵庫	1
25	シェルフ	1
26	ハンドシンク	1
27	冷蔵庫	1
28	二槽シンク	1
29	オーバーシェルフ	1
30	ワークテーブル	1
31	オーバーシェルフ	1
32	全自動計量洗米炊飯器	1
33	オーバーシェルフ	1
34	炊飯器	2
35	クリーンテーブル	1
36	ディッシュウォッシャー	1
37	ソイルドテーブル	1
38	ラックシェルフ	1
39	冷蔵ショーケース	1
40	ビールディスペンサー	1
41	酎ハイディスペンサー	1
42	シンク付ワークテーブル	1
43	シンク付ワークテーブル	1
44	アイスメーカー	1

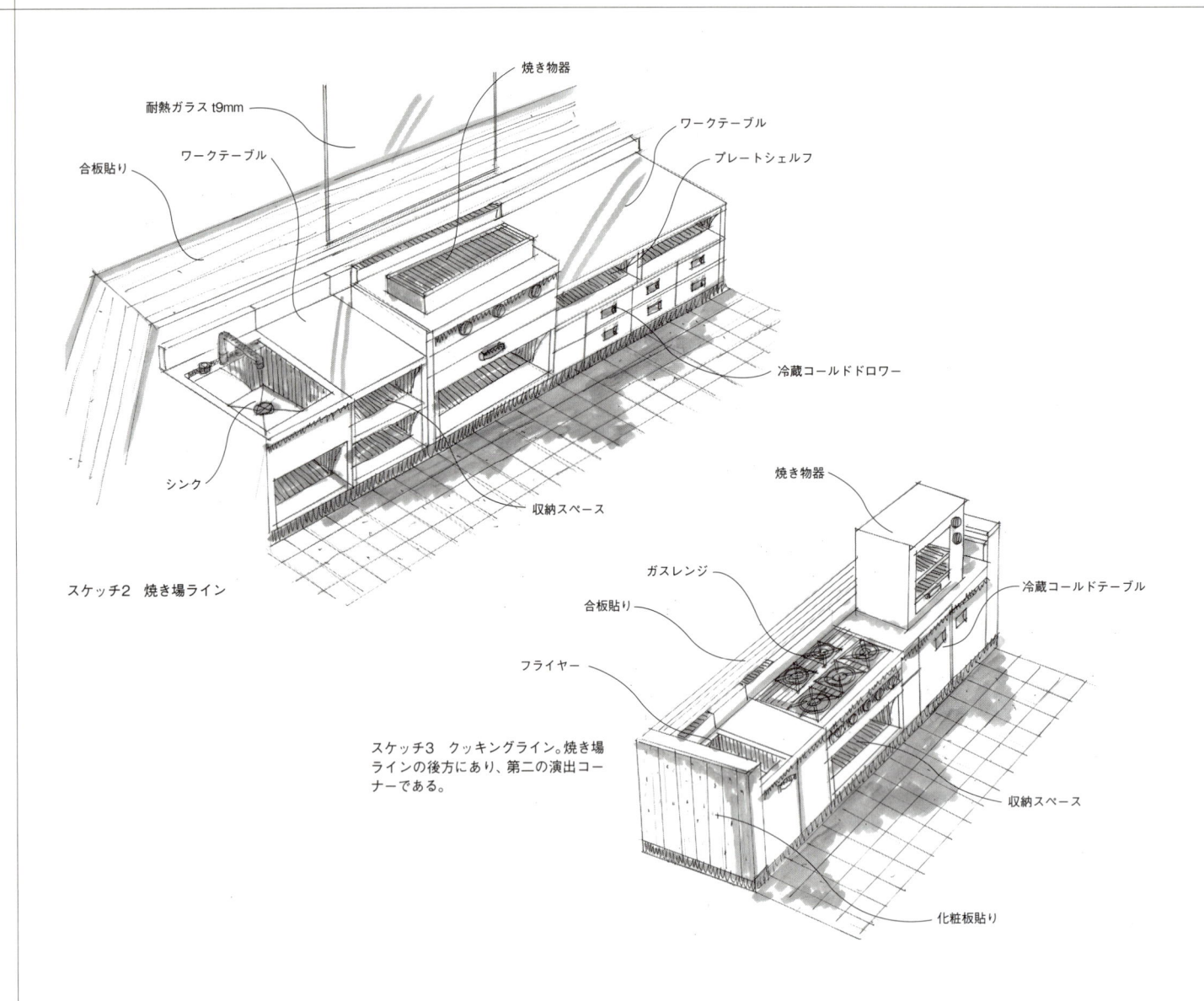

スケッチ2　焼き場ライン

スケッチ3　クッキングライン。焼き場ラインの後方にあり、第二の演出コーナーである。

■ 平面計画／ゾーニング計画のポイント

この店は入り口に向かって右側にトイレ、事務所、オープンキッチン、その奥に洗浄エリア、ドリンクパントリーを配置し、左側には4人席、2人席、ベンチシート席、大テーブル席、キッチンを囲むようにカウンター席など、種々の客層に合わせた客席を配置している。全体のオペレーションとしては、比較的客席数が多いため、各テーブルの注文についてはオーダーエントリーシステムを利用し、キッチンプリンターの伝票伝達方式をとっている。また地鶏居酒屋という業態イメージを演出するために、オープンキッチンを囲むカウンターの中央に焼き物器ラインを配置し、素材へのこだわりや焼き場コーナーへの視点を集める演出装置としている。

■ 各部施設計画のチェックポイント

【スケッチ1】

地鶏居酒屋と言うと、鶏肉の種類に関係なく、がさつな男が集まり、店内が煙で見えない、簡易軽便な椅子やテーブルというイメージが強い。この店は、女性同士あるいはカップル、男性客などを対象にし、少しこじゃれた品のよい空間づくりをしている。

オープンキッチンといっても、客席側から見える部分はあくまでもクッキングラインのみであり、プレパレーションや洗浄エリアなどは区画、あるいは一部隠している。

オープンキッチンのデザインは、開放しているキッチン内も客席のインテリアと同化するように、排気フードの装飾やキッチンの壁もボーダータイルなどを貼り、女性客同士でも気軽に利用できる雰囲気にしている。

【スケッチ2】

焼き場ラインのスケッチである。カウンターをキッチンに隣接する場合に注意しなければならないのは、鶏を焼くときに発生する熱や煙がカウンター席側に流れ出ないようにしておくことである。ここでは焼き場ラインの前面部分に耐熱ガラスを配置し、熱や煙がカウンター席へ流れ出ないようにしている。

焼き場ラインの構成としては、右側にワークテーブル、その下部に食材類を収納しておくためのスペースと冷蔵コールドドロワー、左側に焼き場のロースターを配置、次にワークテーブル、サービスシンクから構成している。繁忙時には焼き場ラインに二人立てるように、注文に合わせて食材を揃える人、焼き場を専任する人など、繁忙時とスローな時間帯に臨機応変に対応できるように計画を練っておくことが大切である。

【スケッチ3】

この店のクッキングラインの機器配置は右側から焼き物器、下部に食材類を保冷しておくための冷蔵コールドテーブル、隣にガスレンジ、ワークテーブル、フライヤーという構成である。

もちろんクッキングラインの背後に配置している機器やオペレーションを配慮した構成であり、いわば第二の演出コーナーとも言える。このクッキングラインでは、焼き鶏以外のメニューは、すべてここで調理しディッシュアップされることになる。特に繁忙時におけるカウンター席以外の客席サービスは、このディッシュアップコーナーへ集められてサービスされる仕組みであることを理解しておきたい。

メニューリスト

ハツ・砂肝・皮・ぼんじり・うずら・レバー 各180円　なんこつ 200円　ねぎ間・つなぎ 各210円

ゴキゲン串
手羽先・せせり・ひな肉・ささみ 各230円　爆弾つくね白・レバー 各300円

野菜焼き
ねぎ・なす・えりんぎ・ししとう・ぎんなん 各180円　しいたけ・雲龍菜各 210円

焼き
チーズビー焼き 320円　トマト焼き 300円　えのき焼き 280円　アスパラ焼き 280円　もちベーコン焼き 290円

一品
生ねぎまるごと焼き 580円　まぐろ漬け 890円　レバーテリーヌのカナッペ 840円　チーズチキンカツ 890円　チーズ盛り 900円　鶏鍋 1680円〜

おつまみ
なす一本漬け 350円　やみつききゅうり 350円　長いもわさび 350円　じゃがバター 380円　だし巻たまご 450円　もつ煮こみ 480円　炙りたらこ 580円　ねぎ盛り 480円　生野菜のバーニャカウダ 980円　海賊サラダ 780円

揚げ物
砂肝の素揚げ 480円　ポテトフライ 480円　にんにく丸揚げ 540円　国産鶏の唐揚げ 650円

ご飯・スープ
おにぎり（鮭・梅・たらこ）210円　鶏がらスープ 320円　焼きおにぎり 400円　明太子まんま 450円　ミニ親子丼 550円　鶏がら茶漬け 550円

デザート
アイス盛り 420円　いちごアイス 450円　杏仁プリン 450円　季節のムース 450円　ティラミス 480円

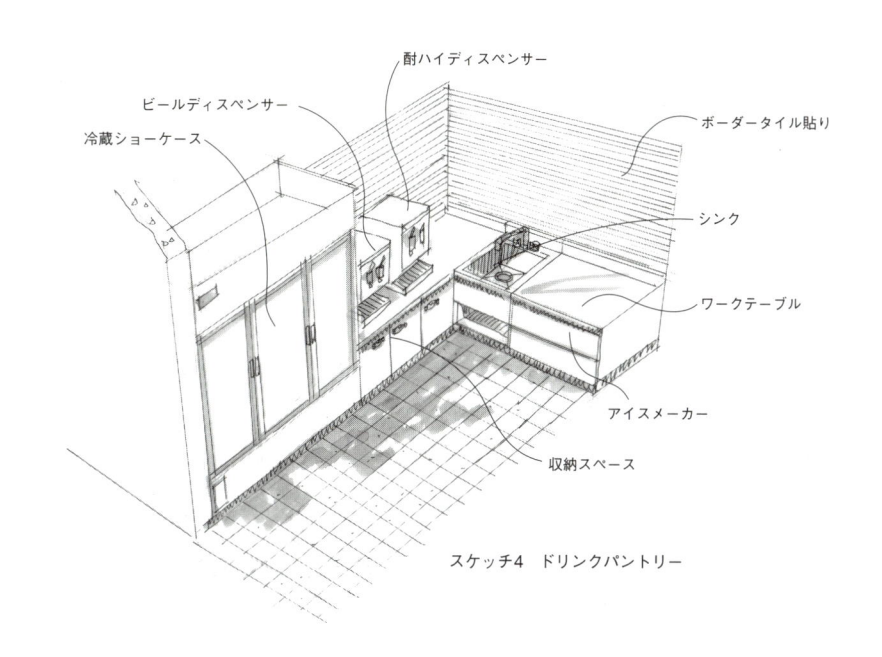

スケッチ4　ドリンクパントリー

【スケッチ4】

ドリンクパントリーのスケッチである。ドリンクパントリーは、客席に隣接して配置する場合とキッチンの区画内に配置する場合の二つがある。サービス側のオペレーションからすると、客席に隣接しているとドリンク類をサービスしやすいものの、客席に隣接するとパントリーでの作業の様子が直接客席に伝わるため、店の環境や雰囲気を大切にする場合には不向きと言える。店のコンセプトやインテリアに合わせて配置、スペースを検討することは当然である。

この店の場合は区画し、冷蔵ショーケース、ビールディスペンサー、酎ハイディスペンサー、下部にはビール、ポストミックス、炭酸ボンベなどの収納スペース、隣にシンク、ドリンクライン専用のアイスメーカーを配置している。

厨房機器解説 52

冷凍コールドドロワー・冷蔵コールドドロワー

一般的に、設定温度が-20℃以下のものを冷凍コールドドロワー、5〜10℃のものを冷蔵コールドドロワーと呼ぶ。ドロワーが2〜9個あるモデルがある。

ドアタイプのコールドテーブルが比較的大きな塊で収納できる特徴があるのに対し、コールドドロワーはホテルパンに小分けして収納するので、下処理を終えポーションカットし、下ごしらえが完了した状態で収納するのに適している。中身を取り出すのに、かがんで覗き込むようにしなくても食品を取り出せる長所がある。また、機器高さもドロワーが2段の550mmのタイプと3段の850mmのタイプがある。550mmのタイプは、甲板の上に卓上型の機器を設置して使用することが多いのに対し、850mmのタイプは、コールドテーブル同様に作業台として使われる。

写真提供：福島工業

[冷却方式]

コールドドロワーは、コールドテーブルと同様に、機械部が庫内の側面に取り付けられており、基本的には冷凍庫・冷蔵庫と同じなので、その項目を参照していただきたい(P.29)。ヨコ型の冷凍コールドドロワー・冷蔵コールドドロワーの場合、冷凍庫・冷蔵庫では、機器上部に設置されていた機械部が、写真のように機器本体の左側にあり、冷凍サイクルのような熱交換が行われている。したがって、そこからは多くの熱が排出される。そのため、冷凍庫や冷蔵庫と同様に、十分な冷却能力を確保するためには、凝縮器（コンデンサー）の前に取り付けられたフィルターをこまめに清掃したり、機械部の空気の対流をよくしたりすることが重要である。そうすることが、省エネや機器寿命を延ばすことにつながる。また、機種によっては、機械部が右側にある機器もあるので、配置計画により選ぶことができる。また、ドアタイプとのコンビネーションタイプもある。

29 | ドーナツ専門店

地域密着型のヘルシー・ドーナツショップ

74.8m²

28 seats

内装設備工事費2200万円
月商売上予測600万円

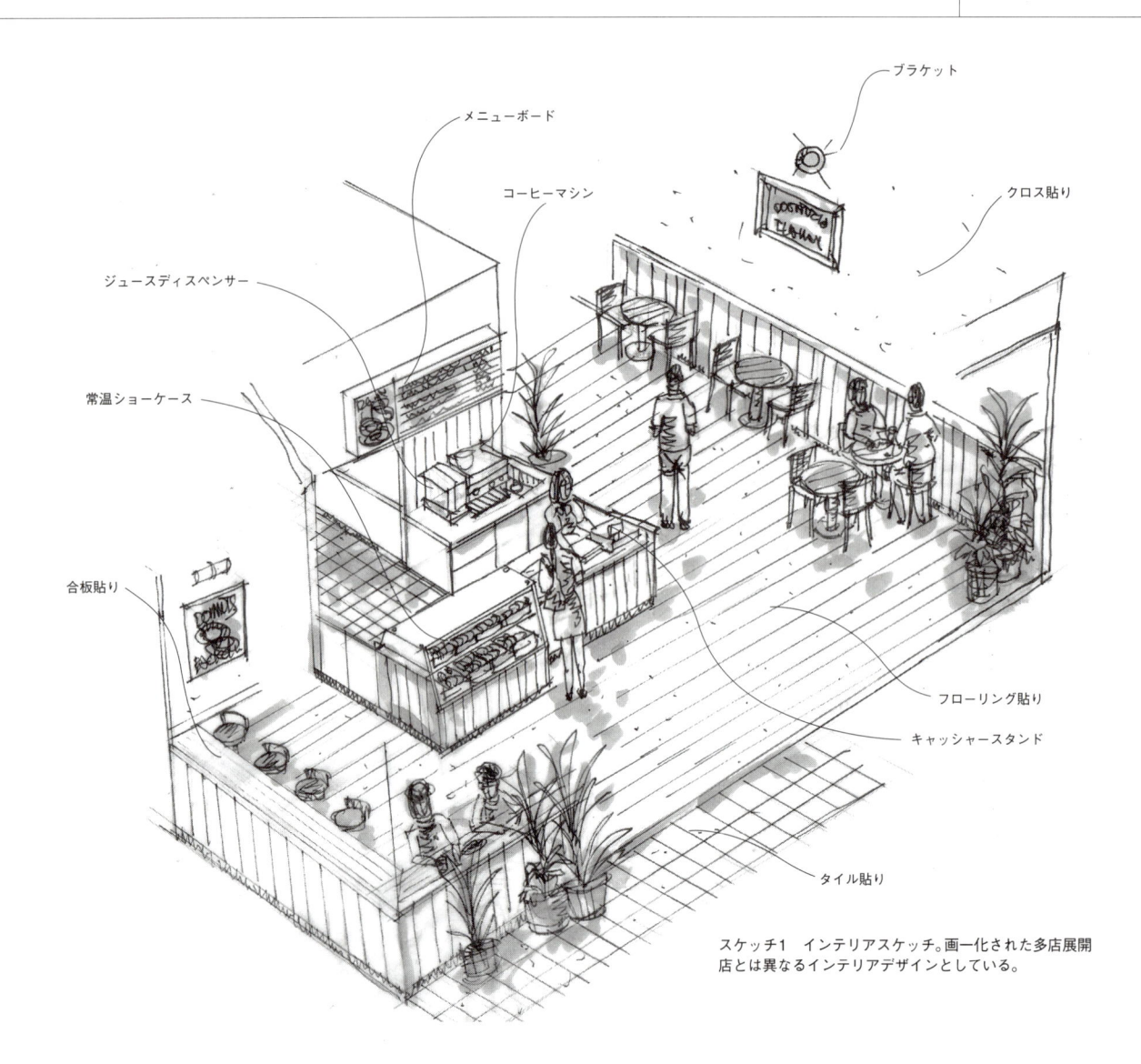

スケッチ1　インテリアスケッチ。画一化された多店展開店とは異なるインテリアデザインとしている。

ラベル：メニューボード、コーヒーマシン、ジュースディスペンサー、常温ショーケース、合板貼り、ブラケット、クロス貼り、フローリング貼り、キャッシャースタンド、タイル貼り

■ 企画づくりとコンセプト

近年、わが国のドーナツ業界も米国のドーナツ文化が日本の市場に刺激を与えていることもあり、様々なタイプのドーナツショップが次々と登場してきている。

これまで、揚げドーナツは人気も高く定着しているアイテムの一つであるが、健康志向の煽りを受けて豆腐のおからを使用した揚げドーナツ専門店やドーナツ形状の生ドーナツ（新しいスイーツ）、様々なフレーバーやトッピングをつけたドーナツを生地から焼いたベークドドーナツなどドーナツ市場がにわかに活気づいている。

これまでもドーナツ市場を牽引してきた企業は、大手チェーンドーナツショップであるものの、様々なドーナツの登場によって新しいスイーツ市場が創出されているといっても過言ではないだろう。

今後の展開を想定すると、ご当地ドーナツのように様々なドーナツのスタイルが登場してくるだろうが、基本的には「健康志向」「ローカロリー」「こだわり」というキーワードは、広く飲食店の永遠の課題であると言える。

ここで提案する店の場合では、生地におからや豆乳を混ぜて揚げるスタイルのヘルシードーナツであり、健康的なキーワードで生地づくりをしている。

バリエーションとしては、ベースとなるおから、豆乳生地にその他具材類（レモンの皮、紫芋、大納言、シナモン、抹茶など）を混ぜることで種類を豊富にしている。

客層としては圧倒的に女性客で、主婦層、子供に至るまで幅広い年齢層の集客を目指し、チェーン店のドーナツに飽きた人や新しい需要を喚起しようとする計画である。

立地としては、ターゲットとする店前通行量の良し悪しで売り上げが大きく左右されることから、駅周辺、駅中、繁華街の一等地で約5坪から10坪（客席有りの場合）の物件を選定すると良いだろう。客席を配置して、地域に密着したドーナツ専門店の業態展開を検討することもできよう。

ドーナツ1個約160円から180円、客単価としては450円から500円を想定して事業計画を検討している。

もちろん、季節に合わせたドーナツや新しいドーナツフレーバーの開発とPRなど、女性客を飽きさせない差別化策をしっかりと計画しておくことがビジネス成立のポイントになることを忘れてはならない。

■ 平面計画／ゾーニング計画のポイント

この店は、入り口に向かって正面に販売カウンター、キッチン、プレパレーションを配置、隣接して左側に事務所、トイレなどの付帯施設を計画している。

右側にはベンチシート席、丸テーブルの2人席、入り口すぐ左側に外に向けたカウンター席という客席配置である。

基本的にファストフードであるため販売カウンターで注文をし、商品の会計をして客席で食事を楽しむというサービススタイルである。商品であるドーナツは、予め繁忙時に合わせて種々のドーナツを揚げて常温ショーケースにディスプレイしておき、そのショーケースに並んだドーナツを見て商品を選定する。テイクアウトの客に対しては専用袋に入れて手渡す。

■ 各部施設計画のチェックポイント

【スケッチ1】

一般的にドーナツショップと言うと、画一化、統一化されたインテリアで、どちらかといえば合理的環境にある雰囲気をイメージしてしまう。

しかし、この店では木を基調とし、全体的に手づくり感ある雰囲気を表現するようにしている。チェーン展開店のような画一化、合理化という視点ではなく、カウンターや床も使いこなすことによって質感や味が出るように計画している。

個人店の場合には、すべてにオリジナリティーを訴求することが、差別化策のポイントになるだろうし、手づくり感ある店づくりとすることが大切である。

ドーナツ専門店●PLAN 1:80

厨房機器リスト

No	品名	台数
1	ハンドシンク	1
2	冷蔵庫	1
3	ワークテーブル	1
4	フライヤー	1
5	ワークテーブル	1
6	ラックカート	2
7	シェルフ	1
8	ミキサー	1
9	二槽シンク	1
10	オーバーシェルフ	1
11	冷蔵コールドテーブル	1
12	オーバーシェルフ	1
13	ジュースディスペンサー	1
14	コーヒーマシン	1
15	シンク付ワークテーブル	1
16	アイスメーカー	1
17	ショーケース	1

厨房機器解説 53

ミキサー

スタンドミキサーは、粉砕を伴わない混ぜ合わせなどの処理をするときに使用される。具体的には、パン、ピザならびにケーキの生地づくり、ホイップクリームのあわだて、マヨネーズやソースの調合などに使用される。用途に合わせて、フラットビーター、ドゥフック、ワイヤーウィップといった数種類のアジテーターを取り替えて使用する。また、アジテーターはプラネタリーアクション（惑星回転）を行い、ボウル内部を移動しながら、完璧なミキシングを実現する。

アジテーターを回転させてミキシングを行うため、本体重量は重くできているが、厨房内で動き回らないようにするため、大型機はアンカーで固定することが望ましい。

写真提供：ホバート・ジャパン

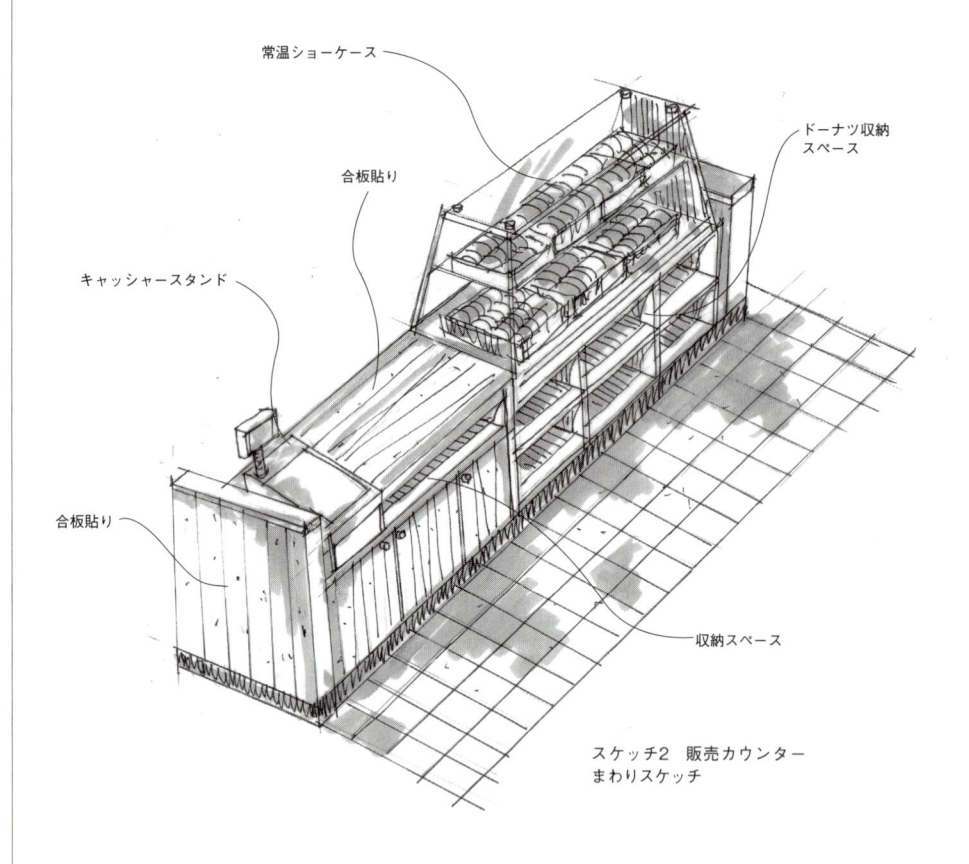

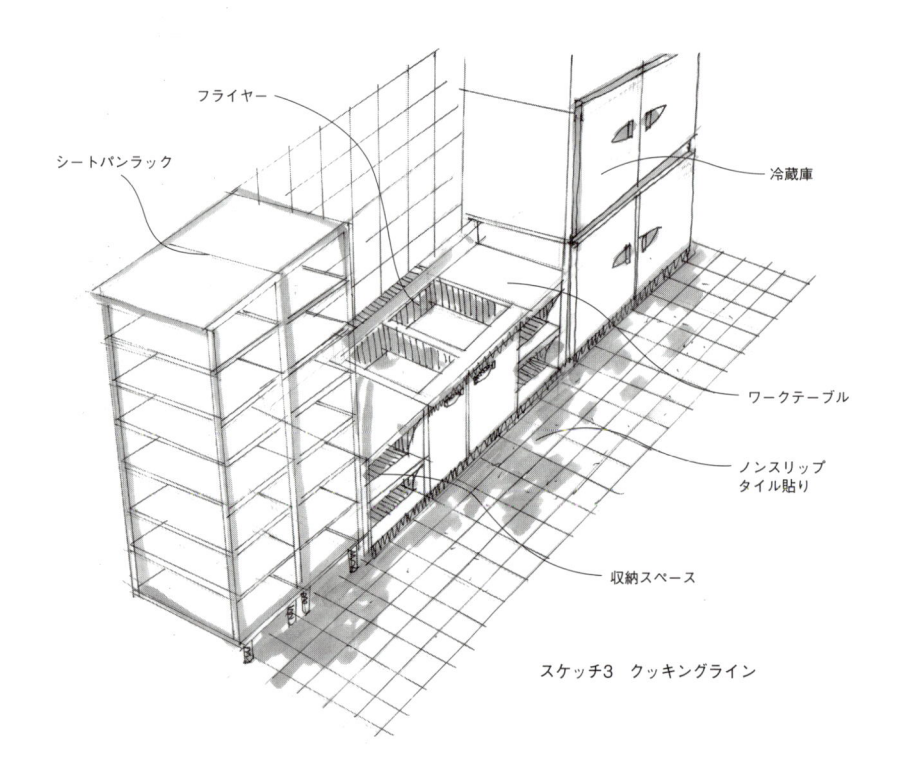

【スケッチ2】
販売カウンターまわりのスケッチである。ドーナツを陳列しておくための常温ショーケースは、入り口に対して対面に配置し、3方向すべてデザインガラスで構成している。陳列したドーナツがよく見える傾斜をつけたガラスショーケースで、ドーナツを美味しく見せるための照明をガラス棚コーナーに設けている。
常温ショーケースの下部には、予備のドーナツ類を収納しておくためのスペースを確保し、レジカウンターの販売スペースも比較的広くできるように計画している。カウンタートップや腰壁の材質も木目調の合板を使用している。

【スケッチ3】
クッキングラインのスケッチである。
ドーナツを製造するには、まず大型ミキサーでドーナツ生地を製造し、各フレーバーに合わせて事前に仕込んでおく。
クッキングラインでは、仕込んでおいた生地をドーナツ専用のディスペンサーに充填し、ディスペンサーのレバーを握ることによってドーナツが一つずつフライヤーの油面に落ちて揚がるという仕組みである。
フライヤーの横には、揚がったドーナツの油を切るためのワークテーブルを配置、油切り後のドーナツを並べてクーリングしておくためのシートパンラックを配置している。

スケッチ2　販売カウンターまわりスケッチ

スケッチ3　クッキングライン

メニューリスト

シュガー 105円　メープル 115円　チョコレート 126円　ストロベリー 126円　カスタード 126円　バターミルク 105円　チョコバナナフレンチ 147円　ハニー 147円　シナモン 147円　アップル 136円　ブルーベリー 136円　ポンデリング 126円　ポンデショコラ 126円　オールドファッション 136円　チョコファッション 136円　ハニーディップ 115円　シュガーレイズド 115円　チョコリング 126円　ストロベリーリング 126円　カスタードクリーム 136円　あずき 136円　ココナッツチョコレート 115円　ダブルチョコレート 115円　ゴールデンチョコレート 115円　ハニーチュロ 126円　カリーパン 136円　エビグラタンパイ 168円　フランクパイ 168円　スティックパイアップルキャラメル 147円　ハンバーグパイ 168円

【スケッチ4】
プレパレーションラインのスケッチである。右側からワークテーブルを兼ねた冷蔵コールドテーブル、二槽シンク、大型ミキサー、隣にラックシェルフを配置し、下部には生地に使用する粉類を保存しておくためのコンテナを配置できるように計画している。

ミキサーで製造した生地にトッピングや混ぜ盛りをする行程は、すべて冷蔵コールドテーブルの上で行うようにし、ドーナツの種類に合わせて揚げる順番を検討しておかなくてはならない。

揚げる油についても、ドーナツの生地に合った配合としなければならない。サラダ油系、動物脂系との配合など、生地はもちろんのこと油にもこだわりを持つことが、店としてのオリジナリティーを生み他店との差別化のひとつになるだろう。

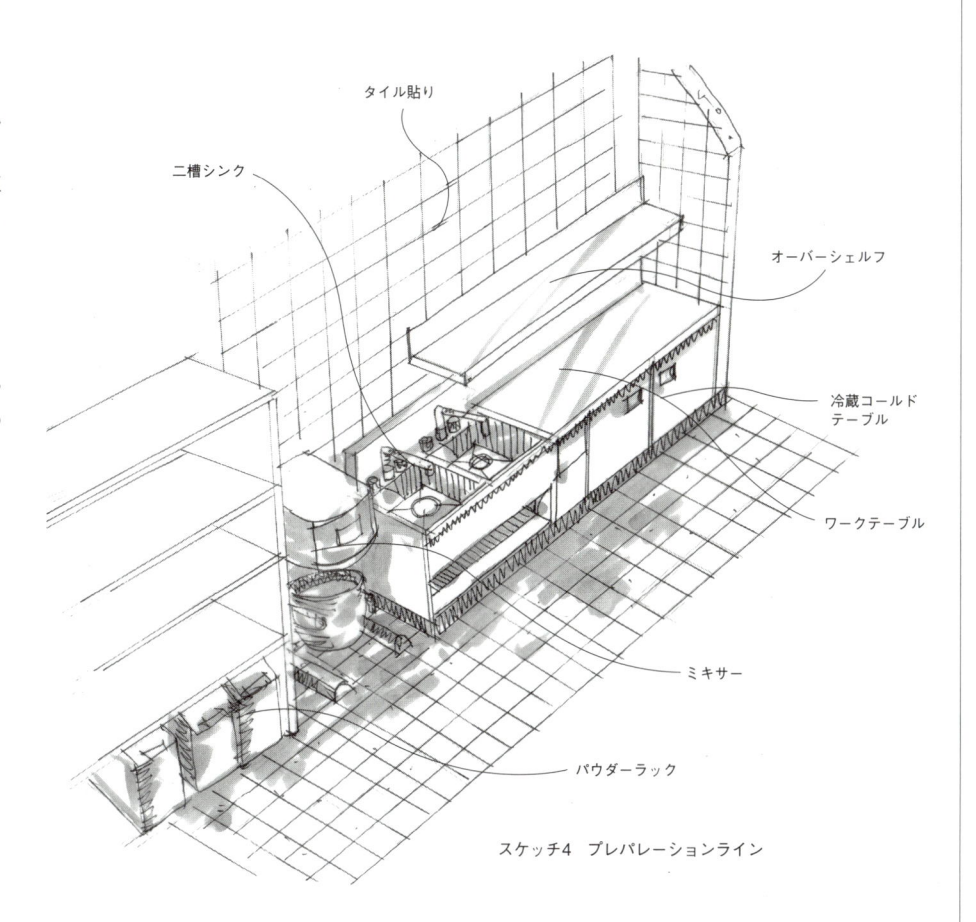

（図中ラベル：タイル貼り／二槽シンク／オーバーシェルフ／冷蔵コールドテーブル／ワークテーブル／ミキサー／パウダーラック）

スケッチ4　プレパレーションライン

厨房機器解説 54

ドーナツフライヤー

ドーナツには、ベーキングパウダーで膨らませたケーキ生地のケーキドーナツ、イーストで発酵させたパン生地のイーストドーナツ、水分の多い生地を油の中に輪の形に絞り出して揚げたクルーラーの3種類に分けられる。

一般的に、イーストドーナツは生地を一次発酵した後、形抜き成形し二次発酵を行い、フライヤーで揚げるのに対し、ケーキドーナツの場合はディスペンサーを使用して油槽の空いているところにしぼり出して落としていく方法が取られる。ディスペンサーを使用しない場合は、硬めの生地をドーナツ型でリング状に型抜きする方法もある。

フライヤーには、ガス式と電気式がある。コンベアと組み合わせた機種もある。一般的なフライヤーと同様に、油槽表面が広いため、油煙が多く発生するので、上部にはグリスフィルター付きの排気フードを取り付けなければならない。

揚げた後で、アイシングしたり、溶かしたチョコレートをかけたり、粉砂糖やグラニュー糖をまぶしたりするので、フライヤーの脇台には作業スペースを確保しておくことが望ましい。

写真提供：ニチワ電機

30 | 立ち飲み居酒屋（洋風）

座る席を併設したブラッスリー、バール感覚のスタンディングバー

93m²

25 seats

内装設備工事費2600万円
月商売上予測580万円

■企画づくりとコンセプト

「立ち飲み居酒屋」のルーツを辿れば、酒屋の裏口で乾き物のつまみをあてに、ビールや酒をカップ売りしていたことが原点であり、そのスタイルが業態として認知され今日に至っている。立ち飲み居酒屋が業態として認知される以前にも、街の片隅には数々の立ち飲み居酒屋が点在しており、スペースの狭さが立ち飲みスタイルをつくったといっても過言ではないだろう。立ち飲みスタイルの居酒屋には、和・洋にかかわらず様々な国の料理をつまみにした店も多い。

近年の外食業界で特に打撃を受けている居酒屋の売上不振や客数減少などの対応策として、新しい時代に合わせたビジネススタイルとして焦点が当てられている。特に「和風」立ち飲み居酒屋が、街のあちこちに目立つようになっている。

「立ち飲み居酒屋」の客層としては、店づくりにも左右されるものの、圧倒的に男性客のサラリーマンが多く（おやじギャルも含む）、夕方になると利用客で通路にまで人が立ちふさがるほどの盛況を博す店も多々ある。

立ち飲み居酒屋のシステムとしては、キャッシュオンデリバリー（商品と現金の引き換え）、あるいは券売機で1000円のチップ券を入手し、商品と券を引き換えるなど、店によってシステムは様々である。

客単価としては、1品200円以内で、1000円も出せばアルコール2杯とつまみ2品ぐらいを楽しめるという、あくまでも一軒目の店、あるいは待ち合わせの場所、帰宅前にちょっと一杯など利用動機も様々である。

ここで提案する店は洋風立ち飲み居酒屋（ブラッスリー、バール的）であり、男女問わず集客できるように、立ち席と座る席の二つの客席を配置している。客席に座る場合には300円のチャージが付くことで、立ち席と座る席の差別化を図り、ビジネスの合理化を図っている。立ち飲み居酒屋のビジネスとしての成立要素は「低価格高付加価値」にある。つまみ料理は小ポーションでも、美味しくなければ継続的に集客することは難しい。またすべてのメニューにこだわることは難しさもあるだろうが、店独自のオリジナリティーを訴求できる料理をいくつか持つことが集客力を高めるためのポイントになる。

立ち飲み居酒屋●PLAN 1:100

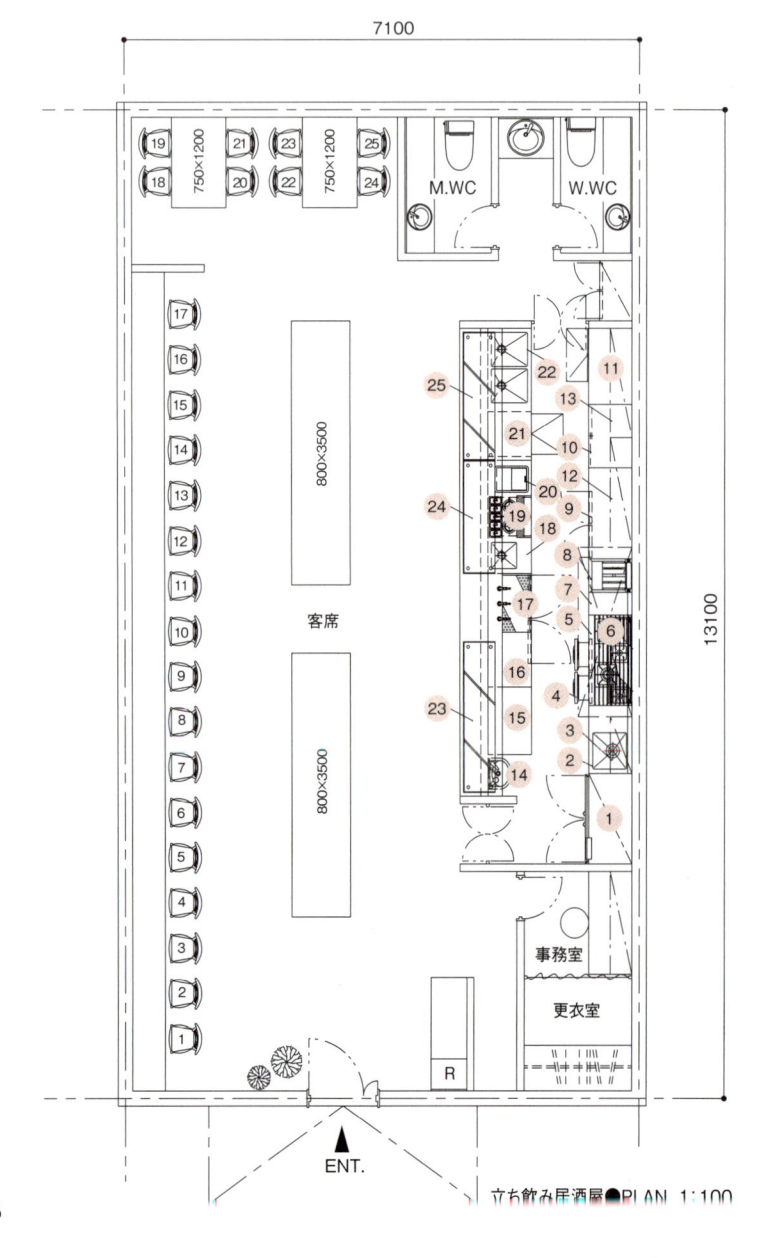

厨房機器リスト

No	品名	台数
1	冷凍冷蔵庫	1
2	シンク付ワークテーブル	1
3	オーバーシェルフ	1
4	冷蔵コールドドロワー	1
5	ガスレンジ	1
6	パイプシェルフ	1
7	ワークテーブル	1
8	フライヤー	1
9	冷蔵コールドテーブル	1
10	キャビネットテーブル	1
11	アイスメーカー	1
12	オーバーシェルフ	1
13	オーバーシェルフ	1
14	ハンドシンク	1
15	シンク付ワークテーブル	1
16	冷蔵コールドテーブル	1
17	ビールドラフト	3
18	シンク付ワークテーブル	1
19	ブレンダー	2
20	アイスビン	1
21	ディッシュウォッシャー	1
22	二槽シンク	1
23	冷蔵ショーケース	1
24	常温ショーケース	1
25	冷蔵ショーケース	1

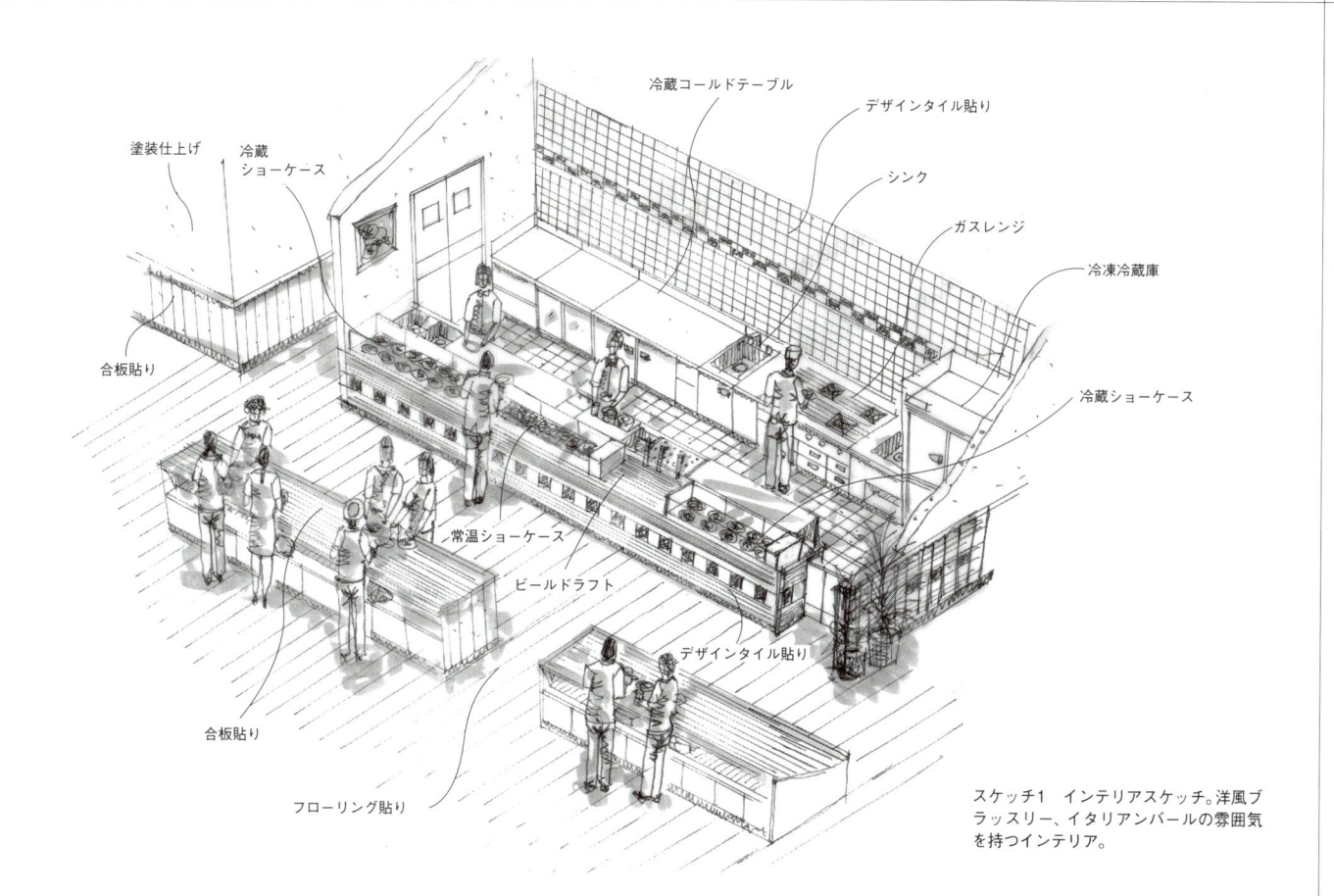

スケッチ1　インテリアスケッチ。洋風ブラッスリー、イタリアンバールの雰囲気を持つインテリア。

■ 平面計画／ゾーニング計画のポイント

この店のゾーニングは、入り口に向かって右側手前にキッシャースタンド、キッチンおよびサービスカウンター、奥にトイレなど付帯施設を配置している。中央に立ち席大テーブル、壁側にカウンター席、奥に4人席など立ち席と座る席の二つの客席形態を配置している。

全体的なオペレーションシステムは、入り口のキッシャースタンドで伝票カードを受け取り、注文する料理をカウンターで注文し料理と引き換えにスタッフが伝票チェックするシステムをとっている。

下膳以外は、すべてセルフサービスのスタイルをとり、会計時に伝票をレジでスタッフに手渡し、会計を済ませるという仕組みである。基本的には、繁忙時間帯に合わせて事前に料

厨房機器解説 55

ビールディスペンサー（生ビールサーバー）

生ビールは、ボンベ上部に取り付けられたレギュレーターで減圧した炭酸ガスをビア樽に注入し、その圧力でディスペンサーにビールが送り込まれる。ディスペンサー内部の細いパイプは、冷却装置や氷で冷やされており、そこを通過することでビールは冷やされる。冷やされたビールは、ビールディスペンサーのコックを開けるとビールが注がれる仕組みになっている。

ドラフトタワーから抽出する場合もあるが、基本的なシステムは同じで、ディスペンサーのコックがドラフトタワーに代わっただけである。ディスペンサーの代わりにコールドプレートと呼ばれるアルミ製の細かいフィンの付いたプレートをアイスビンに入れて冷却する場合もある。

営業終了後、ビア樽からディスペンサーのコックまでを洗浄するので、ビア樽から冷却装置までのチューブは最短距離にすることがビールのロスを少なくする。また、ドラフトタワーを採用するときによく生じる問題として、冷却装置からコックまでの距離が長いために、せっかく冷やされたビールがチューブを通過する際に温まってしまうことがある。

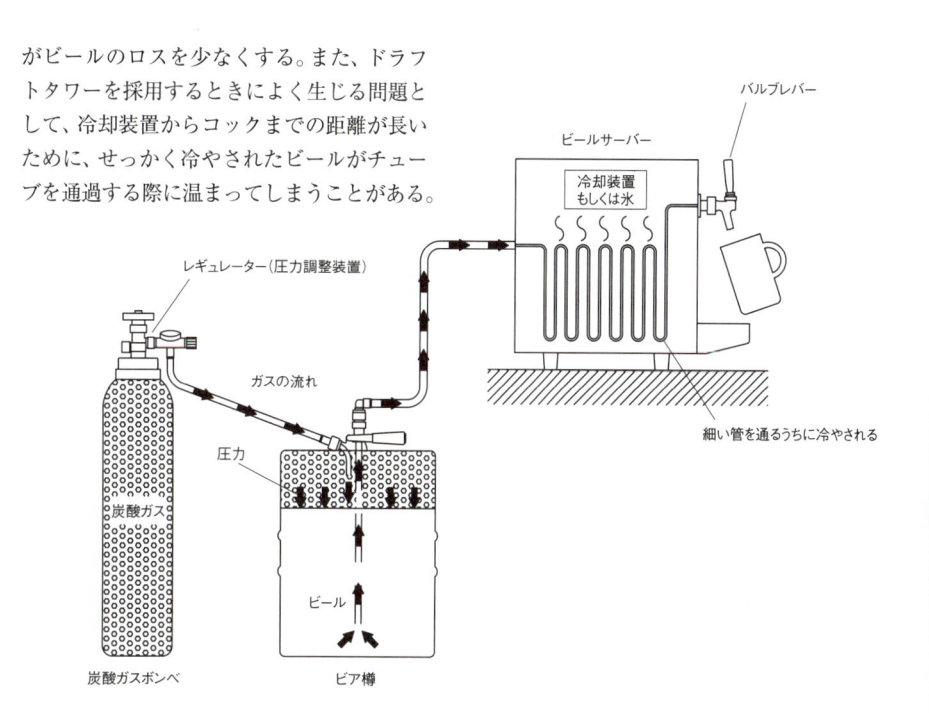

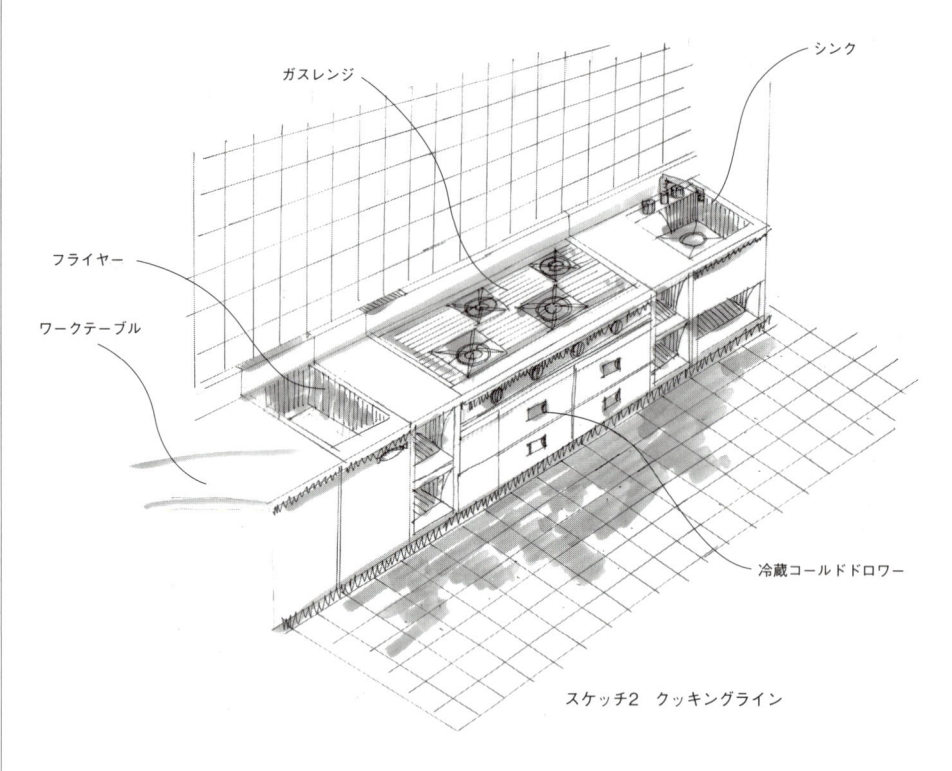

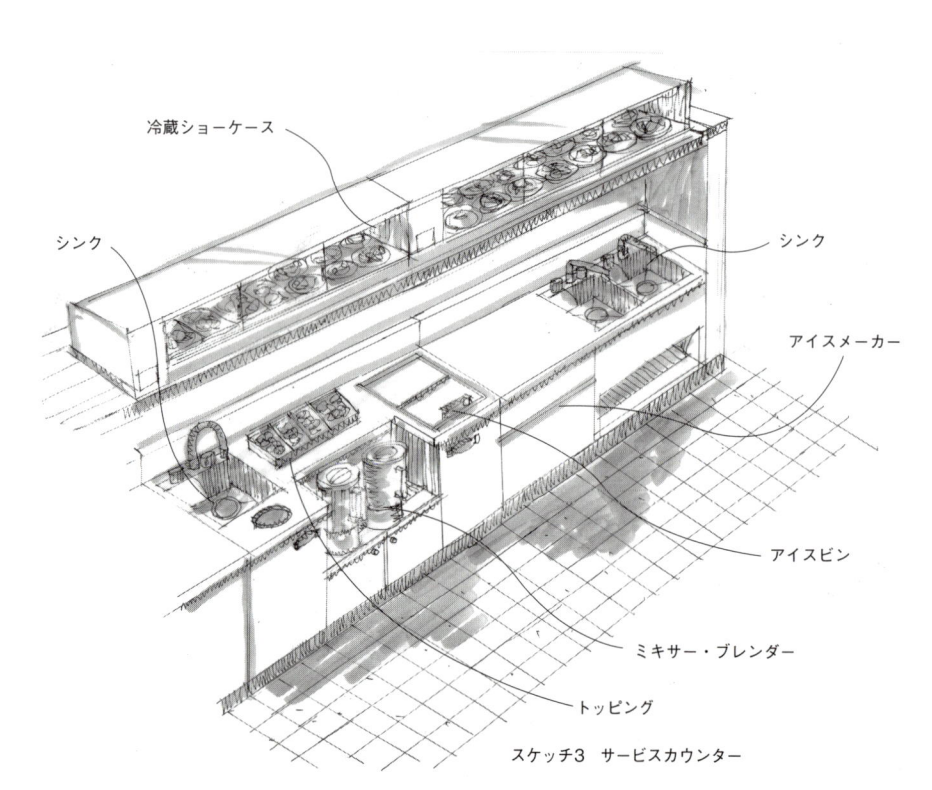

理を調理しておくため、料理の遅延や煩雑さは避けられるものの、注文をもらってから調理するメニューについては、伝票に付された番号でカウンターまで呼び出し、料理を提供するという仕組みにしておくことがベストであろう。

■各部施設計画のチェックポイント

【スケッチ1】
立ち飲み居酒屋というイメージには「狭い」「男性客のたまり場」「タバコの煙でいっぱい」といった悪い環境を思い浮かべる人が多いが、この店の場合は「洋風ブラッスリー」「イタリアンバール」の雰囲気で、アンティーク酒場をコンセプトとしたインテリアでまとめている。
カウンターの上の冷蔵ショーケースやカウンターの腰壁、キッチンの壁のデザインなど、デザインタイルをポイントとしている。
家具も少し濃い色の合板を使用し、全体的に落ち着いた雰囲気を醸し出すように構成している。

【スケッチ2】
クッキングラインのスケッチである。基本的にこの店で提供するメニューの仕込みや調理は、すべてキッチンで行うオペレーションである。機器配置としては、右側にシンク、ワークテーブル、ガスレンジ下部には冷蔵ドロワー、ワークテーブル、フライヤーを配置している。
客の注文をもらってから調理するフライ料理については、繁忙時にもスピーディーに対応できる仕組みが必要であり、注文の整理も煩雑にならないようにシステムを想定しておくことが大切である。
ビジネスとして立ち飲み居酒屋を見ると、スピーディーな料理提供と客席回転数を上げなければ成立しにくいことを忘れてはならない。

【スケッチ3】
サービスカウンターのスケッチである。
アルコール類や料理は事前に冷蔵ショーケースに陳列配置されており、サービスカウンターでは、右側から二槽シンク、隣にアイ

スケッチ2　クッキングライン

スケッチ3　サービスカウンター

スメーカー、氷を一次的にストックしておく
ためのアイスビン、カクテル類のアルコール
を製造するためのミキサー、ジューサー、そ
の前面にカクテルに添えるオリーブ、ハーブ
の葉、チェリーなどを保存しておくためのホ
テルパンを置き、次にダスト付きサービスシ
ンクを配置している。
カウンターの上部に配置した冷蔵ショー
ケースの上部の高さは、客席側から料理を受
けることができる約1200mm以下にしてお
くことが理想的である。

【スケッチ4】
サービスカウンターの常温ショーケースの
スケッチである。
冷蔵保冷しておかなければならない料理、あ
るいは常温で保存できる料理など、提供する
料理内容によってディスプレイショーケー
スを分けて配置する。
機器配置計画としては、右側に冷蔵コールド
テーブルを兼ねたワークテーブル、隣に常温
帯の予備の料理を収納しておくためのス
ペース、カウンター上部には常温タイプの
ディスプレイショーケースを配置している。
セルフサービスシステムの場合には、いかに
スピーディーに料理を提供できるかを配慮
した計画にすることが大切である。

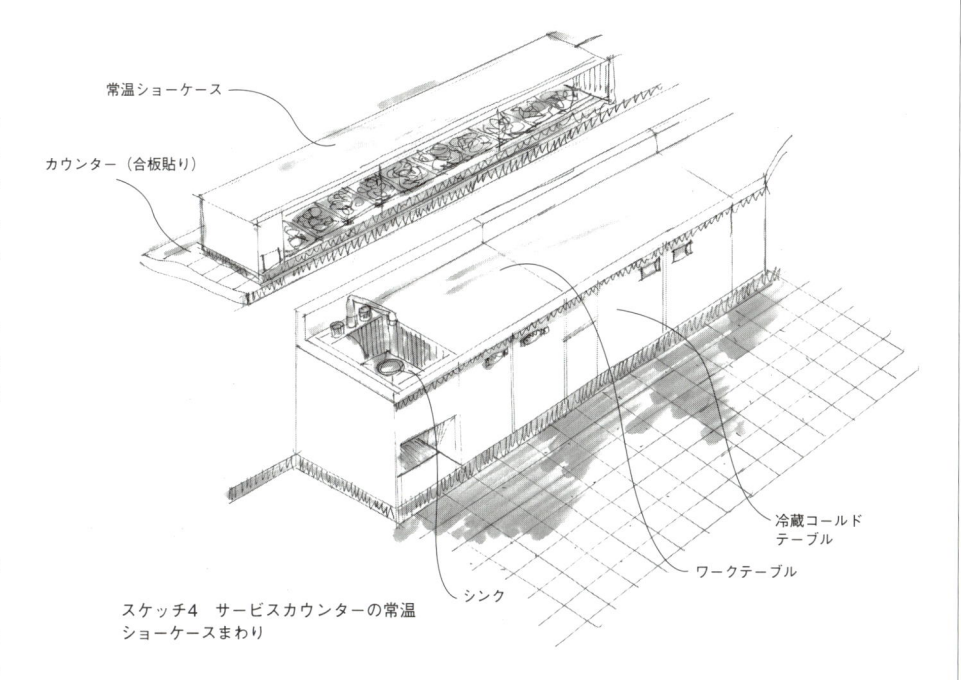

スケッチ4　サービスカウンターの常温ショーケースまわり

メニューリスト

本日のおつまみ 180円　とろける玉子オムレツ 200円　チキンの唐揚げ 200円　おつまみサーロイン 280円　ソーセージ盛合せ 250円　おつまみチヂミ 180円　北海タコのマリネ 180円　おつまみアイスバイン 280円　串カツ（ポーク・チキン・旬の野菜・カマンベールチーズ・ビーフ・マトン・トマト・ズッキーニ）1本 100円　チーズフォンデュ 300円　焼きたてベーコンとほうれん草のサラダ 200円　海老とアボカドのチョップサラダ 250円　ガーリックピラフ 200円　鮮魚のカルパッチョ 280円　シーフードサラダ 250円　マルゲリータピザ 300円　ソーセージと揚げ物盛り合わせ 280円　豚味噌焼き 300円

厨房機器解説 56

バーブレンダー

フレッシュジュースやオリジナルカクテル
を作るのに使用する。モーターが組み込ま
れたフットと呼ばれるベース部にカッター
アセンブリーを取り付けたポリカーボネー
ト製の容器を載せて使用する。
バーユニットにおいては、フット部を甲板
より下の位置に設置することが多い。
ジュースバーなどにおいても、フット部を
カウンター下に収納し、ポリカーボネート
の容器がカウンターの上に出るようにする
こともある。　　　　資料提供：トランスゲイト

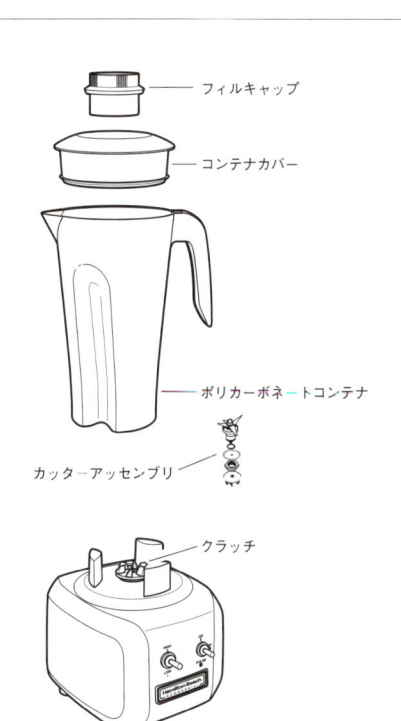

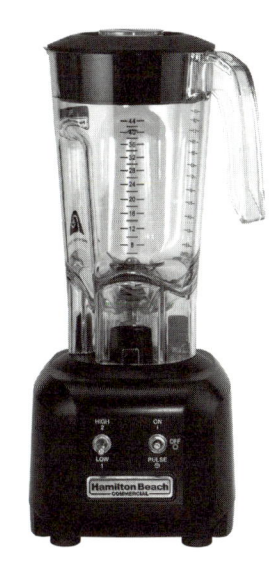

129

事業計画 ①｜居酒屋

仕入れや流通に重きをおいて「低価格居酒屋」と一線を画す

83m²

45 seats

内装設備工事費2590万円
月商売上予測800万円

■ 企画づくりとコンセプト

居酒屋業態を企画する上で大切なことは、居酒屋＝酒と種々なつまみを提供する店という曖昧なスタイルのまま進めるのではなく、時代のニーズに対応した個性やこだわりの内容を具体化しなければならない。

特に近年の傾向としては社会的景気後退に伴う節約志向に伴い、来店者数の減少や売り上げ低下が著しい。生き残るための低価格化に加えて、特定の時間帯にビール1杯無料サービスなど「あの手この手」のアイデア合戦に拍車がかかっている。

また簡易的な店づくりで料理を提供する店や立ち飲みで酒やつまみを低価格で提供する店など居酒屋のスタイルも多様化する傾向にある。

ひとくちに「居酒屋」といっても、企画やコンセプトによって店の訴求するメニューも異なる。焼鳥、鮮魚、焼きとん、地鶏、ホルモン、お好み焼き居酒屋などがある。最近では、訴求ポイントとして、主要メニューイコール店名とすることが一般化してきている。

居酒屋業界の客数減少、売上低下など業態として衰退が目立つようになっているものの、生活者のライフスタイルやニーズに合わせた新しい業態が次々と登場していると言える。

しかし居酒屋業界だけではなく外食業界全体に言えることであるが、いまや低価格だけでは集客できない時代であり、店独自のオリジナルサービスや料理へのこだわりがなければ、簡単には客を店に呼び込めないことを理解しておかなければならない。

この店の企画コンセプトは、安易に低価格化に走らず、料理へのこだわりを前面に打ち出し、かつ産地直送や地方の名産野菜などに至るまで徹底的に仕入れや流通に重きをおいている。

ただ単に低価格だけの価格訴求だけで、料理に魅力がなければすぐに飽きられてしまうだろうし、常に集客できる店にはならない。低価格であることこそ居酒屋が生き残るポイントであるかのように捉え、低価格居酒屋市場へ参入する企業が多いものの、低価格競争という手法には限界があることを忘れてはならない。

低価格と料理内容の美味しさのバランスがとれていれば、それは付加価値となるだろうが、ただ単に安いだけではもはや集客できないのである。

メニューのオリジナリティーやこだわりがビジネスとしての成否を左右することを忘れてはならない。

この店では、特に料理にこだわりを持ち鮮度の良い刺身や鶏肉を武器とした店づくりをしている。

■ 店づくりのポイント

居酒屋のインテリアも低投資とする傾向が強くなってきている。立地によって賃借料は異なるものの、投下資本回収期間や投資回転率は短くかつ高める方向性が通常化している。特に居酒屋の場合には、"投資を抑える企画""低投資を基本とした企画、コンセプトづくり"の店が多くなってきている。

客単価が上がると空間づくりや装飾に配慮するのが一般的であるが、「低価格居酒屋」では、比較的安い素材で店づくりすることが定着しつつある。

価格の高い家具や照明器具を使用しなければならないことはないだろうし、投資を抑えた内容にしなければ、ビジネスの成否もおぼつかない。

もちろん、いかに低投資であっても"安普請"にならない店づくりとすることが大きな課題であることは変わらない。

■ 事業計画づくりのポイント

1. 店名は業態の顔である：店名から店の訴求するメニューやこだわりが理解できる

2. 店としての主軸メニューを明確にする：店の規模に合わせてメニュー数は約30品から40品以内に留めること

3. メニュー内容や酒類についても店としてのこだわりをしっかりと持つこと

4. 客単価は約2500円以内で楽しめるメニュー価格設定をする：原価率は30%から32%以内を目標とすること

5. 立地に応じてランチ営業をする

6. 客席回転数は夜約2回から2.5〜3回転として事業計画を想定する

7. 営業時間は昼ランチ、夜16時から24時、あるいは深夜営業など立地や集客できる周辺環境に合わせて設定する

8. 客席数は最低坪数に1.8席を掛けた席数を確保する：あまり席を詰め込み過ぎると集客しにくくなる

9. 事業計画を想定する際に必要な情報（人件費率、原価率、客席数、客単価、1日の客席回転数、売り上げ想定など）は、業態特性に合わせて想定すること

10. 事業計画はリスクヘッジした数値で計画に臨むこと：過大想定は損益分岐点をクリアできない危険性がある

11. 内装設備予算想定は坪当たり約65万から70万で想定すること

12. 厨房機器の概算想定は、メニューに合わせた厨房計画を具体的に予測し算出すること

事業計画書

<物件概要>

所在地	東京	
坪数	25.0	坪
建物間口	0.0	m
開口間口	0.0	m
保証金	10,000	千円
賃料	1,000	千円
共益費	0	千円
通信費	0	千円
契約年数	2	年
償却	0	%

<初期投資費用>

物件取得費	12,000	千円
企画料	3,500	千円
内装設備工事	16,000	千円
什器関連工事	9,900	千円
投資額計	41,400	千円

※工事金額は概算

<開店費用>

保険・申請	20	千円
電話・BGM	130	千円
販促費	500	千円
募集広告	500	千円
食器・備品	1,500	千円
その他備品	430	千円
運転資金	2,200	千円
合計	5,280	千円

<必要資金計>

合計	46,680	千円

<資金調達方法>

自己資金	0	千円
借入	46,680	千円
リース	0	千円
合計	46,680	千円

(単位:千円)

	%	初年度 月額	初年度 年額	2年度 月額	2年度 年額	3年度 月額	3年度 年額	4年度 月額	4年度 年額	5年度 月額	5年度 年額
売上高	100%	8,145	97,740	8,145	97,740	8,145	97,740	8,145	97,740	8,145	97,740
原価	32%	2,606	31,277	2,606	31,277	2,606	31,277	2,606	31,277	2,606	31,277
粗利益	68%	5,539	66,463	5,539	66,463	5,539	66,463	5,539	66,463	5,539	66,463
人件費	29%	2,359	28,308	2,359	28,308	2,359	28,308	2,359	28,308	2,359	28,308
交通費	1.1%	90	1,075	90	1,075	90	1,075	90	1,075	90	1,075
通信費	0.3%	24	293	24	293	24	293	24	293	24	293
開店損金	0.0%	0	0	0	0	0	0	0	0	0	0
広告販促費	2.0%	163	1,955	163	1,955	163	1,955	163	1,955	163	1,955
販売費	3.4%	277	3,323	277	3,323	277	3,323	277	3,323	277	3,323
水道光熱費	5.0%	407	4,887	407	4,887	407	4,887	407	4,887	407	4,887
共益費	0.0%	0	0	0	0	0	0	0	0	0	0
消耗品	2.0%	163	1,955	163	1,955	163	1,955	163	1,955	163	1,955
保守修繕	1.0%	81	977	81	977	81	977	81	977	81	977
清掃衛生費	1.0%	81	977	81	977	81	977	81	977	81	977
雑費	1.5%	122	1,466	122	1,466	122	1,466	122	1,466	122	1,466
営業費	11%	855	10,263	855	10,263	855	10,263	855	10,263	855	10,263
減価償却費	3.0%	245	2,940	245	2,940	245	2,940	245	2,940	245	2,940
固定資産税	0.0%	0	0	0	0	0	0	0	0	0	0
家賃地代	12.3%	1,000	12,000	1,000	12,000	1,000	12,000	1,000	12,000	1,000	12,000
その他施設費	0.0%	0	0	0	0	0	0	0	0	0	0
施設費		1,245	14,940	1,245	14,940	1,245	14,940	1,245	14,940	1,245	14,940
経費合計	58%	4,736	56,834	4,736	56,834	4,736	56,834	4,736	56,834	4,736	56,834
営業利益	10%	802	9,629	802	9,629	802	9,629	802	9,629	802	9,629
リース料	0.0%	0	0	0	0	0	0	0	0	0	0
借入金利	0.0%	0	0	0	0	0	0	0	0	0	0
経常利益	10%	802	9,629	802	9,629	802	9,629	802	9,629	802	9,629
借入返済		389	4,668	389	4,668	389	4,668	389	4,668	389	4,668
営業利益率			10%		10%		10%		10%		10%
投下資本回収率			33%		66%		98%		131%		164%
キャッシュフロー		658	7,901	658	7,901	658	7,901	658	7,901	658	7,901

注1) 減価償却費、法人税は、考慮していない。
注2) 要回収投下資本は、内装 設備工事、本部商品代 開店費用の合計額。
注3) 投下資本回収率は、営業利益を回収金額としている。
注4) 借入は、5年弁済、金利4%で計算している。

事業計画 ② ｜ 定食屋

健康志向の料理と盛り付け、清潔なインテリアで女性の食志向に応える

82.5m²

40 seats

内装設備工事費2120万円
月商売上予測550万円

■ 企画づくりとコンセプト

これまで"駅前食堂"と言われ陳腐化した業態だが、時代とともに変化して、ヤングアダルト、若いサラリーマンにとって新しい店として再認識され、いまでは広く生活者に「定食屋」として認知されつつある。

これまでの「定食屋」には、古臭く汚いというイメージがあり、男性客が主軸の客層であったが、いまではメニューはもちろん明るいインテリアで女性客が一人でも入店しやすい店が多くなってきている。なかには利用者の60％以上が女性客という店もある。女性客が増加した理由は、健康志向の料理内容や盛り付けに配慮した気遣いをし、全体的に清潔な環境づくりにあろう。

もちろん定食屋といっても、テーブルサービス、カウンターサービス、セミセルフスタイルなど種々のスタイルがあるものの、立地や客層に応じてスタイルを検討することが大切である。

この店の企画では、テーブルサービスを基本として、入り口でメニューを選んでもらう先会計のスタイルを計画している。追加注文については、スタッフに追加メニューを告げることによって客席まで追加注文を持っていくという柔軟性あるサービススタイルとしている。

ビールや酒類についてはラインアップしているため先会計、追加注文など、時間帯や利用動機によって対応する。

なぜ、若い男女に和定食屋が支持されているかは、料理の基本が家庭的料理をベースにし、調理方法、手づくり感などにこだわりを追及しているところに魅力があるからと言える。いまや女性客が男性客に混じって牛丼屋で牛丼を食べる時代であり、女性のライフスタイルも時代とともに大きく変わってきている。外食にかかわらず、女性客が情報の発信源であり、女性客が多く利用する店は繁盛店が多いと言われる時代であることからも、いかに女性客のライフスタイルやニーズ、食嗜好を捉えるかがビジネスとしての成否を左右するポイントになるだろう。

■ 店づくりのポイント

「定食屋」というイメージから、インテリアデザインや装飾にこだわる必要はないものの、女性客をメインターゲットとするのであれば、女性客にとって居心地の良い空間づくりは必須であろう。店内の明るさやテーブル、椅子など座り心地は大切にしたいところだ。特に入り口周辺には、定食屋としての理念の告知、料理のこだわりなどの訴求計画が大切である。

サンプルケースの設置やメニュー内容、価格が店内に入る前に分るようにしておくと利用しやすいだろうし、女性客一人でも入店しやすい客席配置を計画しておくことが大切である。

先会計であれば、レジカウンターは入り口周辺に位置することを基本とし、繁忙時には効率的なレジスピードを要求されることを理解しておかなければならない。

■ 事業計画づくりのポイント

1. 低投資、人件費をかけない：カウンター・テーブルとし、効率的な運営を目指すこと

2. 業態：和風ファストフード（※10分以内に提供）

3. サービス形態：テーブルサービス

4. 客単価：680円。原価率38％

5. 客席回転率：6～12回転以上

6. 立地条件：1階立地あるいは2階。ただしアプローチスペースが広いこと

7. 営業時間：「11：00～23：00」または「24時間営業」

8. 価格帯は競合他店より少々高い設定とするが、その分、付加価値の高い料理や雰囲気の提供をし、他店との差別化を図る

9. 盛り付けはスピード提供に即した形態とするも盛り付にこだわり他店との差別化を図る

10. 食堂でありながらも「和食F.F.」のスピード提供かつ付加価値ある食事バランスのとれた食事をアピールする

11. 低投資・ハイ効率のフォーマットを確立する

12. 健康でバランスのとれた食事をスピーディーな提供で食べられるという魅力を遡及する

13. 競合店と比較しても、料理のレベルの高い付加価値を維持すること

14. 対立地競合においても、食の信頼性や優位性をとること

15. 繁忙時とアイドル時の人手を大きく調整することを可能とし、昨今の人手不足、人件費率の高騰など新しい利益構造を確立すること

事業計画書

<物件概要>

所在地	東京	
坪数	25.0	坪
建物間口	0.0	m
開口間口	0.0	m
保証金	1,500	千円
賃料	500	千円
共益費	0	千円
契約年数	2	年
償却	0	%

<初期投資費用>

物件取得費	3,000	千円
企画料	4,750	千円
内装設備工事	16,000	千円
什器関連工事	5,200	千円
投資額計	28,950	千円

*工事金額は概算

<開店費用>

保険・申請	20	千円
電話・BGM	0	千円
販促費	300	千円
募集広告	200	千円
食器・備品	500	千円
その他備品	30	千円
運転資金	0	千円
合計	1,050	千円

<必要資金額計>

合計	30,000	千円

<資金調達方法>

自己資金	0	千円
借入	30,000	千円
リース	0	千円
合計	30,000	千円

(単位:千円)

	%	初年度 月額	初年度 年額	2年度 月額	2年度 年額	3年度 月額	3年度 年額	4年度 月額	4年度 年額	5年度 月額	5年度 年額
売上高	100%	5,460	65,520	5,460	65,520	5,460	65,520	5,460	65,520	5,460	65,520
原価	38%	2,075	24,898	2,075	24,898	2,075	24,898	2,075	24,898	2,075	24,898
粗利益	62%	3,385	40,622	3,385	40,622	3,385	40,622	3,385	40,622	3,385	40,622
人件費	27%	1,451	17,412	1,451	17,412	1,451	17,412	1,451	17,412	1,451	17,412
交通費	2.0%	109	1,310	109	1,310	109	1,310	109	1,310	109	1,310
通信費	0.3%	16	197	16	197	16	197	16	197	16	197
開店損金	0.0%	0	0	0	0	0	0	0	0	0	0
広告販促費	1.0%	55	655	55	655	55	655	55	655	55	655
販売費	3.3%	180	2,162	180	2,162	180	2,162	180	2,162	180	2,162
水道光熱費	3.0%	164	1,966	164	1,966	164	1,966	164	1,966	164	1,966
共益費	0.0%	0	0	0	0	0	0	0	0	0	0
消耗品	0.5%	27	328	27	328	27	328	27	328	27	328
保守修繕	1.0%	55	655	55	655	55	655	55	655	55	655
清掃衛生費	1.0%	55	655	55	655	55	655	55	655	55	655
雑費	1.0%	55	655	55	655	55	655	55	655	55	655
営業費	7%	355	4,259	355	4,259	355	4,259	355	4,259	355	4,259
減価償却費	4.0%	216	2,595	216	2,595	216	2,595	216	2,595	216	2,595
固定資産税	0.0%	0	0	0	0	0	0	0	0	0	0
家賃地代	9.2%	500	6,000	500	6,000	500	6,000	500	6,000	500	6,000
その他施設費	0.0%	0	0	0	0	0	0	0	0	0	0
施設費		716	8,595	716	8,595	716	8,595	716	8,595	716	8,595
経費合計	49%	2,702	32,428	2,702	32,428	2,702	32,428	2,702	32,428	2,702	32,428
営業利益	13%	683	8,194	683	8,194	683	8,194	683	8,194	683	8,194
リース料	0.0%	0	0	0	0	0	0	0	0	0	0
借入金利	0.0%	0	0	0	0	0	0	0	0	0	0
経常利益	13%	683	8,194	683	8,194	683	8,194	683	8,194	683	8,194
借入返済		250	3,000	250	3,000	250	3,000	250	3,000	250	3,000
営業利益率			13%		13%		13%		13%		13%
投下資本回収率			32%		63%		95%		126%		158%
キャッシュフロー		649	7,789	649	7,789	649	7,789	649	7,789	649	7,789

注1) 減価償却費、法人税は、考慮していない。
注2) 要回収投下資本は、内装設備工事費、本部商品代、開店費用の合計額。
注3) 投下資本回収率は、営業利益を回収金額としている。
注4) 借入は、5年弁済、金利4%で計算している。

事業計画 ③ | ベイクドドーナツ

健康志向、低カロリー指向に対応する新ファストフード・ショップ

149m²

65 seats

内装設備工事費4250万円
月商売上予測800万円

■ 企画づくりとコンセプト

近年ドーナツ業界も"ご当地ドーナツ""デザートドーナツ"など様々なタイプのドーナツが登場してきている。

これまでも揚げドーナツの人気は高く、生活者に定着している業態の一つであるが、食に対する意識が健康志向、低カロリー指向から揚げたドーナツではなく焼き上げたドーナツ専門店の展開も活発化してきている。

大手ドーナツチェーン店でも揚げドーナツだけではなく、ベイクドドーナツの新商品を登場させるなど、生活者の志向に合わせたメニュー戦略を展開している。

この企画は焼いたドーナツ＝ベイクドドーナツで、ドーナツ生地に種々のフレーバーやトッピングを混ぜるあるいは付けてドーナツを焼いたものであり、従来のフライヤーで揚げたドーナツとは一線を画した展開を計画している。

揚げたドーナツと焼いたドーナツは、基本的に異なるメニューであり、揚げるドーナツはフライヤーの油で生地を揚げるものであり、焼ドーナツはベーカリーオーブンあるいはドーナツ型に生地を投入し両面で焼き上げる。カロリーや美味しさの面では、生活者の好みによって様々であるものの、ドーナツ市場が揚げたドーナツ商品で定着してきていることからすれば、まだまだベイクドドーナツ市場は伸びると言える。

またベイクドドーナツは、ベーカリーオーブンで調理するために、一気に大量の焼ドーナツを生産できるなど、揚げドーナツに比較すると、オペレーションが簡単である。したがってベイクドドーナツメニューの認知度を上げることができれば、比較的坪数が小さい店でも展開できると言える。

また揚げドーナツの品質が経時劣化するのに対して、ベイクドドーナツは油で揚げていないため、商品の美味しさを比較的維持することができるので、セントラルキッチンで大量調理し、各サテライト店にドーナツを配送しドーナツの販売のみを行うなど、複数店展開に利益構造が適していると言える。したがって、街の一角で小規模店の展開を想定でき、ビジネスチャンスが大きいと言える。

この企画で大切なことは、ヘルシーかつ美味しいこと、女性客のニーズに適合したメニューアイデアを常に提案すること、例えば季節に合った新製品開発など女性客を惹き付ける展開とインテリア計画である。

■ 店づくりのポイント

ベイクドドーナツ店としては、小規模店から客席を付帯している店まで種々の企画ができる。テイクアウト店と客席付帯店とでは、店づくりに投資するコストが変化する。

サテライトタイプのテイクアウト店の場合には、店のファサードに重点をおき、内装装飾する部分が小さいためローコストで店づくりを計画すべきであろう。

しかし、客席を付帯した専門店の場合には、ベイクドドーナツ店としてのイメージ展開やカラーリングなど、ファストフード店であるがしっかりとしたインテリアデザインとすることが大切である。

特に配慮しておきたいポイントは、ファサード、カウンター周辺のメニューボード、全体のイメージが外部からも店内が想像できる店づくりをすることである。例えば、木質を前面に打ち出した味のある素材を使用することも、競争店との差別化に繋がるはずだ。もちろん客席やテーブルも居心地や質感の柔らかさに合わせてソファ席、テーブル席などに至るまで統一したイメージでデザインすることが大切であろう。

■ 事業計画づくりのポイント

1. 立地：駅中および駅周辺エリア、デパート地下、アウトレットモールなどの店前通行量が多いこと

2. ベイクドドーナツ専門店（10坪から45坪）の場合は、立地に限らず店前通行量に売り上げが左右される

3. ベイクドドーナツカフェ（客席付帯店）の場合は、商業地区の1階路面店立地でなければ成立しにくい

4. ベイクドドーナツ市場はまだ成熟していないため人気特性は他店に比べ優位性を得ることができるものの、出店立地によっては競争店が多い。カフェ、ベーカリーショップ、ベーカリーカフェなどとの強い差別化が必要である

5. カフェ業態との競合状況も激しい。「スターバックス」「タリーズ」「ドトール」「エクセルシオール」「ベックス」やハンバーガーショップなどとのメニュー内容の差別化を明確化すること

6. サービススタイルは、セルフサービスのドーナツカフェスタイルであり、テイクアウト、イートインなど繁忙時に回転率を上げる仕組みにしておくこと

7. 客単価としては500円から680円、客席回転はテイクアウトを含めて約6から8回転以上として想定すること

8. フード原価としては、ドリンクとフードを合わせて約28%から30%以内で構成すること

9. 業態コンセプトのキーワードは、「イートモア ヘルシーフーズ」とし女性客をターゲットとしたロハススタイルのライフスタイルの提案をすること

事業計画書

(単位:千円)

<物件概要>

所在地	東京	
坪数	45.0	坪
建物間口	0.0	m
開口間口	0.0	m
保証金	15,000	千円
賃料	1,350	千円
共益費	0	千円
契約年数	2	年
償却	0	%

<初期投資費用>

物件取得費	17,700	千円
企画料	3,500	千円
内装設備工事	34,000	千円
什器関連工事	8,500	千円
投資額計	63,700	千円

*工事金額は概算

<開店費用>

保険申請	20	千円
電話・BGM	130	千円
販促費	1,000	千円
募集広告	500	千円
食器・備品	1,500	千円
その他備品	3,730	千円
運転資金	2,550	千円
合計	9,430	千円

<必要資金額計>

合計	73,130	千円

<資金調達方法>

自己資金	0	千円
借入	73,130	千円
リース	0	千円
合計	73,130	千円

収支計画

項目	%	初年度 月額	初年度 年額	2年度 月額	2年度 年額	3年度 月額	3年度 年額	4年度 月額	4年度 年額	5年度 月額	5年度 年額
売上高	100%	8,100	97,200	8,100	97,200	8,100	97,200	8,100	97,200	8,100	97,200
原価	30%	2,430	29,160	2,430	29,160	2,430	29,160	2,430	29,160	2,430	29,160
粗利益	70%	5,670	68,040	5,670	68,040	5,670	68,040	5,670	68,040	5,670	68,040
人件費	30%	2,442	29,304	2,442	29,304	2,442	29,304	2,442	29,304	2,442	29,304
交通費	1.1%	89	1,069	89	1,069	89	1,069	89	1,069	89	1,069
通信費	0.3%	24	292	24	292	24	292	24	292	24	292
開店損金	0.0%	0	0	0	0	0	0	0	0	0	0
広告販促費	1.0%	81	972	81	972	81	972	81	972	81	972
販売費	2.4%	194	2,333	194	2,333	194	2,333	194	2,333	194	2,333
水道光熱費	4.0%	324	3,888	324	3,888	324	3,888	324	3,888	324	3,888
共益費	0.0%	0	0	0	0	0	0	0	0	0	0
消耗品	2.0%	162	1,944	162	1,944	162	1,944	162	1,944	162	1,944
保守修繕	1.0%	81	972	81	972	81	972	81	972	81	972
清掃衛生費	1.0%	81	972	81	972	81	972	81	972	81	972
雑費	1.5%	122	1,458	122	1,458	122	1,458	122	1,458	122	1,458
営業費	10%	770	9,234	770	9,234	770	9,234	770	9,234	770	9,234
減価償却費	4.7%	383	4,600	383	4,600	383	4,600	383	4,600	383	4,600
固定資産税	0.0%	0	0	0	0	0	0	0	0	0	0
家賃地代	16.7%	1,350	16,200	1,350	16,200	1,350	16,200	1,350	16,200	1,350	16,200
その他施設費	0.0%	0	0	0	0	0	0	0	0	0	0
施設費		1,733	20,800	1,733	20,800	1,733	20,800	1,733	20,800	1,733	20,800
経費合計	63%	5,139	61,671	5,139	61,671	5,139	61,671	5,139	61,671	5,139	61,671
営業利益	7%	531	6,369	531	6,369	531	6,369	531	6,369	531	6,369
リース料	0.0%	0	0	0	0	0	0	0	0	0	0
借入金利	0.0%	0	0	0	0	0	0	0	0	0	0
経常利益	7%	531	6,369	531	6,369	531	6,369	531	6,369	531	6,369
借入返済		609	7,313	609	7,313	609	7,313	609	7,313	609	7,313
営業利益率	7%		14%		28%		42%		55%		69%
投下資本回収率											
キャッシュフロー		305	3,656	305	3,656	305	3,656	305	3,656	305	3,656

注1) 減価償却費、法人税は、考慮していない。
注2) 要回収投下資本は、内装設備工事費、本部商品代、開店費用の合計額。
注3) 投下資本回収率は、営業利益を回収金額としている。
注4) 借入は、5年弁済、金利4%で計算している。

あとがき

これからの飲食店づくりは、素人が安易に成功させることができない時代であり、無計画のままに店づくりをしても、ビジネスは失敗し不満が残ることが多くなってきている。この現状にあって、インテリアデザイナーは、その役割の重要性に加えてアドバイザーとしての比重が高くなってきていると言える。

本書は、デザイナーがその役割を担うための自己研鑽や知識を積み重ねるための実務的情報や、飲食店が成立するための厨房知識との関わりについて具体的に掘り下げたものである。
読み終わって、厨房とインテリアデザインとの関わりの重要性やこれからのデザイナーが目指さなければならない在り方や役割を理解できたことと思う。
もちろんインテリアデザイナーは、デザインの専門家でありコンサルタントではないものの、求められているインテリアデザイナーの役割は空間デザインだけに片寄ることなく、ビジネスとして成立させるための総合的かつ幅広い知識を求められている。
厨房機器の機能や原理を理解することで、新しい角度から飲食店づくりにチャレンジできるだろうし、何よりも飲食店づくりにおいて「厨房は心臓部である」という意味を理解いただいたものと信じている。

これからの時代のインテリアデザイナーには、飲食店の経営に関わる客席、パントリー、厨房、バックヤード、ストレージに至るまでの実務的知識を基礎に「店づくり」を総合的に理解することが求められている。
本書が、時代のニーズに合致した新しい飲食店づくりの実務書として活用していただけるものと確信している。

2011年11月吉日
竹谷稔宏（たけや・としひろ）